소자본 창업경영의 이해

노경호

도서출판 청람

| 머리말 |

누구나 창업을 꿈꾼다. 창업을 결정하면 성공적인 창업경영을 꿈꾼다. 기업생멸행정통계에 따르면 창업기업의 3년 생존율은 45%, 5년 생존율은 32%였다. 창업기업의 3분의 2는 5년 내에 폐업을 하고, 단지 3분의 1만이 살아남는 것이 현실이다. 모든 창업자는 성공적인 창업을 꿈꾸며 창업을 계획하고 실행하지만 창업 성공률이 낮은 것이 팩트(fact)이다. 저자는 성공적인 창업을 계획하는 창업자의 꿈을 실현할 수 있게 도움을 주는 실무 안내서로서 지속적인 역할을 할 수 있도록 〈소자본 창업경영의 이해〉 책을 세상에 내어 놓게 되었다.

지금까지 저자는 경영학원론, 재무관리, 인적자원관리, 마케팅, 생산운영관리, 경영정보시스템, e-비즈니스, 회계정보시스템, 회계원리, 재무회계, 원가회계, 세무회계, 회계정보시스템운용, 세무정보시스템운용, ERP회계 · 인사, ERP물류 · 생산, 창업경영 등을 강의해 오면서 축적한 지식을 한 권의 책으로 집대성하여 만들고자 하는 필요와 욕구를 충족시키고자 하는 의도로 본 저서를 제작하였다. 이 책을 쓰면서 본 저서 한 권에 성공적인 창업경영을 실현할 수 있는 창업경영의 모든 이론과 실무를 모두 담아 독자들에게 제공하고자 하는 의도로 노력하였으나, 내용이 너무 방대하여 무모한 도전이었음을 절감하게 되었다. 그러나 이 책은 쓰는 과정에 많은 선배 · 동료 · 후배 교수들의 조언으로 방대한 내용을 집약하여 완성도 높게 탄생하게 되어 그나마 세상의 빛을 보게 되었다. 저자는 이 책이 성공적인 창업경영을 계획하고 실행하고자 하는 예비 창업자들과 이미 기업을 창업한 기존 창업경영자들에게 지속적인 경쟁우위를 확보하여 기업을 성장 · 발전시킬 수 있는 창업경영의 이론과 실무의 쉬운 지침서로서 큰 도움이 되기를 간절히 바란다.

이 책은 총 13장으로 구성되어 있다. '1장 소자본 창업의 이해'는 창업의 의의, 창업의 중요성, 창업의 요소, 창업의 성공요소, 창업의 유형, 소자본 창업 등을 이해하는 장이다. '2장 소자본 창업경영의 이해'는 경제주체, 경영, 창업경영, 이해관계자 자본주의와 ESG 경영 등을 이해하는 장이다. '3장 창업자와 기업가정신'은 창업자, 기업가정신 등을 이해하는 장이다. '4장 소자본 창업경영 프로세스'는 창업경영 절차, 창업의 절차 등을 이해하는 장이다. '5장 창업아이템 선정'은 창업아이템 발굴, 창업아이템 선정, 창업아이템 발굴 및 선정을 위한 비즈니스 모델 사전검토, 성공적인 창업경영을 위한 주제와 창업 프로그램 사전검토, 창업아이템의 성공적인 제품과 서비스화 등을 이해하는 장이다. '6장 창업 사업타당성 분석'은 창업 사업타당성 분석의 의의, 창업사업 투자안의 경제성 분석 등을 이해하는 장이다. '7장 창업 사업계획서 작성'은 창업 사업계획서 작성의 의의, 창업 사업계획서 작성의 목적, 창업 사업계획서 작성시 고려사항, 창업 사업계획서의 구성 및 작성 등을 이해하는 장이다. '8장 창업기업의 설립'은 기업의 의의, 창업기업의 설립 등을 이해하는 장이다. '9장 소자본 창업경영 실행'은 창업 재무관리, 창업 인적자원관리, 창업 생산운영관리, 창업 마케팅, 창업 회계관리, 창업 세무관리, 창업 경영정보시스템, 창업 경영전략, 창업 경영통계, 창업 경영과학 등을 이해하는 장이다. '10장 재무제표분석'은 재무상태표와 손익계산서, 재무제표 구성비율분석 등을 이해하는 장이다. '11장 기업경영분석'은 기업경영분석 지표, 한국은행 연간 기업경영분석 결과, 현금흐름분석, 손익분기점분석 등을 이해하는 장이다. '12장 4차 산업혁명 시대의 창업경영'은 산업혁명, 규모의 경제 · 범위의 경제 · 연결의 경제, 4차 산업혁명, 4차 산업혁명 시대의 창업경영 등을 이해하는 장이다. '13장 소자본 창업경영 실무'는 사업자등록시 고려사항, 주식회사 정관 작성시 고려사항, 외국회사의 설립자금의 투자 및 주주 참여시 고려사항, 공동창업자의 동업시 고려사항, 소자본 창업기업의 자금조달을 위한 고려사항, 소자본 창업경영시 자금조달 방법, 인적자원관리 실무, 소자본 창업기업의 세무실무, 정규증빙서류 실무, 국민연금보험 신고 실무, 소자본 창업 원천징수 실무 등을 이해하는 장이다.

지난 10여 년간 연구원으로 연구활동을 하였고, 23여 년간 교수로서 상아탑에서 연구해온 작품이 〈소자본 창업경영의 이해〉로 결실을 보게 되어 매우 뿌듯한 마음이다. 책을 세상에 내놓고 보니 저자의 처음 계획의 절반 정도만 담겨 있는 것 같아 아쉬움이 많다. 나머지 부분은 독자들과 같이 다듬어 나가길 희망한다. 이 책이 탄생하는데 도서출판 청람의 이수영 사장님의 도움이 절대적이었다. 이 책의 편집에 최선을 다하신 청람가족에게도 감사를 드린다. 이 책이 창업을 꿈꾸는 예비 창업자와 창업 후 성공적인 기업경영을 위하여 최선을 다하고 있는 기존 창업자 모두에게 조금이라도 도움이 된다면 더 바랄 것이 없다.

2023년 6월

스타트업 스테이션

노경호

| 차례 |

1부 소자본 창업경영의 이해

4부 소자본 창업경영 평가

5부 성공적인 소자본 창업경영 실무

1부

소자본 창업경영의 이해

1장 소자본 창업의 이해

2장 소자본 창업경영의 이해

3장 창업자와 기업가정신

1장 소자본 창업의 이해

1절 창업의 의의

창업이란 새롭게 기업을 설립하는 것을 의미한다. 일반적으로 창업이란 기업을 새로 설립하는 것을 말하고 있으나 창업에 대한 법률적인 정의는 통일되어 있지 않다.

창업을 정의하는 이유는 창업에 해당할 경우 자금, 입지, 조세 및 부담금 감면 등의 지원을 받을 수 있는지의 여부를 판정하는 데 있다.

우리나라의 법률에서 창업을 규정하고 있는 법률을 기준으로 법적 내용을 검토하면 다음과 같다.

표 1-1 법령별 창업 적용사례

법령	적용사례
중소기업창업 지원법	자금, 입지, 인력지원 등 조세지원 이외의 지원시 적용
조세특례제한법	국세의 감면시 적용
지방세특례제한법	지방세의 감면시 적용

1. 「중소기업창업 지원법」의 창업 정의

창업이라 함은 「중소기업기본법」 제2조의 규정에 의한 중소기업을 새로이 설립하여 사업을 개시하는 것을 말한다.

「중소기업창업 지원법 시행령」 제2조에서 규정하고 있는 '① 사업의 승계, ② 기업형태의 변경, ③ 폐업 후 같은 종류의 사업재개' 등 3가지 사례는 창업으로 보지 않고 있다.

2. 창업으로 인정하지 않는 경우

가. 사업의 승계

타인으로부터 사업을 승계하여 승계 전의 사업과 같은 종류의 사업을 계속하는 경우에는 중소기업을 신규로 창설하는 효과가 없으므로 창업으로 보지 않는다.

❙ 표 1-2 ❙ 사업승계의 예와 사업승계 예외

구분	내용
사업승계의 예	• 상속이나 증여에 의해 사업체를 취득하여 같은 종류의 사업을 계속하는 경우 • 폐업한 타인의 공장을 인수하여 같은 종류의 사업을 계속하는 경우 • 사업의 일부 또는 전부의 양도 · 양수에 의해 사업을 개시하는 경우 • 기존공장을 임차하여 기존법인의 사업과 같은 종류의 사업을 영위하는 경우 • 합병 · 분할 · 현물출자 등으로 사업을 승계하여 같은 종류의 사업을 계속하는 경우 • 기존사업장에서 기존기업이 영위한 사업과 동종사업을 영위하는 경우
사업승계의 예외	사업의 일부를 분리하여 당해기업의 임원, 직원 또는 그 외의 자가 사업을 개시하는 경우로서 다음의 요건을 갖춘 경우(「중소기업창업 지원법」 시행령 제2조) ① 사업을 하던 자와 사업을 개시하는 자 간에 사업분리에 관한 계약을 체결할 것 ② 사업을 개시하는 자가 새로 설립되는 기업의 대표자로서 그 기업의 최대주주 또는 최대출자자가 될 것

나. 기업의 형태변경

개인사업자인 중소기업자가 법인으로 전환하거나 법인의 조직변경 등 기업형태를 변경하여 변경 전의 사업과 같은 종류의 사업을 계속하는 경우 형식상의 창업절차만 있고 실질적으로는 중소기업의 창설효과가 없으므로 창업으로 보지 않는다.

| 표 1-3 | 기업형태의 변경 사례

구분	기업형태의 변경 사례
1	개인사업자가 법인으로 전환하는 경우
2	합명회사와 합자회사, 유한회사와 주식회사 상호 간에 법인형태를 변경하여 같은 종류의 사업을 계속하는 경우
3	기업을 합병하여 동종의 사업을 영위하는 경우 (A기업과 B기업이 합병하여 C기업을 설립하는 경우)

다. 폐업 후 사업재개

폐업 후 사업을 개시하여 폐업 전의 사업과 같은 종류의 사업을 계속하는 경우 창업으로 보지 않는다.

| 표 1-4 | 창업인정 여부

구분	내용
창업으로 인정하지 않는 경우	• 사업의 일시적인 휴업이나 정지 후에 다시 사업을 재개하는 경우 • 공장을 이전하기 위해 기존장소의 사업을 폐업하고, 새로운 장소에서 사업을 재개하는 경우
창업으로 인정하는 경우	• 폐업을 한 후에 사업을 재개하더라도 폐업 전의 사업과는 다른 종류의 사업을 새로이 개시하는 경우

| 표 1-5 | 같은 종류의 사업의 범위

구분	기업형태의 변경 사례
한국표준산업분류의 적용	같은 종류의 사업이란 「통계법」 제22조 제1항에 따라 통계청장이 작성 · 고시하는 한국표준산업분류상의 세분류를 기준으로 한다(시행령 제2조 제2항).
업종 추가시 같은 종류 사업의 적용	기존업종에 다른 업종을 추가하여 사업을 하는 경우에는 추가된 업종의 매출액이 총매출액의 100분의 50 미만인 경우에만 같은 종류의 사업을 계속하는 것으로 본다(시행령 제2조 제2항).
매출액의 적용기간	추가된 업종의 매출액 또는 총매출액은 추가된 날이 속하는 분기의 다음 2분기 동안의 매출액 또는 총매출액을 말한다(시행령 제2조 제2항).

3. 창업지원에서 제외되는 업종의 범위

「중소기업창업 지원법」은 모든 중소기업의 창업에 관하여 적용한다. 다만 다음 업종의 중소기업에 대하여는 이를 적용하지 아니하며 업종의 분류는 한국표준산업분류를 기준으로 한다.

| 표 1-6 | 창업지원에서 제외되는 업종의 범위

① 금융 및 보험업
정보통신기술을 활용하여 금융서비스업을 제공하는 업종으로서 다음의 기준을 모두 갖춘 업종은 제외한다.
㉮ 금융 및 보험업으로서 정보통신기술을 활용하여 금융서비스를 제공하는 업종을 그 주된 업종(「중소기업기본법 시행령」 제4조에 따른 주된 업종을 말한다. 이하 이 항에서 같다)으로 할 것
㉯ 그외 기타 여신금융업을 주된 업종으로 하지 아니할 것
② 부동산업
③ 숙박 및 음식점업(호텔업, 휴양콘도운영업, 기타 관광숙박 시설운영업 및 상시 근로자 20명 이상의 법인인 음식점은 제외한다)
④ 무도장운영업
⑤ 골프장 및 스키장운영업
⑥ 기타 갬블링 및 베팅업
⑦ 기타 개인서비스업(그외 기타 개인서비스업은 제외한다)
⑧ 그 밖에 제조업이 아닌 업종으로서 중소벤처기업부령이 정하는 업종
☛ 현재 중소벤처기업부령으로 정하고 있는 업종은 없음.

2절 창업의 중요성

전 세계적으로 창업이 더욱 활성화되며 창업의 중요성이 더욱 커지고 있다. 최근 우리 사회에는 젊은 층의 취업난, 저금리로 인한 은행이자수입 생활자의 생계유지 곤란, 정년퇴직 또는 정년 이전의 임의퇴직, 불황의 장기화 등으로 인하여 새로운 소득을 얻기 위해 취업 또는 재취업보다 창업을 선망하는 부류가 많아지고 있다. 따라서 기업성장과 고용의 선순환 구조가 붕괴되고 있는 시점에서 창업은 기업성장과 고용 간의 선순환 구조의 매개체 역할을 수행하고, 경제의 안정 · 지속성장의 토대를 제공하며, 사회적 문제 해소에 기여할 수 있는 최선책일 수 있어서 창업이 더욱 중요하게 되었다.

창업은 부의 창출, 직장의 창출, 자원의 활용, 생활공간의 창조, 과학기술의 발달촉진, 국제수지의 영향 등으로 중요성이 강조되었다. 성공적인 창업은 경제의 주체인 기업, 정부, 가계에서 기업의 가치를 창출함으로써 사회적 가치 제고와 국가가치 제고에 기여를 하게 된다. 따라서 성공적인 창업은 그 중요성을 아무리 강조해도 지나치지 않다.

최근 청년창업을 장려하는 분위기가 점차 높아지고 있다. 벤처창업, 즉 스타트업에 성공하기 위해선 어떤 조건이 필요할까? 창조의 순간도 단 한 번뿐이다. 비즈니스 세계에서 모든 순간은 단 한 번밖에 일어나지 않는다. 앞으로 그 누구도 제2의 빌 게이츠나 제2의 마크 저커버그가 될 수는 없다. 기존의 모범사례를 따라 하고 점진적으로 발전해 봤자, 세상은 1에서 n(수평

표 1-7 창업의 중요성

1. 기업성장과 고용 간의 선순환 구조의 매개체 역할	7. 생활공간의 창조
2. 경제의 안정 · 지속성장 토대를 제공	8. 과학기술의 발달촉진
3. 사회적 문제 해소	9. 국제수지의 영향
4. 부의 창출	10. 기업가치 제고
5. 직장의 창출	11. 사회적가치 제고
6. 자원의 활용	12. 국가가치 제고

자료: 피터 틸, 제로 투 원

적 진보)으로 익숙한 것이 하나 더 늘어날 뿐이다. 하지만 뭔가 새로운 것을 창조한다면 세상은 0에서 1(수직적 진보)이 된다. 페이팔(PayPal)을 설립하여 온라인 상거래 시대를 열었던 인물 피터 틸의 저서 〈제로 투 원〉은 그런 의미이다. 새로운 가치를 만들어내고, 그것이 획기적일수록 창조적인 독점기업으로 성장한다는 것으로 남들이 따라올 수 없는 회사로 바뀐다는 것이다.

3절 창업의 요소

창업의 요소에는 인적요소, 물적요소, 기술적요소 3가지가 있다. 인적요소에는 창업자가, 물적요소에는 창업자금이, 그리고 기술적요소에는 창업 아이디어가 있다. 창업요소는 경영의 3요소인 3M 즉, 사람(Man), 자금(Money), 원자재(Material)를 의미한다. 창업요소인 창업자, 창업자금, 창업 아이디어는 경영요소인 사람(Man), 자금(Money), 원자재(Material)를 의미한다. 따라서 창업(startup)은 경영(management)을 의미한다.

| 표 1-8 | 창업의 요소

구분	창업요소	경영의 3요소
인적요소	창업자	사람(Man)
물적요소	창업자금	자금(Money)
기술적요소	창업 아이디어	원자재(Material)

1. 창업자

창업자는 자금을 조달하고, 기업을 설립하고, 기업을 경영하는 자이다. 창업자는 중소기업을 창업하는 자와 중소기업을 창업하여 사업을 개시한 날부터 7년이 지나지 아니한 자를 말한다(「중소기업창업 지원법」 제2조 제2호). 사업개시일은 법인은 법인설립등기일이며, 개인사업자는 「부가가치세법」 제8조 제1항 및 제2항에 따른 사업자등록일을 기준일로 한다.

창업자의 유형에는 기술창업자, 일반창업자, 사내창업자가 있다. 기술창업자는 기술적 경험과 아이디어를 중심으로 사업을 시작하는 창업자이다. 일반창업자는 기술 중심의 창업보다는 사업의 관리능력 위주의 창업자를 말한다. 사내창업자는 조직 내의 실험실, 컴퓨터, 기자재 등 확보된 제반자원을 활용하여 조직 내에서 혁신을 창출하는 창업자를 말한다.

창업자는 일자리를 만들고 세계의 변화를 이끌며 문화를 창조하는 역할을 한다.

표 1-9 | 창업자 유형

구분	정의
기술창업자	기술적 경험과 아이디어를 중심으로 사업을 시작하는 창업자
일반창업자	사업의 관리능력 위주의 창업자
사내창업자	조직 내의 제반자원을 활용하여 조직 내에서 혁신을 창출하는 창업자

2. 창업자금

창업자금은 창업에 필요한 자산을 준비하기 위한 자금으로서 창업의 물적요소를 의미한다. 창업자금은 주식회사 법인의 경우 주식의 발행 또는 회사채의 발행을 통하여 조달한다. 창업기업은 정부자금, 벤처캐피털 등으로 창업자금을 조달할 수 있다. 조달한 자금은 창업기업의 경영을 위하여 투자활동을 통하여 건물, 기계장치, 비품, 차량운반구 등 기업에 필요한 자산을 구입한다. 창업기업은 영업활동을 통하여 수익과 비용의 발생에 의하여 이익을 창출한다. 창업자금의 조달과 운영에 관한 정보는 재무상태표에 기록되어 표현된다. 창업기업의 영업활동에 관한 정보는 손익계산서에 기록되어 표현된다.

표 1-10 창업자금의 기록: 기업의 3대 경영활동

구분	의미	세부활동	재무제표상 기록
재무활동	• 기업에 필요한 자금을 조달하는 활동	• 필요한 자금의 조달 –자기자본의 조달 –타인자본의 조달	• 재무상태표 대변
투자활동	• 조달한 자금을 경영목적상 필요한 자산획득에 활용하는 활동	• 조달된 자금의 활용 –생산설비에 투자 –장 · 단기 여유자금 투자	• 재무상태표 차변
영업활동	• 획득한 자산을 활용하여 제품을 생산 · 판매하고 용역을 제공함으로써 기업 본래의 목적을 달성하는 활동	• 각종 경영관리 –구매 · 생산 · 판매 –마케팅 –연구개발 –인적자원관리	• 손익계산서 차변: 비용 • 손익계산서 대변: 수익

3. 창업 아이디어

창업 아이디어는 창업의 기술적 요소를 의미한다. 창업 아이디어는 창업 제품 또는 서비스로 구체화되며 성공적인 창업을 위한 실체를 말한다.

4절 창업의 성공요소

창업의 성공요소에는 철저한 창업준비, 창업자의 성공을 위한 기업가정신, 창업 경영환경 변화의 예측능력, 최적의 아이템 선정, 성공적인 창업경영 등이 있다.

❙ 표 1-11 ❙ 창업의 성공요소

1. 철저한 창업준비
2. 창업자의 성공을 위한 기업가정신
3. 창업 경영환경 변화의 예측능력
4. 최적의 아이템 선정
5. 성공적인 창업경영

5절 창업의 유형

창업은 업종, 독립성 여부, 혁신성, 창업자수, 점포보유 여부, 인수 · 합병, 창업동기, 자금규모, 연령에 따라 구분할 수 있다. 업종에 따라 제조업 창업, 도 · 소매업 창업, 서비스 창업으로 구분할 수 있다. 독립성 여부에 따라 독립사업 창업, 프랜차이즈 창업으로 구분할 수 있다. 혁신성에 따라 혁신 창업, 모방 창업으로 구분할 수 있다. 창업자수에 따라 개인 창업, 공동 창업으로 구분할 수 있다. 점포보유 여부에 따라 점포 창업, 무점포 창업으로 구분할 수 있다. 인수 · 합병에 따라 신규 창업, 기업 인수 · 합병 창업으로 구분할 수 있다. 창업동기에 따라 생계형 창업, 부업형 창업, 공격형 창업으로 구분할 수 있다. 자금규모에 따라 소자본 창업, 중자본 창업, 대자본 창업으로 구분할 수 있다. 연령에 따라 주니어 창업, 시니어 창업, 연령대별 창업으로 구분할 수 있다. 창업 유형에 대한 자세한 설명은 [표 1-12]에 기술되어 있다.

❙ 표 1-12 ❙ 창업의 유형

구분	창업종류	의의
업종	제조업 창업	원재료를 투입하여 제품을 만드는 사업을 창업
	도 · 소매업 창업	유통업 창업
	서비스업 창업	교육, 금융, 통신, 부동산, 임대, 음식점, 숙박, 창고업 등의 서비스업 창업
독립성 여부	독립사업 창업	독립적 상호를 가지고 독자적으로 창업
	프랜차이즈 창업	프랜차이즈 기업과의 계약에 의한 창업

혁신성	혁신 창업	기존사업, 경영, 기술, 제품과 크게 다르게 새롭게 창업
	모방 창업	기존기업과 유사하게 창업
창업자수	개인 창업	개인이 독자적으로 창업
	공동 창업	두 명 이상의 창업자가 공동으로 창업
점포 여부	점포 창업	점포 공간을 기반으로 한 창업
	무점포 창업	무점포를 기반으로 한 창업
인수 · 합병 여부	신규 창업	새로운 기업 창업
	기업 인수 · 합병 창업	기존기업의 인수 또는 합병 창업
동기	생계형 창업	가족 및 창업자의 생계를 위한 창업
	부업형 창업	소득 증대 및 여유 시간을 이용한 창업
	공격적 창업	성공적인 기업 설립 및 경영을 위한 창업
자금규모	소자본 창업	소규모 자본을 기반으로 한 창업
	중자본 창업	중규모 자본을 기반으로 한 창업
	대자본 창업	대규모 자본을 기반으로 한 창업
연령	주니어 창업	주니어 연령대 창업
	시니어 창업	시니어 연령대 창업
	연령대별 창업	20대 창업, 30대 창업, 40대 창업, 50대 장업, 60대 창업

6절 소자본 창업의 이해

1. 소자본 창업의 의의

소자본 창업은 소자본으로 기업을 설립하는 것이다. 소자본 창업은 소자본으로 기업을 새롭게 설립하는 것이다. 창업시 대부분의 창업자는 소자본 창업을 한다. 창업 초기에는 소자본으로 창업한 후 점진적으로 사업규모를 확대해간다.

2. 소자본 창업의 특성

소자본 창업은 소규모 자금의 창업, 소호창업(SOHO: Small Office Home Office), 비기술적 분야 창업, 직장경험 · 취미 · 특기 · 지식 · 노하우, 아이디어 기반 창업, 1인 또는 소수인원의 창업, 인터넷 기반 창업, 창업기업수 다수, 기업의 창업률과 폐업률이 높음, 창업자 의존 창업을 특징으로 한다.

표 1-13 | 소자본 창업의 특성

1. 소규모 자금의 창업	6. 인터넷 기반 창업
2. 소호창업(SOHO: Small Office Home Office)	7. 창업기업수 다수
3. 비기술적 분야 창업	8. 기업의 창업률과 폐업률이 높음
4. 직장경험 · 취미 · 특기 · 지식 · 노하우 · 아이디어 기반 창업	9. 창업자 의존 창업
5. 1인 또는 소수인원의 창업	

요약& 결론

창업이란 새롭게 기업을 설립하는 것을 의미한다. 창업이라 함은 「중소기업기본법」 제2조의 규정에 의한 중소기업을 새로이 설립하여 사업을 개시하는 것을 말한다.

「중소기업창업 지원법 시행령」 제2조에서 규정하고 있는 '① 사업의 승계, ② 기업형태의 변경, ③ 폐업 후 같은 종류의 사업재개' 등 3가지 사례는 창업으로 보지 않고 있다.

최근 우리 사회에는 젊은 층의 취업난, 저금리로 인한 은행이자수입 생활자의 생계유지 곤란, 정년퇴직 또는 정년 이전의 임의퇴직, 불황의 장기화 등으로 인하여 새로운 소득을 얻기 위해 취업 또는 재취업보다 창업을 선망하는 부류가 많아지고 있다. 따라서 기업성장과 고용의 선순환 구조가 붕괴되고 있는 시점에서 창업은 기업성장과 고용 간의 선순환 구조의 매개체 역할을 수행하고, 경제의 안정 · 지속성장의 토대를 제공하며, 사회적 문제 해소에 기여할 수 있는 최선책일 수 있어서 창업이 더욱 중요하게 되었다. 창업은 부의 창출, 직장의 창출, 자원의 활용, 생활공간의 창조, 과학기술의 발달촉진, 국제수지의 영향 등으로 중요성이 강조되었다.

창업의 요소에는 인적요소, 물적요소, 기술적요소 3가지가 있다. 인적요소에는 창업자가, 물적요소에는 창업자금이, 그리고 기술적요소에는 창업 아이디어가 있다.

창업자는 자금을 조달하고, 기업을 설립하고, 기업을 경영하는 자이다. 창업자는 중소기업을 창업하는 자와 중소기업을 창업하여 사업을 개시한 날부터 7년이 지나지 아니한 자를 말한다(「중소기업창업 지원법」 제2조 제2호).

창업자의 유형에는 기술창업자, 일반창업자, 사내창업자가 있다. 기술창업자는 기술적 경험과 아이디어를 중심으로 사업을 시작하는 창업자이다. 일반창업자는 기술 중심의 창업보다는 사업의 관리능력 위주의 창업자를 말한다. 사내창업자는 조직 내의 실험실, 컴퓨터, 기자재 등 확보된 제반자원을 활용하여 조직 내에서 혁신을 창출하는 창업자를 말한다.

창업자금은 창업에 필요한 자산을 준비하기 위한 자금으로서 창업의 물적요소를 의미한다. 창업자금은 주식회사 법인의 경우 주식의 발행 또는 회사채의 발행을 통하여 조달한다. 창업기업은 정부자금, 벤처캐피털 등으로 창업자금을 조달할 수 있다. 조달한 자금은 창업기업의 경영을 위하여 투자활동을 통하여 건물, 기계장치, 비품, 차량운반구 등 기업에 필요한 자산을 구입한다. 창업기업은 영업활동을 통하여 수익과 비용의 발생에 의하여 이익을 창출한다. 창업자금의 조달과 운영에 관한 정보는 재무상태표에 기록되어 표현된다. 창업기업의 영업활동에 관한 정보는 손익계산서에 기록되어 표현된다.

창업 아이디어는 창업의 기술적요소를 의미한다. 창업 아이디어는 창업 제품 또는 서비스로 구체화되며 성공적인 창업을 위한 실체를 말한다.

창업의 성공요소에는 철저한 창업준비, 창업자의 성공을 위한 기업가정신, 창업 경영환경 변화의 예측능력, 최적의 아이템 선정, 성공적인 창업경영 등이 있다.

창업은 업종, 독립성 여부, 혁신성, 창업자수, 점포보유 여부, 인수 · 합병, 창업동기, 자금규모, 연령에 따라 구분할 수 있다. 업종에 따라 제조업 창업, 도 · 소매업 창업, 서비스 창업으로 구분할 수 있다. 독립성 여부에 따라 독립사업 창업, 프랜차이즈 창업으로 구분할 수 있다. 혁신성에 따라 혁신 창업, 모방 창업으로 구분할 수 있다. 창업자수에 따라 개인 창업, 공동 창업으로 구분할 수 있다. 점포보유 여부에 따라 점포 창업, 무점포 창업으로 구분할 수 있다. 인수 · 합병에 따라 신규창업, 기업 인수 · 합병 창업으로 구분할 수 있다. 창업동기에 따라 생계형 창업, 부업형 창업, 공격형 창업으로 구분할 수 있다. 자금규모에 따라 소자본 창업, 중자본 창업, 대자본 창업으로 구분할 수 있다. 연령에 따라 주니어 창업, 시니어 창업, 연령내별 창업으로 구분할 수 있다.

소자본 창업은 소자본으로 기업을 설립하는 것이다. 소자본 창업은 소자본으로 기업을 새롭게 설립하는 것이다.

소자본 창업은 소규모 자금의 창업, 소호 창업(SOHO: Small Office Home Office), 비기술적 분야 창업, 직장경험 · 취미 · 특기 · 지식 · 노하우 · 아이디어 기반 창업, 1인 또는 소수인원의 창업, 인터넷 기반 창업, 창업기업수 다수, 기업의 창업률과 폐업률이 높음, 창업자 의존 창업을 특징으로 한다.

Successful Startup 1 성공하는 사람들의 7가지 습관

스티븐 코비가 저술한 비즈니스 자기 계발서인 〈성공하는 사람들의 7가지 습관〉은 성공적인 창업경영자가 되기 위한 좋은 가이드가 된다. 성공적인 창업경영을 위한 성공하는 사람들의 7가지 습관을 살펴보면 다음과 같다.

첫째, 성공하는 사람은 "자신의 삶을 주도한다." 성공하는 사람은 인생의 코스를 스스로 선택한다. 성공하는 사람들은 자신이 할 수 없는 일에 집착하거나 외부의 힘에 반응하는 대신, 할 수 있는 일에 집중하며 자신의 선택과 결과에 책임을 진다.

둘째, 성공하는 사람은 "끝을 생각하며 시작한다." 자신이 어디로 향하고 있는지 알기 위해서는 전반적인 인생목표를 포함해 최종목표를 정한다.

셋째, 성공하는 사람은 "소중한 것을 먼저 한다." 긴급함이 아니라 중요성을 기반으로 업무 우선순위를 정하고 둘째 습관인 "끝을 생각하며 시작한다"에서 정한 목표성취를 돕는 계획을 세운다. 성공하는 사람은 우선순위에 따라 업무를 수행한다.

넷째, 성공하는 사람은 "윈-윈을 생각한다." 성공하는 사람은 쌍방에 도움이 되는 해결책을 추구한다.

다섯째, 성공하는 사람은 "먼저 이해하고 다음에 이해시킨다." 성공하는 사람은 상호 존중하는 환경을 조성하고 문제를 효과적으로 해결하기 위해서는 타인의 말을 경청하고 열린 자세를 가진다. 이로써 상대도 같은 태도를 보이도록 유도할 수 있다.

여섯째, 성공하는 사람은 "시너지를 낸다." 성공하는 사람은 혼자서 달성할 수 없는 목표를 이루기 위해 팀을 활용한다. 성공하는 사람은 팀원들의 최대성과를 이끌어내기 위해 유의미한 공헌과 최종목표를 장려한다.

일곱째, 성공하는 사람은 "끊임없이 쇄신한다." 성공하는 사람은 장기적으로 성공하기 위해서는 기도나 명상, 운동과 봉사활동, 고무적인 독서를 통해 몸과 마음, 영혼을 건강하게 유지하고 쇄신한다.

표 1-14 성공하는 사람들의 7가지 습관

1. 자신의 삶을 주도한다.
2. 끝을 생각하며 시작한다.
3. 소중한 것을 먼저 한다.
4. 윈-윈을 생각한다.
5. 먼저 이해하고 다음에 이해시킨다.
6. 시너지를 낸다.
7. 끊임없이 쇄신한다.

2장 소자본 창업경영의 이해

1절 경제주체의 이해

경제는 구입, 판매, 근로, 고용, 생산 등 다양한 일을 하는 수많은 사람들로 구성되어 있다. 경제주체(economic units)란 가계, 기업, 정부와 같이 자기의 의사와 판단으로 경제활동을 하는 자를 말한다.

기업은 생산의 주체이고, 가계는 소비의 주체이다. 기업은 노동, 토지, 자본과 같은 생산요소를 투입하여 재화와 서비스를 생산한다. 가계는 생산요소를 소유하고 있으며, 기업이 생산하는 재화와 서비스를 소비한다. 가계와 기업은 재화와 서비스시장과 생산요소시장 두 시장에서 서로 만난다. 재화와 서비스시장에서는 가계가 구매자가 되고 기업이 판매자가 된다. 생산요소시장에서는 가계가 판매자가 되고 기업이 구매자가 된다. 재화와 서비스시장에서 판매자인 기업은 구매자인 가계에게 재화와 서비스를 생산하여 판매하고 수입을 얻는다. 구매자인 가계는 판매자인 기업으로부터 재화와 서비스를 구매하고 대가를 지불함으로써 지출이 이루어진다. 생산요소시장에서는 생산요소 판매자인 가계는 생산요소 구매자인 기업에게 노동, 토지, 자본 등 생산요소를 판매하고 소득을 얻는다. 생산요소 구매자인 기업은 가계로부터 노동, 토지, 자본 등 생산요소를 구매하고 임금, 지대, 이윤 등 대가를 지불한다. 정부는 생산 및 소비의 주체이다.

경영학은 경제주체 중 기업을 중심으로 연구를 하는 학문이다.

| 표 2-1 | 경제주체

경제주체	역할
기업	생산의 주체
정부	생산과 소비의 주체
가계	소비의 주체

| 그림 2-1 | 경제주체로서의 기업과 가계

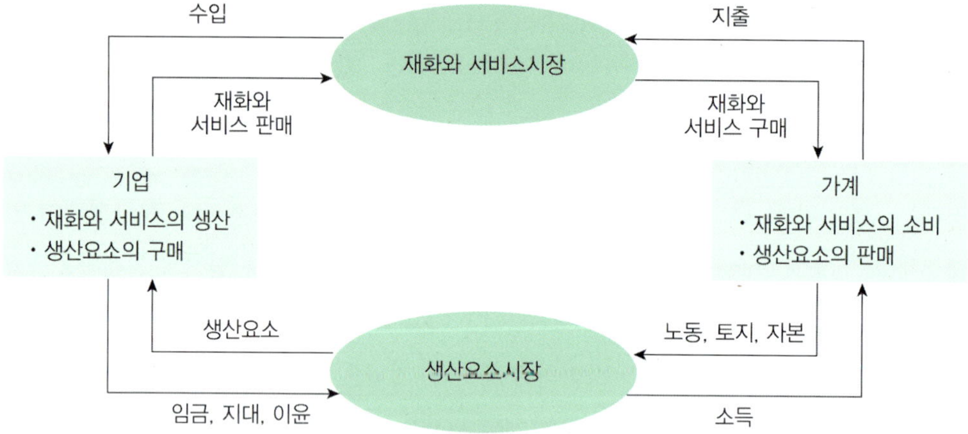

1. 기업의 의의

기업(enterprise)은 이윤의 획득을 목적으로 운용하는 자본의 조직단위를 말한다. 기업은 국민경제를 구성하는 기본적 단위이며, 생산수단의 소유와 노동의 분리를 기초로 하여 영리목적을 추구하는 독립적인 생산경제의 단위를 이루고 있다.

기업은 소유와 노동의 분리, 영리목적, 개별성, 독립성, 생산경제의 단위 등의 특징을 가지고 있다. 첫째, 소유와 노동의 분리는 수공업자나 소규모 기업의 경우 생산자는 자신이 소유하는 생산수단에 자신의 노동력을 가하여 생산함으로써 소유와 노동이 일치하는 데 비하여, 기업은 생산수단의 소유와 노동의 분리에 의하여 임금노동의 이용이 행해지면서, 독립된 개별단위로서의 기업이 성립한다. 둘째, 기업은 영리목적을 추구하는 경제사업이라는 점에서 정부 · 교회 등의 비영리경제조직과 구별된다. 셋째, 기업을 일정량의 자본의 단위로서, 즉 개별성으로서 파악하는 것을 뜻한다. 넷째, 기업은 생산 · 유통을 통하여 사회적 수요를 충족시키며, 여기서 얻어진 수익을 생산에 대한 대가로서 대금 · 임금 · 세금 · 배당 · 이자 등의 형태로 분배한다. 다섯째, 기업은 사회가 필요로 하는 재화 또는 서비스를 생산 · 공급하는 경제적 조직의 단위체이므로 소비경제의 단위체인 정부 · 가계와 구별된다.

기업은 정부가 경영권을 가지고 있는 공기업과 민간인이 경영권을 가진 사기업으로 나눌 수 있는데, 사기업은 다시 영리기업과 비영리기업으로 나누어진다.

상법상 기업의 형태에는 개인기업과 법인기업이 있다. 법인기업에는 합명회사, 합자회사, 유한회사, 주식회사가 있다. 개인기업은 개인이 출자하여 기업을 지배하는 기업유형으로서 출자자인 기업가가 경영상의 모든 위험과 손실을 직접 책임지고, 이윤도 단독으로 획득하는 기업이다. 합명회사는 소수공동기업으로서 2인 이상의 사원이 공동으로 출자하고 회사의 채무에 대하여 무한연대 책임을 지면서 직접 회사경영에 참여하는 대표적인 인적기업이다. 합자회사는 경영능력이 있는 사람과 자본이 있는 사람이 결합하여 사업하는 소수공동기업이다. 유한회사는 출사자에 대한 무한책임의 부담을 없애고 가족기업과 같은 적당한 규모의 기업으로서 유지 · 성장할 수 있도록 창안된 기업형태이다. 주식회사는 주주의 유한책임제도와 자본의 증권화를 통하여 자본과 경영이 분리되는 다수공동기업의 형태를 말한다.

▌표 2-2 ▌기업의 형태 및 목적

구분	형태	목적
공기업	정부투자기관, 정부출자기관	공공성 · 수익성
영리기업	합명회사, 합자회사, 유한회사, 주식회사	수익성
비영리기업	재단법인(학교, 병원 등), 사단법인(연구소, 학회 등)	특정 목적의 달성

2. 중소기업의 의의

가. 중소기업의 개념

중소기업은 규모가 작은 기업을 의미한다. 그러나 법적인 의미의 중소기업은 보호와 육성의 대상으로 법령에서 규정한 기업을 말한다.

중소기업 범위기준은 「중소기업기본법」 제2조 및 같은 법 시행령 제3조에서 상세하게 규정하고 있다. 우리나라 중소기업은 2019년 기준으로 전체 기업의 99.9%를 차지하고 있으며, 기업 종사자의 82.7%가 근무하고 있다.

중소기업은 성장 · 발전하는 단계에서 대기업에 비하여 상대적으로 취약하므로, 경쟁력을 갖을 수 있도록 정부는 창업, 자금, 경영, 판로, 기술개발 및 동반성장 등 여러 분야에서 지원정책을 마련하여 시행하고 있다.

「중소기업기본법」상 중소기업이 될 수 있는 대상은 영리를 목적으로 사업을 경영하는 개인사업자와 법인기업이다.

영리법인이란 수익사업을 목적으로 경영할 뿐만 아니라 구성원에게 영업활동으로 발생한 이익을 분배할 수 있어야 하며, 구성원에게 이익잉여금을 배당할 수 있는 법인을 말한다.

비영리법인은 「민법」 제32조에 따라 설립된 사단 · 재단법인, 「사립학교법」이나 그 밖의 특별법에 따라 설립된 법인으로서, 학교 · 종교 · 자선 · 기예 · 사교 · 기타 영리 아닌 사업을 목적으로 하고 주주 · 사원 또는 출자자에게 이익을 배당할 수 없는 법인을 말한다.

「사회적기업육성법」 제2조 제1호 및 제7조에 따라 사회적기업으로 인증을 받은 사회적기업, 「협동조합기본법」 제2조에 따른 협동조합(연합회), 사회적협동조합(연합회), 이종협동조합연합회(이 법 제2조 제1항 각 호에 따른 중소기업을 회원으로 하는 경우로 한정한다), 「소비자생활협동조합법」 제3조에 따른 중소기업(사업)협동조합(연합회)의 경우에는 영리법인이 아니라 해도 중소기업 기준을 충족하면 중소기업이 될 수 있다.

타법령에서 시책별 특성에 따라 필요하다고 인정하는 때에는 비영리법인 · 단체 등을 중소기업으로 간주할 수 있으나, 이는 해당 법령의 적용에만 한정하는 것이며 「중소기업기본법」상 중소기업을 의미하지 않는다.

▎표 2-3 ▎중소기업기본법의 목적 및 중소기업자의 범위

「중소기업기본법」 제1조 및 제2조

제1조(목적) 이 법은 중소기업이 나아갈 방향과 중소기업을 육성하기 위한 시책의 기본적인 사항을 규정하여 창의적이고 자주적인 중소기업의 성장을 지원하고 나아가 산업구조를 고도화하고 국민경제를 균형 있게 발전시키는 것을 목적으로 한다.

제2조(중소기업자의 범위) ① 중소기업을 육성하기 위한 시책(이하 "중소기업시책"이라 한다)의 대상이 되는 중소기업자는 다음 각 호의 어느 하나에 해당하는 기업 또는 조합 등(이하 "중소기업"이라 한다)을 영위하는 자로 한다. 다만, 「독점규제 및 공정거래에 관한 법률」 제31조 제1항에 따른 공시대상기업집단에 속하는 회사 또는 같은 법 제33조에 따라 공시대상기업집단의 소속회사로 편입・통지된 것으로 보는 회사는 제외한다.

1. 다음 각 목의 요건을 모두 갖추고 영리를 목적으로 사업을 하는 기업
   가. 업종별로 매출액 또는 자산총액 등이 대통령령으로 정하는 기준에 맞을 것
   나. 지분 소유나 출자 관계 등 소유와 경영의 실질적인 독립성이 대통령령으로 정하는 사회적기업
2. 「사회적기업육성법」 제2조 제1호에 따른 사회적기업 중에서 대통령령으로 정하는 사회적기업
3. 「협동조합기본법」 제2조에 따른 협동조합, 협동조합연합회, 사회적협동조합, 사회적협동조합연합회, 이종협동조합연합회(이 법 제2조 제1항 각 호에 따른 중소기업을 회원으로 하는 경우로 한정한다) 중 대통령령으로 정하는 자
4. 「소비자생활협동조합법」 제2조에 따른 조합, 연합회, 전국연합회 중 대통령령으로 정하는 자
5. 「중소기업협동조합법」 제3조에 따른 협동조합, 사업협동조합, 협동조합연합회 중 대통령령으로 정하는 자

② 중소기업은 대통령령으로 정하는 구분기준에 따라 소기업과 중기업으로 구분한다.

③ 제1항을 적용할 때 중소기업이 그 규모의 확대 등으로 중소기업에 해당하지 아니하게 된 경우 그 사유가 발생한 연도의 다음 연도부터 3년간은 중소기업으로 본다. 다만, 중소기업 외의 기업과 합병하거나 그 밖에 대통령령으로 정하는 사유로 중소기업에 해당하지 아니하게 된 경우에는 그러하지 아니하다.

④ 중소기업시책별 특성에 따라 필요하다고 인정하면 해당 법률에서 정하는 바에 따라 법인・단체 등을 중소기업자로 할 수 있다.

나. 중소기업 범위기준

「중소기업기본법 시행령」 제3조에서는 매출액 등 외형에 따른 규모기준과 계열관계에 따른 독립성 기준을 모두 충족하여야 중소기업임을 규정하고 있다.

1) 규모기준

규모기준은 「중소기업기본법 시행령」 제3조 제1항 제1호에 따른 업종별 규모기준과 상한기준으로 구분된다. 업종별 규모기준을 충족하더라도 상한기준을 충족하지 못하면 중소기업에 해당하지 않는다.

업종별 규모기준은 업종의 특성을 반영하여 표준산업분류(대분류, 제조업은 중분류) 기준으로 매출액 규모를 다르게 정하고 있다. 상한기준은 업종에 상관없이 적용하는 기준으로 자산총액이 5천억원 이상인 경우에는 중소기업에서 배제하고 있다.

이전에는 별도로 규모기준을 정했던 비영리 사회적기업과 협동조합에 대해서도 일반 영리기업과 똑같이 규모기준을 적용하도록 개정되었다.

가) 업종별 규모기준

해당 기업이 경영하는 주된 업종에 따라 다음의 평균매출액 등의 규모기준을 충족해야 한다.

표 2-4 ❙ 주된 업종별 평균매출액 등의 중소기업 규모기준(중소기업기본법 시행령)

해당 기업의 주된 업종		분류기호	규모기준
제조업 (6개 업종)	의복, 의복액세서리 및 모피제품제조업	C14	평균매출액 등 1,500억원 이하
	가죽, 가방 및 신발제조업	C15	
	펄프, 종이 및 종이제품제조업	C17	
	1차금속제조업	C24	
	전기장비제조업	C28	
	가구제조업	C32	

<table>
<tr><td colspan="2">농업, 임업 및 어업</td><td>A</td><td rowspan="18">평균매출액 등
1,000억원 이하</td></tr>
<tr><td colspan="2">광업</td><td>B</td></tr>
<tr><td rowspan="12">제조업
(12개 업종)</td><td>식료품제조업</td><td>C10</td></tr>
<tr><td>담배제조업</td><td>C12</td></tr>
<tr><td>섬유제품제조업(의복제조업 제외)</td><td>C13</td></tr>
<tr><td>목재 및 나무제품제조업(가구제조업 제외)</td><td>C16</td></tr>
<tr><td>코크스, 연탄 및 석유정제품제조업</td><td>C19</td></tr>
<tr><td>화학물질 및 화학제품제조업(의약품제조업 제외)</td><td>C20</td></tr>
<tr><td>고무제품 및 플라스틱제품제조업</td><td>C22</td></tr>
<tr><td>금속가공제품제조업(기계 및 가구제조업 제외)</td><td>C25</td></tr>
<tr><td>전자부품, 컴퓨터, 영상, 음향 및 통신장비제조업</td><td>C26</td></tr>
<tr><td>그 밖의 기계 및 장비제조업</td><td>C29</td></tr>
<tr><td>자동차 및 트레일러제조업</td><td>C30</td></tr>
<tr><td>그 밖의 운송장비제조업</td><td>C31</td></tr>
<tr><td colspan="2">전기, 가스, 증기 및 공기조절공급업</td><td>D</td></tr>
<tr><td colspan="2">수도업</td><td>E36</td></tr>
<tr><td colspan="2">건설업</td><td>F</td></tr>
<tr><td colspan="2">도매 및 소매업</td><td>G</td></tr>
<tr><td rowspan="6">제조업
(6개 업종)</td><td>음료제조업</td><td>C11</td><td rowspan="9">평균매출액 등
800억원 이하</td></tr>
<tr><td>인쇄 및 기록매체복제업</td><td>C18</td></tr>
<tr><td>의료용 물질 및 의약품제조업</td><td>C21</td></tr>
<tr><td>비금속 광물제품제조업</td><td>C23</td></tr>
<tr><td>의료, 정밀, 광학기기 및 시계제조업</td><td>C27</td></tr>
<tr><td>그 밖의 제품제조업</td><td>C33</td></tr>
<tr><td colspan="2">수도, 하수 및 폐기물 처리, 원료재생업(수도업 제외)</td><td>E(E36 제외)</td></tr>
<tr><td colspan="2">운수 및 창고업</td><td>H</td></tr>
<tr><td colspan="2">정보통신업</td><td>J</td></tr>
</table>

산업용 기계 및 장비수리업	C34	평균매출액 등 600억원 이하
전문, 과학 및 기술 서비스업	M	
사업시설관리 및 사업지원 및 임대 서비스업(임대업 제외)	N(N76 제외)	
보건업 및 사회복지서비스업	Q	
예술, 스포츠 및 여가 관련 서비스업	R	
수리 및 기타 개인서비스업	S	
숙박 및 음식점업	I	평균매출액 등 400억원 이하
금융 및 보험업	K	
부동산업	L	
임대업	N76	
교육서비스업	P	

나) 상한기준

업종별 규모기준을 충족하더라도 재무상태표상 자산총계가 5,000억원 미만이어야 중소기업에 해당한다.

2) 독립성 기준 규모기준

독립성 기준은 계열관계에 따른 판단기준으로 중소기업 규모라 하더라도 대기업의 자회사이거나 계열사들과 합한 규모가 중소기업 규모기준을 초과하는 기업을 중소기업으로 인정하지 않는다는 기준이다.

독립성 기준은 다음의 3가지 기준이 있으며, 이 3가지 기준 중 어느 하나라도 해당하는 경우, 그 기업은 규모기준을 충족하더라도 중소기업에 해당하지 않는다.

① 「독점규제 및 공정거래에 관한 법률」에 따른 공시대상집단에 속하는 회사

② 자산총액 5,000억원 이상인 법인(외국법인 포함, 비영리법인 등 제외)이 30% 이상의 지분을 직·간접적으로 소유하면서 최다출자자인 기업

③ 관계기업에 속하는 기업의 경우에는 출자 비율에 해당하는 평균매출액을 합산하여 업종

별 규모기준을 충족하지 못하는 기업

독립성 기준은 주식 등의 출자관계로 인해 발생하므로 개인사업자가 아닌 법인인 기업만 적용한다. 다만, 비영리 사회적기업 및 협동조합은 법인형태를 갖추었더라도 예외적으로 독립성 기준 중 ③의 관계기업 제도를 적용하지 않는다.

3. 소기업 · 소상공인의 의의

가. 소기업의 개념

중소기업은 규모가 다양하여 그 규모에 따라 중기업, 소기업, 소상공인으로 구분한다. 정부는 중소기업 규모에 따라 중기업, 소기업, 소상공인으로 구분하여 지원 시책을 차별화하고 있다.

소기업은 중소기업 중에서 다음의 기준을 충족하는 기업이며, 중기업은 중소기업 중에서 소기업을 제외한 기업을 말한다(중소기업법 시행령 제8조 제2항).

소기업의 주업종 구분은 중소기업 규모기준과 동일하게 한국표준산업분류의 대분류 기준으로(제조업은 중분류) 구분하여 판단한다.

| 표 2-5 | 주된 업종별 평균매출액 등의 소기업 규모기준

해당 기업의 주된 업종	분류기호	규모기준
식료품제조업	C10	
음료제조업	C11	
의복, 의복액세서리 및 모피제품제조업	C14	
가죽, 가방 및 신발제조업	C15	
코크스, 연탄 및 석유정제품제조업	C19	
화학물질 및 화학제품제조업(의약품제조업 제외)	C20	
의료용 물질 및 의약품제조업	C21	
비금속 광물제품제조업	C23	

업종	분류기호	규모 기준
1차금속제조업	C24	평균매출액 등 120억원 이하
금속가공제품제조업(기계 및 가구제조업 제외)	C25	
전자부품, 컴퓨터, 영상, 음향 및 통신장비제조업	C26	
전기장비제조업	C28	
그 밖의 기계 및 장비제조업	C29	
자동차 및 트레일러제조업	C30	
가구제조업	C32	
전기, 가스, 증기 및 공기조절공급업	D	
수도업	E36	
농업, 임업 및 어업	A	평균매출액 등 80억원 이하
광업	B	
담배제조업	C12	
섬유제품제조업(의복제조업 제외)	C13	
목재 및 나무제품제조업(가구제조업 제외)	C16	
펄프, 종이 및 종이제품제조업	C17	
인쇄 및 기록매체복제업	C18	
고무제품 및 플라스틱제품제조업	C22	
의료, 정밀, 광학기기 및 시계제조업	C27	
그 밖의 운송장비제조업	C31	
그 밖의 제품제조업	C33	
건설업	F	
운수 및 창고업	H	
금융 및 보험업	K	
도매 및 소매업	G	평균매출액 등 50억원 이하
정보통신업	J	
수도, 하수 및 폐기물 처리, 원료재생업(수도업 제외)	E(E36 제외)	평균매출액 등 30억원 이하
부동산업	L	
전문, 과학 및 기술서비스업	M	

사업시설관리, 사업지원 및 임대서비스업	N	
예술, 스포츠 및 여가 관련 서비스업	R	
산업용 기계 및 장비수리업	C34	평균매출액 등 10억원 이하
숙박 및 음식점업	I	
교육 서비스업	P	
보건업 및 사회복지서비스업	Q	
수리 및 기타 개인서비스업	S	

나. 소상공인의 개념

소상공인은 소기업 중 소상공인 기준을 충족하는 기업을 말한다. 「소상공인기본법」 제2조에 따르면 소상공인은 상시 근로자수로 판단한다. 소상공인은 관계기업을 고려하지 않은 해당 기업만의 근로자수만 고려한다.

소상공인은 상시 근로자수가 10명 미만이어야 한다. 소상공인의 업종별 상시 근로자수 기준은 다음과 같다.

❙ 표 2-6 ❙ 업종별 상시 근로자수 기준

업종	기준
광업 · 제조업 · 건설업 · 운수업	상시 근로자수 10명 미만
그 밖의 업종	상시 근로자수 5명 미만

상시 근로자수는 근로자 중에서 다음에 해당하는 자를 제외한 자를 말한다(「소상공인기본법 시행령」 제3조 제3항).

① 임원 및 일용근로자

② 3개월 이내의 기간을 정하여 근로하는 자

③ 기업부설연구소 또는 연구개발전담부서의 연구전담요원

④ 1개월 동안 정해진 근로시간이 60시간 미만인 단시간근로자

| 표 2-7 | 근로자 및 제외인원에 대한 정의

구분	정의
근로자	• 직업의 종류와 관계없이 임금을 목적으로 사업 또는 사업장에서 근로를 제공하는 자
임원	• 주식회사 또는 유한회사의 경우 등기된 이사(사외이사 제외) • 주식회사 이외의 회사는 무한책임사원 또는 업무집행자(개인사업자는 사장)
일용근로자	• 「소득세법 시행령」 제20조에 따른 일용근로자 • 근로를 제공한 날 또는 시간에 따라 근로대가를 계산하거나 근로를 제공한 날 또는 시간의 근로성과에 따라 급여를 계산하여 받는 자
3개월 이내의 근로자	• 고용계약의 유무와 관계없이 3개월 이내의 기간을 정하여 근로하는 자 • 동일한 고용주에게 3개월을 반복하여 계속 근무하는 자는 상시 근로자임
연구전담요원	• 기업 내 조직으로서 「기초연구진흥 및 기술개발지원에 관한 법률」 제14조의2 제1항의 규정에 의해 인증받은 기업부설연구소(연구개발전담부서)의 연구전담요원 • 기업부설연구소에서 근로하더라도 연구전담요원 외의 일반사무직은 상시 근로자에 포함
단시간근로자	• 「근로기준법」 제2조 제1항 제9호에 따른 단시간근로자 중에서 60시간/월 이상 근로하는 자는 1명을 0.5명으로 하고, 60시간/월 미만인 자는 0명으로 함

4. 중소기업의 적용기간 및 유예기간

가. 중소기업 여부의 판단 및 적용기간

중소기업 여부는 해당 확인시점을 기준으로 판단하여야 한다. 평균매출액은 직전 3개 사업연도의 결산 재무제표상 매출액을 평균하여 적용하는 것을 원칙으로 한다. 그러나 창업·합병·분할한 기업이나 독립성 기준이 적용되는 경우에는 예외적인 기준이 적용된다.

당해 사업연도의 중소기업 여부는 직전 사업연도 말일에서 3개월이 경과한 날부터 1년간 적용한다(「중소기업기본법 시행령」 제3조의3 제1항). 12월 결산법인을 예로 들면, 중소기업 여부의 판단은 직전 사업연도의 재무현황 등을 기준으로 하고, 유효기간은 당해 사업연도 4월 1

일부터 다음 사업연도 3월 31일까지 1년간이다.

나. 유예기간

1) 중소기업 유예기간

중소기업 지원혜택의 중단에 따른 경영전략 수립 등의 준비기간으로서, 사유가 발생한 사업연도의 다음 사업연도부터 3년간은 중소기업과 동등한 지원을 받을 수 있도록 유예기간(중소기업으로 보는 기간)을 부여하고 있다.

표 2-8 | 중소기업 유예기간이 주어지지 않는 경우: 다음 중 하나

구분	유예기간이 주어지지 않는 경우
1	중소기업이 중소기업이 아닌 기업과 합병하는 경우
2	중소기업과 유예기간 중인 기업이 합병한 뒤 당초 유예기간이 지난 경우
3	중소기업이 공시대상기업집단에 속하는 경우
4	유예받은 이후 중소기업이 되었다가 다시 중소기업 기준을 초과하는 경우

2) 소상공인 유예기간

소상공인의 지위를 벗어난 중소기업의 어려움을 완화하기 위하여, 소상공인에 해당되지 않게 된 사유가 발생한 연도의 다음 연도부터 3년간은 소상공인과 동등한 지원을 받을 수 있도록 소상공인 지위(소상공인으로 보는 기간, 유예기간)를 부여하고 있다(소상공인기본법 제2조 제2항).

규모 확대 등으로 소상공인에 해당하지 않게 된 경우, 최초 1회에 한해서만 3년간의 유예기간이 부여된다. 따라서 유예기간 적용 이후 규모 축소 등으로 소상공인이 되었다가 다시 소상공인 기준을 넘어선 경우에는 유예기간이 적용되지 않는다.

| 표 2-9 | 소상공인 유예기간이 주어지지 않는 경우: 다음 중 하나

구분	유예기간이 주어지지 않는 경우
1	소상공인이 「소상공인기본법」 제2조 제2항 본문에 따라 소상공인으로 보는 기간 중에 있는 자를 흡수합병한 경우로서 흡수합병된 기업이 당초 소상공인에 해당하지 않게 된 사유가 발행한 연도의 다음 연도부터 3년이 지난 경우
2	소상공인이 「중소기업기본법」 제2조 제1항에 따른 중소기업에 해당하지 않게 된 경우
3	「소상공인기본법」 제2조 제2항 본문에 따라 소상공인으로 보았던 기업(유예기간 적용)이 같은 조 제1항에 따른 소상공인이 되었다가 다시 소상공인에 해당하지 않게 된 경우(소상공인 유예기간 적용은 1회만 부여)
4	소상공인의 상시 근로자수가 20명 이상이 된 경우
5	소상공인이 「독점규제 및 공정거래에 관한 법률」 제31조 제1항에 따른 공시대상기업집단에 속하는 회사 또는 같은 법 제33조에 따라 공시대상기업집단의 소속회사로 편입 · 통지된 것으로 보는 회사에 해당하게 된 경우

2절 경영의 이해

1. 경영의 의의

경영(management)을 이해하기 위해서는 경영의 주체인 기업을 대상으로 기능적 관점에서의 경영과 과정적 관점에서의 경영을 이해해야 한다.

기능적 관점에서의 경영에서 기업은 먼저 조직체계를 구축하고, 상하좌우 정보를 전달하는 정보시스템 기반을 확립한 후, 재무관리, 인적자원관리, 생산 · 운영관리, 마케팅관리 등 실질적인 경영활동을 수행하는 기둥 위에 경영전략이라는 지붕으로 구축되어 있다. 생산관리는 재화나 서비스를 만들어내는 과정으로서 자원을 조달하고 결합, 변형시키는 과정을 말한다. 재무관리는 기업활동, 즉 생산, 인사, 판매활동 등에 필요한 자금을 조달하고 관리 · 운영하는 활동을 말한다. 인적자원관리는 기업활동에 필요한 인력을 채용 · 교육 · 배치하고 개발 · 보상 · 유지하는 인적자원의 운영과 관리과정을 말한다. 마케팅관리는 기업이 생산할 혹은 생산한 제품과 서비스의 구성, 가격, 유통, 촉진 등에 관련된 활동을 말한다. 그리고 불확실한 경영환경 속에서는 경영전략이라는 지붕이 절대적으로 필요하다. 이와 같이 경영은 집이라는 기업 조직 내에서 기업의 목표를 달성하기 위하여 행하는 모든 활동을 말한다.

과정적 관점에서의 경영은 조직의 목적을 효과적으로 달성하기 위해 경영자원을 효율적으로 활용하는 것으로서 계획(plan), 실행(do), 평가(see)의 과정을 거쳐서 이루어지는 활동이라고 할 수 있다.

▎그림 2-2 ▎기능적 관점에서의 경영

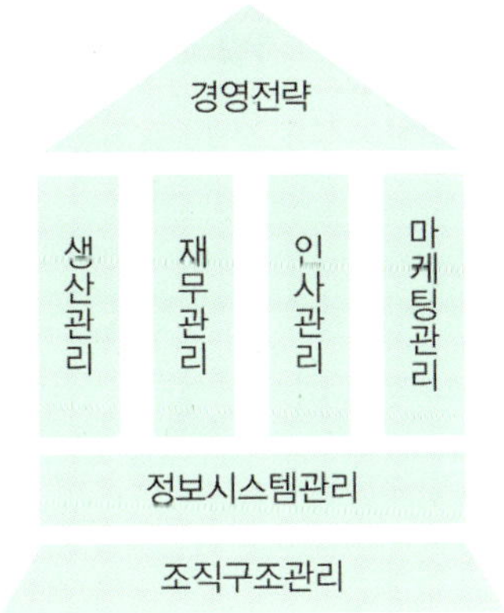

▎그림 2-3 ▎과정적 관점에서의 경영

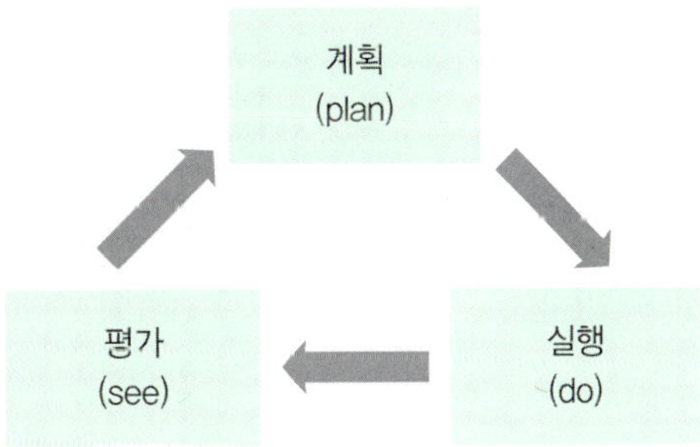

2. 경영의 이해

경영(management)이란 조직의 목표를 달성하기 위하여 행하는 모든 활동을 말한다. 기업 측면에서 살펴보면 경영이란 '경영자가 조직의 목적을 달성하기 위한 전략, 관리, 운영활동'이라고 할 수 있다. 경영을 보다 구체적으로 이해하기 위해서는 ① 경영대상으로서의 조직, ② 경영내용으로서의 전략, 관리, 운영, ③ 경영주체로서의 경영자의 요소들을 자세히 살펴보아야 한다.

조직이란 특정한 목적을 달성하기 위하여 함께 일하는 사람들의 모임이다. 경제활동을 수행하는 조직으로는 정부, 기업, 가계가 있다.

전략(strategy)은 조직체의 사회적 역할에 따라 목적을 설정하고 그 목적을 달성하기 위하여 외부환경으로부터 주어지는 기회를 포착하는 의사결정활동을 말한다. 관리(management)란 결정된 전략을 실행하는 데 투입되는 자원을 최소화하거나 주어진 자원을 이용하여 추구하는 목표의 달성도를 최대화하는 활동 또는 이 두 가지를 동시에 추구하는 활동을 말한다. 운영(operation)이란 관리활동을 사전적으로 정해진 방식과 체계에 따라 수행하는 것을 말한다.

경영자란 조직의 전략, 관리 및 운영활동을 능동적으로 주관하는 사람으로 조직의 수직적 체계에 놓여진 위치에 따라 최고경영자, 중간경영자 및 하부경영자로 구분할 수 있다.

경영의 주체인 기업은 먼저 조직체계가 성립되고, 상하좌우 정보를 전달하는 정보시스템이 확립된 기반 위에서 생산관리, 재무관리, 인사관리, 마케팅관리 등 실체적인 경영활동을 수행한다.

경영은 조직의 목적을 효과적으로 달성하기 위해 경영자원을 효율적으로 활용하는 것으로서 계획(plan), 실행(do), 평가(see)의 과정을 거쳐서 이루어지는 활동이라고 할 수 있다.

| 그림 2-4 | 경영의 순환과정(management cycle)

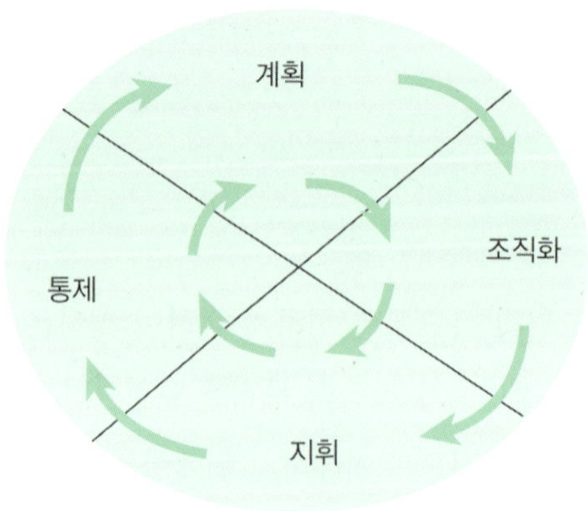

3. 경영자의 이해

전통적으로 경영조직 기능은 생산, 마케팅, 재무 및 회계, 인사의 네 가지로 구분한다. 경영계층은 최고경영층, 중간경영층, 하위경영층으로 구분된다.

다양한 경영활동을 일련의 계층적 활동으로 파악하면 전략계획활동, 경영통제활동, 운영통제활동으로 구분할 수 있다. 전략계획(strategic planning)은 조직목표의 설정 및 변경, 목표달성을 위해 필요한 자원의 정의, 그밖에 자원의 획득, 이용 및 처분에 관한 정책 등을 결정하는 활동이다. 경영통제(management control)는 조직목표의 달성에 필요한 각종 자원이 효과적 · 효율적으로 획득되어 이용될 수 있도록 보장하는 활동이다. 운영통제(operational control)는 구체적인 조직의 기본업무 또는 거래활동들이 효과적 · 효율적으로 수행될 수 있도록 통제하는 활동이다.

경영활동수준과 경영계층을 비교하여 살펴보면 상위경영층일수록 전략계획과 같은 상위수준의 경영활동을 수행하는 비율이 높아지고 하위경영층일수록 운영통제와 같은 하위수준의 경영활동을 수행하는 비율이 높아진다.

민쯔버그(Mintzberg)는 경영자(manager)의 역할을 크게 대인관계적 역할, 정보담당자적 역할, 의사결정자적 역할 세 가지로 구분하였다. 대인관계적 역할은 대표자, 지도자, 연결자 역할로, 정보담당자적 역할은 감시자, 정보제공자, 대변인 역할로, 의사결정자적 역할은 창업자, 사건해결자, 자원분배자, 협상자 역할로 구분할 수 있다.

| 표 2-10 | 경영자의 역할

역할의 범주	역할	설명
대인관계적	대표자	자신의 조직을 대표해서 각종 행사에 참석한다든가 외부인사를 접대함
	지도자	조직의 목표달성을 위해 지시 · 조정 · 동기부여 등의 기능을 수행함
	연결자	외부인(조직)들과 자신의 부서/조직을 연결하는 접촉점의 기능을 수행함

정보담당자적	감시자	조직목표의 달성을 위해 조직 내 · 외부의 각종 정보를 탐색 · 수집 · 검토함
	정보제공자	조직구성원들에게 가치있는 정보를 제공해 줌
	대변인	자신의 조직에 관한 정보를 상급 경영자나 외부에 전함
의사결정자적	창업자	새로운 사업을 개척하거나 조직을 혁신하는 등의 기능을 수행함
	사건해결자	예기치 못한 사건으로 조직에 혼란이 있을 때 이를 해결함
	자원분배자	자신의 조직 및 산하 조직에 대해 자원을 분배해 줌
	협상자	조직 내 · 외부에서 일어나는 각종 갈등을 해소하기 위해 관계 당사자들과 협상함

3절 창업경영의 이해

1. 창업경영의 의의

창업경영은 기업을 새롭게 설립하고 성공적으로 경영하는 것을 말한다. 창업경영은 창업 후 경영을 계획하고, 실행하고, 통제하는 것을 말한다. 창업경영은 기업을 새롭게 설립한 후 재무관리, 인적자원관리, 생산운영관리, 마케팅, 회계 및 세무관리, 경영정보시스템, 경영전략 등 활동을 통하여 창업기업을 성공적으로 경영하는 것을 말한다.

표 2-11 | 창업경영

구분	개념
창업 재무관리	창업기업이 필요한 자금을 어떻게 조달하고, 조달한 자금을 어떻게 사용할 것인가를 계획하고 실행하고 평가하는 것
창업 인적자원관리	창업기업 조직과 구성원의 목표를 달성하기 위하여 인적자원을 효율적이고 효과적으로 관리하는 것

창업 생산운영관리	창업기업의 생산시스템의 생산효율을 극대화할 수 있도록 생산활동이나 생산과정을 관리하는 것
창업 마케팅	창업기업의 소비자의 필요와 욕구를 충족시키기 위해 시장에서 교환이 일어날 수 있도록 상품, 서비스 및 아이디어의 설계, 가격결정, 촉진, 유통 등을 계획하고 실행하고 통제하는 과정
창업 회계관리	창업기업의 경영활동인 거래를 식별 · 측정 · 기록 · 전달하는 기업의 언어인 회계로 기업의 정보를 생산하여 회계정보이용자들이 경제적 의사결정을 할 수 있도록 제공하는 것
창업 세무관리	창업기업 경영에서 발생하는 소득세, 지방세, 부가가치세, 법인세 등을 정확하게 계산 · 신고 · 납부하도록 관리하는 것
창업 경영정보시스템	창업기업의 계획, 운영 및 통제를 위한 정보를 수집 · 저장 · 검색 · 처리하여 적절한 시기에 적절한 형태로 필요로 하는 구성원에게 제공해줌으로써 조직의 목표를 보다 효율적 및 효과적으로 달성할 수 있도록 조직화된 통합적 인간 · 기계시스템
창업 경영전략	창업기업이 나아가야 할 목표를 설정하고 이것을 위해 기업 내 · 외부환경을 분석하여 기업의 자원을 가장 효율적으로 활용할 수 있는 행동방향을 설정하는 것

2. 창업 재무관리

창업 재무관리는 창업기업이 필요한 자금을 어떻게 조달하고, 조달한 자금을 어떻게 사용할 것인가를 계획하고 실행하고 평가하는 것이다. 창업 재무관리에 대한 정보는 기업의 재무제표인 재무상태표에 나타나 있다. 재무상태표의 대변에는 기업의 자금조달에 대한 정보, 즉 부채와 자본의 정보를 나타내고 있다. 재무상태표 차변에는 조달된 자금의 운용, 즉 자산의 정보를 나타내고 있다. 창업 재무관리의 목표는 창업 기업가치의 극대화와 자기자본가치의 극대화이다.

표 2-12 | 재무관리의 목표

자기자본가치의 극대화	기업가치 = f (미래수익, 위험)
자기자본가치의 극대화 = 주식가치의 극대화 =주주 부의 극대화	기업가치 = 타인자본가치 + 자기자본가치

3. 창업 인적자원관리

창업 인적자원관리는 창업기업 조직과 구성원의 목표를 달성하기 위하여 인적자원을 효율적이고 효과적으로 관리하는 것을 말한다. 창업 인적자원관리는 창업기업 목표를 달성하는 데 기여할 수 있는 구성원들의 잠재능력을 창업기업의 전략적 자산이 될 수 있도록 육성하고 개발하고, 전략적 인적자산이 창업기업의 전략적 목표를 달성하는 데 기여하도록 체계적으로 계획하고 실행하고 평가하는 활동을 말한다.

표 2-13 | 인적자원관리의 목표

기업의 목표를 달성할 수 있게 인사관리의 목표를 수립하고 직무 측면과 종업원 측면을 모두 고려하여 직무와 종업원 모두에게 가장 효율적인 시스템을 구축하여 종업원의 만족과 생산성을 향상시키는 것	
① 회사의 이익: 성과향상	• 최소의 인건비로 최대의 생산 • 적정인원 유지 • 채용비, 훈련비, 노무비 등 관련 비용 최소화
② 사원 개인의 욕구: 직장만족과 개인발전	• 충분한 보상 • 좋은 분위기 조성 • 유연한 근로시간 • 능력개발
③ 기타 이해관계자의 효율: 사회적 공헌	• 소비자에게 피해가 된다면 인적자원관리의 궁극적 목표가 달성되었다고 보기 어려움

4. 창업 생산운영관리

창업 생산운영관리(production and operation management)란 창업기업의 생산시스템의 생산효율을 극대화할 수 있도록 생산활동이나 생산과정을 관리하는 것을 말한다. 생산관리(production management)는 제품의 생산관리를 의미하고, 운영관리(operation management)는 서비스의 생산관리를 말한다.

5. 창업 마케팅

창업 마케팅이란 창업기업의 소비자의 필요와 욕구를 충족시키기 위해 시장에서 교환이 일어날 수 있도록 상품, 서비스 및 아이디어의 설계, 가격결정, 촉진, 유통 등을 계획하고 실행하고 통제하는 과정이다. 마케팅관리는 마케팅전략을 수립함으로써 구체화된다. 마케팅전략에는 4P전략, 3C전략, STP전략 등이 있다. 4P전략은 제품(Product), 가격(Price), 유통(Place), 촉진(Promotion) 전략을 수립하는 것이다. 3C전략은 커뮤니티(Community), 맞춤(Customization), 전자상거래(Commerce)전략을 수립하는 것이다. STP전략은 시장세분화(Market Segmentation), 목표시장 설정(Targeting), 포지셔닝(Positioning)전략을 수립하는 것이다.

| 표 2-14 | 마케팅전략

구분	마케팅전략		
4P	제품	Product	고객이 원하는 제품 결정
	가격	Price	고객이 원하는 가격 결정
	유통	Place	고객이 원하는 유통 결정
	촉진	Promotion	고객이 원하는 광고 결정
3C	커뮤니티	Community	고객 동호인 커뮤니티 운영
	맞춤	Customization	고객맞춤
	전자상거래	Commerce	전자상거래 활용
STP	시장세분화	Market Segmentation	고객특성을 고려한 시장세분화
	목표시장 설정	Targeting	목표시장 설정
	포지셔닝	Positioning	목표시장에 적합한 고객이 원하는 특징 설정

6. 창업 회계관리

회계는 기업의 언어이다. 창업회계는 창업기업의 경영활동인 거래를 식별 · 측정 · 기록 · 전달하는 기업의 언어인 회계로 창업기업의 정보를 생산하여 회계정보이용자들이 경제적 의사결정을 할 수 있도록 제공하는 것이다.

| 표 2-15 | 기업의 언어로서의 회계

영어(English)	회계(Accounting)
단어(Vocabulary)	계정과목(Account Subject)
문법(Grammer)	복식부기(Double Bookkeeping) 거래의 8요소

회계언어의 단어는 계정과목이다. 계정과목에는 자산, 부채, 자본, 수익, 비용이 있다.

| 표 2-16 | 회계언어의 단어: 계정과목

구분	내용
자산	기업이 보유하고 있는 재산
부채	갚아야 할 빚, 채무
자본	순수한 재산(자산－부채)
수익	번 돈
비용	쓴 돈

회계언어의 문법은 복식부기와 거래의 8요소이다. 복식부기는 기업의 경영활동인 거래를 회계언어로 기록할 때 회계언어의 단어인 계정과목을 선정하여 차변과 대변 두 곳에 기록하는 것을 말한다. 거래의 8요소는 기업의 경영활동인 거래를 기록할 때 차변에는 자산의 증가, 부채의 감소, 자본의 감소, 비용의 발생 4요소를 기록하고, 대변에는 자산의 감소, 부채의 증가, 자본의 증가, 수익의 발생 4요소를 기록하여 모두 8요소를 기록 대상으로 하는 것을 말한다.

▌표 2-17▌회계언어의 문법: 거래의 8요소

자산	부채
	자본
비용	수익

⇩ ⇩

(왼쪽: 차변요소)	(오른쪽: 대변요소)
자산의 증가	자산의 감소
부채의 감소	부채의 증가
자본의 감소	자본의 증가
비용의 발생	수익의 발생

회계언어의 기록대상인 기업의 활동에는 재무활동, 투자활동, 영업활동의 3대 경영활동이 있다. 재무활동은 기업에 필요한 자금을 조달하는 활동이다. 투자활동은 기업이 조달한 자금을 경영목적에 필요한 자산획득에 사용하는 활동이다. 영업활동은 획득한 자산을 활용하여 제품을 생산 · 판매하고 용역을 제공함으로써 기업의 본래의 목적인 이익을 창출하는 활동이다.

회계언어의 처리결과는 재무제표에 담아 제공된다. 재무제표에는 재무상태표, 손익계산서, 현금흐름표, 자본변동표, 주석이 있다.

회계의 목적은 회계정보이용자의 경제적 의사결정에 유용한 기업의 재무상태, 경영성과 및 재무상태변동에 관한 정보를 제공하는 것이다. 회계정보이용자는 주주, 투자자, 채권자, 거래처, 정부, 유관기관, 일반대중 등 외부회계정보이용자와 경영자, 종업원 등 내부회계정보이용자가 있다.

회계의 유형에는 재무회계(Financial Accounting), 관리회계(Management Accounting), 세무회계(Tax Accounting) 3가지가 있다.

7. 창업 세무관리

창업 세무관리는 창업기업 경영에서 발생하는 소득세, 지방세, 부가가치세, 법인세 등을 정확하게 계산 · 신고 · 납부를 관리하는 것을 말한다. 소득세는 개인이 얻은 소득에 대하여 부과하는 조세를 말한다. 지방세는 지방자치단체가 공공경비를 조달하기 위해 징수하는 조세를 말한다. 부가가치세는 거래단계별로 재화나 용역에 새로 부과되는 가치에 부과되는 조세를 말한다. 법인세는 법인이 얻은 소득에 대하여 부과하는 조세를 말한다.

| 표 2-18 | 세금의 분류

세금	개념
소득세	• 개인 또는 개인사업자가 얻은 소득에 대하여 내는 세금 • 종합소득(이자, 배당, 사업, 근로, 연금, 기타), 퇴직소득, 양도소득
법인세	• 법인사업자가 얻은 소득에 대하여 내는 세금 • 각 사업연도소득, 토지등 양도소득, 미환류소득, 청산소득
상속세	• 재산을 상속받았을 때 상속인이 부담하는 세금
증여세	• 재산을 증여받았을 때 수증자가 부담하는 세금
종합부동산세	• 고액의 부동산을 보유하고 있는 경우 1차로 시, 군, 구에 재산세를 납부하고 2차로 일정금액을 초과한 재산보유에 대해 부담하는 세금
부가가치세	• 생산 및 유통의 각 단계에서 생성되는 부가가치에 대해 부과하는 세금 • 재화의 공급, 용역의 공급, 재화의 수입에 부과
개별소비세	• 보석, 승용자동차 등 일정한 물품 등을 취득하거나 유흥주점 등 과세 유흥장소에서 유흥음식행위 등을 할 때 부담하는 세금

8. 창업 경영정보시스템

창업 경영정보시스템은 창업기업의 계획, 운영 및 통제를 위한 정보를 수집 · 저장 · 검색 · 처리하여 적절한 시기에 적절한 형태로 필요로 하는 구성원에게 제공해줌으로써 조직의 목표를 보다 효율적 및 효과적으로 달성할 수 있도록 조직화된 통합적 인간 · 기계시스템이다.

경영정보시스템은 경영, 정보, 시스템으로 구분하여 의미를 이해하면 경영정보시스템의 의미를 쉽게 이해할 수 있다.

경영정보시스템은 조직의 경영을 위한 정보기술(information technology)을 도입함으로써 지속적 경쟁우위(sustainable competitive advantage)를 확보할 수 있다.

9. 창업 경영전략

창업 경영전략이란 창업기업이 나아가야 할 목표를 설정하고 이것을 위해 기업 내 · 외부환경을 분석하여 기업의 자원을 가장 효율적으로 활용할 수 있는 행동방향을 설정하는 것이다. 창업 경영전략은 ① 구조개혁의 실천, ② 기업체질의 전환, ③ 기업시장가치의 극대화, ④ 수익성을 기반으로 성장 실현 목적을 달성하기 위하여 수립한다. 창업 경영전략이란 회사의 비전과 목표에 연결되어 어떤 사업 분야에 참여해야 하는지 그리고 어떻게 하면 경쟁우위를 확보할 수 있는지를 결정하는 행동방안을 말한다. 창업 경영전략은 창업기업이 독자적이고 독특한 기본개념에 입각하여 미래의 기업 비전을 달성하기 위한 사업영역과 경쟁우위 방안을 제시하는 의사결정 방안을 말한다.

| 표 2-19 | 창업 경영전략 프로세스

구분	경영전략 프로세스
1	목표설정
2	내 · 외부환경분석
3	전략수립(기업전략, 사업부전략, 기능별전략)
4	전략실행
5	전략평가

4절 이해관계자 자본주의와 ESG 경영

최근 '기업의 사회적 책임(CSR)' 또는 '환경 · 사회 · 지배구조(ESG)'에 대한 관심이 고조되고 있다. 이는 기업의 역할에 대한 우리 사회의 기대 변화를 반영한 결과라고 볼 수 있다. 과거에는 합법적으로 수익을 창출해 국가 경제에 기여하는 것이 기업의 주된 역할로 여겨졌다면, 이젠 더 나아가 기업을 둘러싼 자연환경과 사회 구성원을 고려한 기업의 활동이 요구되고 있다.

이러한 변화에 부응한 결과, 많은 국가와 경영자가 무엇보다 ESG를 사업모델과 경영전략의 최우선 순위에 두어야 한다는 목소리를 높이고 있다. 따라서 ESG를 기반으로 한 소자본 창업경영은 지속적 경쟁우위를 확보할 수 있는 강력한 무기이다.

최근 경영 패러다임의 변화를 고려할 때 소자본 창업경영의 목표를 수익성과 더불어 이해관계자 자본주의와 ESG 경영을 염두에 두어야 한다. 소자본 창업경영이 목표로 하는 이해관계자 자본주의와 ESG 경영을 구체적으로 살펴보면 다음과 같다.

1. 이해관계자 자본주의

이해관계자 자본주의는 고객 · 노조 · 거래기업 · 채권자 · 정부 · 사회일반에 이르기까지 이해관계자(stakeholder) 모두에게 신경을 쓰는 독일 · 일본식 자본주의를 말한다. 이해관계자 자본주의는 주주에 대한 배려보다는 기업에 소속된 모든 종사자와 공존공영하는 것을 경영목표로 한다. 이에 실적이나 능력에 따른 차등대우보다는 전 사원에게 이익을 고루 배분하는 종신고용제와 연공서열에 따른 고정임금제가 채택된다. 또 근로자의 복지재원에 있어서도 정부의 재정지원 외에도 기업도 상당 부분을 부담한다.

이해관계자 자본주의는 기업의 공익적 책임을 중시하고 기업경영에 노동자, 소비자단체 등 이해관계자 모두가 관여할 수 있다는 장점이 있다. 반면 우리나라의 경우처럼 재벌 총수가 자신의 지분에다 가족과 계열사 지분 등을 모두 합쳐 영향력을 행사하는 등 기업을 좌지우지할 수 있다는 단점이 있다.

2. ESG 경영

가. ESG의 의의

ESG는 기업의 사회적 책임 범위를 정의하는 하나의 방법으로 기업은 이윤을 창출하는 과정에서 '사회적으로 요구되는 책임'을 다해야 한다는 의미를 담고 있다. ESG는 환경(E) · 사회(S) · 지배구조(G)로 그 사회적 책임의 범위를 범주화하여 1920년대에 본격적으로 등장하였다. ESG투자의 비재무적 성과를 측정하는 세 가지 요소인 환경 · 사회 · 지배구조는 다양한 방식과 지표를 통해 측정 · 평가된다. 최근 전 세계적으로 ESG 정보의 핵심출처인 지속가능성 보고서를 작성하는 것을 점차 의무화하면서, 국내외 여러 기관에서 이를 지원할 ESG 보고체계, 가이드라인, 평가 방식을 제안하고 있다.

1989년 알래스카에서 발생한 Exxon Valdez 석유유출 사고 이후 기업의 사회적 책임에 대한 관심이 높아진 가운데 1997년에 글로벌보고이니셔티브(GRI: Global Reporting Initiatives)가 설립되었다. GRI의 목적은 기업들이 환경책임 원칙을 따르도록 하는 투명성 메커니즘을 개발하는 것으로 이후 GRI는 사회 · 경제 · 지배구조 이슈로 확대되었으며, 2000년에 첫 번째 'GRI 가이드라인'이 개발된 이후 점차 발전해서 지구적 차원의 지속가능성 보고체계로 자리잡았다.

지속가능성회계기준위원회(SASB: Sustainability Accounting Standards Board)는 지속가능성의 재무적 영향을 평가하는 방법을 개발하여 기업과 투자자에 제공하기 위해 2011년에 설립되었다. 지속가능성회계기준위원회(SASB)는 기업의 지속가능성 정보와 재무적 성과 간 복잡한 관계를 단순하고 명확하게 만들어 기업의 ESG 성과를 쉽게 측정할 수 있는 보고체계를 제시하려고 시도하였다.

국내에서는 2009년부터 국민연금이 ESG 정보공개에 주목해 왔다. 이러한 변화에 대응하고자 2010년에 한국거래소는 '유가증권시장 공시규정 · 시행세칙'을 개정하여 녹색경영정보를 자

| 표 2-20 | SASB 지속가능성 카테고리와 이슈

주제	세부주제	
환경	• 온실가스 배출 • 대기질 • 에너지관리 • 연료관리	• 상하수도관리 • 폐기물 및 유해물질관리 • 생물 다양성 영향
사회적 자본	• 인권과 지역사회 관계 • 접근성 및 가격 적정성 • 고객 후생	• 데이터 보안 및 고객 개인정보 보호 • 공정한 정보공개 및 라벨링 • 공정한 마케팅 및 광고
인적자본	• 노사관계 • 공정한 노동 관행 • 다양성과 포용성 • 직원 건강, 안전 및 복지	• 보상 및 혜택 • 채용, 개발 및 유지
비즈니스 모델과 혁신	• 제품 및 서비스의 수명주기 영향 • 자산 · 운영에 대한 환경 및 사회적 영향	• 제품 포장 • 제품 품질 및 안정성
리더십과 지배구조	• 체계적인 위험관리 • 사고 및 안전관리 • 기업윤리 및 지불의 투명성	• 경쟁적 행동 • 규제포획 및 정치적 영향력 • 재료 대외구매 • 공급망관리

자료: 김호석, ESG 관련 국내외 동향 및 환경정책에 미치는 영향, 한국환경연구원, 2021.12.31, p. 23.

율 공시하도록 하였다. 환경부도 2011년에 「환경정보공개제도 운영규정」을 고시하여 환경 측면에서 영향이 큰 기업의 환경정보를 등록하도록 유도하였다. 2011년에 금융위원회는 「증권의 발행 및 공시 등에 관한 규정」 개정을 통해 목표관리업체와 녹색인증기업의 경우 관련 사항을 정기보고서에 기재하도록 하였다. 2015년에는 「국민연금법」 개정을 통해 국민연금의 투자에 ESG 요인이 고려되도록 하고 관련 내용을 공시하도록 하였다. 국민연금은 이어 2017년에 기금운용위원회 산하에 '사회책임투자위원회' 설립을 공식화하였다.

표 2-21 ESG 정보공개 가이던스의 권고지표

구분	항목	지표	비고
조직	ESG 대응(1)	경영진의 역할	ESG 이슈의 파악/관리와 관련한 경영진의 역할
	ESG 평가(1)	ESG 위험 및 기회	ESG 관련 위험 및 기회에 대한 평가
	이해관계자(1)	이해관계자 참여	이해관계자의 ESG 프로세스 참여방식
환경	온실가스배출(3)	직접배출량(Scope 1)	회사가 소유하고 관리하는 물리적 장치나 공장에서 대기 중으로 방출하는 온실가스 배출량
		간접배출량(Scope 2)	회사 소비용으로 매입 또는 획득한 전기, 냉난방 및 증기배출에 기인한 온실가스 배출량
		배출 집약도	활동, 생산 기타 조직별 미터법의 단위당 배출된 온실가스 배출량
	에너지 사용(3)	직접 에너지 사용량	조직이 소유하거나 관리하는 주체의 에너지 소비량
		간접 에너지 사용량	판매제품의 사용 및 폐기처리 등 조직 밖에서 소비된 에너지 소비량
		에너지 사용 집약도	활동, 생산 기타 조직별 미터법의 단위당 필요한 에너지 소비량
	물사용(1)	물사용 총량	조직의 물사용 총량
	폐기물배출(1)	폐기물 배출 총량	매립, 재활용 등 처리 방법별로 폐기물의 총중량
	법규위반 · 사고(1)	환경 법규 위반 · 사고	환경 법규 위반 · 환경 관련 사고 건수 및 조치 내용
사회	임직원현황(4)	평등 및 다양성	성별 · 고용형태별 임직원 현황, 차별 관련 제재 건수 및 조치 내용
		신규고용 및 이직	신규 고용 근로자 및 이직 근로자 현황
		청년인턴 채용	청년인턴 채용 현황 및 정규직 전환 비율
		육아휴직	육아휴직 사용 임직원 현황
	안전 · 보건(3)	산업재해	업무상 사망, 부상 및 질병 건수 및 조치 내용
		제품안전	제품 리콜(수거, 파기, 회수, 시정조치 등) 건수 및 조치 내용
		표시 · 광고	표시 · 광고 규제 위반 건수 및 조치 내용
	정보보안(1)	개인정보 보호	개인정보 보호 위반 건수 및 조치 내용
	공정경쟁(1)	공정경쟁 · 시장지배적 · 지위 남용	내부거래 · 하도급거래 · 가맹사업 · 대리점거래 관련 법규 위반 건수 및 조치 내용

자료: 한국거래소(2021), pp. 30-31.
김호석, ESG 관련 국내외 동향 및 환경정책에 미치는 영향, 한국환경연구원, 2021.12.31, p. 45(재인용).

산업통상자원부는 '한국식 ESG 지표'로서 'K-ESG 지표' 개발에 착수하여 2021년에 'K-ESG 가이드라인 v1.0'을 발표하였다.

| 표 2-22 | 산업통산자원부의 K-ESG 가이드라인 주요 항목

구분	주요 항목		
정보공시 (5개 문항)	ESG 정보공시 방식	ESG 정보공시 주기	ESG 정보공시 범위
	ESG 핵심이슈 및 KPI		ESG 정보공시 검증
환경 (17개 문항)	환경경영 목표 수립	환경경영 추진체계	원부자재 사용량
	재생 원부자재 비율	온실가스 배출량(Scope1+Scope2)	온실가스 배출량(Scope3)
	온실가스 배출량 검증	에너지 사용량	재생 에너지 사용 비율
	용수 사용량	재사용 용수 비율	폐기물 배출량
	폐기물 재활용 비율	대기오염물질 배출량	수질오염물질 배출량
	환경 법/규제 위반	친환경 인증 제품 및 서비스	
사회 (22개 문항)	목표 수립 및 공시	신규 채용	정규직 비율
	자발적 이직률	교육훈련비	복리후생비
	결사의 자유 보장	여성 구성원 비율	여성 급여 비율(평균급여액 대비)
	장애인 고용률	안전보건 추진체계	산업재해율
	인권정책 수립	인권 리스크 평가	협력사 ESG 경영
	협력사 ESG 지원	협력사 ESG 협약사항	전략적 사회공헌
	구성원 봉사 참여	정보보호시스템 구축	개인정보 침해 및 구제
	사회 법/규제 위반		
지배구조 (17개 문항)	이사회 내 ESG 안건 상정	사외이사 비율	대표이사와 이사회 의장 분리
	이사회 성별 다양성	사외이사 전문성	전체 이사 출석률
	사내 이사 출석률	이사회 산하 위원회	이사회 안건 처리
	주주총회 소집 공고	주주총회 집중일 이회 개최	집중/전자/서면 투표제
	배당 정책 및 이행	윤리규범 위반사항 공시	내부감사 부서 설치
	감사기구 전문성(감사기구 내 회계/재무전문가)		지배구조 법/규제 위반
4개 영역, 총 61개 진단항목			

자료: 관계부처 합동(2021b), pp. 26-28.
김호석, ESG 관련 국내외 동향 및 환경정책에 미치는 영향, 한국환경연구원, 2021.12.31, p. 47(재인용).

나. 소자본 창업경영의 ESG 경영 도입

최근 기업경영 패러다임의 변화에 따라 여러 국가의 기업에서 이해관계자 자본주의와 ESG 경영을 기업의 목표로 도입하고자 하는 시도를 하고 있다. 현재의 기업목표에 대한 다양한 논의 중에서 소자본 창업경영에 이해관계자 자본주의와 ESG 경영을 기업의 목표로 도입하고자 하는 제안은 시기상조일 수 있으나, 성공적인 소자본 창업경영을 위해서는 선도적으로 이해관계자 자본주의와 ESG 경영을 소자본 창업경영의 목표로 도입하는 방안을 적극 고려할 필요가 있다.

요약& 결론

경제주체란 가계, 기업, 정부와 같이 자기의 의사와 판단으로 경제활동을 하는 자를 말한다. 기업은 생산의 주체이고, 가계는 소비의 주체이다. 기업은 노동, 토지, 자본과 같은 생산요소를 투입하여 재화와 서비스를 생산한다. 가계는 생산요소를 소유하고 있으며, 기업이 생산하는 재화와 서비스를 소비한다. 가계와 기업은 재화와 서비스시장과 생산요소시장 두 시장에서 서로 만난다. 정부는 생산 및 소비의 주체이다.

기업은 정부가 경영권을 가지고 있는 공기업과 민간인이 경영권을 가진 사기업으로 나눌 수 있고, 사기업은 영리기업과 비영리기업으로 나누어진다.

상법상 기업의 형태에는 개인기업과 법인기업이 있다. 법인기업에는 합명회사, 합자회사, 유한회사, 주식회사가 있다. 개인기업은 개인이 출자하여 기업을 지배하는 기업유형으로서 출자자인 기업가가 경영상의 모든 위험과 손실을 직접 책임지고, 이윤도 단독으로 획득하는 기업이다. 합명회사는 소수공동기업으로서 2인 이상의 사원이 공동으로 출자하고 회사의 채무에 대하여 무한연대 책임을 지면서 직접 회사경영에 참여하는 대표적인 인적기업이다. 합자회사는 경영능력이 있는 사람과 자본이 있는 사람이 결합하여 사업하는 소수공동기업이다. 유한회사는 출자자에 대한 무한책임의 부담을 없애고 가족기업과 같은 적당한 규모의 기업으로서 유지 · 성장할 수 있도록 창안된 기업형태이다. 주식회사는 주주의 유한책임제도와 자본의 증권화를 통하여 자본과 경영이 분리되는 다수공동기업의 형태를 말한다.

중소기업은 규모가 작은 기업을 의미한다. 우리나라 중소기업은 2019년 기준으로 전체 기업의 99.9%를 차지하고 있으며, 기업 종사자의 82.7%가 근무하고 있다.

「중소기업기본법 시행령」 제3조에서는 매출액 등 외형에 따른 규모기준과 계열관계에 따른 독립성 기준을 모두 충족하여야 중소기업임을 규정하고 있다. 중소기업은 규모가 다양하여, 그 규모에 따라 중기업, 소기업, 소상공인으로 구분한다.

소상공인은 소기업 중 소상공인 기준을 충족하는 기업을 말한다. 「소상공인기본법」 제2조에 따르면 소상공인은 상시 근로자수로 판단한다. 소상공인은 상시 근로자수가 10명 미만이어야 한다.

경영이란 조직의 목표를 달성하기 위하여 행하는 모든 활동을 말한다. 기업 측면에서 살펴보면 경영이란 '경영자가 조직의 목적을 달성하기 위한 전략, 관리, 운영 활동'이라고 할 수 있다. 경영을 보다 구체적으로 이해하기 위해서는 ① 경영대상으로서의 조직, ② 경영내용으로서의 전략, 관리, 운영, ③ 경영주체로서의 경영자의 요소들을 자세히 살펴보아야 한다.

창업경영은 기업을 새롭게 설립하고 성공적으로 경영하는 것을 말한다. 창업경영은 창업 후 경영을 계획하고, 실행하고, 통제하는 것을 말한다. 창업경영은 기업을 새롭게 설립한 후 재무관리, 인적자원관리, 생산운영관리, 마케팅, 회계 및 세무관리, 경영정보시스템, 경영전략 등 활동을 통하여 창업기업을 성공적으로 경영하는 것을 말한다.

창업 재무관리는 창업기업이 필요한 자금을 어떻게 조달하고, 조달한 자금을 어떻게 사용할 것인가를 계획하고 실행하고 평가하는 것이다.

창업 인적자원관리는 창업기업 조직과 구성원의 목표를 달성하기 위하여 인적자원을 효율적이고 효과적으로 관리하는 것을 말한다.

창업 생산운영관리란 창업기업의 생산시스템의 생산효율을 극대화할 수 있도록 생산활동이나 생산과정을 관리하는 것을 말한다. 생산관리는 제품의 생산관리를 의미하고, 운영관리는 서비스의 생산관리를 말한다.

창업 마케팅이란 창업기업의 소비자의 필요와 요구를 충족시키기 위해 시장에서 교환이 일어날 수 있도록 상품, 서비스 및 아이디어의 설계, 가격결정, 촉진, 유통 등을 계획하고 실행하고 통제하는 과정이다.

창업회계는 창업기업의 경영활동인 거래를 식별 · 측정 · 기록 · 전달하는 기업의 언어인 회계로 창업기업의 정보를 생산하여 회계정보이용자들이 경제적 의사결정을 할 수 있도록 제공하는 것이다.

창업 세무관리는 창업기업 경영에서 발생하는 소득세, 지방세, 부가가치세, 법인세 등을 정확하게 계산 · 신고 · 납부를 관리하는 것을 말한다.

창업 경영정보시스템은 창업기업의 계획, 운영 및 통제를 위한 정보를 수집 · 저장 · 검색 · 처리하여 적절한 시기에 적절한 형태로 필요로 하는 구성원에게 제공해줌으로써 조직의 목표를 보다 효율적 및 효과적으로 달성할 수 있도록 조직화된 통합적 인간 · 기계시스템이다. 경영정보시스템은 조직의 경영을 위한 정보기술을 도입함으로써 지속적 경쟁우위를 확보할 수 있다.

창업 경영전략이란 창업기업이 나아가야 할 목표를 설정하고 이것을 위해 기업 내 · 외부환경을 분석하여 기업의 자원을 가장 효율적으로 활용할 수 있는 행동방향을 설정하는 것이다.

이해관계자 자본주의는 고객, 노조, 거래기업, 채권자, 정부, 사회일반에 이르기까지 이해관계자 모두에게 신경을 쓰는 독일 · 일본식 자본주의를 말한다. 이는 주주에 대한 배려보다는 기업에 소속된 모든 종사자와 공존공영하는 것을 경영목표로 한다.

ESG는 기업의 사회적 책임 범위를 정의하는 하나의 방법으로 기업은 이윤을 창출하는 과정에서 '사회적으로 요구되는 책임'을 다해야 한다는 의미를 담고 있다. ESG는 환경(E) · 사회(S) · 지배구조(G)로 그 사회적 책임의 범위를 범주화하여 1920년대에 본격적으로 등장하였다. 최근 기업경영 패러다임의 변화에 따라 여러 국가의 기업에서 이해관계자 자본주의와 ESG 경영을 기업의 목표로 도입하고자 하는 시도를 하고 있다. 성공적인 소자본 창업경영을 위해서는 선도적으로 이해관계자 자본주의와 ESG 경영을 소자본 창업경영의 목표로 도입하는 방안을 적극 고려할 필요가 있다.

Successful Startup 2

성공 창업자의 특성

캐나다 퀘벡에서 활동하는 투자자 필립 르 블랑(Phillipe Le Blanc)은 스타트업 투자 분야에서 25년 동안 수많은 기업을 관찰하고 성공과 실패로 갈리는 치열한 전쟁터에서 성공의 영광을 맛본 창업자에게서 눈에 띄는 공통점으로 다음과 같은 성공 창업자의 특징을 제시하였다.

첫째, 성공 창업자는 활동적인 성향이 있다. 성공 창업자는 과하다 싶을 만큼 활동적인 경향이 있다. 사업에 뛰어들기로 결심한 이상 제품이나 서비스 개발에서 회사 설립, 고객 유치, 자금 조달까지 일이 끊이지 않는다. 성공 창업자는 하루 24시간 모자랄 정도로 활동적인 성향을 가지고 있다.

둘째, 성공 창업자는 빠른 의사결정을 한다. 창업자는 쉴 새 없이 의사결정을 해야 한다. 중장기적으로 기업에 지대한 영향을 미칠 전략적 결정은 물론 문화를 형성하는 자잘한 결정이 하루에도 수없이 쏟아진다. 창업자 대부분은 이런 의사결정을 빠르게 내리는 것 외에 다른 선택의 여지가 없다. 시간을 충분히 들여 정확한 정보를 다 검토하는 건 사치인 것이다.

셋째, 성공 창업자는 타고난 장사꾼이다. 창업자의 성공 상당 부분에는 창업자의 영업이나 판매 능력이 작용한다. 창업자는 본질적으로 고객과 직원, 투자자와 채권자의 신뢰를 바탕으로 자사 제품이나 비전을 파는 장사꾼이나 다름없다. 타고난 영업 능력은 곧 성공을 의미하며 이 능력이 많을수록 창업자는 성공할 가능성이 크다고 할 수 있다.

넷째, 성공 창업자는 끈기를 가지고 있다. 성공한 창업자에겐 공통적으로 고집과 집념에 가까운 끈기가 있다. 사업에 뛰어드는 건 보통 큰 위험을 감당하는 게 아니다. 창업자는 이런 사업에 한 번 뛰어든 이상 성공을 일궈내기 위해 모든 걸 다한다. 창업자는 기업 비전에 확신하고 비전을 추구하기 위한 모든 노력이 합당하다고 굳게 믿는다. 반대로 의심과 망설임에 시간을 보내는 창업자는 실패를 자초한다.

다섯째, 성공 창업자는 몰두하는 특성을 가지고 있다. 성공한 창업자는 자기 회사에 완전히 사로잡혀 있다. 회사에 영향을 미치거나 도움이 되는 일이 아니라면 다른 건 전혀 신경 쓰지 않는다. 또 회사에서 일어나는 모든 걸 통제하려는 경향이 있다. 회사의 모든 일에 대해 알고 있고 결정사항 대부분에 개입한다. 문제가 하나라도 생기면 즉각 대처한다. 창업자 대부분이 회사의 모든 역할에 있어 전문가가 아닐지라도 모두 일에 몰두하는 특징을 가지고 있다.

필립 르 블랑은 성공한 창업자의 이런 특성 덕에 성공한 창업자가 보통 사람과는 다른 영웅 대접을 받는다고 말한다. 진정한 창업자는 특별하고 다르다. 이들이 있기에 끊임없이 경제가 돌아가고 새로운 가치와 일자리가 창출되는 것이다.

| 표 2-23 | 성공 창업자의 특성

구분	성공 창업자의 특성
1	활동적인 성향
2	빠른 의사결정
3	타고난 장사꾼
4	끈기
5	몰두

자료: 필립 르 블랑(Phillipe Le Blanc)

3장 창업자와 기업가정신

1절 창업자

1. 창업자의 개념

창업자라 함은 중소기업을 창업하는 자와 중소기업을 창업하여 사업을 개시한 날부터 7년이 지나지 아니한 자를 말한다(「중소기업창업 지원법」 제2조 제2호).

창업자의 개념은 창업의 개념과 같지 않으므로 구분하여 이해할 필요가 있다.

표 3-1 창업 및 창업자의 정의

구분	창업	창업자
활동 및 인격	창업활동	인격체
적용범위	모든 창업	• 사업계획 승인 대상 • 지원범위에 해당시
시기	창업시까지	창업 후 7년 이내

「중소기업창업 지원법」 시행령 제3조에서 사업개시일은 창업자 또는 재창업자가 법인이면 법인설립등기일을 말한다. 창업자 또는 재창업자가 개인이면 「부가가치세법」 제8조 제1항에 따른 사업개시일을 말한다. 「중소기업창업 지원법」 제33조에 따른 사업계획의 승인을 받아 사

업을 개시하는 경우에는 「부가가치세법」 제18조 제2항에 따른 사업자등록일을 말한다.

| 표 3-2 | 사업개시일

구분	기준일	
법인	법인설립등기일	
개인	창업 사업계획 승인시	사업자등록일
	창업 사업계획 승인 이외	사업개시일

2. 소자본 창업자의 역할

소자본 창업자는 소자본 창업 아이디어 창출, 소자본 창업, 소자본 창업경영, 경영환경 변화에 대응, 지속적 경쟁우위 확보, 사회가치경영의 역할을 해야 한다.

| 표 3-3 | 소자본 창업자의 역할

구분	소자본 창업자의 역할
1	창업 아이디어 창출
2	소자본 창업
3	소자본 창업경영
4	경영환경 변화에 대응
5	지속적 경쟁우위 확보
6	사회가치경영

2절 기업가정신

1. 기업가정신의 의의

기업가정신(entrepreneurship)은 기업을 설립하여 성공적으로 경영하고자 하는 자세나 정신을 말한다. 즉, 기업가정신은 기업의 본질인 이윤추구와 사회적 책임의 수행을 위해 기업가가 마땅히 갖추어야 할 자세나 정신을 말한다.

기업은 이윤의 획득을 목적으로 운용하는 자본의 조직단위이기 때문에 생존을 위해서는 먼저 이윤을 창출해야 한다. 동시에 기업은 이윤을 사회에 환원한다는 점에서 사회적 책임도 가지고 있다. 따라서 기업을 이끌어가는 기업가는 이윤을 창출하면서도 사회적 책임을 잊지 않는 정신을 가지고 있어야 한다.

기업가정신에 대한 견해도 학자마다 다양하다. 기업가정신의 대표적인 학자로 나이트(Knight), 슘페터(Schumpeter), 커즈너(Kirzner)가 있다.

슘페터(Schumpeter, 1934)는 기업가정신에 의해 실행되는 창조적 파괴과정을 경제성장의 원동력으로 본다. 기업가는 신제품 개발, 새로운 생산방식 도입, 신시상 개척, 새로운 원료, 부품의 공급, 새로운 조직의 형성, 노동생산성 향상 등의 역할을 하는 것으로 설명하였다. 슘페터 이론에서 기업가정신은 창조적 파괴(creative destruction)와 동일시하기 때문에 기업가는 기존의 균형과 틀을 깨고 불안정하게 만드는 역할을 수행한다.

나이트(Knight, 1921)는 기업가를 불확실성을 감수하는 대가로 이윤을 얻는 사람으로 설명하였다. 나이트 이론에서 기업가는 기업가적 활동을 통해 시장을 균형으로 이끄는 역할을 한다.

커즈너(Kirzner, 1973)를 비롯한 오스트리아 학파의 기업가정신 이론에서는 기업가의 이윤기회에 대한 인지능력을 강조하며 회사 창업자뿐만 아니라 기업가적 발견에 참여하는 모든 경제주체를 기업가로 본다.

기업가정신은 기업을 성공적으로 만들고자 하는 마음가짐이다. 기업가정신은 기존에 없었던 새로운 가치를 창출하고자 하는 실천적 활동이다. 이와 같은 의미에서 기업가정신은 창업 정신이다.

기업가정신이란 새로운 사업에서 야기될 수 있는 위험을 부담하고 어려운 환경을 헤쳐 나가면서 기업을 키우려는 뚜렷한 의지를 말한다.

| 표 3-4 | 기업가정신

구분	기업가정신
1	기업을 성공적으로 만들고자 하는 마음가짐
2	기존에 없었던 새로운 가치를 창출하고자 하는 실천적 활동
3	창업정신
4	새로운 상품의 개발, 새로운 생산방식의 도입, 신시장 개척, 원료나 부품의 새로운 공급원의 정복, 독점적 지위의 형성, 새로운 산업조직의 수행 등에 앞장서는 기업가의 마음가짐
5	새로운 사업에서 야기될 수 있는 위험을 부담하고 어려운 환경을 헤쳐 나가면서 기업을 키우려는 뚜렷한 의지

기업가정신 연구자들의 기업가정신의 다양한 정의를 살펴보면 다음 표와 같다. 기업가정신의 공통적인 의미는 기업을 성공적으로 만들고자 하는 마음가짐을 말한다.

| 표 3-5 | 기업가정신의 정의

연구자	연도	정의
나이트 (F.H. Knight)	1921	불확실성과 위험을 부담하고 가는 것
슘페터 (J.A. Schumpeter)	1934	혁신을 통해 창조적 파괴과정을 추구하는 것
미제스 (L.V. Mises)	1949	알려지지 않은 수단을 탐색하며, 자신이 느끼는 불편함을 제거하려는 미래지향적 행동을 추구
커즈너 (I. Kirzner)	1973	알려지지 않은 이윤기회를 탐색하고 실현하기 위해 주관적 확신에 찬 기업가의 기민한 이윤추구 행위

카쏘 (Casso)	1982	희소자원을 조정하려는 의사결정과 판단 활동
스티븐슨 (H. Stevensons)	1983	통제가능한 자원에 구애됨이 없이 기회를 추구하는 것
밀러 (Miller)	1983	위험감수, 진취적 혁신을 추구하는 조직활동
가트너 (Gartner)	1985	혁신적인 신조직의 창조, 벤처를 통해 창업하는 행위
드러커 (P.F. Drucker)	1985	새롭고 이질적인 것에서 유용한 가치를 창출하여 변화를 기회로 삼고 기업의 기회 극대화를 추구하는 기업가의 실천 행위
제프리 티몬스 (Jeffry Timmons)	1994	기회에 초점을 두고, 균형잡힌 리더십과 총체적 접근방법으로 사고 · 추론 · 행동방식 등 어떤 가치 있는 것을 구축하거나 창조하는 것
럼프킨과 데스 (Lumpkin & Dess)	1996	제품의 혁신과 새로운 시장개척, 조직의 신규진입
샤르마와 크리스만 (Sharma & Chrisman)	1999	기업가정신을 신사업을 추진하거나 조직을 혁신적으로 변화하는 과정에서 나타나는 종업원의 사내 기업가정신으로 설명
나이트 (Kinght)	2000	기업가정신으로 혁신성, 진취성, 위험감수성 외에 자율성을 포함
유럽연합(EC)	2003	위험수용성, 혁신성 및 창의성을 새로운 조직이나 기존조직에서 기업경영에 접목하여 경제활동을 창출하고 발전시켜 나가는 정신자세와 과정
OECD	2007	기업가적 활동과 현상으로 정의하고, 기업가적인 활동을 신제품, 시장, 혹은 공정을 개발함으로써 새로운 경제적 활동을 통한 가치창출을 추구하는 인적 행위
이춘우 외	2014	기존에 없었던 새로운 가치를 창출하고자 하는 실천적 활동
노경호	2019	기업을 성공적으로 만들고자 하는 마음가짐

자료: "김미숙, 기업가정신과 사회적 책임이 조직몰입 및 경영성과에 미치는 영향, 한양대학교 융합산업대학원, 2019년 8월" 참조 재구성

2. 기업가정신의 핵심요소

기업가정신의 핵심요소에는 혁신성, 진취성, 위험감수성, 자율성, 리더십, 책임감이 있다.

혁신성은 새롭게 하는 것을 말한다. 진취성은 지속적 경쟁우위 확보를 위해 도전하는 자세이다. 위험감수성은 기업목표 달성을 위하여 기꺼이 사업기회를 포착하는 능력이다. 자율성은 창업경영을 할 때 적극적인 의사결정을 할 수 있는 능력이다. 리더십은 동기부여를 할 수 있는 역량이다. 책임감은 창업경영 계획, 실행, 평가시 모든 책임을 지는 자세이다.

표 3-6 | 기업가정신의 핵심요소

핵심요소	의미
혁신성	새롭게 하는 것
진취성	지속적 경쟁우위 확보를 위해 도전하는 자세
위험감수성	기업목표 달성을 위하여 기꺼이 사업기회를 포착하는 능력
자율성	창업경영을 할 때 적극적인 의사결정을 할 수 있는 능력
리더십	동기부여를 할 수 있는 역량
책임감	창업경영 계획, 실행, 평가시 모든 책임을 지는 자세

요약&
결론

창업자라 함은 중소기업을 창업하는 자와 중소기업을 창업하여 사업을 개시한 날부터 7년이 지나지 아니한 자를 말한다.

소자본 창업자는 소자본 창업 아이디어 창출, 소자본 창업, 소자본 창업경영, 경영환경 변화에 대응, 지속적 경쟁우위 확보, 사회가치경영의 역할을 해야 한다.

기업가정신(entrepreneurship)은 기업을 설립하여 성공적으로 경영하고자 하는 자세나 정신을 말한다. 즉, 기업가정신은 기업의 본질인 이윤추구와 사회적 책임의 수행을 위해 기업가가 마땅히 갖추어야 할 자세나 정신을 말한다.

슘페터(Schumpeter, 1934)는 기업가정신을 창조적 파괴와 동일시하여 신제품 개발, 새로운 생산방식 도입, 신시장 개척, 새로운 원료, 부품의 공급, 새로운 조직의 형성, 노동생산성 향상 등의 역할을 하는 것으로 설명하였다.

나이트(Knight, 1921)는 기업가정신을 불확실성을 감수하는 대가로 이윤을 얻는 것으로 설명하였다.

커즈너(Kirzner, 1973)는 기업가정신 이론에서 기업가의 이윤기회에 대한 인지능력을 강조하며 회사 창업자뿐만 아니라 기업가적 발견에 참여하는 모든 경제주체를 기업가로 보았다.

기업가정신은 기업을 성공적으로 만들고자 하는 마음가짐이다. 기업가정신은 기존에 없었던 새로운 가치를 창출하고자 하는 실천적 활동이다. 이와 같은 의미에서 기업가정신은 창업정신이다.

기업가정신이란 새로운 사업에서 야기될 수 있는 위험을 부담하고 어려운 환경을 헤쳐 나가면서 기업을 키우려는 뚜렷한 의지를 말한다.

기업가정신 연구자들은 기업가정신을 다양하게 정의하고 있는데 기업가정신의 공통적인 의미는 기업을 성공적으로 만드고자 하는 마음가짐을 말한다.

기업가정신의 핵심요소에는 혁신성, 진취성, 위험감수성, 자율성, 리더십, 책임감이 있다.

혁신성은 새롭게 하는 것을 말한다. 진취성은 지속적 경쟁우위 확보를 위해 도전하는 자세이다. 위험감수성은 기업목표 달성을 위하여 기꺼이 사업기회를 포착하는 능력이다. 자율성은 창업경영을 할 때 적극적인 의사결정을 할 수 있는 능력이다. 리더십은 동기부여를 할 수 있는 역량이다. 책임감은 창업경영 계획, 실행, 평가시 모든 책임을 지는 자세이다.

Successful Startup 3

기업가정신 벤치마킹 사례: 나는 이렇게 부자가 되었다

가난은 팔자였던 것 같다. 30대 중반에 연세대학으로 직장을 옮길 때도 그랬다. 27세에 탈북하면서 무일푼의 신세가 되었다. 중앙학교에서 6~7년 있는 동안에 겨우 경제적 안정을 찾았다. 전셋집도 장만했고 하고 싶었던 일의 계획도 세우고 싶었는데 6 · 25전쟁이 터졌다. 전쟁 중에 북한에 3년 동안 남겨두고 왔던 큰 딸애와 모친, 고등학교와 대학에 갈 나이의 동생들이 합류했다. 대학으로 직장을 옮기면서는 중 · 고등학교 교감 때 모여 살던 사택도 떠나야 했다. 나 한 사람의 수입으로 10명이나 되는 가족을 부양하는 경제적 빚쟁이가 되었다.

대학에 가면서부터 3~4년 동안은 수입을 위해 무슨 일이든 삼가지 않았다. 교수의 부수입은 다른 대학에 시간강사로 가는 일이다. 여러 대학에 나갔다. 야간대학까지 갔으니까. 그렇다고 새내기 교수에게 주어진 강의를 소홀히 할 수가 없었다. 건강을 해칠 정도로 힘들었다. 3년쯤 후에 한 대학에서 전임대우를 해주겠다는 요청을 받았다. 겨우 재정적 안정도 뒤따르게 되었다. 두 동생은 대학과 고등학교로 보내고 여섯이나 되는 어린 것들도 제자리를 찾게 되었다. 그렇게 3~4년이 지난 뒤였다. 어떤 주초에 대구에서 제자가 찾아왔다. 대구의 중 · 고등학교 교사들의 수련회가 있는데 토요일 오후에 강연을 맡아달라는 요청이었다. 나는 같은 시간에 삼성그룹에 강연 약속이 있어 갈 수가 없고 좋은 강사를 소개해 주면 어떻겠는가 하고 제안했다. 제자는, 교장회의 결정이기 때문에 자기는 빈손으로 돌아가야 한다는 실망감을 감추지 못했다. 나는 고민에 빠졌다. 대구에 가면 하루 동안 고생하고 강사료는 서울의 절반도 못 된다. 그러나 5~600명이 되는 선생님들에게 강연하는 일은 너무 소중하다. 그래서 삼성의 양해를 겨우 얻어 대구를 다녀왔다.

그 일이 계기가 되어 앞으로는 수입보다는 일의 가치를 찾아 살아가자는 뜻을 다짐했다. 더 열심히 많은 일을 했다. 일을 사랑한다는 뜻이 무엇인지 깨닫게 되었다. 그런데 예상 못했던 결과를 발견했다. 수입을 위해 일할 때는 피로하고 어떤 때는 일을 멀리하고 싶기도 했다. 그런데 일의 보람을 찾아 할 때는 피곤이나 일에 대한 혐오감 같은 것이 없어졌다. 또 다른 변화도 뒤따랐다. 수입을 위해 하는 일은 수입과 더불어 끝나곤 했다. 그런데 일을 찾아 일을 선택했을 때는 일이 또 다른 일을 만들기 때문에 더 많은 일을 하고 수입도 자연히 늘어나기 시작했다. 일의 성취감에서 오는 행복이 무엇인지 터득할 수 있었다. 일에 대한 사랑이 행복과 성공의 열매를 남겨준 것이다.

그렇게 사는 동안에 70 중반을 넘기게 되었다. 우연한 기회에 일의 새로운 가치관에 도달하게 되었다. 그때까지는 100사람이 100의 일을 하면 일의 목적이 100인줄 알았다. 그 생각이 잘못이었던 것이다. 100사람이 100의 일을 해도 일의 목적은 다 같은 하나인 것임을 깨달았다. 우리가 하는 모든 일은 그 일을 통해 좀 더 많은 사람이 인간다운 삶과 행복을 찾아 누리는 데 있다는 사실을 체험한 것이다. 실업가는 기업을 통해 더 많은 사람이 인간다운 삶과 행복을 찾아 누리는 데 있다는 사실을 깨닫게 된 것이다. 정치인은 선한 정치를 통해 국민들의 행복과 자유로운 삶을 베푸는 책임을 갖는다. 교육자는 제자들과 더불어 학원과 사회에 이바지함으로써 정신적 가치와 문화의 수준을 높여주기 위해 일한다.

그런 일의 공동체와 사회적 가치에서 목적을 찾게 되니까 또 다른 경제관에 변화가 찾아왔다. 나를 위한 수입이 일의 가치와 목적이 아니라 내가 경제적 가치를 베풀 수 있어 더 많은 이웃과 사회에 도움이 된다면 베푸는 것이 경제의 바른 길임을 알게 되었다. 내가 돈과 비용을 쓰더라도 그들을 도와야 한다는 의무감도 갖게 되었다. 경제가치는 소유보다 건전한 베품 없이는 모두가 행복해질 수 없다는 사실을 발견했다. 어떤 때는 재정이 부족하더라도 뜻을 같이하는 친구의 도움을 합쳐서 문화적 봉사를 하는 경우도 생겼다. 그래야 그 사람들이 행복해지며 사회가 성장할 수 있기 때문이다.

그 대가가 있다면 경제적 가치에서 오는 보람이며 고맙고 감사한 삶의 체험이다. 존경스러움이 무엇인지 깨닫게 되고 많이 베푸는 사람이 경제가치의 창조자임을 자인하게 된다. 그리고 무슨 일이 더 가치 있는 일이며 어떤 일이 반사회적이며 배척받아야 할 경제관인지 깨닫게 된다. 교통부 장관이 되어 국민 교통의 혜택을 주지 못하는 사람보다는 버스 운전기사가 되어 수많은 손님에게 따뜻한 봉사를 하는 일이 소중함을 발견하게 된다. 국회의원에 당선되었다고 스스로를 높이는 사람보다는 농업기술을 개발해 농가수입을 올려주는 전문가에게 감사해야 한다.

이런 상식적이면서도 당연한 경제관을 갖게 되면 우리는 모두가 지금 하고 있는 일의 사회적 가치를 재발견하게 된다. 나에게 주어진 일을 어떻게 대하는가, 열심히 일해야 나도 즐겁고 상대방 사람들이 행복해지기 때문이다. 그리고 이런 마음과 노력을 함께하는 사람이 많아지면 대한민국 전체가 삶의 가치와 행복을 누릴 수 있다. 내가 부해지기보다는 모든 국민이 행복해져야 나도 자연히 부하고 행복해질 수 있기 때문이다.

내가 1962년에 세계일주 여행을 끝내고 귀국해서 쓴 여행기가 있다. 잘사는 선진 국가를 다녀보니까 우리 국민의 가난함이 눈물겹게 한스러웠다. 그래서 내가 우리나라에서 제일 가난하고 모두가 나보다 부하게 잘사는 나라가 되었으면 좋겠다는 글을 남긴 적이 있다. 지금은 베푸는 사람이 부해진다는 사실을 깨닫게 된 셈이다.

수입보다 가치를 찾자 다짐하니
피곤과 일에 대한 혐오감 없어져
사회적 가치, 공동체서 목적 찾으니
경제관에도 또다른 변화가 찾아와
소유보다 베푸는 게 바른 길이고
많이 베푸는 사람이 부해지게 돼
- 김형석 연세대 명예교수 -

자료: 김형석, 김형석의 100년 산책, 중앙일보, 2022년 8월 5일

2부

소자본 창업경영 계획

4장 소자본 창업경영 프로세스

1절 창업경영 프로세스의 의의

창업경영 프로세스는 창업아이템 선정, 창업 사업타당성 분석, 창업 사업계획서 작성, 창업기업의 설립, 창업경영 순으로 진행된다.

그림 4-1 창업경영 프로세스

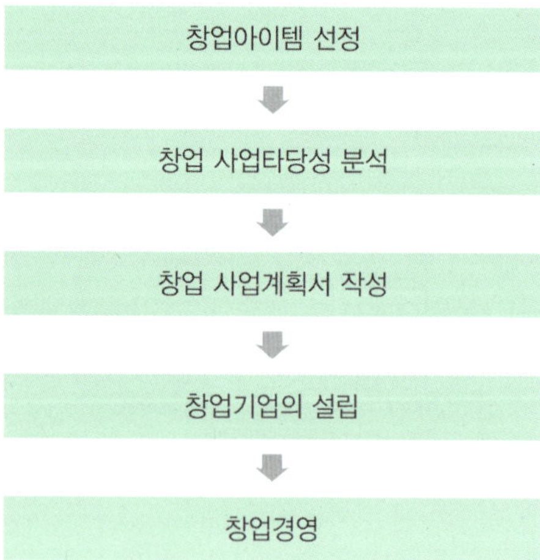

2절 창업의 절차

1. 창업의 기본절차

창업자가 창업을 결정하게 된 동기나 사업기회를 발견하게 되는 상황은 사람마다 동일하지 않고 다른 것으로 나타나고 있다. 또한 성공에 대한 계획된 의지를 갖고 창업을 하는 경우가 많지만 신변불안과 일탈, 실직 등 그렇지 않은 경우도 의외로 많은 것으로 조사되고 있다. 하지만 어떠한 경우가 되었든 창업을 결정하고 실행하는 데 있어서의 그 절차는 체계적일 필요가 있다. 물론 창업절차를 획일적으로 정답처럼 이야기할 수는 없으나 체계적인 창업절차에 따라 창업을 수행할 경우 효율적인 창업을 실현할 수 있고 창업에 따른 관련 비용을 최대한 줄일 수 있기 때문이다. 일반적으로 창업의 절차를 구분하여 설명하면 경영과 마찬가지로 창업계획을 수립하는 단계, 창업을 실행하는 단계, 창업을 평가하는 단계로 구분할 수 있다. 따라서 창업의 기본적인 절차를 살펴보면 다음과 같다.

가. 창업의 계획단계

창업자가 처음으로 창업에 대한 의지를 갖고 창업에 대하여 생각을 하고 구체적으로 창업을 설계하는 단계이다. 이 단계에서 창업자는 창업자로서의 적격성 등 자신에 대한 분석을 실시하게 되며 무슨 사업을 할 것인지에 대하여 탐색을 하기 시작한다. 따라서 창업자는 특허의 검색 및 다양한 소비자와 시장에 대한 검토를 하게 된다. 창업의 구상에서 다양한 조사를 한 창업자는 조사된 여러 내용을 근거로 수행하려는 사업아이템을 선정하게 되며 선정된 사업아이템에 대한 사업타당성 분석을 실시하게 된다. 그리고 사업타당성 분석 결과가 사업성이 있을 것으로 판단될 경우 구체적인 사업계획의 수립단계에 들어가게 된다.

나. 창업의 실행단계

창업계획이 수립되면 창업자는 수립된 사업계획서를 기초로 하여 창업을 실행하게 된다. 창업실행단계에서는 창업자는 구체적인 창업활동에 들어가게 되는데 이 단계에서 창업자는 다음과 같은 절차를 수행하게 된다.

① 회사의 설립과 인·허가의 취득

② 사업장의 확보: 본사, 공장, 영업장소, 연구소, 교육장소 등

③ 조직 및 인력확보

④ 사업의 수행: 생산, 영업, 회계, 연구개발, 서비스활동 등

다. 창업의 평가단계

창업의 평가단계는 창업계획과 창업 실행 후 결과를 평가하는 단계이다. 창업의 평가는 창업기업의 재무제표분석과 기업경영분석을 통하여 실시한다.

표 4-1 | 창업의 기본절차

창업단계	창업절차
1. 창업의 계획	1. 창업자분석 2. 아이템 탐색 3. 특허의 검색 4. 소비자분석과 시장분석 5. 사업아이템 선정 6. 사업타당성 분석 7. 사업계획서 작성
2. 창업의 실행	8. 회사의 설립과 인·허가의 취득 9. 사업장의 확보(본사, 공장, 영업장 등) 10. 조직 및 인력확보 11. 사업수행 및 경영관리
3. 창업의 평가	12. 재무제표분석 13. 기업경영분석

2. 제조업 및 일반 창업절차

가. 제조업의 창업절차

1) 제조업

제조업이란 원재료에 물리·화학적 작용을 가하여 성질이 다른 새로운 제품으로 전환시키는 산업활동을 말한다. 따라서 단순히 상품을 선별·정리·분할·포장·재포장하는 경우 등과 같이 그 상품의 본질적 성질을 변화시키지 않는 처리활동은 제조활동으로 보지 않는다.

2) 위탁제조를 하는 경우

위탁제조는 자기가 제품을 직접 제조하지 않고 제조업체에 의뢰하여 제조하는 경우로서 다음의 요건을 모두 충족하는 경우에는 제조업으로 본다.

① 생산할 제품을 직접 기획(고안 및 디자인, 견본제작 등을 포함한다)할 것

② 그 제품을 자기명의로 제조할 것

③ 그 제품을 인수하여 자기 책임하에 직접 판매할 것

3) 제조업의 창업절차

제조업의 창업절차는 창업구상단계, 창업계획단계, 창업실행단계 순으로 진행된다. 창업구상단계에서는 창업자분석, 사업아이템 탐색, 특허 검색, 소비자 및 시장분석이 실시된다. 창업계획단계에서는 사업아이템 선정, 사업타당성 분석, 사업계획서 작성이 실시된다. 창업실행단계에서는 회사설립, 사업장 확보, 조직 및 인력확보 경영관리가 실시된다.

❙ 그림 4-2 ❙ 제조업의 창업절차

창업구상단계

1. 창업자분석
   - 창업자분석
   - 강점, 약점분석
   - 투자능력 확인
   - 사업수행능력 평가

2. 사업아이템 탐색
   - 기존제품 탐색
   - 신제품 탐색
   - 욕구 탐색
   - 사업아이템 탐색

3. 특허 검색
   - 특허 검색
   - 법적 문제 검토
   - 특허 출원

4. 소비자 및 시장분석
   - 소비자분석
   - 시장분석
   - 미래시장분석
   - 목표시장분석

창업계획단계

5. 사업아이템 선정
   - 아이템 정보수집
   - 아이템 선정
   - 사업아이템 선정

6. 사업타당성 분석
   - 기초자료조사
   - 사업수행능력
   - 시장성
   - 기술성
   - 수익성
   - 경제성
   - 자금수지 및 성장성
   - 사업 의사결정

7. 사업계획서 작성
   - 사업목적 및 방향 설정
   - 조직 및 인력계획
   - 제품 및 생산계획
   - 마케팅전략
   - 소요자금계획
   - 자금조달 및 운용계획
   - 추정재무제표 작성

창업실행단계

8. 회사설립
   - 법인설립
   - 사업 인 · 허가
   - 사업자등록

9. 사업장 확보
   - 상권분석과 입지선정
   - 공장설립승인
   - 공장건축 및 제조시설 설치
   - 공장등록

10. 조직 및 인력확보
    - 조직구성
    - 인력확보
    - 교육훈련

11. 경영관리
    - 경영시스템 구축
    - 재무관리
    - 인적자원관리
    - 생산 및 기술관리
    - 마케팅관리
    - 회계 및 세무관리
    - 경영정보시스템관리
    - 경영전략

4) 제조업의 창업시 유의할 사항

제조업의 창업은 도·소매업이나 서비스업에 비하여 창업절차가 비교적 복잡하고 까다롭다고 할 수 있다. 이와 같은 제조업의 창업절차가 복잡하고 까다로운 이유는 제품의 생산을 위한 각종 시설의 취득에 절차가 필요하기 때문이다. 제조업의 창업절차에서 유의해야 할 사항은 다음과 같다.

가) 인·허가 절차의 이행

법령에 의하여 허가를 받거나 등록 또는 신고(이하 '허가' 등이라 한다)를 하여야 하는 사업의 경우에는 해당 관청으로부터 경영하려고 하는 사업에 대한 허가, 등록 또는 신고를 하여야 그 사업을 경영할 수 있다.

표 4-2 | 사업 허가, 등록, 신고

구분	내용
허가	법령에 의한 일반적·상대적 금지를 특정한 경우에 해제하여 적법하게 일정한 사실행위 또는 법률행위를 할 수 있도록 자유를 회복시켜 주는 행정행위를 말한다. 일반적으로 영업허가는 보건, 위생, 풍속 또는 사회질서와 공공복리 등과 관련된 업종에 대해 국민을 보호하기 위해 일반적으로는 영업을 금지하고 특정한 경우에 한해 그 금지를 해제하여 영업을 할 수 있게 하는 것으로 법률로서 허가 요건을 엄격하게 정하고 있다. 예 축산물가공처리업, 군복 및 군용장구제조업, 의약품제조업, 동물용의약품제조업, 먹는샘물제조업, 연탄제조업, 소금제조업, 비료생산업, 유해화학물질제조업, 의약품제조업 등
등록	등록은 영업과 관련된 일정한 사실이 기재된 등록신청서를 관할 관청에 제출하게 하여 해당 기관에 비치된 등록대장에 등재되도록 하는 것으로서 해당 대장에 등재가 되면 어떤 사실이나 법률관계의 존재가 공적으로 공시 또는 증명되는 것으로서 일종의 허가의 성질을 갖는다. 해당 업종에 대한 등록요건은 관련 법률로서 정하고 있다. 예 배합사료제조업, 양곡가공업, 수출입목재가공업, 석탄가공업, 석유정제업, 농약제조업, 수처리제제조업, 정화조제조업, 열사용기자재제조업, 계량기제작수리업, 전기용품제조업, 공해방지시설업, 승강기 및 부품제조업
신고	신고는 법령 등이 정하는 바에 따라 일정한 사항을 관할 관청에 통지하는 것으로서 신고서의 기재사항에 흠이 없고 필요한 구비서류가 첨부되어 있으며 기타 법령 등에 규정된 형식상의 요건에 적합한 때에는 신고서가 접수기관에 도달한 때에 신고의무가 이행된 것으로 본다.

	예 식품제조가공업, 인쇄사, 출판사, 장난감제조업, 화장품제조업, 항공우주산업, 기타 위생용품제조업, 의약외품, 동물용의약외품, 비디오물제작업, 음반 및 음악영상물제작업 등

나) 입지의 선정

(1) 공장입지 유형

공장입지 유형은 계획입지와 개별입지로 나눌 수 있다.

| 표 4-3 | 공장입지 유형

구분	내용
계획입지	국가나 공공단체, 민간기업이 공장을 집단적으로 설립 · 육성하기 위하여 일정지역을 선정하여 계획에 따라 개발한 공장용지 예 국가 및 지방산업단지, 농공단지 등
개별입지	계획입지 외의 지역에서 공장설립에 관련된 인 · 허가 사항의 승인을 득하여 공장을 설립하고자 하는 농지 등과 같은 개별용지

| 표 4-4 | 계획입지와 개별입지의 장 · 단점

구분	계획입지	개별입지
장점	• 대규모 단지조성에 따른 산업기반시설, 생활편의시설, 동력, 용수, 수송 등의 지원시설이 양호하다. • 공해배출업소의 입주가 용이하고, 공장설립 허가 절차가 간소하다.	• 원하는 시기와 원하는 장소에 원하는 규모로 공장을 건축할 수 있다. • 공장용지의 처분과 사업 확장시 공장의 증축이 용이하다. • 계획입지에 비해 업종의 제약이 심하지 않고 상대적으로 저렴한 금액으로 부지 확보가 가능하다.
단점	• 선분양 후 입주 방식이므로 적기에 공장을 확보하기가 어렵다. • 분양공단이 지역별로 불균형하게 분포되어 있어 적소에 공장을 건축하기가 어렵다. • 구획된 단지이므로 일단 입주하면 사업 확장에 따른 공장증축이 불가능하다.	• 공장설립허가 절차가 까다롭고 동력, 용수, 수송 등의 입지여건이 취약하며 산업기반시설, 생활편의시설이 미약하다. • 계획입지에 비해 조세 및 금융지원 등의 인센티브가 부족하다.

단점	• 국가 및 지방공단, 아파트형공장은 분양가격이 대체로 비싸다. • 공장부지의 매각 등 처분에 제한을 받으며 입주업종에 대한 제약이 있다.

(2) 공장입지선정 절차 및 고려할 사항

공장입지선정은 입지형태결정, 후보지역 현장조사 및 입지분석, 최종입지선정 순으로 진행된다.

표 4-5 | 공장입지선정 절차 및 고려사항

절차	고려할 사항
입지형태 결정	• 공장을 설립할 경우 가장 먼저 해야 할 일은 해당 사업의 업종 및 사업여건에 적합한 공장입지의 형태를 결정하는 일이다. 「국토의 계획 및 이용에 관한 법률」은 행위제한을 명시한 원천법률 사항으로 누구든지 국가산업단지 등 계획입지 이외의 지역에서 개별입지 공장을 설립하는 경우 가장 먼저 검토해야 하며 그 외에 기술적인 사항들을 개별법에 의해 검토해야 한다.
후보지역 현장조사 및 입지분석	• 공장입지의 형태가 결정되면 결정된 입지형태에 따라 공장입지 대상 후보지역을 물색해야 하며 입지분석은 대상지역을 선정하는 지역분석과 대상지역 선정 후 공장 후보지를 선정하기 위한 개별분석이 있으며 이때 가장 중요한 것은 현장조사다. ① 지역분석: 사업여건 요인, 공장설립예산(부지매입가격), 시장의 위치, 노동력, 교통여건, 생활기반시설, 관련산업과의 위치, 동력, 용 · 배수의 조건, 투자성, 자연적 요인 등 ② 개별분석의 기본적인 내용은 현장조사를 통해 소재지(위치) 확인, 지목 확인, 면적 확인, 경계 확인, 토지의 형상 확인, 지형물의 확인, 기타 주요사항의 확인이며, 권리분석은 소유권의 진정성 판단, 소유권의 제한사항 판단, 지적의 판단, 이용가능성에 대해 판단 ③ 기술성분석은 부지조성의 타당성 및 사용률, 생산지원시설, 경제성 분석은 토지의 편익, 부지조성 공사비용, 편익과 비용의 대응이다.
최종입지 선정	• 의사결정자 및 실무담당자가 후보지가 가지고 있는 입지요인별 가중치를 설정하고 의견을 모아 최종 공장입지를 결정해야 한다.

| 그림 4-3 | 공장설립 가능 여부 검토 프로세스

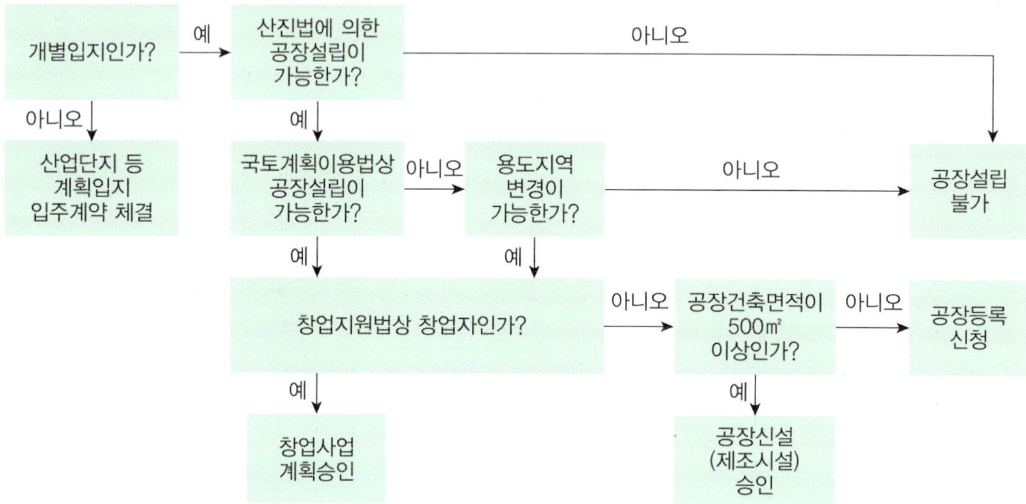

다) 공장설립절차의 수행

(1) 공장의 정의

공장에 대한 정의 또는 범위를 규정하고 있는 법령은 「산업집적활성화 및 공장설립에 관한 법률」, 「건축법」과 신기술공장에 대해 규정하고 있는 「벤처기업 육성에 관한 특별조치법」 등이 있으나, 「산업집적활성화 및 공장설립에 관한 법률」 제2조에서 규정하고 있는 공장의 정의를 적용한다.

| 표 4-6 | 「산업집적활성화 및 공장설립에 관한 법률」 제2조 제1호에서 규정한 '공장'

'공장'이란 건축물 또는 공작물, 물품제조공정을 형성하는 기계 · 장치 등 제조시설과 그 부대시설을 갖추고 제조업을 하기 위한 사업장으로서 다음에 정하는 것을 말한다.

1. 제조업을 하기 위하여 필요한 제조시설(물품의 가공 · 조립 · 수리시설을 포함한다) 및 시험생산시설
2. 제조업을 하는 경우 그 제조시설의 관리 · 지원, 종업원의 복지후생을 위하여 해당 공장부지 안에 설치하는 부대시설로서 산업통상자원부령으로 정하는 것
3. 제조업을 하는 경우 관계법령에 따라 설치가 의무화된 시설
4. 위 1에서부터 3까지의 시설이 설치된 공장부지

☞ 부대시설의 범위

1. 사무실 · 창고 · 경비실 · 전망대 · 주차장 · 화장실 및 자전거보관시설
2. 수조 · 저유조 · 사일로 및 저장조 등 저장용 옥외구축물(지하 저장용시설을 포함한다)
3. 송유관, 옥외주유시설, 급 · 배수시설, 변전실, 기계실 및 펌프실
4. 폐기물처리시설 및 환경오염방지시설
5. 시험연구시설 및 에너지이용효율 증대를 위한 시설
6. 공동산업안전시설 및 보건관리시설
7. 식당 · 휴게실 · 목욕실 · 세탁장 · 의료실 · 옥외체육시설 · 보육시설 및 기숙사 등 종업원의 복지후생증진에 필요한 시설
8. 제품전시 · 판매장(해당 공장의 생산제품을 전시 · 판매하는 시설만 해당한다), 원자재 및 완제품 등을 싣고 내리기 위한 호이스트
9. 그 밖에 해당 제조시설의 관리 · 지원, 종업원의 복지후생을 위하여 필요하다고 산업통상자원부 장관이 인정하는 시설

(2) 공장설립의 유형

공장설립은 신설, 증설, 이전, 업종변경, 제조시설 설치 등으로 진행된다.

표 4-7 | 공장설립 구분

구분	정의
신설 (법 제2조 제21호)	• 건축물을 신축(공작물을 축조하는 것을 포함한다)하거나 기존 건축물의 용도를 공장 용도로 변경하여 제조시설 등을 설치하는 것을 말한다.
증설 (법 제2조 제22호)	• 등록된 공장의 공장건축면적 또는 공장부지면적을 증가시키는 것 –단순한 제조시설만 추가 설치하고 건축면적 증가가 없는 것은 증설에 해당하지 않음 –부대시설을 증설하는 경우에는 공장증설로 보지 아니한다. • 단, 수도권의 자연보전지역 및 시행령 별표2 제3호(성장관리지역의 기타지역) 다목 및 라목의 규정에 의하여 대기업이 사무실 · 창고면적을 증설하는 경우 제외
이전 (시행령 제25조 제3항)	• 등록된 공장을 폐쇄하고 다른 위치로 이동하여 동종업종의 공장을 신설 또는 증설 하는 것
업종변경 (시행령 제18조의2 제4항)	• 공장설립승인을 얻은 공장 또는 등록된 공장의 업종을 다른 업종으로 변경하거나 당해 공장에 다른 업종을 추가하는 것

제조시설 설치 (법제14조의3 제1항)	• 공장설립승인을 얻어 건축된 공장건축물 또는 등록된 공장으로서 등록이 취소된 공장건축물의 전부 또는 일부에 제조시설 등을 설치하여 제조업을 영위하고자 하는 경우

공장설립승인에는 창업사업계획승인, 공장설립승인 등이 있다.

| 표 4-8 | 공장설립승인 유형

구분	신청대상	관련법률
창업 사업계획승인	• 창업자 • 개별입지에 설립	•「중소기업창업 지원법」 제33조 (창업 후 7년 이내의 창업자에 적용)
공장설립승인	• 모든 공장설립자 • 개별입지에 설립	•「산업집적활성화 및 공장설립에 관한 법률」 제13조(공장설립등의 승인) · 제16조(공장의 등록) * 건축면적 500㎡ 이상인 모든 공장에 적용(500㎡ 미만도 승인신청 가능함)

(3) 공장설립 절차

개별입지에서 창업공장설립에 따른 절차는 크게 입지선정단계부터 공장설립 신청 및 승인단계, 공장건축단계, 사용승인(공장등록)단계 등 4단계로 구분할 수 있으며 세부적으로는 사업타당성 검토부터 공장등록증 발급까지 14단계의 절차를 거친다.

(4) 생산시설의 설치

① 설비의 설계　② 시설의 발주
③ 시설의 설치　④ 원부자재의 조달
⑤ 시운전　⑥ 시제품의 생산
⑦ 공장의 가동

그림 4-4 | 공장설립절차

구분	진행순서	비고
공장입지 선정	사업타당성 검토 ↓	• 토지이용계획 확인원, 지적도등본, 토지등기부 등본(공장설립 가능 여부 검토) • 사례별 기간 편차 큼
	입지분석 및 결정(개별 · 계획) ↓	
공장설립 신청 및 승인	토목측량 및 환경보고서 등 준비 ↓	• 사전환경성검토서, 도시계획심의자료, 사전재해영향성 검토서 등 각종 보고서 준비
	공장설립(창업사업계획) 승인신청 ↓	• 지자체: 복합민원심의(의제처리)
	소규모환경영향평가협의 ↓	• 지방환경청 협의 • 사전재해영향성 검토와 동시 진행을 가정함
	사전재해영향성검토협의 ↓	• 행정안전부(시 · 군 · 구 안전정책과 내부협의)
	공장설립(창업사업계획) 승인 ↓	• 인 · 허가부서(시 · 군 · 구)
공장건축	토목공사(부지조성) ↓	• 농지 30일, 산지 60일 기준(건축설계 포함)
	건축허가 및 착공신고 ↓	• 건축허가 및 착공신고 등
	공장건축 ↓	
	건축사용허가 및 준공 ↓	• 현황도 작성 및 업무대행 등 • 법정처리기간 7일(위험물, 화학공장의 경우 50일) • 기계시설 및 오염방지시설(해당업종) 설치 등
	제조시설 설치 ↓	
사용승인 (공장등록)	공장설립완료신고 ↓	• 기계설치 완료 후 2개월 이내 • 완료신고 접수 후 3일 내 통보 • 식품 유통기한 설정 사유서 제출(해당 업종)
	공장등록증 발급	

(5) 사용승인과 공장등록

① 건축물 사용승인

건축주가 건축물의 사용승인을 받은 후가 아니면 건축물을 사용하거나 사용하게 할 수 없다. 그리고 건축물의 사용승인을 받은 경우에는 다음에 따른 사용승인 · 준공검사 또는 등록신청 등을 받은 것으로 보며, 공장건축물의 경우에는 「산업집적활성화 및 공장설립에 관한 법률」 제14조의2의 규정에 의하여 관련 법률의 검사 등을 받은 것으로 본다.

건축물 사용승인시 의제처리 인 · 허가 법률

① 「하수도법」 제27조에 따른 배수설비(배수설비)의 준공검사 및 같은 법 제37조에 따른 개인하수 처리시설의 준공검사
② 「지적법」 제3조에 따른 지적공부(지적공부)의 변동사항 등록신청
③ 「승강기시설 안전관리법」 제13조에 따른 승강기 완성검사
④ 「에너지이용 합리화법」 제39조에 따른 보일러 설치검사
⑤ 「전기사업법」 제63조에 따른 전기설비의 사용전 검사
⑥ 「정보통신공사업법」 제36조에 따른 정보통신공사의 사용전 검사
⑦ 「도로법」 제38조 제3항에 따른 도로점용공사 완료확인
⑧ 「국토의 계획 및 이용에 관한 법률」 제62조에 따른 개발 행위의 준공검사
⑨ 「국토의 계획 및 이용에 관한 법률」 제98조에 따른 도시계획시설사업의 준공검사
⑩ 「수질 및 수생태계 보전에 관한 법률」 제37조에 따른 수질오염물질 배출시설의 가동개시의 신고
⑪ 「대기환경보전법」 제30조에 따른 대기오염물질 배출시설의 가동개시의 신고
⑫ 「소음 · 진동규제법」 제13조에 따른 소음 · 진동 배출시설의 가동개시의 신고

② 공장등록: 공장설립 등의 완료신고

공장설립승인을 얻은 자가 공장건설을 완료(최종건축물의 사용승인을 얻고 기계, 장치의 설치가 완료)한 날로부터 2개월 이내에 시장 · 군수 · 구청장에게 공장설립 완료신고를 해야 한다(다만, 산업단지 입주기업체의 경우는 산업단지관리기관에 제출).

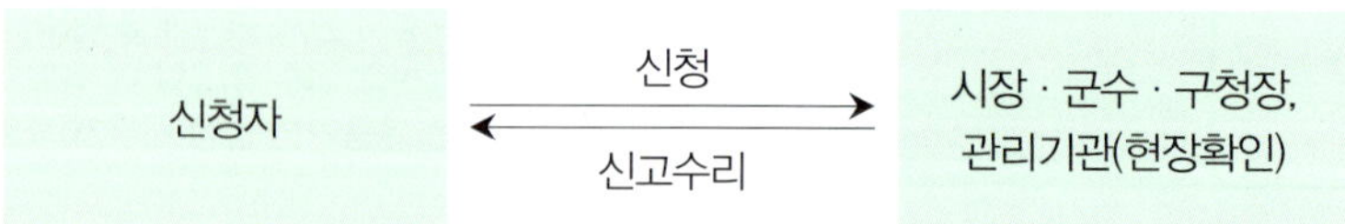

공장설립 등의 승인을 얻은 자가 「건축법」 제22조 제3항의 규정에 의한 임시 사용의 승인을 얻어 제조시설을 설치한 후 최종건축물의 사용검사를 받은 경우는 공장설립 등의 완료신고를 한 것으로 본다(「기업활동 규제완화에 관한 특별조치법」 제27조).

③ 공장의 등록신청

공장설립 완료신고를 받은 시장 · 군수 · 구청장, 관리기관은 최종건축물의 준공 및 기계장치 등의 설치 등을 현지 확인 후 공장설립승인 또는 입주계약 내용과 일치하는 경우 공장등록대장에 기재하고 이를 통보한다(법정기일 3일).

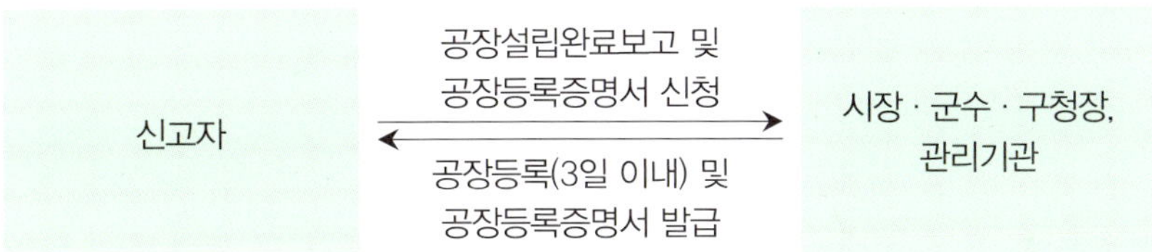

공장건축면적 500㎡ 이하 공장의 경우 별도 승인절차 없이 등록신청으로 관계법령에 적합한 경우에는 바로 등록 가능하다.

공장 운영시 공장등록사항의 확인이 필요한 경우에는 공장등록대장의 등본 또는 공장등록증명(기존의 공장등록증과 유사함)의 발급을 신청하여 확인받을 수 있다.

임대공장에 기계장치 등을 설치하기 전에 미리 공장으로 등록하기를 원하는 경우에는 등록신청서에 건축물관리대장을 첨부하여 신청하면 된다. 향후 임차인 등이 기계장치를 설치하는 경우 제조시설설치승인을 얻어야 한다.

나. 일반창업절차

도 · 소매업이나 서비스업 등의 일반창업은 기술창업이나 제조업의 창업과 달리 공장의 설립이나 기계시설 등의 설치가 필요하지 않은 반면 건물 등의 인테리어 또는 아웃테리어 등을 통하여 사업장을 설치하는 절차를 거치게 된다. 따라서 제조업에 비하여 그 준비기간이나 창업절차 등이 비교적 간단하다고 할 수 있다. 일반창업을 하려고 하는 경우에도 인 · 허가 업종을 영위하려면 해당 관청으로부터 인 · 허가의 취득절차를 사전에 거쳐야 하며 일부 서비스업의 경우에는 해당 업종을 영위하는데 필요한 자격을 취득하여야 한다. 창업의 성공과 실패 여부는 창업자의 역량과 수행능력 등에 따라 좌우될 수 있기 때문에 무엇보다도 중요한 요인이 되므로 아래와 같은 항목을 점검하여 분석하고 강화 또는 보완할 수 있도록 한다.

| 그림 4-5 | 일반창업의 창업절차

창업구상단계

1. 창업자분석
- 창업자분석
- 강점, 약점분석
- 투자능력 확인
- 사업수행능력 평가

2. 사업아이템 탐색
- 기존제품 탐색
- 신제품 탐색
- 욕구 탐색
- 사업아이템 탐색

3. 특허 검색
- 특허 검색
- 법적 문제 검토
- 특허 출원

4. 소비자 및 시장분석
- 소비자분석
- 시장분석
- 미래시장분석
- 목표시장분석

창업계획단계

5. 사업아이템 선정
- 아이템 정보수집
- 아이템 선정
- 사업아이템 선정

6. 사업타당성 분석
- 기초자료조사
- 사업수행능력
- 시장성
- 기술성
- 수익성
- 경제성
- 자금수지 및 성장성
- 사업 의사결정

7. 사업계획서 작성
- 사업목적 및 방향 설정
- 조직 및 인력계획
- 제품 및 생산계획
- 마케팅전략
- 소요자금계획
- 자금조달 및 운용계획
- 추정재무제표 작성

창업실행단계

8. 회사설립
- 법인설립
- 사업 인 · 허가
- 사업자등록

9. 사업장 확보
- 상권분석과 입지선정
- 사업장에 대한 권리관계 확인
- 사업장의 임차 또는 취득

10. 조직 및 인력확보
- 조직구성
- 인력확보
- 교육훈련

11. 경영관리
- 경영시스템 구축
- 재무관리
- 인적자원관리
- 생산 및 기술관리
- 마케팅관리
- 회계 및 세무관리
- 경영정보시스템관리
- 경영전략

요약& 결론

창업경영 프로세스는 창업아이템 선정, 창업 사업타당성 분석, 창업 사업계획서 작성, 창업기업의 설립, 창업경영 순으로 진행된다.

일반적으로 창업의 절차를 구분하여 설명하면 경영과 마찬가지로 창업계획을 수립하는 단계, 창업을 실행하는 단계, 창업을 평가하는 단계로 구분할 수 있다.

따라서 창업의 기본적인 절차를 살펴보면 다음과 같다. 첫째, 창업의 계획단계이다. 창업자가 처음으로 창업에 대한 의지를 갖고 창업에 대하여 생각을 하고 구체적으로 창업을 설계하는 단계이다. 창업의 구상에서 다양한 조사를 한 창업자는 조사된 여러 내용을 근거로 수행하려는 사업아이템을 선정하게 되며 선정된 사업아이템에 대한 사업타당성 분석을 실시하게 된다. 그리고 사업타당성 분석 결과가 사업성이 있을 것으로 판단될 경우 구체적인 사업계획의 수립단계에 들어가게 된다. 둘째, 창업의 실행단계이다. 창업계획이 수립되면 창업자는 수립된 사업계획서를 기초로 하여 창업을 수행하게 된다. 창업수행단계에서는 창업자는 구체적인 창업활동에 들어가게 된다. 셋째, 창업의 평가단계이다. 창업의 평가단계는 창업계획과 창업 사업실행 후 결과를 평가하는 단계이다. 창업의 평가는 창업기업의 재무제표분석과 기업경영분석을 통하여 실시한다.

제조업의 창업절차는 다음과 같다. 첫째, 창업구상단계에서는 ① 창업자분석, ② 사업아이템 탐색, ③ 특허 검색, ④ 소비자 및 시장분석을 실시한다. 둘째, 창업계획단계에서는 ⑤ 사업아이템 선정, ⑥ 사업타당성 분석, ⑦ 사업계획서 작성을 실시한다. 셋째, 창업실행단계에서는 ⑧ 회사설립, ⑨ 사업장 확보, ⑩ 조직 및 인력확보, ⑪ 경영관리를 실시한다.

도 · 소매업이나 서비스업 등의 일반창업은 기술창업이나 제조업의 창업과 달리 공장의 설립이나 기계시설 등의 설치가 필요하지 않은 반면 건물 등의 인테리어 또는 아웃테리어 등을 통하여 사업장을 설치하는 절차를 거치게 된다. 따라서 제조업에 비하여 그 준비기간이나 창업절차 등이 비교적 간단하다고 할 수 있다. 일반창업을 하려고 하는 경우에도 인 · 허가 업종을 영위하려면 해당 관청으로부터 인 · 허가의 취득절차를 사전에 거쳐야 하며 일부 서비스업의 경우에는 해당 업종을 영위하는데 필요한 자격을 취득하여야 한다. 창업의 성공과 실패 여부는 창업자의 역량과 수행능력 등에 따라 좌우될 수 있다. 일반창업의 창업절차는 다음과 같다. 첫째, 창업구상단계에서는 ① 창업자분석, ② 사업아이템 탐색, ③ 특허 검색, ④ 소비자 및 시장분석을 실시한다. 둘째, 창업계획단계에서는 ⑤ 사업아이템 선정, ⑥ 사업타당성 분석, ⑦ 사업계획서 작성을 실시한다. 셋째, 창업실행단계에서는 ⑧ 회사설립, ⑨ 사업장 확보, ⑩ 조직 및 인력확보, ⑪ 경영관리를 실시한다.

Successful Startup 4 성공 창업자와 관련된 세 가지 오해

성공 창업자와 관련된 세 가지 오해를 살펴보면 다음과 같다.

첫째, 창업은 용감하게 혼자서 해야 한다. 일반적으로 성공 창업자를 고독한 영웅으로 설명하고 있지만 선행연구 결과를 살펴보면 정반대이다. 성공한 창업자는 단독창업자보다는 공동창업자가 훨씬 더 많다. 따라서 혼자서 창업하기보다는 여러 사람들이 모여서 함께 창업할 경우 창업이 성공할 가능성이 더 크다.

둘째, 창업자는 모두 카리스마가 넘치며 창업자의 카리스마가 곧 성공의 열쇠이다. 창업자의 카리스마 리더십이 성공 창업자의 성공요인이 될 수도 있다. 그러나 선행연구 결과를 살펴보면 성공한 창업자에게 필요한 역량은 효과적인 의사소통, 훌륭한 인재선발, 탁월한 영업력, 활동적인 성향, 빠른 의사결정, 타고난 장사꾼 기질, 끈기, 몰두력이라고 한다.

셋째, 창업자는 기업가 유전자가 존재하고, 기업가 유전자를 지닌 특정 부류의 사람들만이 창업에 성공한다. 스티브 잡스, 빌 게이츠 등과 같은 세계적으로 성공한 창업자는 우리와 완전히 다른 사람들과 같다. 실제로 그들은 우리와는 다른 비범한 천재처럼 보인다. 그러나 성공적인 창업자를 이끈 것은 특별한 유전자가 아니라 '위대한 제품'이다. 성공 창업자가 되기 위한 필수조건은 기업가 유전자가 아니라 '혁신적인 제품'이다. 제품에는 유형상품은 물론 서비스나 정보제공 및 전달과 같은 무형상품도 포함된다.

표 4-9 | 성공 창업자와 관련된 세 가지 오해

구분	성공 창업자와 관련된 세 가지 오해
1	창업은 용감하게 혼자서 해야 한다.
2	창업자는 모두 카리스마가 넘치며 창업자의 카리스마가 곧 성공의 열쇠이다.
3	창업자는 기업가 유전자가 존재하고, 기업가 유전자를 지닌 특정 부류의 사람들만이 창업에 성공한다.

5장 창업아이템 선정

1절 창업아이템 발굴

창업경영 프로세스의 첫 번째 단계는 창업아이템 발굴과 선정이다. 창업아이템은 직무경험, 전문자격증, 취미생활, 인적네트워크, 외부정보 등을 통해 발굴한다.

표 5-1 창업아이템 발굴

구분	내용
직무경험	직무경험을 바탕으로 창업아이템을 발굴한다.
전문자격증	전문자격증 학습과 취득을 통해 창업아이템을 발굴한다.
취미생활	취미생활을 통해 창업아이템을 발굴한다.
인적네트워크	인적네트워크를 통해 창업아이템을 발굴한다.
외부정보	인터넷, 전문서적, 논문 등 외부정보를 통해 창업아이템을 발굴한다.

2절 창업아이템 선정

창업아이템 선정은 창업아이템 후보 선정, 창업아이템 후보 평가, 창업아이템 최종 선정의 과정을 거친다.

창업아이템 후보 선정은 기존시장－기존제품, 기존시장－신제품, 신시장－기존제품, 신시장－신제품을 대상으로 실시한다.

창업아이템 후보 평가는 수익성, 혁신성, 모방가능성, 지속가능성 평가를 통하여 실시한다.

창업아이템 최종 선정은 창업아이템 후보 평가에서 실시한 수익성, 혁신성, 모방가능성, 지속가능성 평가 점수를 합산하여 최적의 창업아이템을 선정한다.

표 5-2 ▌ 창업아이템 선정

구분	내용
창업아이템 후보 선정	• 기존시장－기존제품 • 기존시장－신제품 • 신시장－기존제품 • 신시장－신제품
창업아이템 후보 평가	• 수익성 • 혁신성 • 모방가능성 • 지속가능성 평가
창업아이템 최종 선정	• 창업아이템별 수익성, 혁신성, 모방가능성, 지속가능성 평가 후 선정

3절 창업아이템 발굴 및 선정을 위한 비즈니스 모델 사전검토

성공적인 창업아이템 발굴 및 선정을 위해서 비즈니스 모델 생성에 대한 검토가 선행되어야 한다. 비즈니스 모델 생성은 다음과 같은 질문에 대한 답을 구하면서 시작된다. 첫째 당신은 기업가정신이 있습니까?, 둘째 당신은 가치를 창조하는 방법을 지속적으로 생각하고 있습니까?, 셋째 당신은 새로운 비즈니스를 구축하는 방법을 지속적으로 생각하고 있습니까?, 넷째 당신은 조직을 개선하고 변경하는 방법을 지속적으로 생각하고 있습니까?, 다섯째 당신은 오래되고 구식인 것을 대체하기 위하여 비즈니스를 수행하는 혁신적인 방법들을 찾기 위하여 노력하고 있습니까? 질문에 대한 답을 구하면서 창업아이템에 대한 발굴 및 선정이 시작된다.

| 표 5-3 | 비즈니스 모델 생성을 위한 사전 검토

구분	질문	예	아니오
1	당신은 기업가정신이 있습니까?		
2	당신은 가치를 창조하는 방법을 지속적으로 생각하고 있습니까?		
3	당신은 새로운 비즈니스를 구축하는 방법을 지속적으로 생각하고 있습니까?		
4	당신은 조직을 개선하고 변경하는 방법을 지속적으로 생각하고 있습니까?		
5	당신은 오래되고 구식인 것을 대체하기 위하여 비즈니스를 수행하는 혁신적인 방법들을 찾기 위하여 노력하고 있습니까?		

자료: Alexander Osterwarder & Yves Pigneur, Business Model Generation, WILEY, 2010.

4절 성공적인 창업경영을 위한 주제와 창업 프로그램 사전검토

성공적인 창업경영은 경쟁력 있는 창업아이템이 발굴되고 선정되어야 한다. 또한 성공적인 창업경영을 위해서 집중해야 할 핵심주제와 창업 프로그램의 사전검토가 선행되어야 한다.

성공적인 창업경영을 위하여 사전검토할 주제를 살펴보면 다음과 같다. 첫째 고객은 누구인가?, 둘째 고객을 위해 무엇을 할 수 있는가?, 셋째 고객이 제품을 어떻게 획득하는가?, 넷째 수익창출전략은 무엇인가?, 다섯째 어떤 과정을 거쳐 제품을 기획하고 설계할 것인가?, 여섯째 어떻게 사업을 확장하는가? 등을 사전에 검토하는 것이 바람직하다.

성공적인 창업경영을 위하여 사전검토할 창업 프로그램을 살펴보면 다음 표와 같다.

▎표 5-4 ▎성공적인 창업경영을 위한 주제와 창업 프로그램 사전검토

주제		창업 프로그램	
1	고객은 누구인가?	1	시장세분화
		2	거점시장 선택
		3	최종사용자 구체화
		4	총유효시장 규모 추정
		5	거점시장에 대한 페르소나 정의
		9	예비고객 조사
2	고객을 위해 무엇을 할 수 있는가?	6	전체 생애주기 사용 시나리오
		7	상위수준 제품사양 정의
		8	가치제안 정량화
		10	핵심역량 정의
		11	경쟁적 지위 설정
3	고객이 제품을 어떻게 획득하는가?	12	고객의 의사결정 단위 분석
		13	고객의 구매과정 이해
		18	영업 프로세스 설계
4	수익창출전략은 무엇인가?	15	비즈니스 모델 설계
		16	가격체계 수립
		17	고객생애가치 예측
		19	고객획득비용분석

5	어떤 과정을 거쳐 제품을 기획하고 설계할 것인가?	20	핵심가설 확인
		21	핵심가설 검증
		22	최소 가능 사업제품 정의
		23	최소 기능 사업제품 검증
6	어떻게 사업을 확장하는가?	14	후속시장 규모 전망
		24	제품계획 수립

자료: 빌 올렛, 스타트업 바이블, 비즈니스북스, 2020.8.

5절 창업아이템의 성공적인 제품과 서비스화

1. 창업 아이디어 검증

창업아이템의 가정들을 먼저 실험하지 않으면 당신의 창업경영 계획은 단지 창의적인 생각에 불과하다. 좋은 창업 아이디어는 다양한 탐색과 검증을 통하여 실험을 실행함으로써 성공적인 제품과 서비스로 구체화할 수 있다. 창업 경영자는 사업계획서의 멋진 프레젠테이션, 수치가 잘 맞아 들어가는 스프레드시트, 창업경영 계획에 현혹되어 매우 성급하게 창업 아이디어를 실행하곤 한다. 증거와 검증 없이 창업 아이디어를 실행에 옮기는 실수를 범해서는 안 된다. 아무리 이론적으로 창업 아이디어가 대단하게 보이더라도 철저하게 검증하여야 한다. 검증이란 이론상 문제가 없어 보이나 현실에서 효과적이지 않을 듯한 창업 아이디어를 실행했을 때 발생하는 위험을 줄이기 위한 행동이다. 시장에서 받아들여지지 않을 창업 아이디어에 많은 시간과 에너지 및 자원을 낭비하지 않으려면 철처하게 창업 아이디어를 검증해야 한다.

창업경영 디자인은 모호한 창업경영 아이디어, 시장 통찰력, 증거를 구체적인 가치제안과 경쟁력 있는 창업경영 모델로 변환하는 활동이다. 창업경영 디자인이 좋으면 수익을 극대화하고 제품, 가격, 기술을 초월하여 경쟁하는 강력한 창업경영 모델을 만들 수 있다.

위험은 창업경영이 기술, 지적자산, 브랜드 등 핵심자원에 접근할 수 없거나 핵심활동을 수행할 역량 개발이 어렵거나 가치제안을 수립하고 전개할 핵심파트너를 찾을 수 없을 때를 말한다.

창업 아이디어를 검증하려면 검증할 수 있는 여러 개의 가설로 구체적으로 나누어야 한다. 검증할 가설은 수용가능성, 실현가능성, 생존가능성 등 3가지 유형의 위험을 다룬다.

수용가능성은 고객이 창업 아이디어에 관심을 갖지 않을 위험을 말한다. 창업경영이 목표로 하는 시장규모가 너무 작거나, 가치제안을 원하는 고객수가 너무 적거나, 창업기업이 목표고객에 접근할 수 없어 고객을 확보하고 유지할 수 없을 때의 위험을 말한다. 실현가능성은 창업 아이디어를 실행할 수 없을 위험이다. 창업경영이 기술, 지적자산, 브랜드 등 핵심자원에 접근할 수 없거나 핵심활동을 수행할 역량 개발이 어렵거나 가치제안을 수립하고 전개할 핵심파트너를 찾을 수 없을 때의 위험을 말한다. 생존가능성은 창업기업이 충분한 수익을 획득할 수 없는 위험이다. 창업경영이 성공적인 수익원을 창출할 수 없거나, 고객이 지불을 망설이거나, 비용발생이 커서 지속가능한 수준의 이익을 내지 못할 때의 위험을 말한다.

창업 아이디어와 관련된 핵심가설을 실험을 통하여 검증하고 핵심 통찰력을 확립하면 창업경영의 불확실성과 위험을 감소시킬 수 있다.

2. 창업경영 디자인

창업 아이디어를 가장 가능성이 큰 가치제안과 창업경영 모델로 변환시키기 위해서 창업경영 디자인 사이클을 통해 창업 아이디어를 형성하고 재형성하는 반복 과정을 거쳐야 한다. 창업경영 디자인 사이클을 처음 시작할 때 직관과 제품 아이디어, 기술, 시장기회 등을 시작점으로 한다. 창업경영 디자인 사이클을 반복할 때는 검증 사이클을 통해 나온 증거와 통찰을 기반으로 한다.

창업경영 디자인 사이클은 창업 아이디어 도출, 창업경영 프로토타입 구성, 창업경영 프로토타입 디자인 평가 순으로 진행된다. 첫째, 창업 아이디어 도출은 검증을 통해 얻은 최초의 직관이나 통찰로 창업 아이디어를 경쟁력 있는 창업경영 모델로 전환하려면 가능한 한 많은 창업 아이디어의 대안을 확보하도록 노력해야 한다. 최초의 창업 아이디어에 매몰되어 최초 창업 아이디어에만 관심을 집중해서는 안 된다.

둘째, 창업경영 프로토타입 구성은 창업 아이디어 도출에서 나온 대안들을 좁혀서 창업경영 프로토타입을 구성하는 것을 말한다. 처음에는 간략하게 그린 스케치처럼 간략한 창업경영 프로토타입이어도 괜찮지만, 향후 '가치제안 캔버스'와 '비즈니스 모델 캔버스'를 사용하여 창업 아이디어를 명확하고 구체적으로 표현해야 한다. 향후 반복적인 검증과 검증으로부터 얻는 통찰로 창업경영 프로토타입을 지속적으로 개선해야 한다.

셋째, 창업경영 디자인 평가는 창업경영 디자인 사이클의 마지막 단계로서 창업경영 프로토타입을 평가한다. 창업경영 프로토타입 평가를 위해 "창업경영이 고객 활동과 혜택을 충족시키고 고객의 불만을 해결하는 가장 좋은 방법인가?", "창업경영이 우리의 창업 아이디어를 현금화하는 가장 좋은 방법인가?", "검증을 통해 학습한 것을 최대한 고려한 것인가?"의 질문에 대한 답을 구해야 한다. 창업경영 프로토타입 디자인 결과에 만족한다면 즉시 현장 검증을 시작한다. 창업경영 프로토타입 디자인 결과에 만족하지 않는다면 창업경영 디자인 사이클을 반복하여 검토 및 검증한다.

3. 비즈니스 모델 캔버스

창업 아이디어를 창업경영 모델로 전환하기 위해 비즈니스 모델 캔버스를 사용할 수 있다. 비즈니스 모델 캔버스를 사용하면 창업경영 위험을 정의하고, 검증하고 관리하기가 편리하다. 창업 아이디어의 수용가능성, 실현가능성, 생존가능성을 비즈니스 모델 캔버스를 사용하여 검증한다.

비즈니스 모델 캔버스와 비즈니스 모델 캔버스 요소를 살펴보면 [그림 5-1], [표 5-5]와 같다.

| 그림 5-1 | 비즈니스 모델 캔버스

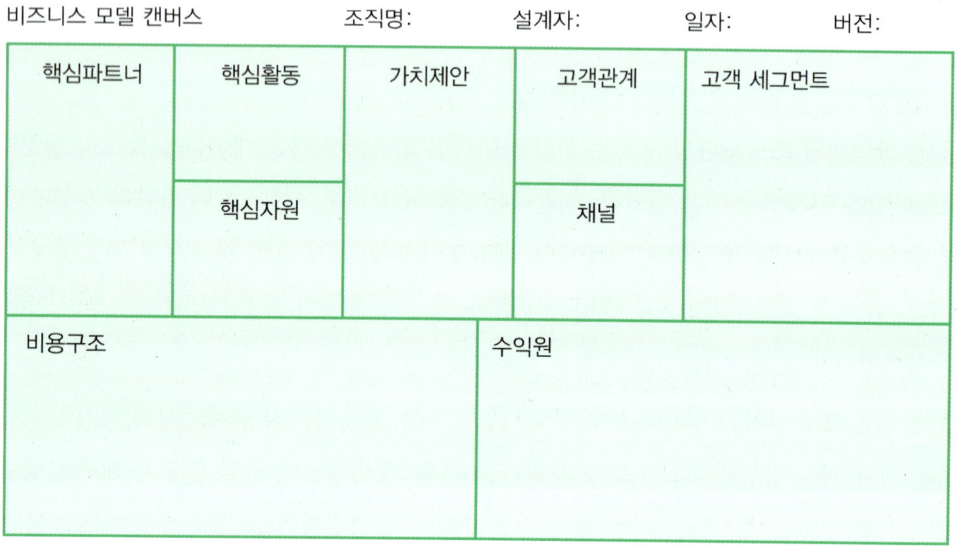

자료: 데이비드 블랜드 · 알렉산더 오스터왈더, 비즈니스 아이디어의 탄생, 비즈니스북스, 2020.9.

| 표 5-5 | 비즈니스 모델 캔버스 요소

요소	내용
핵심파트너 (Key Partners)	비즈니스 모델이 작동되는 데 기여하는 공급자와 파트너의 네트워크
핵심활동 (Key Activities)	비즈니스 모델을 작동시키기 위해 기업이 반드시 해야 하는 것
핵심자원 (Key Resources)	비즈니스 모델이 작동되는 데 필요한 가장 중요한 자산
가치제안 (Value Propositions)	특정 고객 세그먼트가 필요로 하는 가치를 창출하는 제품과 서비스의 조합
고객관계 (Customer Relationships)	특정 고객 세그먼트와 형성하는 관계의 유형
채널 (Channels)	가치를 제안하기 위해 고객과 커뮤니케이션하고 그들에게 제품과 서비스를 제공하기 위한 방법

고객 세그먼트 (Customer Segments)	제품과 서비스를 제공하여 만족시키고자 하는 개별집단이나 조직
비용구조 (Cost Structure)	비즈니스 모델을 운영하는 데 발생하는 모든 비용
수익원 (Revenue Streams)	기업이 각 고객 세그먼트로부터 창출하는 현금

자료: 데이비드 블랜드 · 알렉산더 오스터왈더, 비즈니스 아이디어의 탄생, 비즈니스북스, 2020.9.

4. 가치제안 캔버스

가치제안 캔버스는 창업 아이디어와 창업경영 관련 가설을 검증하는 실험에서 유용하게 사용할 수 있다. 창업경영 디자인시 고객을 이해하고 제품과 서비스가 어떻게 가치를 창출하는지를 이해하는 데 가치제안 캔버스가 매우 유용하게 사용된다.

가치제안 캔버스와 가치제안 캔버스 요소를 살펴보면 [그림 5-2], [표 5-6]과 같다.

▎그림 5-2 ▎가치제안 캔버스

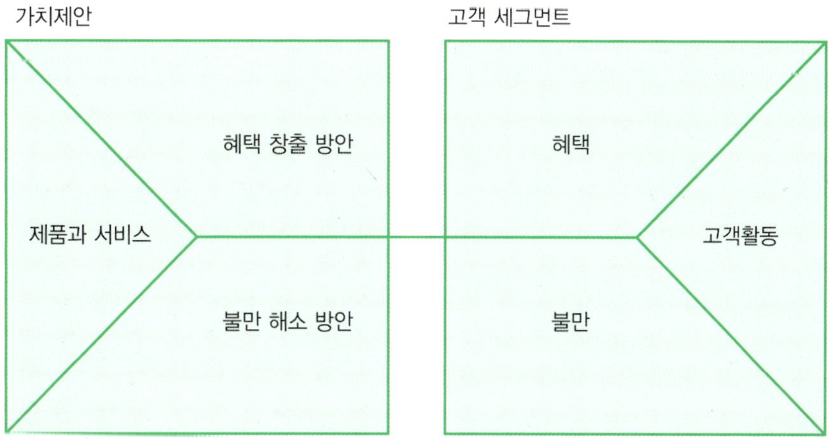

자료: 데이비드 블랜드 · 알렉산더 오스터왈더, 비즈니스 아이디어의 탄생, 비즈니스북스, 2020.9.

| 표 5-6 | 가치제안 캔버스 요소

요소	내용
가치 맵	비즈니스 모델에 담긴 특정 가치제안의 특징을 체계적이고 자세한 방식으로 서술
제품과 서비스	가치제안의 수단이 되는 제품과 서비스
혜택과 창출 방안	제품과 서비스를 통해 고객의 혜택을 창출하는 방법
불만 해소 방안	제품과 서비스를 통해 고객의 불만을 경감시키는 방법
고객 프로파일	비즈니스 모델상의 고객 세그먼트를 체계적이고 자세한 방식으로 서술
고객활동	고객이 자신의 일과 삶 속에서 행하는 활동
혜택	고객이 달성하고자 하는 결과물이나 그들이 추구하는 실질적인 혜택
불만	고객활동과 관련한 불만족스러운 결과물, 리스크, 장애물

자료: 데이비드 블랜드 · 알렉산더 오스터왈더, 비즈니스 아이디어의 탄생, 비즈니스북스, 2020.9.

요약&결론

창업경영 프로세스의 첫 번째 단계는 창업아이템 발굴과 선정이다. 창업아이템은 직무경험, 전문자격증, 취미생활, 인적네트워크, 외부정보 등을 통해 발굴한다. 창업아이템 선정은 창업아이템 후보 선정, 창업아이템 후보 평가, 창업아이템 최종 선정의 과정을 거친다. 창업아이템 후보 선정은 기존시장-기존제품, 기존시장-신제품, 신시장-기존제품, 신시장-신제품을 대상으로 실시한다. 창업아이템 후보 평가는 수익성, 혁신성, 모방가능성, 지속가능성 평가를 통하여 실시한다. 창업아이템 최종 선정은 창업아이템 후보 평가에서 실시한 수익성, 혁신성, 모방가능성, 지속가능성 평가 점수를 합산하여 최적의 창업아이템을 선정한다.

성공적인 창업아이템 발굴 및 선정을 위해서 비즈니스 모델 생성에 대한 검토가 선행되어야 한다. 비즈니스 모델 생성은 다음과 같은 질문에 대한 답을 구하면서 시작된다. 즉, 첫째 당신은 기업가정신이 있습니까?, 둘째 당신은 가치를 창조하는 방법을 지속적으로 생각하고 있습니까?, 셋째 당신은 새로운 비즈니스를 구축하는 방법을 지속적으로 생각하고 있습니까?, 넷째 당신은 조직을 개선하고 변경하는 방법을 지속적으로 생각하고 있습니까?, 다섯째 당신은 오래되고 구식인 것을 대체하기 위하여 비즈니스를 수행하는 혁신적인 방법들을 찾기 위하여 노력하고 있습니까? 질문에 대한 답을 구하면서 창업아이템에 대한 발굴 및 선정이 시작된다.

성공적인 창업경영은 경쟁력 있는 창업아이템이 발굴되고 선정되어야 한다. 또한 성공적인 창업경영을 위해서 집중해야 할 핵심주제와 창업 프로그램의 사전검토가 선행되어야 한다. 성공적인 창업경영을 위하여 사전검토할 주제를 살펴보면 다음과 같다. 첫째 고객은 누구인가?, 둘째 고객을 위해 무엇을 할 수 있는가?, 셋째 고객이 제품을 어떻게 획득하는가?, 넷째 수익창출전략은 무엇인가?, 다섯째 어떤 과정을 거쳐 제품을 기획하고 설계할 것인가?, 여섯째 어떻게 사업을 확장하는가? 등을 사전에 검토하는 것이 바람직하다.

창업아이템의 가정들을 먼저 실험하지 않으면 당신의 창업경영 계획은 단지 창의적인 생각에 불과하다. 좋은 창업 아이디어는 다양한 탐색과 검증을 통하여 실험을 실행함으로써 성공적인 제품과 서비스로 구체화할 수 있다. 창업 아이디어를 검증하려면 검증할 수 있는 여러 개의 가설로 구체적으로 나누어야 한다. 검증할 가설은 수용가능성, 실현가능성, 생존가능성 등 3가지 유형의 위험을 다룬다. 창업 아이디어와 관련된 핵심가설을 실험을 통하여 검증하고 핵심 통찰력을 확립하면 창업경영의 불확실성과 위험을 감소시킬 수 있다.

창업 아이디어를 가장 가능성이 큰 가치제안과 창업경영 모델로 변환시키기 위해서 창업경영 디자인 사이클을 통해 창업 아이디어를 형성하고 재형성하는 반복 과정을 거쳐야 한다. 창업경영 디자인 사이클은 창업 아이디어 도출, 창업경영 프로토타입 구성, 창업경영 프로토타입 디자인 평가 순으로 진행된다. 첫째, 창업 아이디어 도출은 검증을 통해 얻은 최초의 직관이나 통찰로 창업 아이디어를 경쟁력 있는 창업경영 모델로 전환하려면 가능한 한 많은 창업 아이디어의 대안을 확보하도록 노력해야 한다. 둘째, 창업경영 프로토타입 구성은 창업 아이디어 도출에서 나온 대안들을 좁혀서 창업경영 프로토타입을 구성하는 것을 말한다. 셋째, 창업경영 디자인 평가는 창업경영 디자인 사이클의 마지막 단계로서 창업경영 프로토타입을 평가한다. 창업경영 프로토타입 디자인 결과에 만족한다면 즉시 현장 검증을 시작한다. 창업경영 프로토타입 디자인 결과에 만족하지 않는다면 창업경영 디자인 사이클을 반복하여 검토 및 검증한다.

창업 아이디어를 창업경영 모델로 전환하기 위해 비즈니스 모델 캔버스를 사용할 수 있다. 비즈니스 모델 캔버스를 사용하면 창업경영 위험을 정의하고, 검증하고 관리하기가 편리하다. 창업 아이디어의 수용가능성, 실현가능성, 생존가능성을 비즈니스 모델 캔버스를 사용하여 검증한다.

가치제안 캔버스는 창업 아이디어와 창업경영 관련 가설을 검증하는 실험에서 유용하게 사용할 수 있다. 창업경영 디자인시 고객을 이해하고 제품과 서비스가 어떻게 가치를 창출하는지를 이해하는 데 가치제안 캔버스가 매우 유용하게 사용된다.

Successful Startup 5 창업 전문가의 성공 창업자를 위한 조언

"한국 스타트업들은 창업경진대회 1등에 집착한다. 정말 중요한 것은 시장에서 1등 하는 것이다."

미국 최대 통신회사 AT&T의 사이버안전혁신(Cyber Security Innovation) 코치로 활동하는 보아즈 캔토르(Boaz Kantor)는 한국 스타트업들에게 창업경진대회 참여가 아닌 사업 본질에 집중하라고 조언했다. 그는 "창업경진대회 우승은 큰 의미가 없다"며 "하지만 한국 스타트업은 창업대회 우승에 집착하는 것 같다"고 말했다. 이어 "사업의 본질은 시장에서 인정받을 수 있는 제품을 개발하는 것"이라며 "창업대회 1등보다 시장에서 인정받는 것이 중요한 이유"라고 덧붙였다. 이스라엘 출신 캔토르는 20년 경력의 제품혁신 전문가로 AT&T에서 다양한 창업 프로그램을 진행 · 지도해 왔다. 그는 한국 스타트업 지원이 창업대회에 쏠려있다는 점도 비판했다. 그는 "한국에는 1년 내 개최되는 창업대회가 100개가 넘는 것으로 알고 있다"며 "창업대회는 스타트업이 사업 본질에 집중하지 못하게 하는 요소"라고 설명했다. 그에 따르면 이스라엘의 경우 스타트업이 사업에 집중할 수 있는 부분에 지원한다. 창업대회보다는 자금과 멘토링 지원에 집중한다는 것이다.

이스라엘 스타트업 아이오티(EyeOTee)의 쉐론 베서(Sharon Besser) 공동창업자는 "스타트업 성공의 차이는 기술력이 아니라 시장에서 원하는 제품을 만들어내는 것"이라고 강조했다.

이스라엘 벤처캐피털(VC) 데니오 캐피털(Denio Capital)의 드로르 소퍼(Dror Sofer) 디렉터도 "실패를 두려워할 필요는 없지만 실패를 위한 실패(fail to fail)는 지양해야 한다"고 강조했다. 실패의 경험을 성공의 발판으로 삼기 위해서는 시장에서 실패의 원인을 분석하고 변화해야 한다는 것이다.

표 5-7 ❙ 창업 전문가의 성공 창업자를 위한 조언

구분	성공 창업자를 위한 조언
보아즈 캔토르	• 창업경진대회 참여가 아닌 사업 본질에 집중하라. • 사업의 본질은 시장에서 인정받을 수 있는 제품을 개발하는 것
쉐론 베서	• 스타트업 성공의 차이는 기술력이 아니라 시장에서 원하는 제품을 만들어내는 것
드로르 소퍼	• 실패를 두려워할 필요는 없지만 실패를 위한 실패(fail to fail)는 지양해야 한다. • 실패의 경험을 성공의 발판으로 삼기 위해서는 시장에서 실패의 원인을 분석하고 변화해야 한다.

6장 창업 사업타당성 분석

1절 창업 사업타당성 분석의 의의

창업아이템 선정 후 선정된 창업아이템에 대한 창업 사업타당성 분석을 실시한다. 창업 사업타당성 분석은 기술타당성 분석, 시장성 분석, 수익성 분석을 종합적으로 평가한다.

1. 기술타당성 분석

기술타당성 분석은 기술적 수행 가능성을 종합적으로 분석하는 것이다. 기술타당성 분석은 원자재 확보 용이성, 제조공정, 품질관리, 제품개발능력 등을 분석하는 것이다. 기술타당성 분석에서 기술의 특허 등록 가능성을 고려하여야 한다.

2. 시장성 분석

창업아이템이 시장에서 팔릴 수 있는지 가능성을 분석한다. 시장성 분석에서 시장수요조사, 경쟁업체 조사, 유통조사, 세부 판매계획 조사 등을 실시한다. 시장성 분석에서 산업구조분석, SWOT분석 등 시장환경분석을 실시한다.

3. 수익성 분석

창업아이템에 대한 수익성 분석을 실시한다. 수익성 분석에서 원가분석, 목표가격 책정, 손익분기점분석, 수익예측을 실시한다. 수익성 분석에서 추정 재무상태표와 추정 손익계산서 등 추정재무제표를 작성한다.

| 표 6-1 | 창업 사업타당성 분석

구분	내용
기술타당성 분석	기술적 수행 가능성을 종합적으로 분석
시장성 분석	창업아이템이 시장에서 팔릴 수 있는지 가능성을 분석
수익성 분석	창업아이템에 대한 수익성 분석

2절 창업사업 투자안의 경제성 분석

창업사업 분석대상이 되는 투자안의 현금흐름이 측정되었다면, 그 다음 단계로 측정된 현금흐름이 기업가치에 어느 정도 공헌할 수 있는가를 분석하여야 한다. 즉, 창업사업 투자안이 투자할 가치가 있느냐? 있다면 얼마나 가치가 있는지를 분석하게 된다. 이와 같은 창업사업분석을 투자안의 경제성 분석 또는 자본예산기법(capital budgeting technique)이라고 한다.

창업사업 투자안의 경제성 분석 방법에는 회수기간법(payback period method), 회계적이익률법(accounting rate of return method), 순현가법(net present value method), 내부수익률법(internal rate of return method)의 네 가지가 있다.

| 표 6-2 | 창업사업 투자안의 경제성 분석

구분	창업사업 투자안의 경제성 분석
1	회수기간법(payback period method)
2	회계적이익률법(accounting rate of return method)
3	순현가법(net present value method)
4	내부수익률법(internal rate of return method)

| 표 6-3 | 창업 투자안의 현금흐름

(단위: 만원)

년(t) \ 투자안	A	B	C	D	PVIF(t, 10%)
0	-1,600	-1,600	-1,600	-1,600	1.000
1	200	0	200	300	0.909
2	1,400	0	350	500	0.826
3	1,450	500	450	800	0.751
4	-250	1,100	600	850	0.683
5	-700	2,050	1,975	1,000	0.621

회수기간법과 회계적이익률법은 화폐의 시간가치를 고려하지 않은 방법으로 전통적 분석기법이다. 순현가법과 내부수익률법은 화폐의 시간가치를 고려한 방법으로 현금흐름할인법(DCF법: Discounted Cashflow Method)이다.

회수기간법, 회계적이익률법, 순현가법, 내부수익률법 등 네 가지 투자분석기법의 성격에 대한 비교를 위하여 [표 6-3] 창업 투자안의 현금흐름의 네 가지의 투자안을 공통 자료로 사용한다. 4가지 투자안 모두 자기자본만으로 자금을 조달하고 미래현금흐름은 확실하게 알고 있다고 가정한다.

1. 회수기간법

가. 회수기간법의 의의

회수기간(payback period)이란 투자시점에서 발생한 비용을 회수하는데 소요되는 기간을 말한다. 예를 들어, [표 6-4] 창업 투자안의 회수기간의 투자안 A의 경우 1,600만원의 투자비용은 투자로 인한 현금흐름의 누적합계가 1,600만원 이상이 되는 2년이 지나야 모두 회수된다. 따라서 투자안 A의 회수기간은 2년이다. 투자안 B의 회수기간은 4년, 투자안 C의 회수기간은 4년, 투자안 D의 회수기간은 3년이다.

표 6-4 | 창업 투자안의 회수기간 (단위: 만원)

년(t) \ 투자안	A	B	C	D	PVIF(t, 10%)
0	-1,600	-1,600	-1,600	-1,600	1.000
1	200	0	200	300	0.909
2	1,400	0	350	500	0.826
3	1,450	500	450	800	0.751
4	-250	1,100	600	850	0.683
5	-700	2,050	1,975	1,000	0.621
회수기간(년)	2	4	4	3	

나. 회수기간법의 의사결정기준

회수기간법에 의한 의사결정에서는 상호배타적인 투자안들이라면 회수기간이 가장 짧은 것을 선택하게 된다. [표 6-4] 창업 투자인의 회수기간의 계산에서는 투자안 A가 회수기간 2년으로 가장 우수한 투자안이다. 그러나 독립적인 투자안의 경우에는 각각의 회수기간이 기업 자체에서 기준으로 정한 회수기간보다 짧으면 투자가치가 있다고 판단한다. 위의 예에서 각각의 투자안을 독립적인 것이라 하고, 이 기업에서는 3년 이내의 회수기간을 갖는 투자안을 선택하기로 하였다면 투자안 A와 투자안 D가 투자가치가 있는 투자안이다.

다. 회수기간법의 장 · 단점

회수기간법은 쉽고 간편하다는 장점이 있다. 그러나 회수기간법은 다음과 같은 단점이 있다.

첫째, 회수기간 이후의 현금흐름을 고려하지 않는다. 앞의 예에서 투자안 A는 회수기간 2년으로 가장 우수하지만, 회수기간이 지난 이후의 현금흐름인 4차년도의 -250만원과 5차년도의 -700만원은 투자결정에 있어서 고려하여야 할 중요한 요인임에도 불구하고 고려대상에서 제외되고 있다. 회수기간법은 투자안의 가치를 현금흐름에 따른 수익성에 두는 것이 아니라 시간성에 두고 있기 때문에 이러한 현상이 나타난다. 즉, 모든 현금흐름을 고려하지 않는다는 문제를 갖는다.

둘째, 화폐의 시간가치를 무시하고 있다. 다음의 두 투자안을 비교해보자. 투자안 E와 F는 회수기간이 2년으로 똑같다. 따라서 회수기간을 기준으로 의사결정을 하는 경우에 두 투자안은 차이가 없지만, 투자자들은 초기에 많은 현금유입을 가져다주는 F를 선호할 것이다.

표 6-5 | 투자안 E와 F의 회수기간

년	현금흐름	
	E	F
0	-2,000	-2,000
1	100	1,900
2	1,900	100
3	150	150
4	100	100
회수기간	2	2

셋째, 독립적인 투자안에 있어서 투자결정의 기준이 되는 회수기간의 선정이 주관적이다.

각 기업마다 나름대로의 기준시간을 정하여 의사결정을 할 수 있으나, 얼마의 회수기간을 기준으로 하여 투자결정을 해야 하는지에 대한 객관적이고 과학적인 근거를 찾기가 어렵다.

라. 회수기간법의 유용성

회수기간법은 많은 단점을 가지고 있으나 경영기법이 발달한 선진국에서도 아직 많이 사용되고 있다. 선진국의 중소기업은 물론 대기업에서도 투자결정기법으로 이 회수기간법을 사용하고 있는 이유는 다음과 같다.

첫째, 회수기간법은 방법이 매우 간단하여 이해하기 쉽다. 그러나 큰 자금을 투자하는 경우에 있어서 단순히 이해하기 쉽다는 이유로 회수기간법을 사용하여 투자결정을 내려서는 안된다.

둘째, 회수기간법은 경영자에게 투자위험에 대한 정보를 제공하고 있다. 회수기간이 짧을수록 미래의 현금흐름에 대한 불확실성이 빨리 제거되므로 위험이 작다. 새로운 투자결정을 하기 위해서는 투자로 인한 미래의 현금흐름을 예측하게 되는데, 먼 미래일수록 예측의 불확실성이 높다.

셋째, 수익성이 기업가치를 결정하는 중요요인이지만 이와 함께 중요한 것은 기업의 현금보유를 중심으로 하는 유동성(liquidity)이다. 회수기간법은 투자로 인한 기업의 유동성을 간접적으로 나타내준다. 투자액이 같은 여러 투자대상 중에서 회수기간이 짧을수록 현금유입이 신속히 이루어진다. 회수기간법은 기업의 유동성을 높이게 된다.

넷째, 투자규모의 대형화, 그리고 과학기술의 급격한 발달 등은 장기적 이윤을 목표로 투자한 설비에 대하여 예측하지 못한 진부화(obsolescence)를 가져올 위험이 높다. 짧은 회수기간에 의한 투자결정은 이러한 시설 및 생산품의 진부화위험을 덜어주는 장점이 있다.

2. 회계적이익률법

가. 회계적이익률법의 의의

회계적이익률법(accounting rate of return method)은 평균이익률법이라고도 한다. 회계적이익률법은 투자로 인하여 나타나는 장부상의 연평균순이익과 연평균투자액의 비율로 계산한다. 투자의 내용연수가 모두 경과한 후 잔존가치가 없다면, 연평균순이익과 연평균투자액의 비율로서 회계적이익률을 계산한다.

$$\text{회계적이익률} = \frac{\text{연평균순이익}}{\text{연평균투자액}} = \frac{\text{연평균순이익}}{\text{총투자액}/2}$$

기업에서 1,500만원을 투자하여 10년간 매년 150만원의 순이익을 얻는다면 회계적이익률은 다음과 같다.

$$\text{회계적이익률} = \frac{150}{1{,}500/2} = 20\%$$

연평균순이익과 연평균투자액을 비교하지 않고 연평균순이익과 총투자액의 비율을 사용하기도 하는데, 이 경우의 회계적이익률은 연평균투자액을 이용한 경우의 반이 된다.

$$\text{회계적이익률} = \frac{150}{1{,}500} = 10\%$$

회계적이익률법은 투자의 수익성을 간단하게 판단할 때 사용된다.

나. 회계적이익률법의 의사결정기준

투자결정을 위하여 회계적이익률법을 이용할 때에는 투자대상의 회계적이익률이 기업에서 기준으로 정한 회계적이익률보다 높으면 투자안을 채택한다. 여러 투자안 중 하나를 선택하는 경우에는 가장 높은 회계적이익률을 가진 투자안을 채택한다.

다. 회계적이익률법의 장점과 단점

회계적이익률법을 투자안평가에 사용하는데 가장 큰 장점은 간단하고 이해하기 쉬우며, 회계장부상의 자료를 그대로 사용할 수 있다는 점이다. 그러나 이 분석방법은 화폐의 시간가치를 고려하지 않고 있다는 단점이 있다. 이러한 의미에서 회계적이익률법은 회수기간법과 함께 전통적 투자결정기법에 속한다. 또한 회계적이익률법은 현금흐름을 직접 고려하지 않고 장부상의 이익을 분석대상으로 한다는 근본적인 문제점이 있다.

3. 순현가법

가. 순현가법의 의의

순현가법(net present value method)은 투자로 인하여 발생할 미래의 모든 현금흐름을 적절한 할인율로 할인하여 현가로 나타내어 투자결정에 이용하는 기법이다. 순현가(NPV)는 다음과 같이 정의된다.

$$NPV = \left[\frac{CF_1}{(1+R)^1} + \frac{CF_2}{(1+R)^2} + \cdots + \frac{CF_n}{(1+R)^n}\right] - I_0$$

$$= \sum_{t=1}^{n} \frac{CF_t}{(1+R)^t} - I_0$$

CF_t: t시점의 현금흐름
I_0: 최초의 투자액
R: 할인율
n: 투자안의 내용연수

할인율을 10%로 할 때 [표 6-6]에 나타난 A, B, C, D 투자안의 순현가는 다음과 같다.

| 표 6-6 | 창업 투자안의 순현가

(단위: 만원)

투자안 / 년(t)	A		B		C		D		PVIF (t,10%)
	현금흐름	현가	현금흐름	현가	현금흐름	현가	현금흐름	현가	
0	-1,600	-1,600	-1,600	-1,600	-1,600	-1,600	-1,600	-1,600	1.000
1	200	182	-	-	200	182	300	273	0.909
2	1,400	1,157	-	-	350	289	500	413	0.826
3	1,450	1,089	500	376	450	338	800	601	0.751
4	-250	-171	1,100	751	600	410	850	581	0.683
5	-700	-435	2,050	1,273	1,975	1,226	1,000	621	0.621
순현가		222.85		799.86		845.29		888.49	

A 투자안의 순현가는 222.85만원, B 투자안의 순현가는 799.86만원, C 투자안의 순현가는 845.29만원, D 투자안의 순현가는 888.49만원이다.

나. 순현가법의 의사결정기준

순현가법을 상호배타적인 투자안의 의사결정방법으로 사용할 때는 순현가가 가장 큰 투자안을 선택하면 된다. A, B, C, D 투자안의 순현가 중에서 D 투자안의 순현가가 888.49만원으로 가장 크므로 순현가법을 기준으로 할 때 투자안 D가 가장 바람직한 투자대안이다.

독립적인 투자안의 경우에는 투자안의 순현가가 0보다 큰 모든 투자안을 투자가치가 있는 것으로 평가한다.

4. 내부수익률법

가. 내부수익률법의 의의

내부수익률(IRR: Internal Rate of Return)이란 미래현금흐름의 순현가를 0으로 만드는 할인율을 말한다. 내부수익률은 미래의 현금유입의 현가와 현금유출의 현가를 동일하게 만드는 할인율이다. 이를 식으로 표현하면 다음과 같다.

$$[\frac{CF_1}{(1+IRR)^1}+\frac{CF_2}{(1+IRR)^2}+\cdots+\frac{CF_n}{(1+IRR)^n}]-I_0=0$$

$$\sum_{t=1}^{n}\frac{CF_t}{(1+IRR)^t}-I_0=0$$

위의 식을 순현가의 계산식과 비교해보면, 순현가의 계산식에서 구하고자 했던 값인 순현가를 0으로 놓고 반대로 계산에 앞서 주어졌던 값인 할인율 R을 내부수익률(IRR)로 변경하여 값을 구한다. 순현가법과 내부수익률법은 본질적으로 현금흐름을 할인한다는 점에서 동일하다.

내부수익률법 공식의 내부수익률 공식을 보면 n이 커짐에 따라서 복잡한 고차방정식의 형태가 됨을 알 수 있다. 즉, n이 2 이하이면 수식으로 간단히 해결되지만 n이 3 이상이 되면 수식으로 풀기 어렵기 때문에 현금흐름의 순현가가 0에 근접하리라고 생각되는 할인율을 대입해 가면서 만족스러운 결과를 얻을 때까지 반복 계산해 나가는 방법인 시행착오법(trial and error method)을 사용하여 내부수익률을 구한다. 이러한 반복적 계산은 컴퓨터 엑셀 프로그램을 사용하여 쉽게 해결할 수 있다.

[표 6-7]에서 A, B, C, D 투자안의 내부수익률을 구하였다. A 투자안의 내부수익률 18.95%, B 투자안의 내부수익률 20.75%, C 투자안의 내부수익률 22.98%, D 투자안의 내부수익률 26.12%로 계산되었다. 따라서 D 투자안의 내부수익률이 26.12%로 가장 크므로 가장 바람직한 투자안이다.

| 표 6-7 | 창업 투자안의 내부수익률

(단위: 만원, %)

투자안 / 년(t)	A		B		C		D		PVIF (t,10%)
	현금흐름	현가	현금흐름	현가	현금흐름	현가	현금흐름	현가	
0	-1,600	-1,600	-1,600	-1,600	-1,600	-1,600	-1,600	-1,600	1.000
1	200	182	-	-	200	182	300	273	0.909
2	1,400	1,157	-	-	350	289	500	413	0.826
3	1,450	1,089	500	376	450	338	800	601	0.751
4	-250	-171	1,100	751	600	410	850	581	0.683
5	-700	-435	2,050	1,273	1,975	1,226	1,000	621	0.621
순현가		222.85		799.86		845.29		888.49	
내부수익률		18.95%		20.75%		22.98%		26.12%	

나. 내부수익률법의 의사결정기준

내부수익률법을 상호배타적인 투자안의 의사결정방법으로 사용할 때는 내부수익률이 가장 큰 투자안을 선택하면 된다. [표 6-7] 내부수익률의 계산에서 투자안 D가 가장 우수한 투자안이다. 그러나 독립적인 투자안의 경우에는 투자안의 내부수익률이 무위험이자율보다 큰 모든 투자안을 투자가치가 있는 것으로 평가한다. 만약 무위험이자율이 10%라고 한다면 투자안 A, B, C, D 모든 투자안이 투자가치가 있는 것으로 판단한다.

5. 창업사업 투자안의 경제성 분석방법의 비교

창업사업 투자안의 경제성 분석방법으로 회수기간법, 회계적이익률법, 순현가법, 내부수익률법 네 가지 투자결정기법을 살펴보았다. 회수기간법, 회계적이익률법, 순현가법, 내부수익률법 네 가지 사업 투자안의 경제성 분석 중 어떤 방법이 기업의 가치를 극대화할 수 있는 최적의 투자안 경제성 분석방법인지 살펴보면 [표 6-8]과 같다.

창업사업 투자안의 경제성 분석방법에는 여러 가지 방법이 있으나 이상적인 평가방법이 되기 위해서는 아래에서 열거하는 세 가지 조건을 갖추고 있어야만 한다.

첫째, 측정된 모든 현금흐름이 고려되어야 한다.

둘째, 적절한 할인율을 사용하여 화폐의 시간가치를 반영하여야 한다.

셋째, 기업의 가치를 극대화할 수 있는 투자안을 선택할 수 있어야 한다.

회수기간법, 회계적이익률법, 순현가법, 내부수익률법 네 가지 경제성 분석방법 가운데 가장 우월한 방법은 순현가법이다. 순현가법은 다른 경제성 분석방법에 비하여 모든 현금흐름을 고려하고, 화폐의 시간가치를 반영하며, 기업가치의 극대화를 목적으로 하는 분석방법으로 기업의 사업타당성 분석시 순현가법을 사용하는 것이 바람직하다.

표 6-8 | 사업 투자안의 경제성 분석방법의 평가결과

분석방법 \ 조건	모든 현금흐름 고려	화폐의 시간가치	기업가치의 극대화
회수기간법	×	×	×
회계적이익률법	○	×	×
내부수익률법	○	○	×
순현가법	○	○	○

요약 & 결론

창업아이템 선정 후 선정된 창업아이템에 대한 창업 사업타당성 분석을 실시한다. 창업 사업타당성 분석은 기술타당성 분석, 시장성 분석, 수익성 분석을 종합적으로 평가한다.

기술타당성 분석은 기술적 수행 가능성을 종합적으로 분석하는 것이다. 기술타당성 분석은 원자재 확보 용이성, 제조공정, 품질관리, 제품개발능력 등을 분석하는 것이다. 기술타당성 분석에서 기술의 특허 등록 가능성을 고려하여야 한다.

시장성 분석은 창업아이템이 시장에서 팔릴 수 있는지 가능성을 분석하는 것이다. 시장성 분석에서 시장수요조사, 경쟁업체 조사, 유통조사, 세부 판매계획 조사 등을 실시한다. 시장성 분석에서 산업구조분석, SWOT분석 등 시장환경분석을 실시한다.

수익성 분석은 원가분석, 목표가격 책정, 손익분기점분석, 수익예측을 하는 것이다. 수익성 분석에서 추정 재무상태표와 추정 손익계산서 등 추정 재무제표를 작성한다.

창업사업 분석대상이 되는 투자안의 현금흐름이 측정되었다면, 그 다음 단계로 측정된 현금흐름이 기업가치에 어느 정도 공헌할 수 있는가를 창업사업 투자안의 경제성 분석을 실시한다.

창업사업 투자안의 경제성 분석 방법에는 회수기간법(payback period method), 회계적이익률법(accounting rate of return method), 순현가법(net present value method), 내부수익률법(internal rate of return method)의 네 가지가 있다.

회수기간법과 회계적이익률법은 화폐의 시간가치를 고려하지 않은 방법으로 전통적 분석기법이다. 순현가법과 내부수익률법은 화폐의 시간가치를 고려한 방법으로 현금흐름할인법(DCF법: Discounted Cashflow Method)이다.

회수기간법은 회수기간(payback period)이라는 투자시점에서 발생한 비용을 회수하는 데에 소요되는 기간을 이용하여 투자의사결정을 하는 방법이다. 회수기간법에 의한 의사결정에서는 상호배타적인 투자안들이라면 회수기간이 가장 짧은 것을 선택하게 된다. 독립적인 투자안의 경우에는 각각의 회수기간이 기업 자체에서 기준으로 정한 회수기간보다 짧으면 투자가치가 있다고 판단한다.

회계적이익률법(accounting rate of return method)은 투자로 인하여 나타나는 장부상의 연평균순이익과 연평균투자액의 비율인 회계적이익률을 계산하여 투자의사결정에 활용하는 방법이다. 회계적이익률법의 의사결정기준은 다음과 같다. 투자결정을 위하여 회계적이익률법을 이용할 때에는 투자대상의 회계적이익률이 기업에서 기준으로 정한 회계적이익률보다 높으면 투자안을 채택한다. 여러 투자안 중 하나를 선택하는 경우에는 가장 높은 회계적이익률을 가진 투자안을 채택한다.

순현가법(net present value method)은 투자로 인하여 발생할 미래의 모든 현금흐름을 적절한 할인율로 할인하여 현가로 나타내어 투자결정에 이용하는 기법이다. 순현가법을 상호배타적인 투자안의 의사결정방법으로 사용할 때는 순현가가 가장 큰 투자안을 선택하면 된다. 독립적인 투자안의 경우에는 투자안의 순현가가 0보다 큰 모든 투자안을 투자가치가 있는 것으로 평가한다.

내부수익률법은 미래현금흐름의 순현가를 0으로 만드는 할인율인 내부수익률을 이용하여 투자의사결정을 하는 방법이다. 내부수익률은 미래의 현금유입의 현가와 현금유출의 현가를 동일하게 만드는 할인율이다. 내부수익률법을 상호배타적인 투자안의 의사결정방법으로 사용할 때는 내부수익률이 가장 큰 투자안을 선택하면 된다. 독립적인 투자안의 경우에는 투자안의 내부수익률이 무위험이자율보다 큰 모든 투자안을 투자가치가 있는 것으로 평가한다.

회수기간법, 회계적이익률법, 순현가법, 내부수익률법 네 가지 경제성 분석방법 가운데 가장 우월한 방법은 순현가법이다. 순현가법은 다른 경제성 분석방법에 비하여 모든 현금흐름을 고려하고, 화폐의 시간가치를 반영하며, 기업가치의 극대화를 목적으로 하는 분석방법으로 기업이 사업타당성 분석시 순현가법을 사용하는 것이 바람직하다.

Successful Startup 6

손정의의 창업 성공요인

"일본 내에서 영업이익 1조 엔을 돌파한 기업은?" NTT, 토요타, 소프트뱅크 단 세 곳에 불과하다. 그중 최단 기간인 설립 33년 만에 돌파한 기업이 바로 소프트뱅크이다. 이러한 성장이 가능했던 것은 소프트뱅크의 CEO, 손정의는 손자병법의 핵심에다 자신의 경영철학을 더해 정리한 '손정의 제곱법칙' 방정식의 결과이다.

1957년 일본의 사가 현에서 재일한국인으로 태어나, 20대에 소프트뱅크를 창업한 손정의. 그는 미국 캘리포니아대학 버클리캠퍼스 재학 시절, 동창과 '유니손월드'란 회사를 설립해 꽤 많은 수익을 거둔다. 그 후부터 본격적으로 사업가의 길을 걷기로 결심하고, '인생 50년 계획'을 세운다.

"20대에 회사를 세우고 세상에 나의 존재를 알린다. 30대에 최소 1천억 엔의 자금을 모은다. 40대에 조단위 규모의 중대한 승부를 건다. 50대에 사업을 완성한다. 60대에 다음 세대에 사업을 물려준다."

그는 인생 계획을 실현시키기 위해 공동출자자에게 '유니손월드'를 양도하고, 6년 만에 일본으로 돌아와 전자상거래회사 '소프트뱅크'를 창업한다. 책상 2개의 작은 사무실에서 시작한 이 회사는 매출 6조 엔이 넘는 글로벌 회사로 성장했다. 그는 2010년부터 자신의 성공비결을 공유하고자 '소프트뱅크 아카데미'를 설립하고, 다음 세대를 짊어질 경영자를 양성한다. 이때 자신의 철학과 손자병법을 접목한 '손의 제곱법칙'을 만든 경영노하우를 전수했다. 자신 역시도 새로운 도전을 할 때마다 이 문자를 머릿속에 떠올리고 수없이 자문자답을 반복하며, 비즈니스의 방향을 결정했다고 한다.

표 6-9 | 손정의의 창업 성공요인

성공요인	의미
도천지장법 (道天地將法)	• 도: 사람, 부하 혹은 조직을 움직일 수 있는 올바른 비전 • 천: 시대를 읽을 줄 아는 눈 • 지: 사업하는 곳의 지리를 읽을 줄 아는 능력 • 장: 큰일을 이루기 위해선 협력자가 필요할 것 • 법: 조직이 운영되는데 효율적인 시스템을 구축하는 것
정정략칠투 (頂情略七鬪)	• 정: 인생의 목표, 비전을 구체적으로 그리라는 것 • 정: 목표를 세운 후에 관련 정보를 철저히 수집하는 것 • 략: 모은 정보 중에서 쓸모 있는 것만 취할 것

	• 칠: 70%의 승산이 보일 때 감행 • 투: 목숨을 걸고 싸울 때 비로소 성취
일류공수군 (一流攻守群)	• 일: 1등에 집착하는 것 • 류: 시대의 트렌드를 잘 살피고 시류에 따라가라는 것 • 공: 강력한 공격력 • 수: 위기관리에 대비해 자금을 확보하는 것을 의미 • 군: 한 분야에만 원씽하지 말고, 주력분야와 관련된 다른 일도 같이 진행
지신인용엄 (智信仁勇嚴)	• 지: '지(智)'혜를 갖춤 • 신: '신(信)'뢰를 받을 수 있어야 함 • 인: 주변 사람들의 행복을 위해 일할 것 • 용: 상황에 따라선 과감히 퇴각할 수 있는 용기 • 엄: 자신은 물론 사랑하는 부하에게도 때론 엄격해야 함
풍림화산해 (風林火山海)	• 풍: 비즈니스에서 재빠른 행동을 중시할 것 • 림: 물밑협상시엔 숲처럼 고요하게 하라는 의미 • 화: 공격할 때는 불처럼 맹렬하게 할 것 • 산: 흔들리지 않고 신념을 지킬 것 • 해: 상대와의 경쟁에서 이겼다면, 꼭 포용해줘야 함

자료: 김정환 옮김, 이다가키 에이겐 지음, 손정의 제곱법칙, 한국경제신문사, 2015.

7장 창업 사업계획서 작성

1절 창업 사업계획서 작성의 의의

창업 사업계획서는 창업아이템 선정, 창업사업 타당성 분석 후 창업기업의 사업계획을 기록한 서류를 말한다. 창업 사업계획서는 창업기업 사업의 실현을 위한 구체적인 활동계획서이다. 창업 사업계획서는 성공창업경영의 핵심요소이다. 창업 사업계획서는 사업타당성을 검증하고 사업의 장점과 단점을 파악한다. 창업 사업계획서는 창업시 발생가능한 위험요소를 사전에 점검하고 대비하는 데 중요한 역할을 한다. 창업 사업계획서는 사업 착수 당시에 미처 예측하지 못한 주요 문제점들을 검토할 수 있는 기회를 제공한다. 창업 사업계획서는 사업진행 내용과 상황을 수시로 점검하여 발행가능한 실수를 미리 제거하는 데 도움을 준다.

2절 창업 사업계획서 작성의 목적

창업 사업계획서는, 첫째 창업기업 사업타당성 여부를 검증하기 위하여 작성한다. 둘째, 창업계획을 구체화하기 위한 수단으로 작성한다. 셋째, 창업경영에 필요한 자기자본과 타인자본을 조달하기 위해 작성한다. 넷째, 제조업의 경우 창업기업 공장설립에 따른 인 · 허가를 위해

❙ 표 7-1 ❙ 창업 사업계획서 작성목적

구분	작성목적
1	창업기업 사업타당성 여부를 검증하기 위하여 작성한다.
2	창업계획을 구체화하기 위한 수단으로 작성한다.
3	창업경영에 필요한 자기자본과 타인자본을 조달하기 위해 작성한다.
4	창업기업 공장설립에 따른 인 · 허가를 위해 작성한다.

작성한다.

창업 사업계획서의 작성목적은 내부용 목적과 외부용 목적으로 구분하여 살펴볼 수 있다.

창업 사업계획서는, 첫째 창업기업 사업초기 단계의 구체적인 사업방향 설정, 둘째 사업목표 달성이 가능한 창업기업 조직과 인력의 구성, 셋째 창업기업의 경영전략 수립과 시장동향 파악, 넷째 창업경영 추진과정에서의 문제점 발견, 다섯째 창업경영 세부 추진내용이나 방향의 수정 등 모든 의사결정에 도움을 주는 지침서 등 내부용 목적으로 작성한다.

창업 사업계획서는, 첫째 창업기업의 설립 및 경영에 필요한 외부자금 조달목적, 둘째 창업기업의 전반적인 현황 홍보, 셋째 창업기업 향후 계획 등에 대한 방향 검토, 넷째 창업기업 시장의 존재와 진입가능성 검토 등 외부용 목적으로 작성한다.

❙ 표 7-2 ❙ 내 · 외부용 창업 사업계획서 작성목적

구분	창업 사업계획서 작성목적
내부용 목적	• 창업기업 사업초기 단계의 구체적인 사업방향 설정 • 사업목표 달성이 가능한 창업기업 조직과 인력의 구성 • 창업기업의 경영전략 수립과 시장동향 파악 • 창업경영 추진과정에서의 문제점 발견 • 창업경영 세부 추진내용이나 방향의 수정 등 모든 의사결정에 도움을 주는 지침서
외부용 목적	• 창업기업의 설립 및 경영에 필요한 외부자금 조달목적 • 창업기업의 전반적인 현황 홍보 • 창업기업 향후 계획 등에 대한 방향 검토 • 창업기업 시장의 존재와 진입가능성 검토

3절 창업 사업계획서 작성시 고려사항

창업 사업계획서 작성시 고려사항을 살펴보면 다음과 같다.

첫째, 사업계획서는 생명력이 있어야 한다. 사업계획서는 한번 만들면 최종 완성된 것이 아니라 상황에 따라서 새로운 요소가 발견되면 수정하여 완성도를 높여가야 한다. 사업계획서는 살아있는 생명체로서 사업계획서가 처음 작성된 이후 계획 사업에 잠재되어 있는 문제점에 대해 항상 열린 마음을 가지고 점검하여 수정·보완하여 작성하여야 한다.

둘째, 사업계획서는 자신감을 가지고 충분한 내용이 담기도록 작성하여야 한다. 사업계획서는 창업자가 가지고 있는 성공적인 창업경영의 목표를 달성할 수 있도록 자신감을 가지고 창업경영에 관한 충분한 내용이 담길 수 있도록 작성하여야 한다.

셋째, 사업계획서는 객관성을 고려하여 작성하여야 한다. 사업계획서는 신뢰성을 가질 수 있도록 주관성을 피하고 객관성을 고려하여 작성하여야 한다. 사업계획서는 불명확한 계획보다는 정확한 자료를 근거로 객관적으로 작성하여야 한다.

넷째, 사업계획서는 전문용어의 사용을 피하고 쉽고 설득력 있게 작성하여야 한다. 사업계획서는 기술적인 내용일 경우라도 투자자 및 이해관계자들이 이해하기 쉽게 작성하여야 한다.

다섯째, 사업계획서는 핵심내용을 강조하여 작성하여야 한다. 사업계획서는 창업경영과 관련된 주요 내용들을 바로 파악할 수 있도록 핵심내용을 강조하여 작성하여야 한다.

여섯째, 사업계획서는 소요자금 규모, 자금조달 및 운용 계획을 정확하게 기술하고, 실현가능성이 있도록 작성되어야 한다. 사업계획서 작성시 창업경영에 필요한 소요자금은 충분하게 검토하여 부족하지 않게 자금 규모를 결정하여야 한다. 또한 자금조달 및 운용 계획을 실현가능성이 있도록 구체적으로 작성하여야 한다.

일곱째, 사업계획서는 차별성 있는 계획서가 되도록 작성하여야 한다. 비슷한 사업계획서는 경쟁력이 없다. 사업계획서 작성시 차별성 있는 사업내용이 담길 수 있도록 독특하고 혁신적인 사업계획서가 될 수 있도록 작성하여야 한다. 사업계획서 구성도 차별화된 사업계획서가 될 수 있도록 작성하여야 한다.

| 표 7-3 | 창업 사업계획서 작성시 고려사항

1. 사업계획서는 생명력이 있어야 한다.
2. 사업계획서는 자신감을 가지고 충분한 내용이 담기도록 작성하여야 한다.
3. 사업계획서는 객관성을 고려하여 작성하여야 한다.
4. 사업계획서는 전문용어의 사용을 피하고 쉽고 설득력 있게 작성하여야 한다.
5. 사업계획서는 핵심내용을 강조하여 작성하여야 한다.
6. 사업계획서는 소요자금 규모, 자금조달 및 운용 계획을 정확하게 기술하고, 실현가능성이 있도록 작성하여야 한다.
7. 사업계획서는 차별성 있는 계획서가 되도록 작성하여야 한다.

4절 창업 사업계획서의 구성 및 작성

1. 창업 사업계획서의 구성

창업 사업계획서는 목차, 요약, 회사소개, 환경분석, 경영계획, 재무계획, 사업타당성 분석, 사업 추진일정으로 나누어서 작성한다.

| 표 7-4 | 창업 사업계획서의 구성

목차
요약
Ⅰ. 회사소개
  1. 회사개요
  2. 창업자개요
  3. 창업동기
  4. 기대효과
Ⅱ. 환경분석
  1. 내부환경분석
  2. 외부환경분석
Ⅲ. 경영계획
  1. 인적자원관리
    가. 조직도
    나. 인력현황
  2. 재무관리
    가. 자금조달
    나. 자금운용
  3. 생산운영관리
    가. 기술현황 및 기술개발
      1) 제품(서비스) 현황
      2) 기술현황
      3) 기술개발 계획
    나. 생산현황 및 생산투자
      1) 생산시설 현황
      2) 원 · 부자재 조달계획
      3) 생산시설 투자계획
  4. 마케팅관리
    가. 시장 현황
    나. 경쟁업체 현황
    다. 제품(서비스)의 시장성 분석
    라. 마케팅전략
  5. 회계 · 세무관리
    가. 회계관리 계획
    나. 세무관리 계획
  6. 경영정보시스템 관리
  7. 경영전략
Ⅳ. 재무계획
  1. 소요자금 계획
  2. 자금조달 계획
  3. 추정재무제표
    가. 추정재무상태표
    나. 추정손익계산서
      1) 매출액 추정
      2) 매출원가 추정
      3) 판매관리비 추정
        가) 급여 추정
        나) 퇴직급여 추정
        다) 복리후생비 추정
        라) 세금과공과금 추정
        마) 임차료 추정
        바) 감가상각비 추정
        사) 접대비 추정
        아) 광고선전비 추정
        자) 보험료 추정
        차) 대손상각비 추정
        카) 수도광열비 추정
        타) 통신비 추정
        파) 전력비 추정
      4) 영업외수익 추정
        가) 이자수익 추정
      5) 영업외비용 추정
        가) 이자비용 추정
    다. 추정제조원가명세서
      1) 재료비 추정
      2) 노무비 추정
      3) 경비 추정
      4) 재공품 추정
      5) 당기제품제조원가 추정
Ⅴ. 사업타당성 분석
  1. 사업타당성 분석
  2. 사업 투자안의 경제성 분석
Ⅵ. 사업 추진일정

2. 창업 사업계획서의 작성

가. 목차

목차는 사업계획서의 전체 내용을 간략하게 파악할 수 있도록 작성한다. 목차는 사업계획서의 내용을 자세히 살펴보기 전에 관심 있는 부분을 목차 제목을 통하여 파악할 수 있도록 사업계획서의 이해관계자에게 편리성을 제공하기 위하여 작성한다. 대부분 사업의 이해관계자들은 창업사업의 사업성이 있는지 여부에 관한 부분을 먼저 살펴본다. 창업하고자 하는 사업이 성공가능성이 있는 사업인지 최우선적으로 확인하고자 한다.

사업계획서의 목차는 요약, 회사소개, 환경분석, 경영계획, 재무계획, 사업타당성 분석, 사업추진일정 순으로 작성한다.

나. 요약

사업계획서의 첫 부분에는 요약을 담아야 한다. 요약은 사업계획서의 가장 중요한 부분이다. 투자자 등 이해관계자는 사업계획서의 요약을 보고 사업계획서를 자세히 읽을 것인지 아닌지를 판단한다. 투자자 등 이해관계자는 요약을 읽고 사업성이 있는지의 여부를 판단한다. 이 요약 부분에서 그들을 끌어당길 포인트를 발견하지 못하면 다른 사업계획서로 손이 간다. 요약에서는 사업의 간략한 스케치가 있어야 하고 사업계획서의 핵심이 강조되어야 한다. 그리고 목차의 큰 제목에 해당하는 부분을 압축 제시해주어야 한다. 왜 이 제품 또는 서비스가 다른 것과 차별화되고 성공할 것인지 사업성 여부를 보여주어야 한다. 요약 부분에서 구체적으로 설명할 필요는 없다. 사업계획서를 읽는 사람이 요약에 흥미를 느낀다면 구체적으로 설명된 사업계획서의 뒷부분을 읽을 것이기 때문이다.

다. 회사소개

회사소개에서는 회사개요, 창업자개요, 창업동기, 기대효과 등을 기술한다. 즉, 회사에 관한 일반적인 사항을 소개하는 부분으로써 다음과 같은 내용을 포함할 수 있다.

① 회사개요: 기업명 및 형태, 설립 예정지역, 주요 생산품 등

② 회사연혁

③ 조직도

④ 주주현황

⑤ 경영진 및 기술진

⑥ 금융거래현황

⑦ 조업현황

⑧ 관련 기업현황

⑨ 창업동기

⑩ 기대효과

⑪ 기타

회사의 소개와 조직 항목에서 투자자 및 사업계획서의 이해관계자들은 경영자의 인성, 즉 통찰력, 예측능력, 사업 교섭력, 위기 대응력, 조직관리능력 등을 파악하며, 경영자 · 경영진의 능력 및 재력에 주목한다. 또한 창업자 또는 투자자들의 주식 배분, 지분의 변화과정, 주식의 종류(보통주, 우선주) 등을 명시하고, 사업실행 이후의 회사 발전 전망을 소개하면서 추가자본이 필요한 이유를 명시하여 설득하여야 한다.

기타 항목에서는 구체적으로 차입금 및 담보(거래은행, 대출금리, 담보내용 담보자격 등), 재무상태(재무상태표, 손익계산서 등), 기술보유현황(기술 개발실적, 기술인력, 국내외 기술수준, 기술제휴현황 등)이 포함될 수 있다.

라. 환경분석

환경분석에서는 내부환경분석과 외부환경분석을 기술한다.

내부환경분석에서는 사업구조분석, 경쟁우위분석, 내부능력 종합분석을 실시한다. 내부환경분석은 창업기업의 내부역량분석으로 창업기업의 강점과 약점을 기술한다.

외부환경분석에서는 창업기업의 거시환경분석, 산업환경분석, 경영 패러다임의 변화를 기술한다. 산업분석에서는 산업동향, 경쟁자분석, 산업구조분석, 산업 성공요인분석을 실시한다. 외부환경분석의 결과로 기회요인과 위협요인을 기술한다.

1) 산업분석

창업기업이 생산 · 판매하는 제품이나 서비스의 시장 전망이 좋지 않으면 성공적인 창업 성과를 얻기 어렵다. 시장분석은 사업계획서에서 창업자에게 가장 우선 요구되는 부분이다. 시장분석을 할 때 사업의 분석, 환경분석, 경쟁자분석, 경쟁우위분석을 구체적인 자료의 수집 및 분석하에 전략적으로 실시하여야 한다.

2) 도전하고자 하는 사업의 분석

뛰어들고자 하는 산업을 소개하는 부분으로 이런 소개는 주로 다음과 같은 질문에 답하는 형식으로 이루어질 수 있다.

어떤 산업인가? 현재 이 산업의 시장규모는 얼마인가? 5년 후, 10년 후에는 규모가 얼마나 될까? 이 산업의 가장 중요한 특성은 어떤 것인가? 누가 현재 이 산업에서 가장 중요한 소비자인가? 새로 생산될 제품이나 서비스가 적용되거나 이용될 주요 분야는 어떤 것이 있는가? 산업의 변화추세는 어떤가? 사업에 영향을 줄 산업의 내적 · 외적인 변화는 어떤 것이 일어나고 있는가?

예를 들어 일반적 항목을 제시하자면, 수요실적 및 현황, 공급실적 및 현황, 제품의 용도와 성격, 시장규모 등을 수치로 제시할 수 있을 것이다.

▌표 7-5▐ 도전하고자 하는 사업의 분석

구분	분석내용
1	어떤 산업인가?
2	현재 이 산업의 시장규모는 얼마인가?
3	5년 후, 10년 후에는 규모가 얼마나 될까?
4	이 산업의 가장 중요한 특성은 어떤 것인가?
5	누가 현재 이 산업에서 가장 중요한 소비자인가?
6	새로 생산될 제품이나 서비스가 적용되거나 이용될 주요 분야는 어떤 것이 있는가?
7	산업의 변화추세는 어떤가?
8	사업에 영향을 줄 산업의 내·외적인 변화는 어떤 것이 일어나고 있는가?
9	수요실적 및 현황
10	공급실적 및 현황
11	제품의 용도와 성격
12	시장규모

3) 목표시장

일반적으로 사업을 시작할 때 넓은 소비자 계층을 대상으로 하지 않고 확실한 소비자들을 대상으로 하는 것이 유리하다. 특정한 틈새시장(niche market) 또는 블루오션시장(blue ocean market)을 대상으로 하면 더욱 유리하다.

새로운 기업이 진입해야 할 시장은 어떤 것인가? 즉, 어떤 소비자 그룹을 대상으로 제품 및 서비스를 만들고 마케팅전략을 세워야 하는가?

이러한 내용은 다음과 같은 질문에 답하는 가운데 정리될 수 있다. 언제(When) 이 제품(서비스)을 살 것인가? 어디서(Where) 이 제품(서비스)을 살 것인가? 누가(Who) 이 제품(서비스)을 살 것인가? 어떤 제품(서비스)(What)을 살 것인가? 어떻게(How) 이 제품(서비스)을 살 것인가? 소비자는 왜(Why) 다른 것을 사지 않고 이 제품(서비스)을 살 것인가?

| 표 7-6 | 목표시장 설정

구분	질문내용
언제(When)	언제(When) 이 제품(서비스)을 살 것인가?
어디서(Where)	어디서(Where) 이 제품(서비스)을 살 것인가?
누가(Who)	누가(Who) 이 제품(서비스)을 살 것인가?
무엇을(What)	어떤 제품(서비스)(What)을 살 것인가?
어떻게(How)	어떻게(How) 이 제품(서비스)을 살 것인가?
왜(Why)	소비자는 왜(Why) 다른 것을 사지 않고 이 제품(서비스)을 살 것인가?

4) 소비자분석

사업의 성패는 결국 소비자들의 반응에 달려 있기 때문에 투자자를 포함한 모든 사람들은 소비자들의 반응에 관심이 있을 수밖에 없다. 수요계층, 소득, 나이 등 소비자에 대한 일반적 분석은 물론 수요예측과 그러한 수요예측의 근거를 제품별로 구체적으로 제시하여 신뢰를 주어야 한다.

5) 경쟁자분석

경쟁자분석은 사업의 성패에 결정적 영향을 미치는 요소이다. 어떤 산업은 경쟁이 이미 치열하거나 경쟁자가 너무 강력해 승산이 없는 분야일 수도 있다. 기본적으로 동업계 현황 및 경쟁제품을 자사와 비교하여 장점과 단점을 분석해야 하고, 진출하고자 하는 업계의 경쟁강도를 분석해야 한다.

경쟁자분석에 가장 많이 사용하는 모형은 마이클 포터(Michael Porter)의 다섯 경쟁세력모형(Five Forces Model)이다. 이 모형에서 기업의 경쟁자는 모두 다섯 경쟁자가 있다는 것이다. 경쟁세력모형이란 다섯 경쟁세력들이 그 산업 내의 경쟁강도를 결정하며, 이러한 세력들의 총체적인 힘이 그 산업에서 기대할 수 있는 궁극적으로 이윤잠재력을 결정짓는다는 모형이다.

| 그림 7-1 | 마이클 포터(Michael Porter)의 다섯 경쟁세력모형(Five Forces Model)

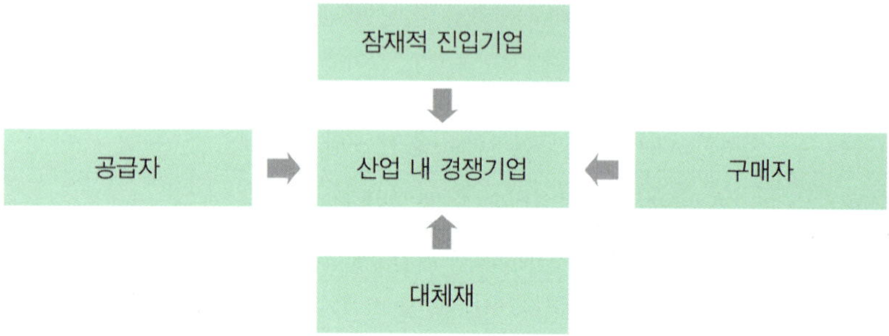

다섯 경쟁세력에는 산업 내 경쟁기업, 잠재적 진입기업, 대체재, 공급자, 구매자가 있다.

| 표 7-7 | 마이클 포터(Michael Porter)의 다섯 경쟁세력(Five Forces)

산업 내 경쟁기업	창업기업이 직접적인 경쟁을 하고 있는 동종산업 내 경쟁기업
잠재적 진입기업	현재 동종기업으로 직접적인 경쟁을 하고 있지는 않지만 향후 경쟁가능성이 있는 모든 기업
대체재	창업기업의 제품과 서비스와 동종제품과 서비스는 아니지만 경쟁관계가 될 수 있는 모든 제품과 서비스
공급자	창업기업의 제품과 서비스를 생산할 때 공급받아야 하는 원자재의 공급기업
구매자	창업기업에서 생산하는 제품과 서비스를 구매하는 소비자

창업 후 제품이 크게 인기를 얻을 경우 잠재적 진입기업이 뛰어들 가능성은 얼마나 있는가? 기존 경쟁자들 사이에 끼어들기 위해 또는 새로운 경쟁자가 나타났을 때, 경쟁자보다 우위에 서기 위해 '색다른 무엇'을 가지고 있는가? 등에 대한 질문에 답변을 할 수 있어야 한다.

마. 경영계획

경영계획에서는 기업을 창업한 후 성공적인 경영을 위하여 인적자원관리, 재무관리, 생산운영관리, 마케팅, 회계관리, 세무관리, 경영정보시스템관리, 경영전략계획을 수립하여야 한다.

인적자원관리는 기업 조직과 구성원의 목표를 달성하기 위하여 인적자원을 효율적이고 효과적으로 관리하는 것이다. 사업계획서에는 조직도, 인력현황 및 계획을 작성하여야 한다. 사업아이템이 좋고 시장전망이 좋아도 그 사업을 시작하고 성공적으로 이끄는 것은 사람이다. 창업 인적자원관리에서는 창업시 필요한 사람을 확보하고 향후 언제 어떤 자격을 가진 사람을 확보할 예정인가에 대해 언급한다.

재무관리는 기업이 필요한 자금을 어떻게 조달하고, 조달한 자금을 어떻게 운용할 것인가를 계획하고 실행하고 평가하는 것이다.

생산운영관리는 기업의 생산시스템의 생산효율을 극대화할 수 있도록 생산활동이나 생산과정을 관리하는 것이다.

마케팅은 기업 소비자의 필요와 욕구를 충족시키기 위해 시장에서 교환이 일어날 수 있도록 상품, 서비스의 설계, 가격결정, 촉진, 유통 등을 계획하고 실행하고 통제하는 과정이다. 마케팅 계획은 마케팅의 4P(Product(제품), Price(가격), Promotion(촉진), Place(유통)) 측면에 따른 전략을 제시한다.

회계관리는 기업의 경영활동인 거래를 식별 · 측정 · 기록 · 전달하는 기업의 언어인 회계로 기업의 정보를 생산하여 회계정보이용자들이 경제적 의사결정을 할 수 있도록 제공하는 것이다.

세무관리는 기업경영에서 발생하는 소득세, 지방세, 부가가치세, 법인세 등을 정확하게 계산 · 신고 · 납부하도록 관리하는 것이다.

경영정보시스템관리는 기업의 계획, 운영 및 통제를 위한 정보를 수집 · 저장 · 검색 · 처리하여 적절한 시기에 적절한 형태로 필요로 하는 구성원에게 제공해줌으로써 조직의 목표를 보다 효율적 및 효과적으로 달성할 수 있도록 조직화된 통합적 인간 · 기계시스템을 관리하는 것이다.

경영전략은 기업이 나아가야 할 목표를 설정하고 이것을 위해 기업 내 · 외부환경을 분석하여 기업의 자원을 가장 효율적으로 활용할 수 있는 행동방향을 설정하는 것이다.

바. 재무계획

재무계획에서는 기업 설립에 필요한 소요자금 계획, 자금조달 계획과 추정재무제표 작성을 한다.

소요자금 계획에서는 기업 설립에 필요한 소요자금을 시설자금과 운전자금으로 나누어서 추정한다. 자금조달 계획에서는 기업 설립에 필요한 자금을 조달하고 운영하는 방법을 추정한다. 추정재무제표에서는 추정제조원가명세서, 추정손익계산서, 추정재무상태표를 작성한다. 그리고 예상되는 현금흐름을 제시해야 한다. 현금흐름은 매우 중요한 자료다. 서류상의 흑자회사가 부도나는 경우는 현금관리를 잘못했기 때문이다. 향후 수입에 대한 전망도 필요하다.

1) 소요자금 계획

소요자금은 시설자금과 운전자금으로 나누어서 계획한다. 시설자금은 창업시 필요한 토지, 건물, 기계, 비품 등의 설비 구입자금을 말한다. 운전자금은 창업 후 기업경영에 따라 발생하는 재료비, 노무비, 경비, 판매비및관리비 등을 말한다.

창업에 필요한 소요자금은 소요자금 계획표에서 시설자금과 운전자금별로 구분하여 산정한다. 시설자금은 토지, 건물, 기계장치, 차량운반구, 비품, 인테리어비, 임차보증금, 가맹비, 회사설립비용 등 창업기업의 필요한 항목별 필요자금을 산출근거에 의하여 산정한다. 운전자금은 재료비, 노무비, 경비, 판매비및관리비 등 창업기업의 경영에 필요한 필요자금을 산출근거에 의하여 산정한다.

| 표 7-8 | 소요자금 계획표

구분		산출근거	금액
시설자금	토지		(1)
	건물		(2)
	기계장치		(3)
	차량운반구		(4)
	비품		(5)
	인테리어비		(6)
	임차보증금		(7)
	가맹비		(8)
	회사설립비용		(9)
계			①=(1)+(2)+(3)+(4)+(5)+(6)+(7)+(8)+(9)
운전자금	재료비		(10)
	노무비		(11)
	경비		(12)=(13)+(14)+(15)+(16)+(17)+(18)+(19)+(20)+(21)
	복리후생비		(13)
	가스수도료		(14)
	전력비		(15)
	세금과공과금		(16)
	감가상각비		(17)
	수선비		(18)
	보험료		(19)
	차량유지비		(20)
	소모품비		(21)
	판매비및관리비		(22)=(23)+(24)+(25)+(26)+(27)+(28)+(29)+(30)+(31)
	직원급여		(23)
	복리후생비		(24)
	여비교통비		(25)
	접대비		(26)
	통신비		(27)
	세금과공과금		(28)
	보험료		(29)
	소모품비		(30)
	대손상각비		(31)
계			②=(10)+(11)+(12)+(22)
합계			①+②

2) 자금조달 계획

창업에 필요한 자금은 소요자금 계획에 따라 필요한 시설자금과 운전자금 등 필요자금을 자금조달 계획에 따라 조달한다. 자금조달시 자본비용, 재무위험, 경영권 등을 고려하여야 한다. 창업자금은 자기자금 및 타인자금을 통하여 조달할 수 있다.

창업자금 조달은 창업기업의 유형을 고려하여 결정하여야 한다. 개인기업의 창업자금은 창업자 개인보유자금, 금융기관의 차입자금, 일반대상 차입자금, 정책자금 등으로 조달한다. 법인기업에는 합명회사, 합자회사, 유한회사, 주식회사, 협동조합 등이 있다. 법인기업의 대표적인 유형인 주식회사의 창업자금은 주식발행을 통하여 자본을 조달하고 회사채 발행을 통하여 부채를 조달한다. 주식회사에서도 금융기관의 차입금, 정책자금 등을 통하여 자금을 조달할 수 있다.

| 표 7-9 | 창업자금 조달방법

구분		산출근거	금액
자기자금	창업자자금	예금, 적금, 퇴직금, 부동산 매각자금	①
	현물출자금	사업장, 차량, 비품	②
	투자자자금	주주출자금, 기관투자자자금	③
	계		④=①+②+③
타인자금	금융기관	은행, 보험기업, 신용금고, 리스사	⑤
	사채	회사채발행, 일반개인	⑥
	정책금융	창업지원자금	⑦
	계		⑧=⑤+⑥+⑦
합계			⑨=④+⑧

3) 추정재무제표

추정재무제표는 추정제조원가명세서, 추정손익계산서, 추정재무상태표를 작성한다.

가) 추정제조원가명세서

창업시 작성하는 추정제조원가명세서 구조를 살펴보면 다음과 같다. 원재료비는 기초원재료재고액에 당기원재료매입액을 더하고 기말원재료재고액을 차감하여 산출한다. 노무비는 제품 생산에 투입된 인력의 임금을 합산하여 산출한다. 경비는 제조부문의 복리후생비, 가스수도료, 전력비, 세금과공과금, 감가상각비, 수선비, 보험료, 차량유지비, 소모품비를 합산하여 산출한다. 원재료비, 노무비, 경비를 합산하여 당기총제조비용을 산출한다. 기초재공품재고액에 당기총제조비용을 더하고 기말재공품재고액을 차감하고 타계정으로 대체액을 차감하여 당기제품제조원가를 산출한다. 당기제품제조원가는 손익계산서 제품매출원가를 산출하는 데 사용된다.

[표 7-10]은 창업시 추정제조원가명세서이다. 창업시 추정제조원가명세서는 각 계정과목별 산출근거에 따라 금액을 산정한 후 최종 작성한다.

표 7-10 | 창업시 추정제조원가명세서

계정과목	산출근거	금액
1. 원재료비	26,000,000	①=(1)+(2)−(3)
기초원재료재고액	1,000,000	(1)
당기원재료매입액	27,000,000	(2)
기말원재료재고액	2,000,000	(3)
2. 노무비	28,000,000	②=(4)
임금	28,000,000	(4)
3. 경비	24,000,000	③=(5)+(6)+(7)+(8)+(9)+(10)+(11)+(12)+(13)
복리후생비	5,000,000	(5)
가스수도료	1,500,000	(6)
전력비	3,000,000	(7)
세금과공과금	1,000,000	(8)
감가상각비	4,000,000	(9)
수선비	2,900,000	(10)

보험료	1,200,000	⑾
차량유지비	2,200,000	⑿
소모품비	3,200,000	⒀
4. 당기총제조비용	78,000,000	④=①+②+③
5. 기초재공품재고액	2,000,000	⑤
6. 합계	80,000,000	⑥=⑤+④
7. 기말재공품재고액	1,000,000	⑦
8. 타계정으로대체액	1,000,000	⑧
9. 당기제품제조원가	78,000,000	⑨=⑥−⑦−⑧

[표 7-13]은 ㈜커피파라다이스의 추정제조원가명세서를 보여주고 있다. 추정제조원가명세서 작성시 [표 7-12]와 같이 우선 2022년 창업시 계정과목별 산출근거에 의하여 제조원가명세서를 작성한 후 2023~2027년 제조원가명세서를 추정 작성한다. 2023~2027년 추정제조원가명세서는 2022년 당기제품제조원가를 기준 각 계정과목의 구성비중이 2023~2027년에도 동일하게 적용된다는 가정하에 한국은행 "2020년 기업경영분석(2021.11) 음식점 및 주점" 재무분석 지표를 참고하여 작성한다. 예를 들면, 2017~2020년 한국은행 기업경영분석 "음식점 및 주점업" 성장성에 관한 지표 중 매출액증가율을 참고하여 제조원가명세서의 당기제품제조원가의 증가율도 향후 동일한 증가율이 적용된다고 가정하여 당기제품제조원가를 추정한다. 한국은행 기업경영분석 매출액증가율은 2017년 7.40%, 2018년 8.36%, 2019년 6.67%로 2017~2019년 3년 동안 평균증가율은 7.48%이다. 2020년 전 세계적으로 코로나19 팬데믹으로 모든 기업의 매출액이 급감하는 특이한 현상이 발생하였다. 따라서 추정제조원가명세서를 산정하는데 적용하는 평균매출액증가율을 2017~2019년 3년 동안 평균증가율은 7.48%를 적용하여 산정한다. 그러나 코로나19 팬데믹과 같은 예상치 못한 영향력을 고려한다면 2017~2020년 4년 동안 매출액 평균증가율인 3.50%를 적용하여 당기제품제조원가를 추정한 후 추정제조원가명세서를 작성할 수 있다. 2023~2027년 추정제조원가명세서는 2022년 당기제품제조원가 대비 다른 계정과목의 비중이 매년 동일하게 적용된다는 가정하에 작성한다.

표 7-11 | 한국은행 기업경영분석 음식점 및 주점업 성장성에 관한 지표

(단위: %)

Code No.	내역	2017	2018	2019	2020	2017~2019 평균증가율	2017~2020 평균증가율
501	총자산증가율	7.71	7.91	13.27	7.48	9.63	9.09
502	유형자산증가율	5.78	5.40	13.70	6.03	8.29	7.73
503	유동자산증가율	9.55	11.03	19.38	10.02	13.32	12.50
504	재고자산증가율	5.79	15.27	7.94	-1.91	9.67	6.77
505	자기자본증가율	4.87	8.29	4.05	-5.33	5.74	2.97
506	매출액증가율	7.40	8.36	6.67	-8.45	7.48	3.50

자료: 한국은행, 기업경영분석, 2017~2020.

표 7-12 | 추정제조원가명세서 작성양식

회사명: ㈜커피파라다이스

(단위: 원)

과목	2022		2023	2024	2025	2026	2027
	금액	구성비(%)					
1. 원재료비	26,000,000	33.3					
기초원재료재고액	1,000,000	1.3					
당기원재료매입액	27,000,000	24.6					
기말원재료재고액	2,000,000	2.6					
2. 노무비	28,000,000	35.9					
임금	28,000,000	35.9					
3. 경비	24,000,000	30.8					
복리후생비	5,000,000	6.4					
가스수도료	1,500,000	1.9					
전력비	3,000,000	3.8					
세금과공과금	1,000,000	1.3					
감가상각비	4,000,000	5.1					
수선비	2,900,000	3.7					

보험료	1,200,000	1.5					
차량유지비	2,200,000	2.8					
소모품비	3,200,000	4.1					
4. 당기총제조비용	78,000,000	100.0					
5. 기초재공품재고액	2,000,000	2.6					
6. 합계	80,000,000	102.6					
7. 기말재공품재고액	1,000,000	1.3					
8. 타계정으로대체액	1,000,000	1.3					
9. 당기제품제조원가	78,000,000	100.0					

표 7-13 | 추정제조원가명세서

회사명: ㈜커피파라다이스 (단위: 원)

과목	2022	2023	2024	2025	2026	2027	2022년 구성비
1. 원재료비	26,000,000	27,944,800	30,035,071	32,281,694	34,696,365	37,291,653	33.3%
기초원재료재고액	1,000,000	1,074,800	1,155,195	1,241,604	1,334,476	1,434,294	1.3%
당기원재료매입액	27,000,000	29,019,600	31,190,266	33,523,298	36,030,841	38,725,948	34.6%
기말원재료재고액	2,000,000	2,149,600	2,310,390	2,483,207	2,668,951	2,868,589	2.6%
2. 노무비	28,000,000	30,094,400	32,345,461	34,764,902	37,365,316	40,160,242	35.9%
임금	28,000,000	30,094,400	32,345,461	34,764,902	37,365,316	40,160,242	35.9%
3. 경비	24,000,000	25,795,200	27,724,681	29,798,487	32,027,414	34,423,064	30.8%
복리후생비	5,000,000	5,374,000	5,775,975	6,208,018	6,672,378	7,171,472	6.4%
가스수도료	1,500,000	1,612,200	1,732,793	1,862,405	2,001,713	2,151,442	1.9%
전력비	3,000,000	3,224,400	3,465,585	3,724,811	4,003,427	4,302,883	3.8%
세금과공과금	1,000,000	1,074,800	1,155,195	1,241,604	1,334,476	1,434,294	1.3%
감가상각비	4,000,000	4,299,200	4,620,780	4,966,415	5,337,902	5,737,177	5.1%
수선비	2,900,000	3,116,920	3,350,066	3,600,651	3,869,979	4,159,454	3.7%
보험료	1,200,000	1,289,760	1,386,234	1,489,924	1,601,371	1,721,153	1.5%

차량유지비	2,200,000	2,364,560	2,541,429	2,731,528	2,935,846	3,155,448	2.8%
소모품비	3,200,000	3,439,360	3,696,624	3,973,132	4,270,322	4,589,742	4.1%
4. 당기총제조비용	78,000,000	83,834,400	90,105,213	96,845,083	104,089,095	111,874,960	100.0%
5. 기초재공품재고액	2,000,000	2,149,600	2,310,390	2,483,207	2,668,951	2,868,589	2.6%
6. 합계	80,000,000	85,984,000	92,415,603	99,328,290	106,758,046	114,743,548	102.6%
7. 기말재공품재고액	1,000,000	1,074,800	1,155,195	1,241,604	1,334,476	1,434,294	1.3%
8. 타계정으로대체액	1,000,000	1,074,800	1,155,195	1,241,604	1,334,476	1,434,294	1.3%
9. 당기제품제조원가	78,000,000	83,834,400	90,105,213	96,845,083	104,089,095	111,874,960	100.0%

나) 추정손익계산서

추정손익계산서는 창업시 소요자금 계획에 따른 시설자금과 운전자금을 바탕으로 작성한다. 시설자금 산정시 계획한 건물, 기계장치, 차량운반구, 비품 등을 대상으로 감가상각비를 산정하여 창업시 추정손익계산서에 삽입한다. 운전자금 산정시 계획한 직원급여, 복리후생비, 여비교통비, 접대비, 통신비, 세금과공과금, 보험료, 소모품비, 대손상각비, 이자수익, 이자비용 등을 산정하여 창업시 추정손익계산서에 삽입한다. 창업시 추정제조원가명세서에서 산정한 당기제품제조원가를 고려하여 창업시 추정손익계산서상 제품매출원가를 산정한다.

창업시 추정손익계산서의 산출근거를 살펴보면 다음과 같다. 매출액에서 매출원가를 차감하여 매출총이익을 산출한다. 판매 및 관리부문의 급여, 퇴직급여, 복리후생비, 세금과공과금, 임차료, 감가상각비, 접대비, 광고선전비, 보험료, 대손상각비, 수도광열비, 통신비, 전력비를 합산하여 판매비및관리비를 산출한다. 매출총이익에서 판매비및관리비를 차감하여 영업이익을 산출한다. 영업이익에서 영업외수익을 더하고 영업외비용을 차감하여 법인세비용차감전순이익을 산출한다. 법인세비용차감전순이익에서 법인세비용 등을 차감하여 당기순이익을 산출한다.

| 표 7-14 | 창업시 추정손익계산서 산출근거

계정과목	산출근거	금액
매출액		①
매출원가		②
매출총이익		③=①-②
판매비및관리비		④=(1)+(2)+(3)+(4)+(5)+(6)+(7)+(8)+(9)+(10)+(11)+(12)+(13)
급여		(1)
퇴직급여		(2)
복리후생비		(3)
세금과공과금		(4)
임차료		(5)
감가상각비		(6)
접대비		(7)
광고선전비		(8)
보험료		(9)
대손상각비		(10)
수도광열비		(11)
통신비		(12)
전력비		(13)
영업이익		⑤=③-④
영업외수익		⑥
영업외비용		⑦
법인세비용차감전순이익		⑧=⑤+⑥-⑦
법인세비용등		⑨
당기순이익		⑩=⑧-⑨

창업시 추정손익계산서 구조를 살펴보면 다음과 같다. 매출액은 상품매출액에 제품매출액을 합산하여 산출한다. 매출원가는 상품매출원가에 제품매출원가를 합산하여 산출한다. 상품매출원가는 기초상품재고액에 당기상품매입액을 더하고 기말상품재고액을 차감하여 산출한다. 제품매출원가는 기초제품재고액에 당기제품제조원가를 더하고 기말제품재고액을 차감하여 산출한다. 판매비및관리비는 직원급여, 복리후생비, 여비교통비, 접대비, 통신비, 세금과공과금, 보험료, 소모품비, 대손상각비를 합산하여 산출한다. 영업이익은 매출총이익에서 판매비와관리비를 차감하여 산출한다. 법인세비용차감전순이익은 영업이익에서 영업외수익을 더하고 영업외비용을 차감하여 산출한다. 당기순이익은 법인세비용차감전순이익에서 법인세비용등을 차감하여 산출한다. 당기순이익은 이익잉여금처분계산서 미처분이익잉여금을 산출하는데 사용된다.

[표 7-15]는 창업시 추정손익계산서이다. 창업시 추정손익계산서는 각 계정과목별 산출근거에 따라 금액을 산정한 후 최종 작성한다.

표 7-15 창업시 추정손익계산서

회사명: ㈜커피파라다이스 (단위: 원)

계정과목	산출근거	금액
1. 매출액	190,000,000	①=②+③
상품매출	10,000,000	②
제품매출	180,000,000	③
2. 매출원가	88,000,000	④=⑤+⑨
상품매출원가	11,000,000	⑤=⑥+⑦−⑧
기초상품재고액	3,000,000	⑥
당기상품매입액	12,000,000	⑦
기말상품재고액	4,000,000	⑧
제품매출원가	77,000,000	⑨−⑩+⑪−⑫
기초제품재고액	4,000,000	⑩

당기제품제조원가	78,000,000	⑪
기말제품재고액	5,000,000	⑫
3. 매출총이익	102,000,000	⑬=①−④
4. 판매비및관리비	77,500,000	⑭=(1)+(2)+(3)+(4)+(5)+(6)+(7)+(8)+(9)
직원급여	40,000,000	(1)
복리후생비	10,000,000	(2)
여비교통비	4,000,000	(3)
접대비	9,000,000	(4)
통신비	4,000,000	(5)
세금과공과금	5,000,000	(6)
보험료	2,000,000	(7)
소모품비	3,000,000	(8)
대손상각비	500,000	(9)
5. 영업이익	24,500,000	⑮=⑬−⑭
6. 영업외이익	1,400,000	⑯=(10)
이자수익	1,400,000	(10)
7. 영업외비용	1,400,000	⑰=(11)
이자비용	1,400,000	(11)
8. 법인세비용차감전순이익	24,500,000	⑱=⑮+⑯−⑰
9. 법인세비용등	500,000	⑲=(12)
법인세비용등	500,000	(12)
10. 당기순이익	24,000,000	⑳=⑱−⑲

표 7-16 추정손익계산서 작성양식

회사명: ㈜커피파라다이스 (단위: 원)

과목	2022	2023	2024	2025	2026	2027	2022년 구성비
1. 매출액	190,000,000						100.0%
상품매출	10,000,000						5.3%
제품매출	180,000,000						94.7%
2. 매출원가	88,000,000						46.3%
상품매출원가	11,000,000						5.8%
기초상품매출액	3,000,000						1.6%
당기상품매입액	12,000,000						6.3%
기말상품재고액	4,000,000						2.1%
제품매출원가	77,000,000						40.5%
기초제품재고액	4,000,000						2.1%
당기제품제조원가	78,000,000						41.1%
기말제품재고액	5,000,000						2.6%
3. 매출총이익	102,000,000						53.7%
4. 판매비및관리비	77,500,000						40.8%
직원급여	40,000,000						21.1%
복리후생비	10,000,000						5.3%
여비교통비	4,000,000						2.1%
접대비	9,000,000						4.7%
통신비	4,000,000						2.1%
세금과공과금	5,000,000						2.6%
보험료	2,000,000						1.1%
소모품비	3,000,000						1.6%
대손상각비	500,000						0.3%
5. 영업이익	24,500,000						12.9%
6. 영업외이익	1,400,000						0.7%
이자수익	1,400,000						0.7%
7. 영업외비용	1,400,000						0.7%
이자비용	1,400,000						0.7%
8. 법인세비용차감전순이익	24,500,000						12.9%
9. 법인세비용등	500,000						0.3%
법인세비용등	500,000						0.3%
10. 당기순이익	24,000,000						12.6%

[표 7-18]은 ㈜커피파라다이스의 추정손익계산서를 보여주고 있다. 추정손익계산서 작성시 [표 7-15]와 같이 우선 2022년 창업시 계정과목별 산출근거에 의하여 추정손익계산서를 작성한 후 2023~2027년 손익계산서를 추정 작성한다. 2023~2027년 추정손익계산서는 2022년 매출액 기준 각 계정과목의 구성비중이 2023~2027년에도 동일하게 적용된다는 가정하에 한국은행 "2020년 기업경영분석(2021.11) 음식점 및 주점" 재무분석 지표를 참고하여 작성한다. 예를 들면 2017~2020년 한국은행 기업경영분석 "음식점 및 주점업" 성장성에 관한 지표 중 매출액증가율을 참고하여 매출액을 추정한다. 한국은행 기업경영분석 매출액증가율은 2017년 7.40%, 2018년 8.36%, 2019년 6.67%로 2017~2019년 3년 동안 평균증가율은 7.48%이다. 2020년 전 세계적으로 코로나19 팬데믹으로 모든 기업의 매출액이 급감하는 특이한 현상이 발생하였다. 따라서 추정손익계산서를 산정하는 데 적용하는 평균매출액증가율을 2017~2019년 3년 동안 평균증가율은 7.48%를 적용하여 산정한다. 그러나 코로나19 팬데믹과 같은 예상치 못한 영향력을 고려한다면 2017~2020년 4년 동안 매출액 평균증가율인 3.50%를 적용하여 매출액을 추정한 후 추정손익계산서를 작성할 수 있다. 2023~2027년 추정손익계산서는 2022년 매출액 대비 다른 계정과목의 비중이 매년 동일하게 적용된다는 가정하에 작성한다.

| 표 7-17 | 한국은행 기업경영분석 음식점 및 주점업 성장성에 관한 지표

(단위: %)

Code No.	내역	2017	2018	2019	2020	2017~2019 평균증가율	2017~2020 평균증가율
501	총자산증가율	7.71	7.91	13.27	7.48	9.63	9.09
502	유형자산증가율	5.78	5.40	13.70	6.03	8.29	7.73
503	유동자산증가율	9.55	11.03	19.38	10.02	13.32	12.50
504	재고자산증가율	5.79	15.27	7.94	-1.91	9.67	6.77
505	자기자본증가율	4.87	8.29	4.05	-5.33	5.74	2.97
506	매출액증가율	7.40	8.36	6.67	-8.45	7.48	3.50

자료: 한국은행, 기업경영분석, 2017~2020.

표 7-18 추정손익계산서

회사명: ㈜커피파라다이스 (단위: 원)

과목	2022	2023	2024	2025	2026	2027	2022년 구성비
1. 매출액	190,000,000	204,212,000	219,487,058	235,904,690	253,550,360	272,515,927	100.0%
상품매출	10,000,000	10,748,000	11,551,950	12,416,036	13,344,756	14,342,944	5.3%
제품매출	180,000,000	193,464,000	207,935,107	223,488,653	240,205,604	258,172,984	94.7%
2. 매출원가	88,000,000	94,582,400	101,657,164	109,261,119	117,433,851	126,217,903	46.3%
상품매출원가	11,000,000	11,822,800	12,707,145	13,657,640	14,679,231	15,777,238	5.8%
기초상품매출액	3,000,000	3,224,400	3,465,585	3,724,811	4,003,427	4,302,883	1.6%
당기상품매입액	12,000,000	12,897,600	13,862,340	14,899,244	16,013,707	17,211,532	6.3%
기말상품재고액	4,000,000	4,299,200	4,620,780	4,966,415	5,337,902	5,737,177	2.1%
제품매출원가	77,000,000	82,759,600	88,950,018	95,603,479	102,754,620	110,440,665	40.5%
기초제품재고액	4,000,000	4,299,200	4,620,780	4,966,415	5,337,902	5,737,177	2.1%
당기제품제조원가	78,000,000	83,834,400	90,105,213	96,845,083	104,089,095	111,874,960	41.1%
기말제품재고액	5,000,000	5,374,000	5,775,975	6,208,018	6,672,378	7,171,472	2.6%
3. 매출총이익	102,000,000	109,629,600	117,829,894	126,643,570	136,116,509	146,298,024	53.7%
4. 판매비및관리비	77,500,000	83,297,000	89,527,616	96,224,281	103,421,857	111,157,812	40.8%
직원급여	40,000,000	42,992,000	46,207,802	49,664,145	53,379,023	57,371,774	21.1%
복리후생비	10,000,000	10,748,000	11,551,950	12,416,036	13,344,756	14,342,944	5.3%
여비교통비	4,000,000	4,299,200	4,620,780	4,966,415	5,337,902	5,737,177	2.1%
접대비	9,000,000	9,673,200	10,396,755	11,174,433	12,010,280	12,908,649	4.7%
통신비	4,000,000	4,299,200	4,620,780	4,966,415	5,337,902	5,737,177	2.1%
세금과공과금	5,000,000	5,374,000	5,775,975	6,208,018	6,672,378	7,171,472	2.6%
보험료	2,000,000	2,149,600	2,310,390	2,483,207	2,668,951	2,868,589	1.1%
소모품비	3,000,000	3,224,400	3,465,585	3,724,811	4,003,427	4,302,883	1.6%
대손상각비	500,000	537,400	577,598	620,802	667,238	717,147	0.3%
5. 영업이익	24,500,000	26,332,600	28,302,278	30,419,289	32,694,652	35,140,212	12.9%
6. 영업외이익	1,400,000	1,504,720	1,617,273	1,738,245	1,868,266	2,008,012	0.7%
이자수익	1,400,000	1,504,720	1,617,273	1,738,245	1,868,266	2,008,012	0.7%
7. 영업외비용	1,400,000	1,504,720	1,617,273	1,738,245	1,868,266	2,008,012	0.7%
이자비용	1,400,000	1,504,720	1,617,273	1,738,245	1,868,266	2,008,012	0.7%
8. 법인세비용차감전순이익	24,500,000	26,332,600	28,302,278	30,419,289	32,694,652	35,140,212	12.9%
9. 법인세비용등	500,000	537,400	577,598	620,802	667,238	717,147	0.3%
법인세비용등	500,000	537,400	577,598	620,802	667,238	717,147	0.3%
10. 당기순이익	24,000,000	25,795,200	27,724,681	29,798,487	32,027,414	34,423,064	12.6%

다) 추정이익잉여금처분계산서

2022~2027년 추정이익잉여금처분계산서는 2022~2027년 추정손익계산서를 바탕으로 작성한다. 2022년 ㈜커피파라다이스의 전기이월미처분이익잉여금이 49,700,000원이고 이익준비금이 3,000,000원이라고 하면 2022년 ㈜커피파라다이스의 추정이익잉여금처분계산서는 [표 7-18] 추정손익계산서의 당기순이익 24,000,000원을 고려하여 [표 7-19] 추정이익잉여금처분계산서와 같이 작성된다.

| 표 7-19 | 추정이익잉여금처분계산서 작성양식

회사명: ㈜커피파라다이스 (단위: 원)

과목	2022		2023	2024	2025	2026	2027
1. 미처분이익잉여금		73,700,000					
1) 전기이월미처분이익잉여금	49,700,000						
2) 회계변경의 누적효과							
3) 전기오류수정이익							
4) 전기오류수정손실							
5) 중간배당금							
6) 당기순이익	24,000,000						
2. 임의적립금 등의 이입액							
합계		73,700,000					
3. 이익잉여금처분액		3,000,000					
1) 이익준비금	3,000,000						
2) 기타법정적립금							
3) 주식할인발행차금상각액							
4) 배당금							
(1) 현금배당							
(2) 주식배당							
5) 사업확장적립금							
6) 감채적립금							
4. 차기이월미처분이익잉여금		70,700,000					

2023~2027년 추정이익잉여금처분계산서는 2023~2027년 추정손익계산서를 바탕으로 작성한다. 2023~2027년 ㈜커피파라다이스의 이익준비금이 3,000,000원이라고 하면 2023~2027년 ㈜커피파라다이스의 추정이익잉여금처분계산서는 [표 7-20]과 같이 작성된다.

▍표 7-20 ▍추정이익잉여금처분계산서

회사명: ㈜커피파라다이스 (단위: 원)

과목	2022		2023	2024	2025	2026	2027
1. 미처분이익잉여금		73,700,000	96,495,200	121,219,881	148,018,368	177,045,782	208,468,846
1) 전기이월미처분이익잉여금	49,700,000		70,700,000	93,495,200	118,219,881	145,018,368	174,045,782
2) 회계변경의 누적효과							
3) 전기오류수정이익							
4) 전기오류수정손실							
5) 중간배당금							
6) 당기순이익	24,000,000		25,795,200	27,724,681	29,798,487	32,027,414	34,423,064
2. 임의적립금 등의 이입액							
합계		73,700,000	96,495,200	121,219,881	148,018,368	177,045,782	208,468,846
3. 이익잉여금처분액		3,000,000	3,000,000	3,000,000	3,000,000	3,000,000	3,000,000
1) 이익준비금	3,000,000		3,000,000	3,000,000	3,000,000	3,000,000	3,000,000
2) 기타법정적립금							
3) 주식할인발행차금상각액							
4) 배당금							
(1) 현금배당							
(2) 주식배당							
5) 사업확장적립금							
6) 감채적립금							
4. 차기이월미처분이익잉여금		70,700,000	93,495,200	118,219,881	145,018,368	174,045,782	205,468,846

라) 추정재무상태표

2022년 추정재무상태표는 2022년 1월 1일 기초재무상태표를 기반으로 작성한다. 2022년 1월 1일 기초재무상태표는 창업시 재무상태표로서 ㈜커피파라다이스가 창업시 필요한 소요자금을 산정하여 주식발행을 통하여 자금을 조달한다는 가정하에 작성한다. 2022년 12월 31일 기준 기말재무상태표는 한국은행 "2020년 기업경영분석(2021.11) 음식점 및 주점" 재무분석 지표를 참고하여 작성한다. 예를 들면, 2017~2020년 한국은행 기업경영분석 "음식점 및 주점업" 성장성에 관한 지표 중 총자산증가율을 참고하여 총자산을 추정한다. 한국은행 기업경영분석 총자산증가율은 2017년 7.71%, 2018년 7.91%, 2019년 13.27%로 2017~2019년 3년 동안 평균증가율은 9.63%이다. 2020년 전 세계적으로 코로나19 팬데믹으로 모든 기업의 매출액이 급감하는 특이한 현상이 발생하였다. 따라서 추정재무상태표를 산정하는 데 적용하는 평균총자산증가율을 2017~2019년 3년 동안 평균증가율은 9.63%를 적용하여 산정한다. 그러나 코로나19 팬데믹과 같은 예상치 못한 영향력을 고려한다면 2017~2020년 4년 동안 총자산 평균증가율인 9.09%를 적용하여 총자산을 추정한 후 추정재무상태표를 작성할 수 있다. 2023~2027년 추정재무상태표는 2022년 총자산 대비 다른 계정과목의 비중이 매년 동일하게 적용된다는 가정하에 작성한다.

표 7-21 | 한국은행 기업경영분석 음식점 및 주점업 성장성에 관한 지표

(단위: %)

Code No.	내역	2017	2018	2019	2020	2017~2019 평균증가율	2017~2020 평균증가율
501	총자산증가율	7.71	7.91	13.27	7.48	9.63	9.09
502	유형자산증가율	5.78	5.40	13.70	6.03	8.29	7.73
503	유동자산증가율	9.55	11.03	19.38	10.02	13.32	12.50
504	재고자산증가율	5.79	15.27	7.94	-1.91	9.67	6.77
505	자기자본증가율	4.87	8.29	4.05	-5.33	5.74	2.97
506	매출액증가율	7.40	8.36	6.67	-8.45	7.48	3.50

자료: 한국은행, 기업경영분석, 2017~2020.

표 7-22 추정재무상태표 작성양식

회사명: ㈜커피파라다이스 (단위: 원)

과목	2022		2023	2024	2025	2026	2027
자산							
1. 유동자산		133,700,000					
(1) 당좌자산		121,700,000					
현금		51,750,000					
당좌예금		30,000,000					
보통예금		28,000,000					
외상매출금	5,000,000						
대손충당금	50,000	4,950,000					
받을어음	7,000,000	7,000,000					
(2) 재고자산		12,000,000					
상품		4,000,000					
제품		5,000,000					
원재료		2,000,000					
재공품		1,000,000					
2. 비유동자산		352,000,000					
(1) 투자자산							
(2) 유형자산		335,000,000					
토지		290,000,000					
기계장치	20,000,000						
감가상각누계액	4,000,000	16,000,000					
차량운반구	29,000,000						
감가상각누계액	2,500,000	26,500,000					
비품	3,000,000						
감가상각누계액	500,000	2,500,000					
(3) 무형자산		6,000,000					
개발비	6,000,000						
(4) 기타비유동자산		11,000,000					
임차보증금	11,000,000						
자산총계		485,700,000					
부채							
1. 유동부채		30,000,000					
외상매입금	13,000,000						
미지급금	17,000,000						
2. 비유동부채		41,000,000					
퇴직급여충당부채	41,000,000						
부채총계		71,000,000					
자본							
1. 자본금		300,000,000					
자본금	300,000,000						
2. 자본잉여금		32,000,000					
주식발행초과금	32,000,000						
3. 자본조정		1,000,000					
주식할인발행차금	1,000,000						
4. 기타포괄손익누계액		10,000,000					
매도가능증권평가익	10,000,000						
5. 이익잉여금		73,700,000					
이익준비금	3,000,000						
미처분이익잉여금	70,700,000						
자본총계		414,700,000					
부채및자본총계		485,700,000					

▎표 7-23 ▎추정재무상태표

회사명: ㈜커피파라다이스 (단위: 원)

과목	2022		2023	2024	2025	2026	2027	2022년 구성비
자산								
1. 유동자산		133,700,000	146,575,310	160,690,512	176,165,009	193,129,699	211,728,089	27.5%
(1) 당좌자산		121,700,000	133,419,710	146,268,028	160,353,639	175,795,695	192,724,820	25.1%
현금		51,750,000	56,733,525	62,196,963	68,186,531	74,752,894	81,951,598	10.7%
당좌예금		30,000,000	32,889,000	36,056,211	39,528,424	43,335,011	47,508,173	6.2%
보통예금		28,000,000	30,696,400	33,652,463	36,893,196	40,446,010	44,340,961	5.8%
외상매출금	5,000,000							
대손충당금	50,000	4,950,000	5,426,685	5,949,275	6,522,190	7,150,277	7,838,848	1.0%
받을어음	7,000,000	7,000,000	7,674,100	8,413,116	9,223,299	10,111,503	11,085,240	1.4%
(2) 재고자산		12,000,000	13,155,600	14,422,484	15,811,370	17,334,004	19,003,269	2.5%
상품		4,000,000	4,385,200	4,807,495	5,270,457	5,778,001	6,334,423	0.8%
제품		5,000,000	5,481,500	6,009,368	6,588,071	7,222,502	7,918,029	1.0%
원재료		2,000,000	2,192,600	2,403,747	2,635,228	2,889,001	3,167,212	0.4%
재공품		1,000,000	1,096,300	1,201,874	1,317,614	1,444,500	1,583,606	0.2%
2. 비유동자산		352,000,000	385,897,600	423,059,539	463,800,172	508,464,129	557,429,225	72.5%
(1) 투자자산								
(2) 유형자산		335,000,000	367,260,500	402,627,686	441,400,732	483,907,623	530,507,927	69.0%
토지		290,000,000	317,927,000	348,543,370	382,108,097	418,905,106	459,245,668	59.7%
기계장치	20,000,000							
감가상각누계액	4,000,000	16,000,000	17,540,800	19,229,979	21,081,826	23,112,006	25,337,692	3.3%
차량운반구	29,000,000							
감가상각누계액	2,500,000	26,500,000	29,051,950	31,849,653	34,916,774	38,279,260	41,965,552	5.5%
비품	3,000,000							
감가상각누계액	500,000	2,500,000	2,740,750	3,004,684	3,294,035	3,611,251	3,959,014	0.5%
(3) 무형자산		6,000,000	6,577,800	7,211,242	7,905,685	8,667,002	9,501,635	1.2%
개발비	6,000,000							
(4) 기타비유동자산		11,000,000	12,059,300	13,220,611	14,493,755	15,889,504	17,419,663	2.3%
임차보증금	11,000,000							
자산총계		485,700,000	532,472,910	583,750,051	639,965,181	701,593,828	769,157,314	100.0%
부채								
1. 유동부채		30,000,000	32,889,000	36,056,211	39,528,424	43,335,011	47,508,173	6.2%
외상매입금	13,000,000							
미지급금	17,000,000							
2. 비유동부채		41,000,000	44,948,300	49,276,821	54,022,179	59,224,515	64,927,836	8.4%
퇴직급여충당부채	41,000,000							
부채총계		71,000,000	77,837,300	85,333,032	93,550,603	102,559,526	112,436,008	14.6%
자본								
1. 자본금		300,000,000	328,890,000	360,562,107	395,284,238	433,350,110	475,081,726	61.8%
자본금	300,000,000							
2. 자본잉여금		32,000,000	35,081,600	38,459,958	42,163,652	46,224,012	50,675,384	6.6%
주식발행초과금	32,000,000							
3. 자본조정		1,000,000	1,096,300	1,201,874	1,317,614	1,444,500	1,583,606	0.2%
주식할인발행차금	1,000,000							
4. 기타포괄손익누계액		10,000,000	10,963,000	12,018,737	13,176,141	14,445,004	15,836,058	2.1%
매도가능증권평가익	10,000,000							
5. 이익잉여금		73,700,000	80,797,310	88,578,091	97,108,161	106,459,677	116,711,744	15.2%
이익준비금	3,000,000							
미처분이익잉여금	70,700,000							
자본총계		414,700,000	454,635,610	498,417,019	546,414,578	599,034,302	656,721,305	85.4%
부채및자본총계		485,700,000	532,472,910	583,750,051	639,965,181	701,593,828	769,157,314	100.0%

사. 사업타당성 분석

사업타당성 분석에서는 사업타당성 분석, 사업 투자안의 경제성 분석을 수행한다.

사업타당성 분석은 기술타당성 분석, 시장성 분석, 수익성 분석을 종합적으로 평가한다.

사업 투자안의 경제성 분석에서는 창업 투자 대상안에 대하여 회수기간법, 회계적이익률법, 순현가법, 내부수익률법 등의 방법을 이용하여 사업타당성 여부를 분석한다.

아. 사업 추진일정

사업 추진일정에서는 기업 설립과 경영 일정에 대하여 기술한다.

3. 소자본 창업 사업계획서 작성

가. 소자본 창업 사업계획서의 구성

소자본 창업 사업계획서는 목차, 요약, 회사소개, 환경분석, 경영계획, 재무계획, 사업타당성 분석, 사업 추진일정으로 나누어서 작성한다.

나. 목차

소자본 창업 사업계획서의 목차는 요약, 회사소개, 환경분석, 경영계획, 재무계획, 사업타당성 분석, 사업 추진일정 순으로 구성한다.

| 표 7-24 | 소자본 창업 사업계획서의 목차

〈목차〉	
요약 Ⅰ. 회사소개 1. 회사개요 2. 창업자개요 3. 창업동기 4. 기대효과 Ⅱ. 환경분석 1. 내부환경분석 2. 외부환경분석 Ⅲ. 경영계획 1. 인적자원관리 가. 조직도 나. 인력현황 2. 재무관리 가. 자금조달 나. 자금운용 3. 생산운영관리 가. 기술현황 및 기술개발 1) 제품(서비스) 현황 2) 기술 현황 3) 기술개발 계획 나. 생산현황 및 생산투자 1) 생산시설 현황 2) 원 · 부자재 조달계획 3) 생산시설 투자계획	4. 마케팅관리 가. 시장현황 나. 경쟁업체 현황 다. 제품(서비스)의 시장성 분석 라. 마케팅전략 5. 회계 · 세무관리 가. 회계관리 계획 나. 세무관리 계획 6. 경영정보시스템 관리 7. 경영전략 Ⅳ. 재무계획 1. 소요자금 계획 2. 자금조달 계획 3. 추정재무제표 가. 추정재무상태표 나. 추정손익계산서 다. 추정제조원가명세서 Ⅴ. 사업타당성 분석 1. 사업타당성 분석 2. 사업 투자안의 경세성 분석 Ⅵ. 사업 추진일정

요약 & 결론

창업 사업계획서는 창업아이템 선정, 창업타당성 분석 후 창업기업의 사업계획을 기록한 서류를 말한다. 창업 사업계획서는 창업기업 사업의 실현을 위한 구체적인 활동계획서이다. 창업 사업계획서는 사업타당성을 검증하고 사업의 장점과 단점을 파악한다. 창업 사업계획서는 창업시 발생가능한 위험요소를 사전에 점검하고 대비하는 데 중요한 역할을 한다. 창업 사업계획서는 사업 착수 당시에 미처 예측하지 못한 주요 문제점들을 검토할 수 있는 기회를 제공한다.

창업 사업계획서는 목차, 요약, 회사소개, 환경분석, 경영계획, 재무계획, 사업타당성 분석, 사업 추진일정으로 나누어서 작성한다. 첫째, 목차는 사업계획서의 전체 내용을 간략하게 파악할 수 있도록 작성한다. 둘째, 사업계획서의 첫 부분에는 요약을 담아야 한다. 셋째, 회사소개에서는 회사개요, 창업자개요, 창업동기, 기대효과 등을 기술한다. 넷째, 환경분석에서는 내부환경분석과 외부환경분석을 기술한다. 내부환경분석에서는 사업구조분석, 경쟁우위분석, 내부능력 종합분석을 실시한다. 내부환경분석은 창업기업의 내부역량분석으로 창업기업의 강점과 약점을 기술한다. 외부환경분석에서는 창업기업의 거시환경분석, 산업환경분석, 경영 패러다임의 변화를 기술한다. 산업분석에서는 산업동향, 경쟁자분석, 산업구조분석, 사업 성공요인분석을 실시한다. 외부환경분석의 결과로 기회요인과 위협요인을 기술한다.

경쟁자분석에 가장 많이 사용하는 모형은 마이클 포터(Michael Porter)의 다섯 경쟁세력모형(Five Forces Model)이다. 경쟁세력모형이란 다섯 경쟁세력들이 그 산업 내의 경쟁강도를 결정하며, 이러한 세력들의 총체적인 힘이 그 산업에서 기대할 수 있는 궁극적으로 이윤잠재력을 결정짓는다는 모형이다.

경영계획에서는 기업을 창업한 후 성공적인 창업을 위하여 인적자원관리, 재무관리, 생산운영관리, 마케팅, 회계관리, 세무관리, 경영정보시스템관리, 경영전략 계획을 수립한다.

재무계획에서는 기업 설립에 필요한 소요자금 계획, 자금조달 계획과 추정재무제표 작성을 한다. 소요자금 계획에서는 기업 설립에 필요한 소요자금을 시설자금과 운전자금으로 나누어서 추정한다. 추정재무제표에서는 추정제조원가명세서, 추정손익계산서, 추정재무상태표를 작성한다. 그리고 예상되는 현금흐름을 제시해야 한다.

창업에 필요한 소요자금은 소요자금 계획표에 시설자금과 운전자금별로 산정한다. 시설자금은 토지, 건물, 기계장치, 차량운반구, 비품, 인테리어비, 임차보증금, 가맹비, 회사설립비용 등 창업기업의 업종별로 필요한 항목별 필요자금을 산출근거에 의하여 산정한다. 운전자금은 재료비, 노무비, 경비, 판매비및관리비 등 창업기업의 업종별로 필요한 항목별 필요자금을 산출근거에 의하여 산정한다.

창업자금조달은 창업기업의 유형이 개인기업 또는 법인기업에 따라 결정한다. 개인기업의 창업자금은 창업자 개인보유자금, 금융기관의 차입자금, 일반대상 차입자금, 정책자금 등으로 조달한다. 법인기업의 대표적인 유형인 주식회사의 창업자금은 주식발행을 통하여 자본을 조달하고 회사채 발행을 통하여 부채를 조달한다. 주식회사에서도 금융기관의 차입금, 정책자금 등을 통하여 자금을 조달할 수 있다.

추정재무제표는 추정제조원가명세서, 추정손익계산서, 추정재무상태표를 작성한다. 창업시 추정제조원가명세서 구조를 살펴보면 다음과 같다. 원재료비는 기초원재료재고액에 당기원재료매입액을 더하고 기말원재료재고액을 차감하여 산출한다. 노무비는 제품 생산에 투입된 임금을 합산하여 산출한다. 경비는 제조부문의 복리후생비, 가스수도료, 전력비, 세금과공과금, 감가상각비, 수선비, 보험료, 차량유지비, 소모품비를 합산하여 산출한다. 원재료비, 노무비, 경비를 합산하여 당기총제조비용을 산출한다. 기초재공품재고액에 당기총제조비용을 더하고 기말재공품재고액을 차감하고 타계정으로 대체액을 차감하여 당기제품제조원가를 산출한다. 당기제품제조원가는 손익계산서 제품매출원가를 산출하는 데 사용된다.

창업시 추정손익계산서 구조를 살펴보면 다음과 같다. 매출액은 상품매출액에 제품매출액을 합산하여 산출한다. 매출원가는 상품매출원가에 제품매출원가를 합산하여 산출한다. 상품매출원가는 기초상품재고액에 당기상품매입액을 더하고 기말상품재고액을 차감하여 산출한다. 제품매출원가는 기초제품재고액에 당기제품제조원가를 더하고 기말제품재고액을 차감하여 산출한다. 판매비및관리비는 직원급여, 복리후생비, 여비교통비, 접대비, 통신비, 세금과공과금, 보험료, 소모품비, 대손상각비를 합산하여 산출한다. 영업이익은 매출총이익에서 판매비및관리비를 차감하여 산출한다. 법인세비용차감전순이익은 영업이익에서 영업외수익을 더하고 영업외비용을 차감하여 산출한다. 당기순이익은 법인세비용차감전순이익에서 법인세비용 등을 차감하여 산출한다. 당기순이익은 이익잉여금처분계산서 미처분이익잉여금을 산출하는 데 사용된다.

사업타당성 분석에서는 사업타당성 분석, 사업 투자안의 경제성 분석을 수행한다.

사업타당성 분석은 기술타당성 분석, 시장성 분석, 수익성 분석을 종합적으로 평가한다.

사업 투자안의 경제성 분석에서는 창업 투자 대상안에 대하여 회수기간법, 회계적이익률법, 순현가법, 내부수익률법 등의 방법을 이용하여 사업타당성 여부를 분석한다.

사업 추진일정에서는 기업 설립과 경영 일정에 대하여 기술한다.

소자본 창업 사업계획서는 목차, 요약, 회사소개, 환경분석, 경영계획, 재무계획, 사업타당성 분석, 사업 추진일정으로 나누어서 작성한다.

Successful Startup 7

마윈의 창업 성공요인

중국의 마윈은 전 세계의 이목을 집중시키는 중국 전자상거래기업 알리바바의 CEO이다. 그는 월급 1만 5천원의 영어강사에서 중국 최고 부호로 거듭난 인물이기도 하다. 2014년 9월, 뉴욕 증시 상장에 성공시키면서, 같은 해 12월 발표된 순위에서 총자산 286억 달러, 즉 28조원으로 아시아 최고의 부자로 등극했다. 마윈의 창업 성공요인을 살펴보면 다음과 같다

마윈은 성장, 끈기, 창업, 기회, 경영, 리더, 관리, 혁신, 경쟁, 전략, 투자, 생활을 인생성공의 12가지로 제시하고 있다.

표 7-25 | 마윈의 창업 성공요인

1. 성장
2. 끈기
3. 창업의 정신
4. 기회에 집중
5. 경영의 사명감("자기가 하고 있는 일에 확신을 가져라")
6. 리더
7. 관리
8. 혁신
9. 경쟁
10. 전략
11. 투자
12. 생활

8장 창업기업의 설립

1절 기업의 의의

기업은 정부가 경영권을 가지고 있는 공기업과 민간이 경영권을 가진 사기업으로 나눌 수 있다. 사기업은 영리기업과 비영리기업으로 나눌 수 있다.

상법상 기업의 형태에는 개인기업과 법인기업이 있다. 법인기업에는 합명회사, 합자회사, 유한회사, 주식회사가 있다. 개인기업은 개인이 출자하여 기업을 지배하는 기업유형으로서 출자자인 기업가가 경영상의 모든 위험과 손실을 직접 책임지고, 이윤도 단독으로 획득하는 기업이다. 합명회사는 소수공동기업으로서 2인 이상의 사원이 공동으로 출자하고 회사의 채무에 대하여 무한연대 책임을 지면서 직접 회사경영에 참여하는 대표적인 인적기업이다. 합자회사는 경영능력이 있는 사람과 자본이 있는 사람이 결합하여 사업하는 소수공동기업이다. 유한회사는 출자자에 대한 무한책임의 부담을 없애고 가족기업과 같은 적당한 규모의 기업으로서 유지 · 성장할 수 있도록 창안된 기업형태이다. 주식회사는 주주의 유한책임제도와 자본의 증권화를 통하여 자본과 경영이 분리되는 다수공동기업의 형태를 말한다.

| 표 8-1 | 기업의 형태 및 목적

구분		형태	목적
공기업		정부투자기관, 정부출자기관	공공성 · 수익성
사기업	영리기업	합명회사, 합자회사, 유한회사, 주식회사	수익성
	비영리기업	재단법인(학교, 병원 등), 사단법인(연구소, 학회 등)	특정 목적의 달성

| 표 8-2 | 개인기업 및 법인기업

구분		특징
개인기업		• 개인이 출자하여 기업을 지배하는 기업유형 • 출자자인 기업가가 경영상의 모든 위험과 손실을 직접 책임지고, 이윤도 단독으로 획득하는 기업
법인기업	합명회사	• 소수공동기업으로서 2인 이상의 사원이 공동으로 출자하고 회사의 채무에 대하여 무한연대 책임을 지면서 직접 회사경영에 참여하는 대표적인 인적기업
	합자회사	• 경영능력이 있는 사람과 자본이 있는 사람이 결합하여 사업하는 소수공동기업
	유한회사	• 출자자에 대한 무한책임의 부담을 없애고 가족기업과 같은 적당한 규모의 기업으로서 유지 · 성장할 수 있도록 창안된 기업형태
	주식회사	• 주주의 유한책임제도와 자본의 증권화를 통하여 자본과 경영이 분리되는 다수공동기업

| 표 8-3 | 법인기업의 유형

구분	합명회사	합자회사	유한회사	주식회사
특징	인적회사	인적회사	물적회사	물적회사
책임범위	무한	무한 또는 유한	유한	유한
발기인수	무한책임 2인 이상	무한책임 1인 이상 유한책임 1인 이상	유한책임 1인 이상	유한책임 1인 이상
출자	금전 또는 현물, 노무	금전 또는 현물, 무한책임사원은 노무	금전 또는 현물	금전 또는 현물
출자단위	출자한도 없음	출자한도 없음	1좌 100원 이상 (최저 출자금 폐지)	1주 100원 이상 (최저 자본금 폐지)

정관공증	불필요	불필요	필요	필요(10억원 미만 불필요)
기관	무한책임사원	무한책임사원	이사회	이사회(이사 3인 이상) (10억원 미만 1~2인)
감사			임의	필수(1인 이상) (10억원 미만 임의)
기업변경	합자회사로 변경가능	합명회사로 변경가능	주식회사로 변경가능	유한회사로 변경가능

2절 창업기업의 설립

창업기업의 설립이란 사업을 영위하기 위해 개인기업이나 법인기업을 새로이 설립하는 것을 말한다.

1. 개인기업의 설립

가. 개인기업 설립의 의의

개인기업은 별도의 회사설립 절차 없이 관할 세무서에 사업자등록신청만으로 설립이 가능하다. 개인기업은 설립 절차가 비교적 쉽고 간단하여 소규모 자본으로 사업을 하기에 적합한 기업이다. 개인기업 설립시 인·허가 등록 등을 요하는 경우 추가적인 인·허가 등록 절차가 필요하다.

개인기업은 기업경영상 채무에 대해 무한책임을 진다. 개인기업은 채무에 대하여 개인재산까지 처분, 변제할 책임이 있다.

개인기업은 법인기업에 비하여 자금조달능력에 한계가 있고, 기업공신력이 낮다. 개인기업은 행정 및 회계처리가 법인사업자에 비해 단순하다.

개인기업은 설립시 등기가 불필요하며, 기업규모가 확대되어도 외부회계감사 적용을 하지 않는다.

개인기업은 부가가치세 신고시 6개월 단위로 제1기, 제2기 연 2회 신고를 원칙으로 한다. 개인기업은 일정 수입금액 미만시 간이과세 적용이 가능하며(2022년 기준 직전년도 수입금액이 8,000만원 미만인 개인사업자), 면세사업자는 사업장 현황신고를 하면 된다.

개인기업은 업종별 일정 수입금액 이상시 성실신고 확인제도를 적용할 수 있다. 복식부기대상자 등은 사업용 계좌개설 및 신고 의무가 있다.

개인기업은 기업자금의 개인적 용도 사용이 가능하며, 기업이윤 전부는 기업주에게 귀속된다. 부가가치법상 전년도 수입금액이 2억원 이상시 재화 또는 용역을 공급할 때 전자세금계산서를 의무적으로 발행하여야 한다.

개인기업은 대표자를 변경하는 경우 폐업 후 재등록을 필요로 한다.

표 8-4 | 개인기업의 세무 특징

- 종합소득세 초과누진세율 적용(6~45%)
- 대표자 급여 및 퇴직금 처리 불가
- 종합소득(사업소득) 처리
- 성실사업자를 제외하고 보험료, 의료비, 교육비 등 지출액 공제 불가

나. 개인기업의 사업자등록

사업상 독립적으로 재화 또는 용역을 공급하는 사업자는 사업자등록을 하여야 한다. 사업자는 사업장마다 사업개시일부터 20일 이내에 사업장 관할 세무서장에게 사업자등록을 신청하여야 한다. 신규로 사업을 시작하려는 사람은 사업개시일 이전이라도 사업자등록을 신청할 수 있다.

다. 사업자등록 신청 절차(부가가치세법 제8조)

사업자등록은 사업장마다 하여야 한다. '사업자단위과세자'가 아닌 경우는 사업장이 여럿이면 각각의 사업장마다 별도로 사업자등록을 하여야 한다.

사업자등록은 사업개시 전 또는 사업을 시작한 날로부터 20일 이내에 구비서류를 갖추어 관할 세무서 또는 가까운 세무서 민원봉사실에 신청하여야 한다. 사업자등록신청서는 사업자 본인이 자필로 서명하여야 한다. 대리인이 신청할 경우 대리인과 위임자의 신분증을 필히 지참하여야 하며 사업자등록신청서에 사업자 본인 및 대리인 모두 인적사항을 기재하고 자필 서명하여야 한다. 2인 이상의 사업자가 공동사업을 하는 경우 사업자등록신청은 공동사업자 중 1인을 대표자로 하여 대표자 명의로 신청해야 한다.

사업자등록은 홈택스에 가입되어 있고 공인인증서가 있으면 세무서에 방문하지 않고 인터넷을 통하여 사업자등록신청 및 구비서류 전자제출이 가능하며 사업자등록이 완료되면 사업자등록증 발급도 가능하다.

라. 간이과세자와 일반과세자의 구분

개인사업자는 공급대가에 따라 간이과세자와 일반과세자로 구분되므로 자기에게 맞는 올바른 과세유형을 선택하여야 한다. 간이과세자는 연간 공급대가 예상액이 8,000만원 미만인 개인사업자이다. 다만, 다음의 사업자는 연간 공급대가 예상액이 8,000만원 미만이라도 간이과세를 적용받을 수 없다. 즉, 광업, 제조업(과자점, 떡방앗간, 양복 · 양장 · 양화점은 가능), 도매업(소매업 겸업시 도 · 소매업 전체), 부동산매매업, 시 이상 지역의 과세유흥장소, 전문직사업자(변호사, 신판변론인, 변리사, 법무사, 공인회계사, 세무사, 경영지도사, 기술지도자, 감정평가사, 손해사정인업, 통관업, 기술사, 건축사, 도선사, 측량사업, 공인노무사업, 약사업, 한약사업, 수의사업 등), 국세청장이 정한 간이과세 배제기준에 해당되는 사업자, 현재 일반과세자로 사업을 하고 있는 자가 새로이 사업자등록을 낸 경우(다만, 개인택시, 용달, 이 · 미용업은 간이과세 적용가능), 일반과세자로부터 포괄양수 받은 사업의 사업자는 간이과세를 적용받을 수 없다.

마. 사업자단위과세 제도

동일한 사업자에게 2 이상의 사업장이 있는 경우로서 해당 사업자의 본점 등을 관할하는 세무서장에게 사업자단위과세자로 등록한 사업자는 그 사업자의 본점 등에서 총괄하여 신고납부가능하다. 본점 또는 주사무소를 포함하여 2 이상의 사업장을 신규로 개설하면서 사업자단위과세를 적용받고자 하는 경우 사업개시일로부터 20일 이내에 본점 또는 주사무소 관할 세무서장에게 사업자등록신청서 신청시 등록하여야 한다. 기존사업자가 사업자단위과세를 적용받으려는 경우 과세기간 개시 20일 전까지 사업자단위과세 등록신청서를 제출하여 등록하여야 한다.

표 8-5 | 개인기업의 사업자등록 신청시 제출서류

1. 사업자등록신청서
2. 임대차계약서 사본(사업장을 임차한 경우)
3. 인 · 허가 등 사업을 영위하는 경우 허가 · 등록 · 신고증 사본
   허가(등록 · 신고) 전에 등록하는 경우 허가(등록) 신청서 등 사본 또는 사업계획서
4. 동업계약서(공동사업자인 경우)
5. 자금출처명세서(금지금 도 · 소매업, 액체 · 기체연료 도 · 소매업, 재사용 재료 수집 및 판매업, 과세유흥장소 영위자)

※ 재외국민 · 외국인 등의 경우(1~5는 공통)
재외국민등록부등본, 외국인등록증(또는 여권) 사본
사업장 내에 통상적으로 주재하지 않거나 6월 이상 국외체류시: 납세관리인설정신고서

▌표 8-6▌사업자등록신청서(개인사업자용)

■ 부가가치세법 시행규칙 [별지 제4호서식] 〈개정 2015.3.6.〉　　홈택스(www.hometax.go.kr)에서도 신청할 수 있습니다.

사업자등록신청서(개인사업자용)
(법인이 아닌 단체의 고유번호 신청서)

※ 사업자등록의 신청 내용은 영구히 관리되며, 납세 성실도를 검증하는 기초자료로 활용됩니다.
아래 해당 사항을 사실대로 작성하시기 바라며, 신청서에 본인이 자필로 서명해 주시기 바랍니다.
※ [ ]에는 해당되는 곳에 √표를 합니다.　　(앞쪽)

접수번호		처리기간	3일(보정기간은 불산입)

1. 인적사항

상호(단체명)		전화번호	(사업장)
성명(대표자)			(자택)
			(휴대전화)
주민등록번호		FAX번호	
사업장(단체) 소재지	층 호		

2. 사업장 현황

업종	주업태		주종목		주생산 요소		주업종 코드	개업일	종업원수
	부업태		부종목		부생산 요소		부업종 코드		

사이버몰 명칭		사이버몰 도메인	

사업장 구분	자가 면적	타가 면적	사업장을 빌려준 사람 (임대인)			임대차 명세		
			성명 (법인명)	사업자 등록번호	주민(법인) 등록번호	임대차 계약기간	(전세) 보증금	월세
	㎡	㎡				. . . ~ . . .	원	원

허가 등 사업 여부	[ ]신고 [ ]등록 [ ]허가 [ ]해당 없음	주류면허	면허번호	면허신청
				[ ]여 [ ]부
개별소비세 해당 여부	[ ]제조 [ ]판매 [ ]입장 [ ]유흥			
사업자금 명세 (전세보증금 포함)	자기자금 원	타인자금	원	
사업자단위과세 적용 신고 여부	[ ]여 [ ]부	간이과세 적용 신고 여부	[ ]여 [ ]부	
전자우편주소		국세청이 제공하는 국세정보 수신동의 여부	[ ]동의함 [ ]동의하지 않음	

그밖의 신청사항	확정일자 신청 여부	공동사업자 신청 여부	사업장소 외 송달장소 신청 여부	양도자의 사업자등록번호 (사업양수의 경우에만 해당함)
	[ ]여 [ ]부	[ ]여 [ ]부	[ ]여 [ ]부	

210mm×297mm[백상지 80g/㎡ 또는 중질지 80g/㎡]

(뒤쪽)

3. 사업자등록 신청 및 사업시 유의사항 (아래 사항을 반드시 읽고 확인하시기 바랍니다)

가. 다른 사람에게 사업자명의를 빌려주는 경우 사업과 관련된 각종 세금이 명의를 빌려준 사람에게 나오게 되어 다음과 같은 불이익이 있을 수 있습니다.

1) 조세의 회피 및 강제집행의 면탈을 목적으로 자신의 성명을 사용하여 타인에게 사업자등록을 할 것을 허락한 사람은 「조세범처벌법」 제11조 제2항에 따라 1년 이하의 징역 또는 1천만원 이하의 벌금에 처해집니다.

2) 소득이 늘어나 국민연금과 건강보험료를 더 낼 수 있습니다.

3) 명의를 빌려간 사람이 세금을 못 내게 되면 체납자가 되어 소유재산의 압류 · 공매처분, 체납명세의 금융회사 등 통보, 출국규제 등의 불이익을 받을 수 있습니다.

나. 다른 사람의 명의로 사업자등록을 하고 실제 사업을 하는 것으로 확인되는 경우 다음과 같은 불이익이 있습니다.

1) 조세의 회피 또는 강제집행의 면탈을 목적으로 타인의 성명을 사용하여 사업자등록을 한 사람은 「조세범처벌법」 제11조 제1항에 따라 2년 이하의 징역 또는 2천만원 이하의 벌금에 처해집니다.

2) 「부가가치세법」 제60조 제1항 제2호에 따라 사업개시일부터 실제 사업을 하는 것으로 확인되는 날의 직전일까지의 공급가액에 대하여 100분의 1에 해당하는 금액을 납부세액에 가산하여 납부해야 합니다.

3) 「주민등록법」 제37조 제10호에 따라 다른 사람의 주민등록번호를 부정하게 사용한 자는 3년 이하의 징역 또는 1천만원 이하의 벌금에 처해집니다.

다. 귀하가 실물거래 없이 세금계산서 또는 계산서를 발급하거나 발급받은 경우 또는 이와 같은 행위를 알선 · 중개한 경우에는 「조세범처벌법」 제10조 제3항 또는 제4항에 따라 해당 법인 및 대표자 또는 관련인은 3년 이하의 징역이나 공급가액 및 그 부가가치세액의 3배 이하에 상당하는 벌금에 처해집니다.

라. 신용카드 가맹 및 이용은 반드시 사업자 본인 명의로 해야 하며 사업상 결제목적 외의 용도로 신용카드를 이용할 경우 「여신전문금융업법」 제70조 제2항에 따라 3년 이하의 징역 또는 2천만원 이하의 벌금에 처해집니다.

대리인이 사업자등록신청을 하는 경우에는 아래의 **위임장을 작성하시기 바랍니다.**

위임장	본인은 사업자등록 신청과 관련한 모든 사항을 아래의 대리인에게 위임합니다. 본인: (서명 또는 인)			
대리인 인적사항	성명	주민등록번호	전화번호	신청인과의 관계

위에서 작성한 내용과 실제 사업자 및 사업내용 등이 일치함을 확인하며, 「부가가치세법」 제8조 제1항, 제61조 제3항, 같은 법 시행령 제11조 제1항 · 제2항, 제109조 제4항, 같은 법 시행규칙 제9조 제1항 · 제2항 및 「상가건물 임대차보호법」 제5조 제2항에 따라 사업자등록 ([ ]일반과세자 [ ]간이과세자 [ ]면세사업자 [ ]그 밖의 단체) 및 확정일자를 신청합니다.

년 월 일

신청인: (서명 또는 인)

위 대리인: (서명 또는 인)

세무서장 귀하

신고인 제출서류	1. 사업허가증 사본, 사업등록증 사본 또는 신고확인증 사본 중 1부(법령에 따라 허가를 받거나 등록 또는 신고를 해야 하는 사업의 경우에만 제출합니다) 2. 임대차계약서 사본(사업장을 임차한 경우에만 제출합니다) 1부 3. 「상가건물 임대차보호법」이 적용되는 상가건물의 일부분을 임차한 경우에는 해당 부분의 도면 1부 4. 자금출처명세서(금지금 도 · 소매업, 액체연료 및 관련제품 도매업, 기체연료 및 관련제품 도매업, 차량용 주유소 운영업, 차량용 가스 충전업, 가정용 액체연료 소매업, 가정용 가스연료 소매업, 재생용 재료 수집 및 판매업 및 과세유흥장소에서 영업을 하려는 경우에만 제출합니다) 1부	수수료 없음

유의사항

사업자등록을 신청할 때 다음과 같은 사유에 해당하는 경우 붙임의 서식 부표에 추가로 적습니다.

① 공동사업자에 해당하는 경우
② 종업원을 1명 이상 고용한 경우
③ 사업장 외의 장소에서 서류를 송달받으려는 경우
④ 사업자단위과세 적용을 신청한 경우(2010년 이후부터 적용)

■ 부가가치세법 시행규칙 [별지 제4호서식 부표 1]

[ ] 공동사업자 명세
[ ] 종업원 현황
[ ] 서류를 송달받을 장소

※ [ ]에는 해당되는 곳에 √표를 합니다.

1. 인적사항

상호(단체명)	
성명(대표자)	
주민등록번호	
사업장(단체) 소재지	

2. 공동사업자 명세

출자금	원			성립일			
성명	주민등록번호	지분율	관계	성명	주민등록번호	지분율	관계

3. 종업원 현황

번호	성명	주민등록번호	비고

4. 서류를 송달받을 장소

「국세기본법」 제9조 및 같은 법 시행령 제5조에 따라 사업장 외의 다음 장소에서 서류를 송달받고자 합니다.

송달받을 장소	주소
	전화번호
사유	

210mm×297mm[백상지 80g/m²(재활용품)]

■ 부가가치세법 시행규칙 [별지 제4호서식 부표 2] 〈개정 2015.3.6.〉

사업자단위과세사업자의 종된 사업장 명세서(개인사업자용)

※ [ ]에는 해당되는 곳에 √표를 합니다.

<table>
<tr><td rowspan="5">종된
사업장
일련번호
(　　)</td><td colspan="3">상호</td><td colspan="2">사업장 소재지</td><td>종된 사업장
개설일</td><td rowspan="2">업종</td><td>주업태</td><td>주종목</td><td>업종코드</td></tr>
<tr><td colspan="3"></td><td colspan="2">층 호</td><td></td><td>부업태</td><td>부종목</td><td>업종코드</td></tr>
<tr><td rowspan="2">확정
일자
신청</td><td rowspan="2">도면
첨부</td><td rowspan="2">자가
면적</td><td rowspan="2">타가
면적</td><td colspan="3">사업장을 빌려준 사람 (임대인)</td><td colspan="3">임대차명세</td></tr>
<tr><td>성명
(법인명)</td><td>사업자
등록번호</td><td>주민(법인)
등록번호</td><td>임대차
계약기간</td><td>(전세)
보증금</td><td>월세</td></tr>
<tr><td>여[ ]
부[ ]</td><td>여[ ]
부[ ]</td><td>㎡</td><td>㎡</td><td></td><td></td><td></td><td></td><td>원</td><td>원</td></tr>
</table>

<table>
<tr><td rowspan="5">종된
사업장
일련번호
(　　)</td><td colspan="3">상호</td><td colspan="2">사업장 소재지</td><td>종된 사업장
개설일</td><td rowspan="2">업종</td><td>주업태</td><td>주종목</td><td>업종코드</td></tr>
<tr><td colspan="3"></td><td colspan="2">층 호</td><td></td><td>부업태</td><td>부종목</td><td>업종코드</td></tr>
<tr><td rowspan="2">확정
일자
신청</td><td rowspan="2">도면
첨부</td><td rowspan="2">자가
면적</td><td rowspan="2">타가
면적</td><td colspan="3">사업장을 빌려준 사람 (임대인)</td><td colspan="3">임대차명세</td></tr>
<tr><td>성명
(법인명)</td><td>사업자
등록번호</td><td>주민(법인)
등록번호</td><td>임대차
계약기간</td><td>(전세)
보증금</td><td>월세</td></tr>
<tr><td>여[ ]
부[ ]</td><td>여[ ]
부[ ]</td><td>㎡</td><td>㎡</td><td></td><td></td><td></td><td></td><td>원</td><td>원</td></tr>
</table>

<table>
<tr><td rowspan="5">종된
사업장
일련번호
(　　)</td><td colspan="3">상호</td><td colspan="2">사업장 소재지</td><td>종된 사업장
개설일</td><td rowspan="2">업종</td><td>주업태</td><td>주종목</td><td>업종코드</td></tr>
<tr><td colspan="3"></td><td colspan="2">층 호</td><td></td><td>부업태</td><td>부종목</td><td>업종코드</td></tr>
<tr><td rowspan="2">확정
일자
신청</td><td rowspan="2">도면
첨부</td><td rowspan="2">자가
면적</td><td rowspan="2">타가
면적</td><td colspan="3">사업장을 빌려준 사람 (임대인)</td><td colspan="3">임대차명세</td></tr>
<tr><td>성명
(법인명)</td><td>사업자
등록번호</td><td>주민(법인)
등록번호</td><td>임대차
계약기간</td><td>(전세)
보증금</td><td>월세</td></tr>
<tr><td>여[ ]
부[ ]</td><td>여[ ]
부[ ]</td><td>㎡</td><td>㎡</td><td></td><td></td><td></td><td></td><td>원</td><td>원</td></tr>
</table>

<table>
<tr><td rowspan="5">종된
사업장
일련번호
(　　)</td><td colspan="3">상호</td><td colspan="2">사업장 소재지</td><td>종된 사업장
개설일</td><td rowspan="2">업종</td><td>주업태</td><td>주종목</td><td>업종코드</td></tr>
<tr><td colspan="3"></td><td colspan="2">층 호</td><td></td><td>부업태</td><td>부종목</td><td>업종코드</td></tr>
<tr><td rowspan="2">확정
일자
신청</td><td rowspan="2">도면
첨부</td><td rowspan="2">자가
면적</td><td rowspan="2">타가
면적</td><td colspan="3">사업장을 빌려준 사람 (임대인)</td><td colspan="3">임대차명세</td></tr>
<tr><td>성명
(법인명)</td><td>사업자
등록번호</td><td>주민(법인)
등록번호</td><td>임대차
계약기간</td><td>(전세)
보증금</td><td>월세</td></tr>
<tr><td>여[ ]
부[ ]</td><td>여[ ]
부[ ]</td><td>㎡</td><td>㎡</td><td></td><td></td><td></td><td></td><td>원</td><td>원</td></tr>
</table>

<table>
<tr><td rowspan="5">종된
사업장
일련번호
(　　)</td><td colspan="3">상호</td><td colspan="2">사업장 소재지</td><td>종된 사업장
개설일</td><td rowspan="2">업종</td><td>주업태</td><td>주종목</td><td>업종코드</td></tr>
<tr><td colspan="3"></td><td colspan="2">층 호</td><td></td><td>부업태</td><td>부종목</td><td>업종코드</td></tr>
<tr><td rowspan="2">확정
일자
신청</td><td rowspan="2">도면
첨부</td><td rowspan="2">자가
면적</td><td rowspan="2">타가
면적</td><td colspan="3">사업장을 빌려준 사람 (임대인)</td><td colspan="3">임대차명세</td></tr>
<tr><td>성명
(법인명)</td><td>사업자
등록번호</td><td>주민(법인)
등록번호</td><td>임대차
계약기간</td><td>(전세)
보증금</td><td>월세</td></tr>
<tr><td>여[ ]
부[ ]</td><td>여[ ]
부[ ]</td><td>㎡</td><td>㎡</td><td></td><td></td><td></td><td></td><td>원</td><td>원</td></tr>
</table>

210mm×297mm[백상지 80g/㎡(재활용품)]

■ 부가가치세법 시행규칙 [별지 제4호서식 부표 3] 〈개정 2015.3.6.〉

사업자단위과세사업자의 종된 사업장 명세서(법인사업자용)

※ [ ]에는 해당되는 곳에 √표를 합니다.

종된 사업장 일련번호 ( )	상호		대표자 성명		대표자 주민등록번호	사업장 소재지	종된 사업장 개설일	업종	주업태	주종목	업종코드
									부업태	부종목	업종코드
						층 호					
	확정일자 신청	도면 첨부	자가 면적	타가 면적	사업장을 빌려준 사람 (임대인)				임대차명세		
					성명 (법인명)	사업자 등록번호	주민(법인) 등록번호		임대차 계약기간	(전세) 보증금	월세
	여[ ] 부[ ]	여[ ] 부[ ]	㎡	㎡						원	원

종된 사업장 일련번호 ( )	상호		대표자 성명		대표자 주민등록번호	사업장 소재지	종된 사업장 개설일	업종	주업태	주종목	업종코드
									부업태	부종목	업종코드
						층 호					
	확정일자 신청	도면 첨부	자가 면적	타가 면적	사업장을 빌려준 사람 (임대인)				임대차명세		
					성명 (법인명)	사업자 등록번호	주민(법인) 등록번호		임대차 계약기간	(전세) 보증금	월세
	여[ ] 부[ ]	여[ ] 부[ ]	㎡	㎡						원	원

종된 사업장 일련번호 ( )	상호		대표자 성명		대표자 주민등록번호	사업장 소재지	종된 사업장 개설일	업종	주업태	주종목	업종코드
									부업태	부종목	업종코드
						층 호					
	확정일자 신청	도면 첨부	자가 면적	타가 면적	사업장을 빌려준 사람 (임대인)				임대차명세		
					성명 (법인명)	사업자 등록번호	주민(법인) 등록번호		임대차 계약기간	(전세) 보증금	월세
	여[ ] 부[ ]	여[ ] 부[ ]	㎡	㎡						원	원

종된 사업장 일련번호 ( )	상호		대표자 성명		대표자 주민등록번호	사업장 소재지	종된 사업장 개설일	업종	주업태	주종목	업종코드
									부업태	부종목	업종코드
						층 호					
	확정일자 신청	도면 첨부	자가 면적	타가 면적	사업장을 빌려준 사람 (임대인)				임대차명세		
					성명 (법인명)	사업자 등록번호	주민(법인) 등록번호		임대차 계약기간	(전세) 보증금	월세
	여[ ] 부[ ]	여[ ] 부[ ]	㎡	㎡						원	원

종된 사업장 일련번호 ( )	상호		대표자 성명		대표자 주민등록번호	사업장 소재지	종된 사업장 개설일	업종	주업태	주종목	업종코드
									부업태	부종목	업종코드
						층 호					
	확정일자 신청	도면 첨부	자가 면적	타가 면적	사업장을 빌려준 사람 (임대인)				임대차명세		
					성명 (법인명)	사업자 등록번호	주민(법인) 등록번호		임대차 계약기간	(전세) 보증금	월세
	여[ ] 부[ ]	여[ ] 부[ ]	㎡	㎡						원	원

210mm×297mm[백상지 80g/㎡(재활용품)]

2. 법인기업의 설립

가. 법인기업 설립의 의의

법인기업을 설립하는 경우는 개인기업 설립보다 복잡한 절차를 거쳐야 하며, 법인설립등기 및 사업자등록신청으로 설립한다. 법인기업은 주주 및 임원구성, 정관작성, 자본금 납입, 법인 설립등기, 등록면허세 등 설립비용이 발생한다. 법인기업은 인·허가, 등록 등을 요하는 경우 추가적인 절차가 필요하다.

법인기업은 기업경영상 채무에 대해 출자금을 한도로 유한책임을 진다. 법인기업은 과점주주(50% 초과) 해당시 제2차 납세의무가 발생한다.

법인기업은 주식, 사채발행 등 자금조달이 용이하며, 개인기업에 비하여 기업공신력이 높다. 법인기업은 관련 법령 적용으로 행정 및 회계처리가 복잡하다.

법인기업은 기업의 설립, 변경, 해산등기 등이 필요하며, 기업규모 확대시 외부 회계감사를 적용한다. 부가가치세 신고는 제1기 예정신고, 제1기 확정신고, 제2기 예정신고, 제2기 확정신고 등 3개월 과세대상기간을 대상으로 연 4회 실시한다. 영세 법인사업자는 예정고지 납부를 실시하며, 간이과세자 적용을 배제하고, 면세사업자는 사업장 현황신고를 하지 않는다.

법인기업은 일정한 소규모 법인 등에 대해 성실신고확인제도를 적용하며, 사업용 계좌개설 신고의무가 없으며, 당연 개설·사용한다.

대표이사 급여 외 법인자금 인출시 가지급금처리를 하며, 가지급금의 인정이자 계상 및 지급이자 비용은 법인조정시 부인처리한다.

표 8-7 법인기업의 세무 특징

- 법인세 초과누진 세율 적용(10~25%)
- 대표자 급여(근로소득) 및 퇴직금(퇴직소득) 인정
- 대표자 인건비는 법인이익에서 차감
- 대표자 근로소득에 대해 보험료, 의료비, 교육비 등 지출액 공제가능

모든 법인은 전자세금계산서를 의무발행하여야 하며, 대표자가 변경되어도 법인은 존속한다.

나. 법인기업 설립 절차

법인기업을 설립하는 경우 개인기업을 설립하는 것보다 복잡한 절차를 거쳐야 한다. 법인설립시 주주는 1명이어도 가능하다. 임원과 주주가 동일인인 경우가 많은데, 임원이 주주가 되어야 하거나, 주주가 임원이 되어야 하는 것은 아니다. 자본금이 10억원 미만인 경우에는 감사 없이 이사 1인으로도 설립가능하다.

법인기업의 설립은 정관작성, 회사실체 형성, 설립등기, 등록신청 절차를 통하여 진행한다.

법인기업 설립은 정관작성으로 시작된다. 사업구상 및 회사의 조직과 활동에 관한 기본적인 규칙인 정관작성시 ① 사업의 목적, ② 상호, ③ 회사가 발행할 주식의 총수, ④ 액면주식을 발행하는 경우 1주의 금액, ⑤ 회사가 설립시 발행하는 주식의 총수, ⑥ 본점 소재지, ⑦ 회사의 공고방법, ⑧ 발기인 성명, 주민등록번호 및 주소 등을 기록한다. 다른 사람이 등기한 것과 동일한 상호는 등기를 할 수 없으므로 상호를 2~3가지 준비한다. 목적사업 설정을 위하여 한국표준산업분류에 따라 업종코드를 결정한다. 업종분류에 따라 부가율, 소득률 등 차이가 결정된다. 자본금 규모는 최소 액면단위로 설립가능하다. 이전에는 법인설립시 자본금이 5천만원 이상이었으나, 현재는 최저 자본금을 폐지하였다.

주주확정(발기설립과 모집설립)과 자본 모집을 진행한다. 주식납입금 보관증명(자본금 10억원 미만의 회사를 설립시 금융기관의 잔고증명서로 대체가능)을 개설한다. 회사기관 구성은 이사 및 대표이사와 감사 등을 선임(자본금 10억원 미만시 이사 1인으로도 가능)한다. 현물출자와 조사보고는 현물출자하는 경우 검사인의 조사보고를 실시한다.

설립 절차가 종료한 날로부터 2주간 내에 법인기업의 설립등기를 하여야 한다. 설립등기일부터 2개월 이내에 사업자등록신청(법인설립신고서에 일정서류 첨부)을 하여야 한다.

| 표 8-8 | 법인기업의 설립 절차

설립 절차	내용
정관작성	• 사업구상 및 회사의 조직과 활동에 관한 기본규칙인 정관작성 ① 사업의 목적, ② 상호, ③ 회사가 발행할 주식의 총수, ④ 액면주식을 발행하는 경우 1주의 금액, ⑤ 회사가 설립시 발행하는 주식의 총수, ⑥ 본점 소재지, ⑦ 회사의 공고방법, ⑧ 발기인 성명, 주민등록번호 및 주소 • 상호: 다른 사람이 등기한 것과 동일한 상호는 등기를 할 수 없으므로 상호를 2~3가지 준비 • 목적사업: 한국표준산업분류에 따라 업종코드가 결정. 업종분류에 따라 부가율, 소득률 등 차이 • 자본금 규모: 최소 액면단위로 설립 가능(종전에는 5천만원 이상이었으나 최저 자본금 폐지)
회사 실체형성	• 주주확정(발기설립과 모집설립) 및 자본 모집 • 주식납입금 보관증명(자본금 10억원 미만의 회사를 설립시 금융기관의 잔고증명서로 대체 가능) • 회사기관 구성: 이사 및 대표이사와 감사 등 선임(자본금 10억원 미만시 이사 1인으로도 가능) • 현물출자와 조사보고: 검사인의 조사보고(현물출자하는 경우)
설립등기	• 설립 절차가 종료한 날로부터 2주간 내에 설립등기를 하여야 함.
등록신청	• 설립등기일부터 2개월 이내에 사업자등록신청(법인설립신고서에 일정서류 첨부)

다. 법인기업 사업자등록

사업상 독립적으로 재화 또는 용역을 공급하는 법인사업자는 사업자등록을 하여야 한다. 사업자는 사업장마다 사업개시일부터 20일 이내에 사업장 관할 세무서장에게 사업자등록을 신청하여야 한다. 신규로 사업을 시작하려는 사람은 사업개시일 이전이라도 사업자등록을 신청할 수 있다.

법인기업의 사업자등록 신청시 제출서류는 다음 표와 같다.

| 표 8-9 | 법인기업의 사업자등록 신청시 제출서류

구분	사업자등록 신청시 제출서류
영리법인 (본점)	1. 법인설립신고 및 사업자등록신청서 2. (법인명의)임대차계약서 사본(사업장을 임차한 경우) 3. 주주 또는 출자자명세서 4. 사업허가 · 등록 · 신고필증 사본(해당 법인) 허가(등록, 신고) 전에 등록하는 경우 허가(등록)신청서 등 사본 또는 사업계획서 5. 현물출자명세서(현물출자법인의 경우) 6. 자금출처명세서(금지금 도 · 소매업, 액체 · 기체연료 도 · 소매업, 재생용 재료 수집 및 판매업, 과세유흥장소 영위자) 7. 사업자단위과세 적용 신고자의 종된 사업장명세서(사업자단위과세 적용 신청한 경우)
비영리 내국법인 (본점)	1. 법인설립신고 및 사업자등록신청서 2. (법인명의)임대차계약서 사본(사업장을 임차한 경우) 3. 사업허가 · 등록 · 신고필증 사본(해당 법인) 허가(등록, 신고) 전에 등록하는 경우 허가(등록)신청서 등 사본 또는 사업계획서 4. 주무관청의 설립허가증 사본
내국법인 국내지점	1. 법인설립신고 및 사업자등록신청서 2. 등기부에 등재되지 않은 지점법인은 지점설치 사실을 확인할 수 있는 이사회의사록 사본 (직매장 설치 등 경미한 사안으로 이사회 소집이 어려운 경우 대표이사 승인을 얻은 서류 사본) 3. (법인명의)임대차계약서 사본(사업장을 임차한 경우) 4. 사업허가 · 등록 · 신고필증 사본(해당 법인) 허가(등록, 신고) 전에 등록하는 경우 허가(등록)신청서 등 사본 또는 사업계획서 5. 자금출처명세서(금지금 도 · 소매업, 액체 · 기체연료 도 · 소매업, 재생용 재료 수집 및 판매업, 과세유흥장소 영위자)
외국법인 국내사업장	1. 법인설립신고 및 사업자등록신청서 2. 외국기업 국내지사 설치신고서 사본 외국환거래규정 별지 제9-8호 서식 3. 국내사업장을 가지게 된 날의 대차대조표 4. 본점 등기에 관한 서류 5. 국내사업장의 사업영위내용을 입증할 수 있는 서류 6. 정관 7. 허가(등록, 신고)증 사본(해당 법인) 허가(등록, 신고) 전에 등록하는 경우 허가(등록)신청서 등 사본 또는 사업계획서 8. (법인명의)임대차계약서 사본(사업장을 임차한 경우)

<table>
<tr><td></td><td>9. 자금출처명세서(금지금 도·소매업, 액체·기체연료 도·소매업, 재생용 재료 수집 및 판매업, 과세유흥장소 영위자)</td></tr>
<tr><td>법인으로 보는 단체</td><td>승인신청(요건: 조직운영규정 대표자선임, 수익재산독립, 수익미분배)
1. 법인으로 보는 단체의 승인신청서
2. 법인으로 보는 단체의 대표자 등의 선임신고서
3. 대표자 또는 관리인임을 확인할 수 있는 서류
4. 정관 또는 조직과 운영에 관한 사항
5. 단체직인
6. 임대차계약서(장소를 임차한 경우)
7. 「상가건물 임대차보호법」 적용을 받는 상가건물의 일부를 임차한 경우에는 해당 부분의 도면
변경신청시 처리
1. 수익사업영위 경우: 비영리법인의 수익사업 개시신고서 제출받아 사업자등록증 교부 (단, 새롭게 사업장을 설치하고 수익사업 개시신고를 하는 경우에는 사업자등록신청서 별도 제출)
2. 거주자로 변경신청 경우: 기간경과 여부 따라 승인 또는 불승인
3. 세원(법인)의 승인이 있어야 하므로 접수한 후 세원(법인)으로 서류인계</td></tr>
</table>

표 8-10 법인설립신고 및 사업자등록신청서

■ 법인세법 시행규칙 [별지 제73호서식] 〈개정 2015.3.13.〉 홈택스(www.hometax.go.kr)에서도 신고할 수 있습니다. (앞쪽)

접수번호	[ ] 법인설립신고 및 사업자등록신청서 [ ] 국내사업장설치신고서(외국법인)	처리기간 3일 (보정기간은 불산입)

귀 법인의 사업자등록신청서상의 내용은 사업내용을 정확하게 파악하여 근거과세의 실현 및 사업자등록 관리업무의 효율화를 위한 자료로 활용됩니다. 아래의 사항에 대하여 사실대로 작성하시기 바라며 신청서에 서명 또는 인감(직인)날인하시기 바랍니다

1. 인적사항

법인명(단체명)		승인법인고유번호 (폐업당시 사업자등록번호)	
대표자		주민등록번호	-
사업장(단체)소재지			층 호
전화번호	(사업장)	(휴대전화)	

2. 법인현황

법인등록번호	-	자본금	천원	사업연도	

법 인 성 격 (해당란에 ㅇ표)

내국법인						외국법인			지점(내국법인의 경우)			분할신설법인	
영리 일반	영리 외투	비영리	국가 지방자치	법인으로 보는 단체		지점 (국내사업장)	연 락 사무소	기타	여	부	본점 사업자 등록번호	분할전 사업자등록번호	분할연월일
				승인 법인	기타								

조합법인 해당 여부		사업자단위 과세 여부		공익법인						외국·외투 법인	국적	투자비율
여	부	여	부	해당여부		사업유형	주무부처명	출연자산 여부				
				여	부			여	부			

3. 외국법인 내용 및 관리책임자 (외국법인에 한함)

외 국 법 인 내 용

본점	상호	대표자	설치연월일	소재지

관리책임자

성명 (상호)	주민등록번호 (사업자등록번호)	주소 (사업장소재지)	전화번호

4. 사업장현황

사 업 의 종 류						사업(수익사업) 개시일
주업태	주종목	주업종코드	부업태	부종목	부업종코드	
						년 월 일

사이버몰 명칭		사이버몰 도메인	

사업장 구분 및 면적		도면첨부		사업장을 빌려준 사람(임대인)			
자가	타가	여	부	성명(법인명)	사업자등록번호	주민(법인)등록번호	전화번호
㎡	㎡						

임 대 차 계 약 기 간	(전세)보증금	월 세(부가세 포함)
20 . . . ~ 20 . . .	원	원

개별소비세				주류면허		부가가치세 과세사업		인·허가 사업 여부			
제조	판매	장소	유흥	면허번호	면허신청	여	부	신고	등록	인·허가	기타
					여 / 부						

설립등기일 현재 기본 재무상황 등

자산 계	유동자산	고정자산	부채 계	유동부채	고정부채	종업원수
천원	천원	천원	천원	천원	천원	명

전자우편주소		국세청이 제공하는 국세정보 수신동의 여부	[ ]동의함 [ ]동의하지않음

210mm×297mm[백상지 80g/㎡ 또는 중질지 80g/㎡]

(뒤쪽)

5. 사업자등록신청 및 사업시 유의사항(아래 사항을 반드시 읽고 확인하시기 바랍니다)

가. 사업자등록 상에 자신의 **명의를 빌려주는 경우 해당** 법인에게 부과되는 각종 세금과 과세자료에 대하여 소명 등을 하여야 하며, 부과된 세금의 체납 시 **소유재산의 압류 · 공매처분, 체납내역 금융회사 통보, 여권발급제한, 출국규제 등**의 불이익을 받을 수 있습니다.

나. 내국법인은 주주(사원)명부를 작성하여 비치하여야 합니다. 주주(사원)명부는 사업자등록신청 및 법인세 신고시 제출되어 지속적으로 관리되므로 사실대로 작성하여야 하며, 주주명의 대여시는 **양도소득세 또는 증여세**가 과세될 수 있습니다.

다. 사업자등록 후 정당한 사유 없이 **6개월이 경과할 때까지 사업을 개시**하지 아니하거나 **부가가치세 및 법인세를 신고하지 아니하거나 사업장을 무단 이전**하여 실지사업 여부의 확인이 어려울 경우에는 **사업자등록이 직권으로 말소**될 수 있습니다.

라. **실물거래 없이 세금계산서 또는 계산서를 발급하거나 수취하는 경우** 「조세범처벌법」 제10조제3항 또는 제4항에 따라 해당 법인 및 대표자 또는 관련인은 **3년 이하의 징역 또는 공급가액 및 그 부가가치세액의 3배 이하에 상당하는 벌금에 처하는 처벌**을 받을 수 있습니다.

마. 신용카드 가맹 및 이용은 반드시 사업자 본인 명의로 하여야 하며 **사업상 결제목적 이외의 용도로 신용카드를 이용할 경우** 「여신전문금융업법」 제70조제2항에 따라 **3년 이하의 징역 또는 2천만원 이하의 벌금에 처하는 처벌을 받을 수 있습니다.**

신청인의 위임을 받아 대리인이 사업자등록신청을 하는 경우 아래 사항을 적어 주시기 바랍니다.

대리인 인적사항	성명		주민등록번호	
	주소지			
	전화 번호		신청인과의 관계	

신청 구분	[ ] 사업자등록만 신청 [ ] 사업자등록신청과 확정일자를 동시에 신청 [ ] 확정일자를 이미 받은 자로서 사업자등록신청 (확정일자 번호:)

신청서에 적은 내용과 실제 사업내용이 일치함을 확인하고, 「법인세법」 제109조 · 제111조, 같은 법 시행령 제152조부터 제154조까지, 같은 법 시행규칙 제82조제3항제11호 및 「상가건물 임대차보호법」 제5조제2항에 따라 법인설립 및 국내사업장 설치 신고와 사업자등록 및 확정일자를 신청합니다.

년 월 일

신 청 인 (인)
위 대 리 인 (서명 또는 인)

세무서장 귀하

첨부서류	1. 정관 1부(외국법인만 해당합니다) 2. 임대차계약서 사본(사업장을 임차한 경우만 해당합니다) 1부 3. 「상가건물 임대차보호법」의 적용을 받는 상가건물의 일부를 임차한 경우에는 해당 부분의 도면 1부 4. 주주 또는 출자자명세서 1부 5. 사업허가 · 등록 · 신고필증 사본(해당 법인만 해당합니다) 또는 설립허가증사본(비영리법인만 해당합니다) 1부 6. 현물출자명세서(현물출자법인의 경우만 해당합니다) 1부 7. 자금출처명세서(금지금 도 · 소매업, 액체 · 기체연료 도 · 소매업, 재생용 재료 수집 및 판매업, 과세유흥장소에서 영업을 하려는 경우에만 제출합니다) 1부 8. 본점 등의 등기에 관한 서류(외국법인만 해당합니다) 1부 9. 국내사업장의 사업영위내용을 입증할 수 있는 서류(외국법인만 해당하며, 담당 공무원 확인사항에 의하여 확인할 수 없는 경우만 해당합니다) 1부 10. 사업자단위과세 적용 신고자의 종된 사업장 명세서(법인사업자용)(사업자단위과세 적용을 신청한 경우만 해당합니다) 1부

작성방법

사업장을 임차한 경우 「상가건물 임대차보호법」의 적용을 받기 위하여서는 사업장 소재지를 임대차계약서 및 건축물관리대장 등 공부상의 소재지와 일치되도록 구체적으로 적어야 합니다.
(작성 예) ㅇㅇ동 ㅇㅇㅇㅇ번지 ㅇㅇ호 ㅇㅇ상가(빌딩) ㅇㅇ동 ㅇㅇ층 ㅇㅇㅇㅇ호

라. 사업자등록 후 기업경영 준비 절차

1) 신용카드 가맹점 및 현금영수증 가맹점 가입

사업자등록증이 발급되면 신용카드 매출발행을 위해 신용카드 가맹점 가입을 한다. 주로 사업자가 아닌 소비자에게 재화나 용역을 공급하는 사업자의 경우에는 현금영수증을 발행하여야 하므로 현금영수증 의무가입대상인지 여부를 확인하여 현금영수증 가입을 하여야 한다. 특히 현금영수증 의무발급업종인 경우 10만원 이상의 거래에 대해 현금영수증을 발급하지 않으면 20%의 가산세가 부과되므로 주의하여야 한다.

2) 사업용 계좌 개설 및 신고

개인사업자로서 일정규모 이상의 복식부기의무자는 의무적으로 사업용 계좌를 개설하고 신고 및 사용을 하여야 하므로 사업자등록증 발행 후 사업용 계좌를 개설하고 「사업용 계좌신고서」에 의해 신고하도록 한다.

3) 전자세금계산서 발급 준비

법인사업자 및 일정규모 이상의 개인사업자는 매출발생시 전자세금계산서를 발급하여야 하므로, 공인인증서(전자세금계산서 발급용) 및 이메일을 준비하도록 한다.

4) 홈택스 회원가입 및 사업용 신용카드 등록

사업자등록 이후에는 국세청 홈택스에 사업자회원가입을 하고, 신용카드 중 사업용으로 사용할 카드를 선정하여 홈택스에 사업용 신용카드를 등록하도록 한다.

국세청 홈택스에 사업용 신용카드를 등록하면 등록된 사업용 신용카드에 의한 거래분은 거래치별 신용카드 수취명세서 작성시 개별 거래금액을 작성하지 않고 매입세액공제를 받을 수 있다.

개인사업자의 경우 사업주 본인명의 신용카드를 공인인증서를 사용하여 회원가입하고 사용할 신용카드를 최대 5개까지 등록할 수 있다. 법인사업자의 경우 법인명의 카드는 별도 등록절차 없이 사용가능하다.

사업용 신용카드를 등록하고 부가가치세 신고시 사업자 및 세무대리인이 사업자등록번호와 주민등록번호를 입력하면 신고기간별 신용카드 사용건수 및 사용금액 집계 조회가 가능하다.

5) 4대보험 사업장 가입신고 및 가입대상 근로자 취득신고

근로자를 채용하는 경우 급여를 지급하면서 4대보험료를 납부하여야 하므로 적용대상 사업장이 된 날로부터 14일 이내에 사업장 적용신고서를 국민연금관리공단 등에 제출하거나 4대보험 포털사이트(www.4insure.or.kr)에 회원가입하여 전자신고하도록 한다. 최초로 사업장 적용신고를 한 이후 근로자를 채용하거나 근로자가 퇴직하는 등 가입대상 근로자의 변동이 있는 경우 신규입사자는 추가로 자격취득신고를 하여야 하고, 퇴사자는 자격상실신고를 하여야 한다.

6) 세무대리인의 수임납세자 등록

세무대리인이 국세청 홈택스에서 납세자의 각종 정보 등을 조회하고 세무업무처리를 하기 위해서는 납세자가 세무대리인에게 수임동의를 해야 한다.

세무대리인은 홈택스 세무대리인 메뉴에서 수임납세자를 등록한다. 납세자 등록은 기장대리 또는 신고대리로 구분한다.

표 8-11 | 사업자등록 후 기업경영 준비 절차

준비 절차	내용
신용카드 가맹점 및 현금영수증 가맹점 가입	사업자등록증이 발급되면 신용카드 매출발행을 위해 신용카드 가맹점 가입을 한다. 주로 사업자가 아닌 소비자에게 재화나 용역을 공급하는 사업자의 경우에는 현금영수증을 발행하여야 하므로 현금영수증 의무가입대상인지 여부를 확인하여 현금영수증 가입을 하여야 한다.
사업용 계좌 개설 및 신고	사업자등록증 발행 후 사업용 계좌를 개설하고 「사업용 계좌신고서」에 의해 신고

전자세금계산서 발급 준비	법인사업자 및 일정규모 이상의 개인사업자는 매출발생시 전자세금계산서를 발급하여야 하므로, 공인인증서(전자세금계산서 발급용) 및 이메일을 준비하도록 한다.
홈택스 회원가입 및 사업용 신용카드 등록	사업자등록 이후에는 국세청 홈택스에 사업자회원가입을 하고, 신용카드 중 사업용으로 사용할 카드를 선정하여 홈택스에 사업용 신용카드를 등록하도록 한다.
4대보험 사업장 가입신고 및 가입대상 근로자 취득신고	근로자를 채용하는 경우 급여를 지급하면서 4대보험료를 납부하여야 하므로 적용대상 사업장이 된 날로부터 14일 이내에 사업장 적용신고서를 국민연금관리공단 등에 제출하거나 4대보험 포털사이트(www.4insure.or.kr)에 회원가입하여 전자신고하도록 한다. 최초로 사업장 적용신고를 한 이후 근로자를 채용하거나 근로자가 퇴직하는 등 가입대상 근로자의 변동이 있는 경우 신규입사자는 추가로 자격취득신고를 하여야 하고, 퇴사자는 자격상실신고를 하여야 한다.
세무대리인의 수임납세자 등록	세무대리인이 국세청 홈택스에서 납세자의 각종 정보 등을 조회하고 세무업무처리를 하기 위해서는 납세자가 세무대리인에게 수임동의를 해야 한다.

3. 협동조합의 설립

가. 협동조합의 의의

협동조합은 재화 또는 용역의 구매·생산·판매·제공 등을 협동으로 영위함으로써 조합원들의 권익을 향상하고 지역사회에 공헌하는 사업조직이다(협동조합기본법 제2조 제1호).

협동조합은 공동으로 소유되고 민주적으로 운영되는 사업체를 통하여 공통의 경제적·사회적·문화적 필요와 욕구를 충족시키고자 하는 사람들이 자발적으로 결성한 자율적인 조직이다(국제협동조합연맹(ICA)).

협동조합은 이용자가 소유하고 이용자가 통제하며 이용규모를 기준으로 이익을 배분하는 사업체이다(미국농무성(USDA)).

협동조합의 사업범위는 공동의 목적을 가진 5인 이상이 모여 조직한 사업체로서 금융 및 보험을 제외한 그 사업의 종류에 제한이 없다. 협동조합의 의결권은 출자규모와 무관하게 1인 1표제이다. 협동조합의 책임범위는 조합원을 출자자산에 한정한 유한책임이다. 협동조합의 가입과 탈퇴는 자유롭다. 협동조합은 전체 배당액의 100분의 50 이상을 협동조합 사업이용실적에 따라 배당을 한다.

❙ 표 8-12 ❙ 협동조합의 의의

구분	내용
사업범위	공동의 목적을 가진 5인 이상이 모여 조직한 사업체로서 그 사업의 종류에 제한이 없음(금융 및 보험 제외)
의결권	출자규모와 무관하게 1인 1표제
책임범위	조합원을 출자자산에 한정한 유한책임
가입 · 탈퇴	자유로운 가입과 탈퇴
배당	전체 배당액의 100분의 50 이상을 협동조합 사업이용실적에 따라 배당 사회적협동조합(비영리법인)의 경우 배당 불가능

나. 협동조합 설립의 효과

협동조합 설립의 효과를 살펴보면 다음과 같다.

❙ 표 8-13 ❙ 협동조합 설립의 효과

구분	협동조합 설립의 효과
경제주체별 효과	• 원하는 맞춤형 물품(유기농산물 등), 서비스(의료, 돌봄, 보육 등)를 저렴하고 안정적으로 구매하여 편익 증가 • 소비자: 원하는 맞춤형 물품(유기농산물 등), 서비스(의료, 돌봄, 보육 등)를 저렴하고 안정적으로 구매하여 편익 증가 • 생산자: 소비자조합 등과 연계하여 직거래 및 사전계약재배 등을 통해 안정적이고 높은 수익 보장 • 근로자: 직원으로 구성된 협동조합 설립을 통해 고용불안정 문제해결은 물론 임금수준 향상도 기대
경제 · 사회적 효과	• 새로운 법인격 도입을 통해 경제 활력을 제고하고 사회서비스 등 기족 복지체계에 민간 참여를 확대 • 경제적 효과: 창업활성화를 통한 일자리 확대, 유통구조 개선을 통한 물가안정, 경제위기 시 경제안정 효과 기대

	• 사회적 효과: 취약계층에게 일자리 및 사회서비스를 제공하여 '복지시스템'을 보완하고 '일을 통한 복지'에 기여
구성원 효과	• 민주적 운영(1인 1표)에 따른 의사결정의 조합원 참여를 보장하여 구성원의 만족감, 주인의식 등 제고

다. 국제협동조합연맹의 협동조합 7대 원칙

협동조합은 1995년 국제협동조합연맹(ICA)에서 100주년 총회시 발표한 다음과 같은 협동조합 7대 원칙을 준수한다.

첫째, 자발적으로 개방적인 협동조합을 구성한다. 둘째, 조합원에 의한 민주적 관리를 실시한다. 셋째, 조합원의 경제적 참여를 준수한다. 넷째, 자율과 독립을 준수한다. 다섯째, 교육훈련 및 정보를 제공한다. 여섯째, 협동조합 간의 협동을 준수한다. 일곱째, 지역사회에 대한 기여를 한다. 조합원의 동의를 토대로 조합이 속한 지역사회의 지속가능한 발전을 위해 노력을 한다.

표 8-14 | 협동조합의 7대 원칙

협동조합의 7대 원칙		내용
1	자발적으로 개방적인 협동조합	• 협동조합은 자발적이며, 모든 사람들에게 성(性)적 · 사회적 · 인종적 · 정치적 · 종교적 차별 없이 열려 있는 조직
2	조합원에 의한 민주적 관리	• 조합원들은 정책수립과 의사결정에 활발하게 참여하고 선출된 임원들은 조합원에게 책임을 갖고 봉사 • 조합원마다 동등한 투표권(1인 1표)을 가지며, 협동조합연합회도 민주적인 방식으로 조직 · 운영
3	조합원의 경제적 참여	• 협동조합의 기본은 공정하게 조성되고 민주적으로 통제 • 자본금의 일부는 조합의 공동재산이며, 출자배당이 있는 경우에 조합원은 출자액에 따라 제한된 배당금을 받음 • 잉여금은 ① 협동조합의 발전을 위해 일부는 배당하지 않고 유보금으로 적립, ② 사업이용 실적에 비례한 편익제공, ③ 기타 협동조합 활동지원 등에 배분

4	자율과 독립	• 협동조합이 다른 조직과 약정을 맺거나 외부에서 자본을 조달할 때 조합원에 의한 민주적 관리가 보장되고, 협동조합의 자율성이 유지되어야 함
5	교육훈련 및 정보제공	• 조합원, 선출된 임원, 경영자, 직원들에게 교육과 훈련을 제공 • 젊은 세대와 여론 지도층에게 협동의 본질과 장점에 대한 정보를 제공
6	협동조합 간의 협동	• 국내 · 외에서 공통적으로 협력사업을 전개함으로써 협동조합 운동의 힘을 강화시키고, 조합원에게 효과적으로 봉사
7	지역사회에 대한 기여	• 조합원의 동의를 토대로 조합이 속한 지역사회의 지속가능한 발전을 위해 노력

자료: 협동조합 홈페이지(https://www.coop.go.kr)

라. 협동조합기본법의 의의

1) 협동조합기본법의 목적

협동조합기본법은 협동조합의 설립 · 운영에 관한 기본적인 사항을 규정하여 자주적 · 자립적 · 자치적인 협동조합 활동을 촉진하고 사회통합과 국민경제의 균형있는 발전에 기여함을 목적으로 하고 있다. 협동조합기본법은 법인격 부재로 인한 애로사항을 해소하고 새로운 경제사회 발전의 대안모델로 주목받고 있는 협동조합의 설립과 운영을 규정함으로써 경제 사회적 수요를 반영하기 위한 것이다.

2) 협동조합기본법의 주요 내용

협동조합기본법의 주요 내용은 다음과 같다.

| 표 8-15 | 협동조합기본법의 주요 내용

구분	주요 내용		의의
	요약	상세	
1	1인 1표	출자액에 관계없이 1인 1표의 의결권과 선거권 부여	주식회사(1주 1표)와 다른 민주적 운영방식
2	2개의 법인격	일반협동조합/사회적협동조합	영리, 비영리부분의 정책수요 모두 반영
3	최소설립조합수 3개	3개 이상의 협동조합이 모여 연합회 설립가능	협동조합 활성화 촉진
4	자본주의 4.0 (대안적 기업모델)	기존 주식회사, 비영리법인과 달리 소액, 소규모 창업, 취약계층 자활을 통한 '공생발전' 모델	양극화 해소, 서민경제 활성화의 대안모델
5	최소설립인원 5인	5인 이상 자유롭게 설립가능 (기존 개별법: 300~1,000명)	자발적 소규모 활동 지원
6	기본법 제6조 (협동조합 기본원칙)	조합원을 위한 최대 봉사 자발적 결성, 공동소유, 민주적 운영 투기, 일부조합원의 이익추구 금지	협동조합 정신 반영
7	7월 첫 토요일 (협동조합의 날)	협동조합의 날(7월 첫 토요일) 협동조합주간(그 전 1주간)	협동조합 활성화 촉진
8	8개 협동조합법의 일반법	기존 8개 법과 독립적인 일반법 • 농협, 수협, 신협, 중기협, 생협, 새마을, 엽연초, 산림조합법	협동조합 설립 범위 확대 개별법과 관계 정립

자료: 협동조합 홈페이지(https://www.coop.go.kr)

'협동조합'이라는 새로운 '법인격'을 도입한다. 협동조합은 상법상 회사(주식회사 등), 민법상 법인(사단법인 등) 이외에 새로운 사업 형태인 '협동조합'에 법인격을 부여한 2층 구조로 되어 있다.

협동조합과 사회적협동조합을 비교하여 살펴보면 다음과 같다.

| 표 8-16 | 협동조합과 사회적협동조합의 비교

구분	협동조합	사회적협동조합
법인격	(영리)법인	비영리법인
설립	시도지사신고	기획재정부(관계부처) 인가
사업	업종 및 분야 제한 없음, 금융 및 보험업 제외	공익사업 40% 이상 수행 • 지역사회 대상, 주민권익 증진 등 • 취약계층 사회서비스, 일자리 제공 • 국가 지자체 위탁사업 • 그 밖의 공익증진 사업
법정적립금	잉여금의 10/100 이상	잉여금의 30/100 이상
배당	배당가능	배당금지
청산	정관에 따라 잔여재산 처리	비영리법인 국고 등 귀속

자료: 협동조합 홈페이지(https://www.coop.go.kr)

3) 협동조합기본법의 기대효과

협동조합기본법 제정은 다양한 분야에서 새로운 협동조합의 설립·운영을 자유롭게 하여 서민과 지역경제를 활성화하고 지역단위의 새로운 일자리를 창출하여 국민경제 발전에 기여할 것이다. 1인 1표의 민주적인 경영, 조합원 편익 우선, 지역사회 기여 등 '윤리경영'과 '상생번영'의 시대정신이 반영된 협동조합이 활성화되어 새로운 경제사회 발전의 대안 모델로 확산될 것이다. 특히 2차, 3차 산업에서도 협동조합 설립이 가능하게 되어 신규창업을 통한 서비스 산업이 활성화될 것이다.

| 표 8-17 | 협동조합기본법의 법 시행에 따른 변화와 기대효과

구분	법 시행 전	법 시행 후	기대효과
법령 (설립분야)	농협, 수협 등 8개 분야에 한정된 개별법	모든 분야를 포괄하는 일반법	• 협동조합기본법 • UN '협동조합의 해'에 맞춰 법 제정(2012년) • 개도국 파급효과(일본 등 도입 못함)
법인격	법인격 부재 회사(상법), 사단법인(민법) 형태로 사업	법인격 부여 (영리, 비영리법인)	• '대안적 기업모델' 도입 • 4,000~8,000단체 이상 법인격획득(초기)
최소설립인원 (조합원수 기준)	100~1,000인 이상	5인 이상	• 다양한 협동조합 설립 활성화 • 경제 사회적 파급효과
복지정책	'복지'와 '일자리' 정책 연계성 한계	'복지정책' 보완	• '일하는 복지' 구현 • 복지사업 보완(사회적기업, 자활 등) 복지전달체계 개선
신규창업 (일자리)	설립제한 (협동조합 설립제한)	사실상 모든 경제사회분야 설립	• 소액, 소규모 창업활성화(청년 창업 등) • 새로운 일자리 창출 • 다양한 경제수요 충족
노동자협동조합 (조합원-직원)	설립제한	설립가능	• 청소, 택배, 퀵서비스, 재활용, 대리운전 등 협동조합 설립
특수형태 근로자 보호	특수형태 근로자 보호 취약(법인격단체 설립제한)	특수형태 근로자협동조합 설립가능	• 캐디, 학습지교사, 돌봄근로자 등 보호 강화(4대보험 혜택 등)
자영업자 경쟁력 제고 (영세상인, 상공인 등)	자영업자 간 법인격단체 설립제한	자영업자(개인, 법인) 협동조합 설립가능	• 자영업자 경쟁력 제고 (협력, 협업, 공동구매 등) • 재래시장상인 지원 • 지역경제 활성화 등

자료: 협동조합 홈페이지(https://www.coop.go.kr)

마. 협동조합 설립 절차

1) 일반협동조합 설립 절차

일반협동조합은 5인 이상의 발기인(조합원)이 모여 중앙부처의 장에게 인가 및 설립등기를 거쳐 설립할 수 있다.

▎표 8-18 ▎일반협동조합 설립 절차도

설립 절차	내용
1. 발기인 모집	5인 이상의 조합원 자격을 가진 자(자연인, 법인)
2. 정관작성	발기인이 작성, 발기인 전원 기명날인
3. 설립동의자 모집	발기인에게 설립동의서 제출
4. 창립총회 공고	창립총회 개최 7일 전까지
5. 창립총회 개최	창립총회의사록 작성
6. 사무인수인계	발기인 → 주사무소 소재지 관할 시 · 도지사
7. 신고확인증 발급	신고를 받은 날부터 20일 이내, 시 · 도지사 → 발기인
8. 설립사무의 인계	발기인 → 이사장으로의 인계
9. 출자금 납입	조합원 → 이사장
10. 설립등기	주된 사무소 소재지 관할 등기소
11. 출자금 납입	주된 사무소 소재지 관할 세무서
12. 협동조합 설립	협동조합 설립

▎표 8-19 ▎일반협동조합 정관 필수기재사항(정관작성)

- 목적
- 명칭 및 주된 사무소의 소재지
- 조합원의 가입, 탈퇴 및 제명에 관한 사항
- 명칭 및 주된 사무소의 소재지
- 출자 1좌의 금액과 납입방법 및 시기, 조합원의 출자좌수 한도
- 조합원의 권리와 의무에 관한 사항
- 잉여금과 손실금의 처리에 관한 사항

- 적립금의 적립방법 및 사용에 관한 사항
- 사업의 범위 및 회계에 관한 사항
- 기관 및 임원에 관한 사항
- 공고의 방법에 관한 사항
- 해산에 관한 사항
- 출자금의 양도에 관한 사항
- 그 밖의 총회, 이사회 운영 등에 필요한 사항
- 의료기관 소재지(의료복지사회적협동조합에 한함)

표 8-20 일반협동조합 필수제출서류(설립신고)

- 설립신고서
- 정관 사본
- 창립총회 개최 공고문
- 창립총회의사록 사본
- 임원명부
- 사업계획서
- 수입지출예산서
- 출자 1좌당 금액과 조합원 또는 회원별로 인수하려는 출자좌를 적은 서류(출자자명부)
- 발기인 및 설립동의자 명부
- 합병 또는 분할을 의결할 총회의사록(합병 · 분할로 설립하려는 경우에만 제출)
- 공고의 방법에 관한 사항
- 해산에 관한 사항
- 출자금의 양도에 관한 사항
- 그 밖의 총회, 이사회 운영 등에 필요한 사항
- 의료기관 소재지(의료복지사회적협동조합에 한함)

2) 사회적협동조합 설립 절차

사회적협동조합은 5인 이상의 발기인(조합원)이 모여 중앙부처의 장에게 인가 및 설립등기를 거쳐 설립할 수 있다.

| 표 8-21 | 사회적협동조합 설립 절차도

설립 절차	내용
1. 발기인 모집	5인 이상의 조합원 자격을 가진 자(자연인, 법인)
2. 정관작성	발기인이 작성, 발기인 전원 기명날인
3. 설립동의자 모집	발기인에게 설립동의서 제출
4. 창립총회 공고	창립총회 개최 7일 전까지
5. 창립총회 개최	창립총회의사록 작성
6. 설립인가 신청	발기인 → 주사업 소관 중앙행정기관
7. 인가증 발급	인가신청받은 날로부터 60일 이내, 소관부처 → 발기인
8. 설립사무의 인계	발기인 → 이사장으로의 인계
9. 출자금 납입	조합원 → 이사장
10. 설립등기	주된 사무소 소재지 관할 등기소
11. 사업자등록	주된 사무소 소재지 관할 세무서
12. 사회적협동조합 설립	사회적협동조합 설립

| 표 8-22 | 사회적협동조합 정관 필수기재사항(정관작성)

- 목적
- 명칭 및 주된 사무소의 소재지
- 조합원의 가입, 탈퇴 및 제명에 관한 사항
- 명칭 및 주된 사무소의 소재지
- 출자 1좌의 금액과 납입방법 및 시기, 조합원의 출자좌 수 한도
- 조합원의 권리와 의무에 관한 사항
- 잉여금과 손실금의 처리에 관한 사항
- 적립금의 적립방법 및 사용에 관한 사항
- 사업의 범위 및 회계에 관한 사항

- 기관 및 임원에 관한 사항
- 공고의 방법에 관한 사항
- 해산에 관한 사항
- 출자금의 양도에 관한 사항
- 그 밖의 총회, 이사회 운영 등에 필요한 사항
- 의료기관 소재지(의료복지사회적협동조합에 한함)

표 8-23 | 사회적협동조합 필수제출서류(설립신고)

- 설립인가신고서
- 정관 사본
- 창립총회 개최 공고문
- 창립총회의사록 사본
- 임원명부와 임원약력(이력서) 각 1부
- 사업계획서
- 수입 · 지출예산서
- 출자 1좌당 금액과 조합원 또는 회원별로 인수하려는 출자좌를 적은 서류(출자자명부)
- 발기인 및 설립동의자 명부
- 주 사업의 내용이 설립인가 기준을 충족함을 증명하는 서류
- 합병 또는 분할을 의결한 총회의사록 사본(합병 · 분할로 설립하려는 경우에만 제출)

3) 연합회 설립 절차

협동조합연합회는 협동조합의 공동이익을 도모하기 위하여 셋 이상의 협동조합이 발기인이 되어 설립한 협동조합의 연합회이다. 사회적협동조합연합회는 사회적협동조합의 공동이익을 도모하기 위하여 셋 이상의 사회적협동조합이 발기인이 되어 설립한 사회적협동조합의 연합회이다.

이종협동조합연합회는 협동조합기본법에 따라 설립한 협동조합 또는 사회적협동조합, 개별법(생협, 신협)에 따라 설립한 조합의 공동이익을 도모하기 위하여 다섯 이상의 기본법 또는 개별법 조합이 발기인이 되어 설립한 연합회이다.

협동조합연합회는 영리법인이며, 사회적협동조합연합회는 비영리법인이다. 이종협동조합

연합회는 연합회의 성격에 따라 영리법인 또는 비영리법인을 정하면 된다.

표 8-24 | 연합회 설립 절차

협동조합연합회	사회적협동조합연합회	이종협동조합연합회
1. 발기인 모집(3개 이상 협동조합)	1. 발기인 모집(3개 이상 사회적협동조합)	1. 발기인 모집(5개 이상 조합)
2. 정관작성	2. 정관작성	2. 정관작성
3. 설립동의 협동조합 모집	3. 설립동의 사회적협동조합 모집	3. 설립동의 조합 모집
4. 창립총회	4. 창립총회	4. 창립총회
5. 설립신고(기획재정부 장관)	5. 설립인가 신청(기획재정부 장관)	5. 설립인가 신청(기획재정부 장관)
6. 회장에게 사무 인계	6. 신청일로부터 60일 이내 인가 여부 결정	6. 신청일로부터 60일 이내 인가 여부 결정
7. 출자금 납입	7. 회장에게 사무 인계	7. 회장에게 사무 인계
8. 설립등기	8. 출자금 납입	8. 출자금 납입
	9. 설립등기	9. 설립등기
〈총 8단계를 거쳐 설립〉 일반협동조합연합회 창립총회의 의사는 과반수 출석과 출석자 2/3이상의 찬성으로 의결하면 된다. 그 밖의 설립에 관한 사항은 협동조합 설립 절차를 준용한다.	〈총 9단계를 거쳐 설립〉 사회적협동조합연합회 창립총회의 의사는 과반수 출석과 출석자 2/3 이상의 찬성으로 의결한다. 그 밖의 설립에 관한 사항은 사회적협동조합 설립 절차를 준용한다.	〈총 9단계를 거쳐 설립〉 이종협동조합연합회 창립총회의 의사는 과반수 출석과 출석자 2/3이상의 찬성으로 의결한다.

자료: 협동조합 홈페이지(https://www.coop.go.kr)

4) 조직변경을 통한 협동조합 설립 절차

'조직변경'이란 회사가 법인격의 동일성을 유지하면서 법률상 조직을 변경하여 다른 종류의 회사로 변경되는 것을 의미한다.

기존의 협동조합, 「민법」에 따라 설립된 비영리법인 및 법인 등과 조직이 변경된 사회적협동조합은 권리 · 의무 관계에 있어서 같은 법인으로 간주된다. 이에 따라 각종 인 · 허가, 사회적기업인증, 사업실적 등 기존법인이 받았던 업력은 그대로 인정된다.

표 8-25 | 조직변경 절차 개요

절차	조직변경 절차 개요
1	재무제표 준비, 조직변경 세부유형 결정
2	정관안, 출자금총액 결정, 지분정리, 사내유보금정리, 사채상환완료, 설립최소기준 구비, 관계행정기관의 인 · 허가
3	총회 소집결정 · 청구, 총회 소집통지 · 공고
4	총회 결의사항 정관출자금, 기타 조직변경에 필요한 사항
5	채권자보호절차 조직변경 신고 및 인가신청
6	설립 · 해산등기, 사업자등록증 변경신청

바. 협동조합 창업지원

1) 사업목표

협동조합 창업지원의 사업목표는 다음과 같다. 협동조합의 진출이 기대되는 정책 분야의 특화 창업을 활성화한다. 협동조합 창업을 통해 다양한 분야에서의 청년 등의 일자리를 창출한다. 선배 협동조합 연계를 통해 협동조합의 정체성을 담은 창업 생태계를 조성한다. 창업 이후 후속지원 프로그램을 제공하여 지속가능한 협동조합의 성장을 지원한다.

2) 신청자격

신청자격은 협동조합기본법에 따른 법인을 신규설립 · 조직변경하려는 팀이다. 법인 유형에는 협동조합, 사회적협동조합, 협동조합연합회, 사회적협동조합연합회, 이종협동조합연합회 등이 있다.

3) 지원내용

창업지원으로 창업팀 대상 협동조합형 인큐베이팅 및 사업비를 지원한다.

| 표 8-26 | 창업지원 내용

구분	창업지원 내용
조직화	협동조합 원칙과 가치에 부합하는 창업팀(발기인 모임) 만들기 지원
사업설계	아이디어 구체화를 통한 비즈니스 모델 수립지원
법인설립	정관 · 사업계획서 등 서류 작성, 창립총회 개최 등 코칭지원
사업비	시제품, 시범사업 제작비용, 법인설립 초기 비용 등

후속지원으로 기창업팀 대상 교육, 멘토링, 협업프로젝트 등 맞춤형 후속지원을 한다.

| 표 8-27 | 창업 후속지원 내용

구분	창업 후속지원 내용
일반지원	경영애로사항 해결을 위한 상담창구 및 교육 운영
전문지원	경영전략, 자원확보 등 전문가 멘토링 제공
협업지원	2개 이상의 협동조합 간의 협업프로젝트 지원

사. 협동조합 운용

1) 일반협동조합 운용

| 표 8-28 | 일반협동조합 운용

구분	일반협동조합 운용
1. 기관	• 협동조합은 기관으로 총회/대의원총회/이사회를 두고 있다. • 총회는 모든 협동조합이 필수적으로 설치해야 하는 기관이고, 대의원총회는 조합원수가 200인 이상인 협동조합에서 총회를 대신해서 설치 여부를 선택할 수 있는 기관이다. • 이사회는 조합원수가 10인 이하인 경우 총회의 의결로 두지 않을 수 있다.
2. 조합원	• 협동조합의 설립목적에 동의하고 조합원으로서의 의무를 다하고자 하는 자는 모두 조합원이 될 수 있다. • 협동조합 조합원은 자연인이 아니라 법인도 될 수 있다. • 조합원의 권리는 ① 조합원이 조합의 구성원으로서 조합의 권리 운영에 참여하는 것을 내용으로 하는 권리와 ② 조합원이 조합으로부터 개인적으로 경제적 이익을 받는 것을 내용으로 하는 권리가 있다.
3. 임원	• 협동조합은 임원은 이사장(1명), 이사(이사장을 포함한 3명 이상), 감사(1명 이상)를 말한다. 협동조합기본법상 협동조합은 임원의 자격과 관련하여 특별한 제한을 두지 않기 때문에 비조합원이 임원이 될 수 있다. • 임원은 해당 협동조합의 직원을 겸식할 수 없으나 ① 조합원의 3분의 2 이상이 직원이고 조합원인 직원이 전체 직워이 3부의 2 이상인 협동조합(이른바 '직원협동조합') ② 조합원수가 10인 이하인 협동조합의 경우에 예외적으로 겸직을 허용하고 있다.
4. 사업	• 협동조합은 설립목적에 따라 필요한 사업을 자율적으로 정할 수 있지만 한국표준산업분류에 의한 금융 및 보험업을 영위하는 것은 엄격히 금지된다. • 또한 관계법령이 정하는 목적, 요건, 절차, 방법에 등에 따라 적법하고 타당하게 시행되어야 한다. • 모든 협동조합은 조합원에 대한 교육 및 상담, 협동조합 간 협력, 지역사회 기여 등 3가지 사업은 필수적으로 정관에 포함해야 한다.
5. 사업의 이용	• 조합원은 당연히 협동조합의 사업을 이용할 수 있다. • 다만, 협동조합의 유형에 따라 다양한 형태의 사업 이용이 나타날 수 있다. • 조합원의 이용에 지장이 없는 범위에서 비조합원에게 사업을 이용하게 할 수 있다.

6. 회계	• 매 회계연도 결산결과 손실금이나 잉여금 발생시 손실금은 ① 미처분이월금, ② 임의적립금, ③ 법정적립금 순으로 보전하고, 보전 후에도 부족이 있으면 ④ 다음 회계연도로 이월한다. • 잉여금 발생시에는 ① 이월손실금 보전, ② 법정적립금, ③ 임의적립금 순서대로 처리한다. • 법정적립금은 자기자본의 3배가 될 때까지 잉여금의 10% 이상을 적립하여야 하며, 손실보전 및 해산의 경우 이외에는 사용할 수 없다. • 임의적립금은 정관으로 정하며 배당을 할 때 협동조합 사업이용실적에 따른 배당은 전체 배당액의 50% 이상이어야 하고, 납입출자액에 대한 배당은 납입출자금의 10%를 초과할 수 없다.

자료: 협동조합 홈페이지(https://www.coop.go.kr)

2) 사회적협동조합 운용

| 표 8-29 | 사회적협동조합 운용

구분	사회적협동조합 운용
1. 기관	• 협동조합은 기관으로 총회/대의원총회/이사회를 두고 있다. • 총회는 모든 협동조합이 필수적으로 설치해야 하는 기관이고, 대의원총회는 조합원수가 200인 이상인 협동조합에서 총회를 대신해서 설치 여부를 선택할 수 있는 기관이다. • 이사회는 조합원수가 10인 이하인 경우 총회의 의결로 두지 않을 수 있다.
2. 조합원	• 협동조합의 설립목적에 동의하고 조합원으로서의 의무를 다하고자 하는 자는 모두 조합원이 될 수 있다. • 협동조합 조합원은 자연인이 아니라 법인도 될 수 있다. • 조합원의 권리는 ① 조합원이 조합의 구성원으로서 조합의 권리 운영에 참여하는 것을 내용으로 하는 권리와 ② 조합원이 조합으로부터 개인적으로 경제적 이익을 받는 것을 내용으로 하는 권리가 있다.
3. 임원	• 협동조합은 임원은 이사장(1명), 이사(이사장을 포함한 3명 이상), 감사(1명 이상)를 말한다. 협동조합기본법상 협동조합은 임원의 자격과 관련하여 특별한 제한을 두지 않기 때문에 비조합원이 임원이 될 수 있다. • 임원은 해당 협동조합의 직원을 겸직할 수 없으나 ① 조합원의 3분의 2 이상이 직원이고 조합원인 직원이 전체 직원이 3분의 2 이상인 협동조합(이른바 '직원협동조합') ② 조합원수가 10인 이하인 협동조합의 경우에 예외적으로 겸직을 허용하고 있다.

<table>
<tr><td>4. 사업</td><td>

• 협동조합의 경우와 마찬가지로 사회적협동조합도 금융 및 보험업을 영위할 수 없다.
• 그럼에도 불구하고 사회적협동조합은 주사업 이외의 사업으로 정관이 정하는 바에 따라 조합원을 대상으로 납입출자금 2/3 한도 내에서 소액대출을 할 수 있고, 납입출자금의 총액 한도 내에서 상호부조를 할 수 있다.

<table>
<tr><th>구분</th><th>일반협동조합</th><th>사회적협동조합</th></tr>
<tr><td>사업</td><td>업종 및 분야 제한 없음
–금융, 보험업 제외</td><td>공익 사업 40% 이상 수행
–지역사회공헌, 지역주민 권익증진
–취약계층 사회서비스 제공
–취약계층 일자리 제공
–공공기관 위탁사업
–기타 공익을 위한 사업</td></tr>
<tr><td>소액대출</td><td>불가능</td><td>조합원 대상
–납입출자금 2/3 한도</td></tr>
<tr><td>상호부조</td><td>불가능</td><td>조합원 대상
–상호부조회비 적립금 내</td></tr>
</table>

</td></tr>
<tr><td>5. 사업의 이용</td><td>• 조합원은 당연히 사회적협동조합의 사업을 할 수 있다.
• 또한 사회적협동조합은 ① 소액대출 및 상호부조사업, ② 의료기관을 개설한 사회적협동조합의 보건·의료사업을 제외하고 정관으로 정하는 바에 따라 비조합원에게 그 사업을 이용하게 할 수 있다.
• 보건·의료사업을 하는 사회적협동조합은 총공급의 50% 범위에서 비조합원에게 보건·의료서비스의 제공이 가능하다.</td></tr>
<tr><td>6. 회계</td><td>• 매 회계연도 결산결과 손실금이나 잉여금 발생시 손실금은 ① 미처분이월금, ② 임의적립금, ③ 법정적립금 순으로 보전하고, 보전 후에도 부족이 있으면 ④ 다음 회계연도로 이월한다.
• 잉여금 발생시에는 ① 이월손실금 보전, ② 법정적립금, ③ 임의적립금 순서대로 처리한다. 그러나 협동조합과 달리 사회적협동조합은 잉여금의 30% 이상을 법정적립금으로 적립하여야 하고, 남은 잉여금을 모두 임의적립금으로 적립하게 하여 조합원 배당을 아예 금지하고 있다.</td></tr>
<tr><td>7. 운영의 공개</td><td>• 협동조합은 결산결과 등 운영 사항을 공개하여야 한다.
• 협동조합은 협동조합의 채권자 및 조합원이 열람하거나, 사본을 청구할 수 있도록 정관, 규약, 규정, 총회 및 이사회의사록, 회계장부, 조합원명부 등의 서류를 주된 사무소에 비치하여야 한다. 이때 소모되는 비용은 실비의 범위 안에서 청구인이 부담한다.
• 사회적협동조합은 주요 경영공시자료를 결산일로부터 4개월 이내에 기획재정부 또는 사회적협동조합연합회 홈페이지에 게재하여야 한다.</td></tr>
</table>

구분	일반협동조합	사회적협동조합
적립금	잉여금의 10/100 이상 적립	잉여금의 30/100 이상 적립
소액대출	배당가능	배당금지

8. 감독	• 관계중앙행정기관의 장은 사회적협동조합의 업무를 감독하고 감독상 필요한 명령을 할 수 있다. • 사회적협동조합에 대한 관계중앙행정기관장의 감독 권한에는 업무재산 검사권, 시정조치 명령권, 자료제출 요구권, 설립인가 취소권 등이 있다.

자료: 협동조합 홈페이지(https://www.coop.go.kr)

3) 협동조합연합회 운용

▎표 8-30 ▎협동조합연합회 운용

구분	협동조합연합회 운용
1. 기관의 운영	• 연합회의 최종 의사결정기관은 총회이다. • 연합회의 총회는 회장과 회원으로 구성되며, 회원 협동조합이 200개 이상인 연합회는 대의원총회를 두어 총회를 갈음할 수 있다. • 연합회의 임원은 이사와 감사로 구성된다. • 임원은 총회에서 회원 협동조합에 속한 조합원 중에서 선출한다. • 그 밖에 기관 운영에 관한 사항은 단위 협동조합의 기관 운영에 준해서 이루어진다.
2. 사업	• 연합회는 회원에 대한 ① 지도, 지원, 연락 및 조정, ② 회원에 속한 조합원 및 직원에 대한 상담, 교육, 훈련 및 정보제공, ③ 회원의 사업에 관한 조사, 연구 및 홍보 등 3가지 사업은 반드시 하여야 한다. • 그러나 금융 및 보험업을 영위하는 것은 금지되며, 관계법령에 인 · 허가 사항이 있으면 사업 개시 전에 반드시 인 · 허가를 얻어야 한다. • 다만, ① 회원수가 10인 이상이고, ② 출자금 납입총액이 1억원 이상인 연합회는 회원들의 상부상조를 위한 공제사업을 할 수 있으며, 이 경우 기획재정부 장관의 인가를 받아야 한다. • 연합회의 사업은 원칙적으로 회원인 협동조합만 이용할 수 있으나, 회원의 이용에 지장이 없는 범위에서 비회원 사업을 이용할 수 있다.
	• 연합회가 사업을 하다가 손실이 발생하면, ① 미처분이월금, ② 임의적립금, ③ 법정적립금 순으로 보전하고, 보전 후에도 부족이 있으면 ④ 다음 회계연도로 이월한다.

3. 회계	• 반면 잉여금이 발생하였다면 ① 이월손실금 보전, ② 법정적립금, ③ 임의적립금, ④ 배당의 순으로 처리한다. • 법정적립금은 손실보전 및 해산의 경우 이외에는 사용할 수 없으며, 자기자본의 3배가 될 때까지 적립하여야 한다. • 협동조합연합회의 경우는 잉여금의 10% 이상을 적립하고, 사회적협동조합연합회의 경우는 잉여금의 30% 이상을 적립하여야 한다. • 사회적협동조합연합회는 배당이 금지되지만, 협동조합연합회의 경우는 임의적립 이후에는 잉여금이 남았을 때 회원 협동조합에게 배당을 할 수 있다. • 배당을 할 때에는 전체 배당액의 50% 이상을 연합회의 사업이용실적에 따라 먼저 배당하여야 하며, 그 이후에 납입출자액에 따른 배당을 할 수 있다. • 다만, 납입출자액에 대한 배당을 할 때도 납입출자액의 10%를 넘을 수 없다.
4. 운영의 공개	• 연합회는 결산결과 등 운영사항을 적극 공개하여야 한다. • 모든 연합회는 ① 정관 규약 규정, ② 총회이사회의사록, ③ 회계장부, ④ 조합원명부 등을 주된 사무소에 비치하고, 채권자 또는 회원이 앞의 서류를 열람하거나 복사하는 것을 허용하여야 한다. • 전체 회원 조합에 속한 조합원 총수가 200명 이상이거나 직전 사업연도의 결산보고서에 적힌 자기자본이 30억원 이상인 협동조합연합회 및 모든 사회적협동조합연합회의 의무사항이다. • 공시의무가 있는 연합회는 기획재정부 또는 연합회의 홈페이지에 주요경영공시 자료를 게재하여야 한다.
5. 감독	• 기획재정부 장관은 사회적협동조합연합회의 업무를 감독하고 감독상 필요한 명령을 할 수 있다. • 사회적협동조합연합회에 대한 기획재정부 장관의 감독 권한에는 업무재산 검사권, 시정조치 명령권, 자료제출 요구권, 설립인가 취소권 등이 있다.

자료: 협동조합 홈페이지(https://www.coop.go.kr)

4) 협동조합 변경신고

가) 협동조합 및 협동조합연합회 변경신고

① 명칭, 이사장(회장), 주된 사무소의 소재지 변경, ② 임원 변경, ③ 정관 변경의 경우 협동조합은 주된 사무소의 소재지를 관할하는 시 · 도지사에게, 협동조합연합회는 기획재정부 장관에게 변경신고를 하여야 한다(시행규칙 별지 제7호 서식).

표 8-31 | 협동조합 및 협동조합연합회 변경신고

단계		내용
1단계	총회의 의결	총회의결사항에 대해 총회 개최 및 총회의사록 작성
2단계	변경신고	• (협동조합) 주된 사무소의 소재지를 관할하는 시 · 도지사에게 신고 • (협동조합연합회) 기획재정부 장관에게 신고
3단계	변경신고확인증 발급	발급기간에 대한 법령상 규정은 없으나 신고일로부터 10일 이내 변경신고확인증 발급 ※ 명칭, 이사장(회장), 주된 사무소의 소재지를 변경한 경우 발급하며, 그 외의 변경신고 수리는 공문으로 처리
4단계	변경등기	법 제61조 제2항 각 호의 사항이 변경되면 주된 사무소 및 해당 지사무소의 소재지에서 각각 21일 이내 등기

표 8-32 | 변경신고 사항 및 추가 첨부서류(시행규칙 제6조 제2항)

구분	내용
① 명칭, 이사장(회장), 주된 사무소의 소재지 변경	가. 신고확인증 1부 나. 명칭 변경시 정관 변경 첨부서류 각 1부 다. 이사장(회장) 변경시 임원 변경 첨부서류 각 1부 라. 주된 사무소의 소재지 변경시 정관 변경 첨부서류 각 1부(정관상 세부 주소를 기재한 경우)
② 임원 변경	가. 임원명부 나. 임원선출을 의결한 총회의사록 1부
③ 정관 변경	가. 정관 중 변경하려는 사항을 적은 경우 나. 정관 변경을 의결한 총회의사록 1부 다. 정관 변경 후의 사업계획서와 수입 · 지출예산서 1부(사업계획이 변경되어 정관을 변경하려는 경우) 라. 재무상태표와 출자감소의 의결, 채권자 공고 및 이의신청의 처리 등의 사실관계를 정명할 수 있는 서류 각 1부(출자 1좌당 금액 감소에 따라 정관을 변경하려는 경우)

표 8-33 | 변경등기 사항(법 제61조 제2항)

① 정관의 목적, 명칭 및 주된 사무소의 소재지
② 출자 총좌수와 납입한 출자금의 총액
③ 설립인가 연월일
④ 임원의 성명 · 주민등록번호 및 주소
(임원이 법인인 경우 법인의 명칭, 법인등록번호 및 주소)
※ ②의 경우 회계연도 말을 기준으로 그 회계연도가 끝난 후 3개월 이내 등기

나) 사회적협동조합 및 사회적협동조합연합회 정관 변경 인가

정관 변경의 경우 사회적협동조합은 소관 중앙행정기관의 장에게, 사회적협동조합연합회는 기획재정부 장관에게 인가를 신청하여야 한다(시행규칙 별지 제22호 서식).

표 8-34 | 사회적협동조합 및 사회적협동조합연합회 정관 변경 인가

단계		내용
1단계	총회의 의결	총회의결사항에 대해 총회 개최 및 총회의사록 작성
2단계	정관 변경 인가신청	• (사회적협동조합) 소관 중앙행정기관의 장에게 인가신청 • (사회적협동조합연합회) 기획재정부 장관에게 인가신청
3단계	정관 변경 인가	발급기간에 대한 법령상 규정은 없으나 신청일로부터 10일 이내 공문으로 처리
4단계	변경등기	법 제61조 제2항 각 호의 사항이 변경되면 주된 사무소 및 해당 지사무소의 소재지에서 각각 21일 이내 등기

표 8-35 | 변경인가 사항 및 추가 첨부서류(시행규칙 제16조)

정관 변경	가. 정관 중 변경하려는 사항을 적은 서류 1부 나. 정관 변경을 의결한 총회의사록 1부 다. 정관 변경 후의 사업계획서와 수입 · 지출예산서 1부(사업계획이 변경되어 정관을 변경하려는 경우) 라. 재무상태표와 출자감소의 의결, 채권자 공고 및 이의신청의 처리 등의 사실관계를 증명할 수 있는 서류 각 1부 (출자 1좌당 금액 감소에 따라 정관을 변경하려는 경우)

❙ 표 8-36 ❙ 변경등기 사항(법 제61조 제2항)

① 정관의 목적, 명칭 및 주된 사무소의 소재지
② 출자 총좌수와 납입한 출자금의 총액
③ 설립인가 연월일
④ 임원의 성명 · 주민등록번호 및 주소(임원이 법인인 경우 법인의 명칭, 법인등록번호 및 주소)
※ ②의 경우 회계연도 말을 기준으로 그 회계연도가 끝난 후 3개월 이내 등기

아. 협동조합 해산절차

1) 일반협동조합(연합회) 해산절차

'해산'이란 협동조합 및 협동조합연합회가 본래의 활동을 정지하고 청산절차로 들어가는 것으로, 법인격은 해산과 동시에 소멸되는 것이 아니며 청산종결 전까지 존속하다가 청산절차가 종료된 때에 비로소 소멸하게 된다.

정관으로 정한 해산사유가 발생할 때 총회의 의결, 즉 총 조합원(연합회의 경우 회원) 과반수의 출석과 출석자 2/3 이상의 찬성으로 해산을 의결한다. 또는 합병 · 분할 또는 파산시 해산을 의결한다.

❙ 표 8-37 ❙ 일반협동조합(연합회) 해산절차

단계		내용
1단계	해산신고	• 협동조합이 해산한 때에는 14일 이내 시 · 도지사에게 신고하여야 하며, 협동조합연합회는 기획재정부 장관에게 신고 • 시 · 도지사 및 기획재정부 장관은 해산신고서(시행규칙 제14호 서식) 접수 후 7일 이내 '해산신고확인증' 발급 * 해산을 결의한 총회의사록 또는 정관으로 정한 해산사유의 발생을 증명하는 서류 첨부
2단계	해산 및 청산인취임 등기	• 협동조합 및 협동조합연합회가 해산한 경우('해산신고확인증'을 발급받은 날) 주된 사무소의 소재지에서 14일 이내, 지사무소의 소재지에서는 21일 이내 해산 및 청산인취임 등기 • 파산으로 인한 경우 외에는 이사장이 청산인이 되지만, 총회에서 다른 사람을 청산인으로 선임가능

		• 시 · 도지사(기획재정부 장관)는 협동조합(협동조합연합회)가 해산 및 청산인취임 등기를 한 후 행정정보의 공동이용을 통하여 법인등기사항증명서 확인
3단계	재산처분 총회의결	• 청산인취임 • 협동조합의 재산상태 조사 • 재산목록 및 재무상태표 작성 • 재산처분의 방법을 정하여 총회의 승인을 받음 * 총 조합원(연합회의 경우 회원) 과반수의 출석과 출석자 과반수의 찬성으로 의결
4단계	청산사무의 수행 및 종결	• 청산계획이 총회에서 의결되면 청산인은 채권추심, 채무변제 등 청산사무 수행
5단계	결산보고서 총회의결	• 청산사무가 종결되면 청산인은 지체없이 결산보고서를 작성하여 총회의 승인을 받음 * 총 조합원(연합회의 경우 회원) 과반수의 출석과 출석자 과반수의 찬성으로 의결
6단계	청산종결등기	• 청산이 끝나면 청산인은 주된 사무소의 소재지에서는 14일 이내, 지사무소의 소재지에서는 21일 이내 청산종결등기 * 신청서에는 청산사무 종결 관련 결산보고서의 승인을 증명하는 서류 첨부

2) 사회적협동조합(연합회) 해산절차

'해산'이란 사회적협동조합 및 사회적협동조합연합회가 본래의 활동을 정지하고 청산절차로 들어가는 것으로, 법인격은 해산과 동시에 소멸되는 것이 아니며 청산종결 전까지 존속하다가 청산절차가 종료된 때에 비로소 소멸하게 된다.

정관으로 정한 해산사유가 발생할 때 총회의 의결, 즉 총 조합원 과반수(연합회의 경우 회원)의 출석과 출석자 2/3 이상의 찬성으로 해산을 의결한다. 또한 합병 · 분할 또는 파산, 설립인가의 취소시 해산을 한다.

| 표 8-38 | 사회적협동조합(연합회) 해산절차

단계		내용
1단계	해산신고	• 사회적협동조합이 해산한 때에는 14일 이내 소관 중앙행정기관의 장에게 신고하여야 하며, 사회적협동조합연합회는 기획재정부 장관에게 신고 • 소관 중앙행정기관의 장 및 기획재정부 장관은 해산신고서(시행규칙 제28호 서식)* 접수 후 7일 이내 '해산신고확인증' 발급 * 해산 당시의 재산목록, 잔여재산 처분방법의 개요를 적은 서류, 해산 당시의 정관(사본), 해산을 결의한 총회의사록(사본) 첨부
2단계	해산 및 청산인취임 등기	• 사회적협동조합 및 사회적협동조합연합회가 해산한 경우('해산신고확인증'을 발급받은 날) 주된 사무소의 소재지에서 14일 이내, 지사무소의 소재지에서는 21일 이내 해산 및 청산인취임 등기 • 파산으로 인한 경우 외에는 이사장이 청산인이 되지만, 총회에서 다른 사람을 청산인으로 선임가능 • 소관 중앙행정기관의 장(기획재정부 장관)은 사회적협동조합(사회적협동조합연합회)이 해산 및 청산인취임 등기를 한 후 행정정보의 공동이용을 통하여 법인등기사항증명서 확인
3단계	재산처분 총회의결	• 청산인취임 • 사회적협동조합(사회적협동조합연합회)의 재산상태 조사 • 재산목록 및 재무상태표 작성 • 재산처분의 방법을 정하여 총회의 승인을 받음 * 총 조합원(연합회의 경우 회원) 과반수의 출석과 출석자 과반수의 찬성으로 의결
4단계	청산사무의 수행 및 종결	• 청산계획이 총회에서 의결되면 청산인은 채권추심, 채무변제 등 청산사무 수행 • 부채 및 출자금을 변제하고 잔여재산이 있을 때는 정관에 따라 다음 어느 하나에 귀속 * 상급 사회적협동조합연합회, 유사한 목적의 사회적협동조합, 비영리법인 · 공익법인, 국고
5단계	결산보고서 총회의결	• 청산사무가 종결되면 청산인은 지체없이 결산보고서를 작성하여 총회의 승인을 받음 * 총 조합원(연합회의 경우 회원) 과반수의 출석과 출석자 과반수의 찬성으로 의결
6단계	청산종결등기	• 청산이 끝나면 청산인은 주된 사무소의 소재지에서는 14일 이내, 지사무소의 소재지에서는 21일 이내 청산종결등기 * 신청서에는 청산사무 종결 관련 결산보고서의 승인을 증명하는 서류 첨부

요약&
결론

기업은 정부가 경영권을 가지고 있는 공기업과 민간이 경영권을 가진 사기업으로 나눌 수 있다. 사기업은 영리기업과 비영리기업으로 나눌 수 있다. 상법상 기업의 형태에는 개인기업과 법인기업이 있다. 법인기업에는 합명회사, 합자회사, 유한회사, 주식회사가 있다.

사업상 독립적으로 재화 또는 용역을 공급하는 사업자는 사업자등록을 하여야 한다. 사업자는 사업장마다 사업개시일부터 20일 이내에 사업장 관할 세무서장에게 사업자등록을 신청하여야 한다. 신규로 사업을 시작하려는 사람은 사업개시일 이전이라도 사업자등록을 신청할 수 있다.

개인사업자는 공급대가에 따라 간이과세자와 일반과세자로 구분되므로 자기에게 맞는 올바른 과세유형을 선택하여야 한다. 간이과세자는 연간 공급대가 예상액이 8,000만원 미만인 개인사업자이다. 동일한 사업자에게 2 이상의 사업장이 있는 경우로서 해당 사업자의 본점 등을 관할하는 세무서장에게 사업자단위과세자로 등록한 사업자는 그 사업자의 본점 등에서 총괄하여 신고납부 가능하다.

법인기업을 설립하는 경우는 개인기업 설립보다 복잡한 절차를 거쳐야 하며, 법인설립등기 및 사업자등록신청으로 설립한다. 법인기업은 주주 및 임원구성, 정관작성, 자본금 납입, 법인설립등기, 등록면허세 등 설립비용이 발생한다. 법인기업은 인 · 허가, 등록 등을 요하는 경우 추가적인 절차가 필요하다. 법인기업은 기업경영상 채무에 대해 출자금을 한도로 유한책임을 진다. 법인기업은 과점주주(50% 초과) 해당시 제2차 납세의무가 발생한다. 법인기업은 주식, 사채발행 등 자금조달이 용이하며, 개인기업에 비하여 기업공신력이 높다.

법인기업은 기업의 설립, 변경, 해산등기 등이 필요하며, 기업규모 확대시 외부 회계감사를 적용한다. 부가가치세 신고는 제1기 예정신고, 제1기 확정신고, 제2기 예정신고, 제2기 확정신고 등 3개월 과세대상기간을 대상으로 연 4회 실시한다. 영세 법인사업자는 예정고지 납부를 실시하며, 간이과세자 적용을 배제하고, 면세사업자는 사업장 현황신고를 하지 않는다.

사업자등록증이 발급되면 신용카드 매출발행을 위해 신용카드 가맹점 가입을 한다. 주로 사업자가 아닌 소비자에게 재화나 용역을 공급하는 사업자의 경우에는 현금영수증을 발행하여야 하므로 현금영수증 의무가입대상인지 여부를 확인하여 현금영수증 발급가맹점 가입을 하여야 한다.

개인사업자로서 일정규모 이상의 복식부기의무자는 의무적으로 사업용 계좌를 개설하고 신고 및 사용을 하여야 하므로 사업자등록증 발행 후 사업용 계좌를 개설하고 「사업용 계좌 신고서」에 의해 신고하도록 한다.

법인사업자 및 일정규모 이상의 개인사업자는 매출발생시 전자세금계산서를 발급하여야 하므로, 공인인증서(전자세금계산서 발급용) 및 이메일을 준비하도록 한다.

사업자등록 이후에는 국세청 홈택스에 사업자회원가입을 하고, 신용카드 중 사업용으로 사용할 카드를 선정하여 홈택스에 사업용 신용카드를 등록하도록 한다.

근로자를 채용하는 경우 급여를 지급하면서 4대보험료를 납부하여야 하므로 적용대상 사업장이 된 날로부터 14일 이내에 사업장 적용신고서를 국민연금관리공단 등에 제출하거나 4대보험 포털사이트(www.4insure.or.kr)에 회원가입하여 전자신고하도록 한다.

협동조합은 재화 또는 용역의 구매 · 생산 · 판매 · 제공 등을 협동으로 영위함으로써 조합원들의 권익을 향상하고 지역사회에 공헌하는 사업조직이다. 협동조합의 사업범위는 공동의 목적을 가진 5인 이상이 모여 조직한 사업체로서 금융 및 보험을 제외한 그 사업의 종류에 제한이 없다. 협동조합의 의결권은 출자규모와 무관하게 1인 1표제이다. 협동조합의 책임범위는 조합원을 출자자산에 한정한 유한책임이다. 협동조합의 가입과 탈퇴는 자유롭다. 협동조합은 전체 배당액의 100분의 50 이상을 협동조합 사업이용실적에 따라 배당을 한다. 일반협동조합은 5인 이상의 발기인(조합원)이 모여 중앙부처의 장에게 인가 및 설립등기를 거쳐 설립할 수 있다. 사회적협동조합은 5인 이상의 발기인(조합원)이 모여 중앙부처의 장에게 인가 및 설립등기를 거쳐 설립할 수 있다. 협동조합연합회는 협동조합의 공동이익을 도모하기 위하여 셋 이상의 협동조합이 발기인이 되어 설립한 협동조합의 연합회이다. 사회적협동조합연합회는 사회적협동조합의 공동이익을 도모하기 위하여 셋 이상의 사회적협동조합이 발기인이 되어 설립한 사회적협동조합의 연합회이다. 이종협동조합연합회는 협동조합기본법에 따라 설립한 협동조합 또는 사회적협동조합, 개별법(생협, 신협)에 따라 설립한 조합의 공동이익을 도모하기 위하여 다섯 이상의 기본법 또는 개별법 조합이 발기인이 되어 설립한 연합회이다.

협동조합 창업지원의 사업목표는 다음과 같다. 협동조합의 진출이 기대되는 정책 분야의 특화 창업을 활성화한다. 협동조합 창업을 통해 다양한 분야에서의 청년 등의 일자리를 창출한다. 선배 협동조합 연계를 통해 협동조합의 정체성을 담은 창업 생태계를 조성한다. 창업

이후 후속지원 프로그램을 제공하여 지속가능한 협동조합의 성장을 지원한다.

'해산'이란 협동조합 및 협동조합연합회가 본래의 활동을 정지하고 청산절차로 들어가는 것으로, 법인격은 해산과 동시에 소멸되는 것이 아니며 청산종결 전까지 존속하다가 청산절차가 종료된 때에 비로소 소멸하게 된다. 정관으로 정한 해산사유가 발생할 때 총회의 의결, 즉 총 조합원 과반수(연합회의 경우 회원)의 출석과 출석자 2/3 이상의 찬성으로 해산을 의결한다. 또한 합병 · 분할 또는 파산, 설립인가의 취소시 해산을 한다.

Successful Startup 8

피터 틸의 창업 성공요인

벤처창업, 즉 스타트업에 성공하기 위해선 어떤 조건이 필요할까? 스타트업 성공 사업가이자 벤처 캐피털 투자자로 스탠퍼드대학 로스쿨을 졸업한 후, 전자결제시스템 회사 페이팔(PayPal)을 설립하여 온라인 상거래 시대를 열었던 인물 '피터 틸'의 창업 성공요인을 살펴보면 다음과 같다.

1) 창조의 순간도 단 한 번뿐이다

비즈니스 세계에서 모든 순간은 단 한 번밖에 일어나지 않는다. 앞으로 그 누구도 제2의 빌 게이츠나 제2의 마크 저커버그가 될 수는 없다. 기존의 모범사례를 따라 하고 점진적으로 발전해 봤자 세상은 1에서 n(수평적 진보)으로 익숙한 것이 하나 더 늘어날 뿐이다. 하지만 뭔가 새로운 것을 창조한다면 세상은 0에서 1(수직적 진보)이 된다. 〈제로 투 원〉은 그런 의미이다. 새로운 가치를 만들어내고, 그것이 획기적일수록 창조적인 독점기업으로 성장한다는 것으로 남들이 따라올 수 없는 회사로 바뀐다는 것이다. 피터 틸은 1999년 페이팔을 설립했다. 피터 틸은 기존과 다른 차별화된 마케팅을 시도하였다. 신규가입자에게 10달러를 무조건 지급하고, 친구를 소개할 때마다 10달러를 추가 지급하였다. 네트워크 효과를 겨냥한 전략이었다. 사용자(고객)의 기반을 대규모로 확보하고 나면, 고객 간의 거래에서 나오는 수수료 등의 수익이 창출될 것이라 본 것이다. 2006년 월스트리트저널에 페이팔이 5억 달러 가치의 기업으로 소개되면서, 여러 투자자로부터 많은 투자를 받게 되었다. 이러한 전략과 투자 덕분에 수십~수백만 명의 신규고객을 얻으며 수익 측면에서 기하급수적으로 성장하였다.

2) 경쟁하지 말고 독점하라

피터 틸은 규모만 크다고 가치 있는 것은 아니라고 주장하였다. 미국의 항공사들은 규모가 엄청나게 크다. 매년 수백만 명의 승객을 실어 나르면서 수천억 달러의 가치를 창출한다. 하지만 2012년 기준으로 편도요금 평균이 178달러인 데 반해, 항공사들이 승객 1인당 벌어들인 수익은 겨우 37센트에 불과하였다. 구글은 항공사들보다 적은 가치를 창출하지만, 보유가치는 훨씬 컸다. 2012년 구글은 500억 달러를 벌어들였지만(항공사: 1,600억 달러), 매출의 21%가 이익이었다. 이익률로 따지면 항공사들보다 100배나 높은 수익을 낸 셈이다. 그래서 구글의 현재가치는 미국의 모든 항공사의 가치를 합한 것보다 3배나 크다. 항공사들은 서로 경쟁하면서 이윤이 점차 줄고 있지만, 구글은 실질적인 경쟁자가 없기 때문이다. 피터 틸은 이를 경제학의 기본개념인 '완전경쟁'과 '독점'으로 설명한다. 공급과 수요가 균형을 이루는 완전경쟁하에서 모든 회사는 차별화되지 않은 제품을 판매하며, 어느 회사도 이윤을 창출할 수 없다는 것이다. 반대로 독점은 다른 회사들은 비슷한 제품을 내놓지 못할 만큼 경쟁자가 없어 그만큼 독보적인 기술, 차별화된 제품으로 지속적인 가치를 창출하며 이윤을 극대화할 수 있다. 즉, '창조적 독점'인 것이다.

창조적 독점기업의 공통점에는 무엇이 있을까? 첫째, 독자적 기술을 가져야 한다. 독자 기술이야말로 기업이 가질 수 있는 가장 실질적인 이점이다. 해당 제품을 복제하기가 어렵거나 불가능하기 때문이다. 둘째, 네트워크 효과를 발휘해야 한다. 더 많은 사람들이 사용할수록 해당 제품을 더 유용하게 만들어주기 때문이다. 네트워크 효과가 강력한 것이지만, 그 효과를 누리려면 초창기부터 사용자들에게 해당 제품이 가치가 있다는 것을 확인시켜야 한다. 셋째, 규모의 경제가 실현되어야 한다. 처음 디자인할 때부터 대규모로 성장할 장치를 만들어놔야 한다는 것이다. 현재 트위터의 사용자는 2억 5천만여 명으로 엄청난 규모이다. 트위터를 처음 만들 때 사용자가 늘어도 기본 모델은 거의 수정할 필요가 없도록 만든 것이다. 마지막으로 브랜드전략을 세워야 한다. 어느 회사든 자기 브랜드에 대해서는 독점권을 갖기 때문에, 튼튼한 브랜드를 구축하는 것은 독점기업이 될 수 있는 강력한 수단이다.

3) 스타트업의 성공요인

피터 틸은 스타트업을 7가지 질문으로 정리했다.

① 기술: 점진적 개선이 아닌 획기적 기술을 만들어낼 수 있는가?

② 시기: 이 사업을 시작하기에 지금이 적기인가?

③ 독점: 작은 시장에서 큰 점유율을 가지고 시작하는가?

④ 사람: 제대로 된 팀을 갖고 있는가?

⑤ 유통: 제품을 단지 만들기만 하는 것이 아니라 전할 방법을 갖고 있는가?

⑥ 존속성: 시장에서의 현재 위치를 향후 10년, 20년간 방어할 수 있는가?

⑦ 숨겨진 비밀: 다른 사람들은 보지 못하는 독특한 기회를 포착했는가?

이 질문들에 답하는 것은 어쩌면 스타트업뿐 아니라 기존사업들의 경쟁력을 점검하는 데에도 매우 유용하다. 성공한 기업과 사람들은 아무도 생각하지 못한 곳에서 새로운 가치를 찾아낸다. 반면 실패한 기업들은 비슷하다. 경쟁에서 벗어나지 못하는 것이다. 결국 새로운 제품을 만들어서 모든 사람에게 혜택을 주는 동시에 그 제품을 만든 사람은 지속가능한 이윤을 얻어야만 창조적인 독점기업으로 성장할 수 있다.

표 8-39 | 피터 틸의 창업 성공요인

구분	창업 성공요인
기술	점진적 개선이 아닌 획기적 기술을 만들어낼 수 있는가?
시기	이 사업을 시작하기에 지금이 적기인가?
독점	작은 시장에서 큰 점유율을 가지고 시작하는가?
사람	제대로 된 팀을 갖고 있는가?
유통	제품을 단지 만들기만 하는 것이 아니라 전할 방법을 갖고 있는가?
존속성	시장에서의 현재 위치를 향후 10년, 20년간 방어할 수 있는가?
숨겨진 비밀	다른 사람들은 보지 못하는 독특한 기회를 포착했는가?

자료: 피터 틸, 제로 투 원, 한국경제신문, 2015.

3부

소자본 창업경영 실행

9장 소자본 창업경영 실행

1절 창업 재무관리

1. 재무관리의 개념

재무관리는 경영학의 한 분야로서 기업이 필요한 자금을 어떻게 조달하고, 조달된 자금을 어떻게 사용할 것인가 하는 문제를 다룬다.

재무관리에 대한 정보는 기업의 재무제표인 재무상태표에 나타나 있다. 재무상태표란 기업의 일정시점의 재무상태, 즉 자산, 부채, 자본의 정보를 나타내고 있는 표이다. 재무상태표의 대변에는 기업의 자금조달에 대한 정보, 즉 부채와 자본의 정보를 나타내고 있고, 차변에는 조달된 자금의 운용, 즉 자산의 정보를 나타내고 있다.

표 9-1 재무상태표

차변	대변
자산	부채
	자본
자금의 운용 정보	자금의 조달 정보

2. 재무관리의 목표

재무관리의 목표는 기업가치의 극대화이다. 기업가치는 기업이 투자한 자산들의 가치의 합으로 기업이 어떤 자산에 투자하였는가와 관련이 있다. 기업가치는 기업이 가진 자산들이 벌어들일 미래수익의 크기와 미래수익의 불확실성에 따라 결정된다. 기업이 벌어들일 미래수익이 클수록 기업가치는 커지며, 미래수익의 불확실성 즉, 위험이 클수록 기업가치는 작아진다. 따라서 기업가치는 미래수익과 위험의 함수로 나타낼 수 있다.

기업가치 = f(미래수익, 위험)

기업가치의 정보는 기업의 재무상태표에서 확인할 수 있으며 재무상태표는,

자산 = 부채 + 자본

이므로 이를 기업가치 측면에서 재구성해보면,

기업가치 = 타인자본의 가치 + 자기자본의 가치

이므로 기업가치의 극대화는 타인자본의 가치, 즉 채권자의 가치의 극대화와 자기자본의 가치, 즉 주주의 가치의 극대화에 의하여 달성할 수 있다.

자기자본의 극대화는 기업가치에 비례하여 변하는 청구권을 갖고 있는 주주만을 진정한 기업의 소유주로 보는 관점으로 재무관리의 목표를 바로 자기자본의 극대화로 보는 개념이다. 자기자본이 가지고 있는 권리는 주식의 형태로 거래되므로 자기자본가치의 극대화는 곧 주식가치의 극대화이다. 따라서 자기자본의 극대화는 곧 주가의 극대화를 의미한다.

3. 창업 재무관리

창업 재무관리는 창업기업이 필요한 자금을 어떻게 조달하고, 조달한 자금을 어떻게 사용할 것인가를 계획하고 실행하고 평가하는 것이다. 창업 재무관리의 목표는 창업 기업가치의 극대화이다.

표 9-2 창업 재무관리의 목표

창업 기업가치 극대화	창업 기업가치 = f(미래수익, 위험)	창업 기업가치 = 타인자본가치 + 자기자본가치

4. 재무관리의 주요 개념

재무관리의 주요 개념에는 화폐의 시간가치와 현재가치평가모형, 위험-수익의 상충관계, 차익거래와 가격결정, 시장참가자의 합리성과 자본시장의 효율성, 파생상품과 위험관리 등이 있다.

표 9-3 재무관리의 주요 개념

주요 개념	내용
화폐의 시간가치와 현재가치평가모형	• 시간가치: 시간의 차이에 따라 현금흐름의 가치가 서로 다르게 평가되는 현상 • 가까운 미래에 실현되는 현금흐름이 보다 큰 가치로 평가되고, 먼 미래에 실현되는 현금흐름은 작은 가치로 평가 • 현재가치: 미래의 매 시점에 실현되는 현금흐름을 화폐의 시간가치를 고려하여 오늘 시점의 가치로 환산한 크기 • 현재가치평가모형: 자산의 가치를 미래의 매 시점에 실현되는 현금흐름의 현재가치의 합계로 표현하는 모형
위험-수익의 상충관계	• 위험-수익의 상충관계: 위험을 싫어하는 투자자들은 미래현금흐름의 불확실성이 커지면 커질수록 위험부담에 대한 대가로 더 많은 수익을 요구

차익거래	• 똑같은 자산이 시장에서 서로 다른 가격으로 거래되고 있을 때 비싸게 거래되는 자산을 팔고, 싸게 거래되는 자산을 사서 공짜로 이익을 얻는 거래
시장참가자의 합리성과 자본시장의 효율성	• 시장참가자가 합리적이며, 자본시장은 효율적이라고 가정 • 합리성: 각 시장참가자가 자신의 목적을 달성하기 위하여 최적의 활동을 하는 것 • 자본시장의 효율성: 시장에서 형성되는 자산의 가격이 그 자산과 관련된 모든 정보를 신속하고 충분히 반영하고 있는 상태
파생상품과 위험관리	• 파생상품: 기초자산의 가격변동에 따라 투자성과가 결정되는 증권들을 일컫는 말로서 옵션, 선물거래 등

5. 재무예측

가. 재무예측의 의의

재무예측(financial forecasting)을 협의로 정의하면 추정재무제표를 작성하여 미래의 재무상태와 경영성과를 예측하는 계획활동이다. 재무예측을 광의로 정의하면 추정재무제표로부터 미래의 소요자금을 예측하고 자금의 조달계획을 수립하는 것까지 포함한다. 재무예측의 결과로서 추정재무제표가 작성되며 재무담당자는 추정재무제표를 토대로 미래에 필요한 자금의 크기를 예측하고 이를 조달하기 위한 구체적인 자본조달계획을 수립한다.

재무예측에서 가장 중요한 변수는 미래의 매출액이다. 부문별 예산편성과 소요자금예측이 제대로 이루어지기 위해서는 그 기초자료인 매출액과 매출이익이 올바로 예측되어야 한다.

나. 소요자금 예측

기업활동은 자본을 조달하여 각종의 자산에 투자하는 것이다. 자산이란 현금흐름을 발생시킬 수 있는 잠재력을 지닌 모든 재화를 말한다. 기업이 미래의 수익을 증대시키려면 자산의 규모도 그에 맞게 증가시켜 주어야 한다. 자산에 대한 이러한 투자가 곧 매출액을 증가시키고 기업가치를 성장시키는 것이다. 매출이 증가하면 기계와 설비 같은 고정자산의 투자액이 증가하

❙ 그림 9-1 ❙ 재무예측 과정

① 영향요인 확인
↓
② 매출액 예측
↓
③ 재무항목 예측
↓
④ 추정손익계산서 작성
↓
⑤ 추정재무상태표 작성
↓
⑥ 소요자금 예측
↓
⑦ 자본조달계획 수립

며 또 외상매출금이나 재고자산 등의 유동자산도 증가하게 된다. 만일 이러한 자산을 증가시키는 데 필요한 자금이 적시에 공급되지 못하면 기업은 예상된 매출액을 실현시키지 못하게 되며 현금흐름에 관한 유동성 관리의 문제점에 직면하게 된다.

추정재무제표를 이용하며 미래에 조달해야 하는 소요자금의 크기를 예측할 수 있다. 추정재무상태표에서 자산항목의 증가분을 모두 더하면 성장에 필요한 자금수요를 알 수 있다. 이때 기업이 자금수요를 모두 외부에서 조달해야 하는 것은 아니다. 자금수요 중에서 일부는 영업활동을 통하여 내적으로 조달된다. 매출이 증가하면 외상매입금이나 지급어음 등의 유동부채 항목도 같이 증가하는데 이들은 영업활동에서 자동적으로 조달되는 자금공급이다. 자금수요에서 영업활동의 자금공급을 차감한 것이 앞으로 조달해야 하는 소요자금이다. 기업은 이 소요자금을 유보이익으로 내부조달하거나 차입이나 주식발행을 통하여 외부에서 조달하여야 한다.

다. 추정재무제표

재무관리자는 추정재무제표를 작성함으로써 투자 결정과 자본조달 결정에 필요한 정보를 얻게 된다. 추정재무제표를 이용하면 어느 활동에 얼마의 자금이 필요한가를 예측할 수 있고 외부상황의 변화나 기업의 의사결정이 경영성과와 재무상태에 어떠한 영향을 미치는지 미리 분석해 볼 수 있다.

추정재무제표를 작성하려면 우선 외부변수와 내부변수를 선정해야 한다. 외부변수는 경기변동이나 금리 등과 같이 기업 외적으로 결정되어서 주어진 것으로 받아들이는 변수이다. 내부변수는 부채비율이나 배당성향 등과 같이 기업이 정책적인 판단하에 결정하는 변수이다. 내외의 변수가 선정되면 이들이 기업의 경영성과와 재무상태에 미치는 영향을 분석하고 재무적 영향의 정도와 내용을 손익계산서와 재무상태표의 형태로 요약한다.

추정재무제표는 하나하나의 재무항목을 신중하게 예측하여 자세하게 작성할 수 도 있고 중요한 항목만을 대상으로 대략적인 모습으로 작성할 수도 있다. 어떤 경우이든 추정재무제표를 작성하는 목적은 미래의 경영성과와 재무상태를 예측하는 데 있다. 보다 구체적으로는 추정손익계산서에서 매출액, 매출원가, 매출총이익, 판매비및관리비, 영업이익, 영업외수익, 영업외비용, 법인세비용차감전순이익, 법인세비용, 당기순이익 등의 관계를 분석하여 기업의 수익성과 현금흐름을 예측하고 추정재무상태표에서 자산, 부채, 자본 등의 관계를 분석하여 미래의 소요자금을 예측하는 것이 그 목적이다.

▎표 9-4 ▎추정손익계산서

회사명: ㈜커피파라다이스 (단위: 원)

과목	2022	2023	2024	2025	2026	2027	2022년 구성비
1. 매출액	190,000,000	204,212,000	219,487,058	235,904,690	253,550,360	272,515,927	100.0%
상품매출	10,000,000	10,748,000	11,551,950	12,416,036	13,344,756	14,342,944	5.3%
제품매출	180,000,000	193,464,000	207,935,107	223,488,653	240,205,604	258,172,984	94.7%
2. 매출원가	88,000,000	94,582,400	101,657,164	109,261,119	117,433,851	126,217,903	46.3%
상품매출원가	11,000,000	11,822,800	12,707,145	13,657,640	14,679,231	15,777,238	5.8%
기초상품매출액	3,000,000	3,224,400	3,465,585	3,724,811	4,003,427	4,302,883	1.6%
당기상품매입액	12,000,000	12,897,600	13,862,340	14,899,244	16,013,707	17,211,532	6.3%
기말상품재고액	4,000,000	4,299,200	4,620,780	4,966,415	5,337,902	5,737,177	2.1%
제품매출원가	77,000,000	82,759,600	88,950,018	95,603,479	102,754,620	110,440,665	40.5%
기초제품재고액	4,000,000	4,299,200	4,620,780	4,966,415	5,337,902	5,737,177	2.1%
당기제품제조원가	78,000,000	83,834,400	90,105,213	96,845,083	104,089,095	111,874,960	41.1%
기말제품재고액	5,000,000	5,374,000	5,775,975	6,208,018	6,672,378	7,171,472	2.6%
3. 매출총이익	102,000,000	109,629,600	117,829,894	126,643,570	136,116,509	146,298,024	53.7%
4. 판매비및관리비	77,500,000	83,297,000	89,527,616	96,224,281	103,421,857	111,157,812	40.8%
직원급여	40,000,000	42,992,000	46,207,802	49,664,145	53,379,023	57,371,774	21.1%
복리후생비	10,000,000	10,748,000	11,551,950	12,416,036	13,344,756	14,342,944	5.3%
여비교통비	4,000,000	4,299,200	4,620,780	4,966,415	5,337,902	5,737,177	2.1%
접대비	9,000,000	9,673,200	10,396,755	11,174,433	12,010,280	12,908,649	4.7%
통신비	4,000,000	4,299,200	4,620,780	4,966,415	5,337,902	5,737,177	2.1%
세금과공과금	5,000,000	5,374,000	5,775,975	6,208,018	6,672,378	7,171,472	2.6%
보험료	2,000,000	2,149,600	2,310,390	2,483,207	2,668,951	2,868,589	1.1%
소모품비	3,000,000	3,224,400	3,465,585	3,724,811	4,003,427	4,302,883	1.6%
대손상각비	500,000	537,400	577,598	620,802	667,238	717,147	0.3%
5. 영업이익	24,500,000	26,332,600	28,302,278	30,419,289	32,694,652	35,140,212	12.9%
6. 영업외이익	1,400,000	1,504,720	1,617,273	1,738,245	1,868,266	2,008,012	0.7%
이자수익	1,400,000	1,504,720	1,617,273	1,738,245	1,868,266	2,008,012	0.7%
7. 영업외비용	1,400,000	1,504,720	1,617,273	1,738,245	1,868,266	2,008,012	0.7%
이자비용	1,400,000	1,504,720	1,617,273	1,738,245	1,868,266	2,008,012	0.7%
8. 법인세비용차감전순이익	24,500,000	26,332,600	28,302,278	30,419,289	32,694,652	35,140,212	12.9%
9. 법인세비용등	500,000	537,400	577,598	620,802	667,238	717,147	0.3%
법인세비용등	500,000	537,400	577,598	620,802	667,238	717,147	0.3%
10. 당기순이익	24,000,000	25,795,200	27,724,681	29,798,487	32,027,414	34,423,064	12.6%

표 9-5 추정재무상태표

회사명: ㈜커피파라다이스 (단위: 원)

과목	2022		2023	2024	2025	2026	2027	2022년 구성비
자산								
1. 유동자산		133,700,000	146,575,310	160,690,512	176,165,009	193,129,699	211,728,089	27.5%
(1) 당좌자산		121,700,000	133,419,710	146,268,028	160,353,639	175,795,695	192,724,820	25.1%
현금		51,750,000	56,733,525	62,196,963	68,186,531	74,752,894	81,951,598	10.7%
당좌예금		30,000,000	32,889,000	36,056,211	39,528,424	43,335,011	47,508,173	6.2%
보통예금		28,000,000	30,696,400	33,652,463	36,893,196	40,446,010	44,340,961	5.8%
외상매출금	5,000,000							
대손충당금	50,000	4,950,000	5,426,685	5,949,275	6,522,190	7,150,277	7,838,848	1.0%
받을어음	7,000,000	7,000,000	7,674,100	8,413,116	9,223,299	10,111,503	11,085,240	1.4%
(2) 재고자산		12,000,000	13,155,600	14,422,484	15,811,370	17,334,004	19,003,269	2.5%
상품		4,000,000	4,385,200	4,807,495	5,270,457	5,778,001	6,334,423	0.8%
제품		5,000,000	5,481,500	6,009,368	6,588,071	7,222,502	7,918,029	1.0%
원재료		2,000,000	2,192,600	2,403,747	2,635,228	2,889,001	3,167,212	0.4%
재공품		1,000,000	1,096,300	1,201,874	1,317,614	1,444,500	1,583,606	0.2%
2. 비유동자산		352,000,000	385,897,600	423,059,539	463,800,172	508,464,129	557,429,225	72.5%
(1) 투자자산								
(2) 유형자산		335,000,000	367,260,500	402,627,686	441,400,732	483,907,623	530,507,927	69.0%
토지		290,000,000	317,927,000	348,543,370	382,108,097	418,905,106	459,245,668	59.7%
기계장치	20,000,000							
감가상각누계액	4,000,000	16,000,000	17,540,800	19,229,979	21,081,826	23,112,006	25,337,692	3.3%
차량운반구	29,000,000							
감가상각누계액	2,500,000	26,500,000	29,051,950	31,849,653	34,916,774	38,279,260	41,965,552	5.5%
비품	3,000,000							
감가상각누계액	500,000	2,500,000	2,740,750	3,004,684	3,294,035	3,611,251	3,959,014	0.5%
(3) 무형자산		6,000,000	6,577,800	7,211,242	7,905,685	8,667,002	9,501,635	1.2%
개발비	6,000,000							
(4) 기타비유동자산		11,000,000	12,059,300	13,220,611	14,493,755	15,889,504	17,419,663	2.3%
임차보증금	11,000,000							
자산총계		485,700,000	532,472,910	583,750,051	639,965,181	701,593,828	769,157,314	100.0%
부채								
1. 유동부채		30,000,000	32,889,000	36,056,211	39,528,424	43,335,011	47,508,173	6.2%
외상매입금	13,000,000							
미지급금	17,000,000							
2. 비유동부채		41,000,000	44,948,300	49,276,821	54,022,179	59,224,515	64,927,836	8.4%
퇴직급여충당부채	41,000,000							
부채총계		71,000,000	77,837,300	85,333,032	93,550,603	102,559,526	112,436,008	14.6%
자본								
1. 자본금		300,000,000	328,890,000	360,562,107	395,284,238	433,350,110	475,081,726	61.8%
자본금	300,000,000							
2. 자본잉여금		32,000,000	35,081,600	38,459,958	42,163,652	46,224,012	50,675,384	6.6%
주식발행초과금	32,000,000							
3. 자본조정		1,000,000	1,096,300	1,201,874	1,317,614	1,444,500	1,583,606	0.2%
주식할인발행차금	1,000,000							
4. 기타포괄손익누계액		10,000,000	10,963,000	12,018,737	13,176,141	14,445,004	15,836,058	2.1%
매도가능증권평가익	10,000,000							
5. 이익잉여금		73,700,000	80,797,310	88,578,091	97,100,161	106,459,677	116,711,744	15.2%
이익준비금	3,000,000							
미처분이익잉여금	70,700,000							
자본총계		414,700,000	454,635,610	498,417,019	546,414,578	599,034,302	656,721,305	85.4%
부채및자본총계		485,700,000	532,472,910	583,750,051	639,965,181	701,593,828	769,157,314	100.0%

2절 창업 인적자원관리

1. 인적자원관리의 의의

인적자원관리는 조직의 목적을 달성하기 위하여 인적자원의 잠재적 능력을 육성 · 개발함과 동시에 인적자원의 잠재적 능력이 조직의 전략적 목적을 달성하는데 기여하도록 체계적으로 계획 · 실행 · 통제하는 조직의 활동이다.

2. 인적자원관리의 목표

인적자원관리의 목표는 기업의 목표를 달성할 수 있도록 인사관리의 목표를 수립하고 직무와 종업원 모두에게 가장 효율적인 시스템을 구축하여 종업원의 만족과 생산성을 향상시키는 것이다.

3. 직무특성관리

가. 직무계획

직무계획이란 조직의 유효성을 증가시키기 위해 직무분석 → 직무평가 → 인사고과의 단계로 이루어지는 계획을 말한다.

나. 직무분석

직무분석은 인적자원관리의 기초자료를 제공하기 위하여 직무에 관한 정보를 수집하고 수집된 정보를 분석하여 직무의 내용을 파악한 후 직무의 수행에 필요한 책임, 숙련, 능력과 지식, 작업조건 등의 직무수행요건을 명확히 하는 과정이다.

직무분석 방법에는 관찰법, 면접법, 질문지법, 중요사건기술법, 작업표본조사법 등이 있다. 관찰법은 직무분석자가 직무수행자를 직접 관찰하여 정보를 수집하는 방법이다. 면접법은 직무분석자가 면접을 통하여 직무에 관한 정보를 획득하는 방법이다. 질문지법은 표준화된 질문지를 작성하게 하여 직무에 관한 정보를 수집하는 방법이다.

다. 직무기술서와 직무명세서

직무기술서(job description)는 직무전반에 대한 사항을 기술한 것으로 수행하여야 하는 업무가 무엇이고 그 업무가 어떻게 수행되며 어떠한 요건들을 필요로 하는지를 설명하는 것이다. 직무기술서는 직무의 능률적 수행을 위해 직무에 관한 사실을 직무내용 중심으로 간략하게 서식으로 정리한 것이다. 직무기술서는 직무구분, 직무요약, 직무내용, 직무수행요건 등을 기록한다.

직무명세서(job specification)는 하나의 직무를 적절히 수행하기 위하여 필요한 최소한의 인적자원에 대한 설명으로 성공적인 직무수행을 위하여 직무에서 요구되는 자질을 중심으로 기술한 것이다. 직무명세서는 직무수행에 필요한 인적특성인 능력, 경험, 사격요건을 정리하여 직무를 인적요건 중심으로 서술한 것이다.

| 표 9-6 | 직무기술서와 직무명세서

항목	직무기술서	직무명세서
차이점	① 직무의 내용과 요건에 동일한 비중 ② 종업원과 감독자에게 직무에 관한 객관적 자료를 제공	① 직무의 요건 > 직무의 내용 ② 고용, 훈련, 승진, 전직에 기초자료를 제공
공통점	직무분석의 결과를 일정한 서식으로 정리 · 기록	

라. 직무평가

직무평가는 조직 내 직무들을 일정한 기준에 의하여 서로 비교하여 직무들 간의 상대적 가치를 결정하는 과정이다. 직무평가의 목적은 임금수준의 결정, 인력배치와 확보를 위한 기초자료, 구성원의 능력개발 등에 있다.

직무평가 방법에는 서열법, 분류법, 요소비교법, 점수법 등이 있다.

❙ 표 9-7 ❙ 직무평가 방법

구분	의의	장점	단점
서열법	• 직무를 종합적 가치에 따라 평가하여 서열을 정하는 방법	• 간단하게 평가 • 신속하게 평가	• 직무수가 많으면 사용곤란 • 유사직무가 많으면 사용곤란
분류법	• 분류할 직무의 등급을 미리 설정한 후 직무를 적절히 판정하여 구분하는 방법	• 실시과정이 간단 용이	• 등급의 정의가 어려움 • 의사결정자의 주관적 판단
요소 비교법	• 몇 개의 기준직무를 선정하여 평가요소별로 순위를 결정하고 임금을 평가 • 요소별로 배분한 후 직무를 요소별로 기준직무와 비교하여 직무의 상대적 가치를 평가하는 방법	• 기준직무가 적절히 산정되면 점수법보다 합리적 • 상이한 직무에 널리 사용 • 점수법보다 임금산정 용이	• 복잡함 • 실시에 많은 시간, 노력 소요 • 기준직무 선정의 어려움
점수법	• 직무를 평가요소에 따라 분해하고 각 요소별로 가중치를 준 후 가중치별 점수를 합산하여 직무가치를 평가	• 평과결과 신뢰성 높음	• 평가요소 선정의 어려움 • 요소별 가중치 산정의 어려움 • 많은 시간과 비용 발생

4. 직무설계

직무설계는 직무수행의 효율성을 높이고 담당종업원들의 직무만족도를 높이기 위하여 업무수행에 필요한 다양한 과업들을 서로 연결시키고 조직화하는 과정이다.

5. 인사고과

인사고과는 조직에 기여할 수 있는 근로자의 가치를 객관적으로 평가하여 근로자 관리에 대한 기초자료를 제공하고 노동 능률을 높이려 하는 것이다. 인사고과는 종업원 개개인의 근무실태를 평가하여 능력의 특성, 능력의 수준, 능력의 발휘도를 파악하는 것으로 인재의 효율적 활성화 및 인재의 전력화를 추구하는 노무관리에 있어서 필수 불가결한 수단이다.

6. 확보관리

확보관리는 양질의 인력을 선발하고, 회사 내의 적절한 인력을 유지 · 보유하는 관리를 말한다. 확보관리의 종류에는 모집관리, 선발관리, 배치관리가 있다.

가. 모집관리

모집이란 조직이 필요로 하는 인력을 조직으로 끌어들이는 과정을 의미한다. 모집관리는 선발을 전제로 하여 양질의 인력을 조직으로 모이게 유도하는 적극적 고용활동이다. 모집관리에는 사내모집과 사외모집이 있다.

나. 선발관리

선발이란 모집한 지원자들 가운데 조직에서 필요로 하는 직무에 가장 적합한 자질을 갖춘 인력의 고용을 결정하는 과정이다.

다. 배치관리

배치관리는 각 직무에 종업원을 배속시키는 것을 말하며 새로운 종업원에게 적합한 직무를 배정하는 것을 말한다.

7. 개발관리

개발관리는 조직의 목표를 달성하기 위해 종업원이 현재의 직무를 수행하고, 새로운 직무를 수행하는데 필요한 지식, 기능, 판단력 등을 향상시키는 인사관리활동이다.

8. 경력관리

가. 경력관리의 의의

경력관리는 개인의 경력을 조직에서 관리하여 개인의 목표와 조직의 목표달성을 함께 이루고자 하는 것을 말한다.

나. 경력개발관리

경력개발관리(CDP: Career Development Program)는 구성원들의 경력진로를 체계적으로 계획 · 조정하는 과정이다.

9. 활용관리

활용관리는 배치된 인적자원을 효율적으로 활용하기 위하여 종업원에게 재평가를 통하여 전환, 승진, 강등, 이직과 같은 수단을 통해 인적자원을 재배치하는 것을 말한다.

10. 보상관리

임금관리는 근로자의 능력향상에 대한 자극, 근로자의 생계유지비, 수입안정을 확보, 임금격차의 균형, 임금지급의 공정, 임금수준의 균형유지 등을 목표로 한다.

보상수준의 결정요인에는 생계비 수준, 기업지불능력, 사회일반의 임금수준, 노동력 수급상태, 기업외적 환경요인 등이 있다. 보상관리의 이상적 구조는 기업의 지불능력을 상한선으로, 종업원의 생계비를 하한선으로 하여 결정되는 구조이다.

임금체계란 임금지급항목의 구성내용 또는 개별근로자의 임금을 결정하는 기준을 의미한다. 임금체계의 유형에는 연공서열급, 직무급, 직능급, 자격급 등이 있다. 연공서열급은 인적요소 기준에 의한 임금형태이다. 직무급은 종업원이 담당하는 직무에 따라 임금이 결정된다. 직능급은 연공급과 직무급을 절충한 형태이다. 자격급은 기업 내의 자격취득제도를 마련하고, 그 자격취득자에게 임금을 차등하게 지급하는 제도를 말한다.

임금형태는 종업원에 대한 임금의 계산 및 임금지불방법을 의미하는 것으로 임금을 지불할 때 무엇을 기준으로 산정하는가를 나타내는 개념으로 시간급제와 능률급제가 대표적인 방법이다. 시간급제는 근무시간에 따라 임금을 지급하는 방법이다. 능률급제는 근로자의 작업량에 따라 임금을 지급하는 방법이다.

표 9-8 | 임금체계의 유형

유형	내용
연공서열급	인적요소 기준에 의한 임금형태
직무급	종업원이 담당하는 직무에 따라 임금이 결정
직능급	연공급과 직무급을 절충한 형태
자격급	자격취득자에게 임금을 차등하게 지급하는 제도

11. 복리후생관리

복리후생관리는 기업이 임금 이외의 다양한 형태로 종업원에게 보수를 지급하는 것을 말한다. 복리후생관리의 유형에는 각종 보험, 생활보조, 장학금지급, 문화 · 체육 · 교양관계제도, 경제관계제도 등이 있다. 복리후생관리의 원칙에는 적정성의 원칙, 합리성의 원칙, 협력성의 원칙이 있다.

12. 유지관리

유지관리는 확보관리의 과정을 통해서 조직이 많은 시간과 비용을 들여 교육 · 훈련의 과정을 통하여 육성한 유능한 인력자원이 조직을 떠나지 않도록 하기 위한 활동이다.

13. 노사관계관리

가. 노사관계관리의 의의

노사관계는 기업경영을 매개로 하는 노동자와 경영자의 관계를 말한다. 노사관계는 전제적 노사관계 → 온정적 노사관계 → 과도기적 노사관계 → 민주적 노사관계 과정을 거쳐 발전되었다.

나. 노동조합

노동조합은 사용자와 대등한 위치에서 근로조건의 유지 · 개선을 위해 만든 단체이다. 노동조합의 형태에는 직업별 노동조합, 산업별 노동조합, 기업별 노동조합, 일반 노동조합 등이 있다. 노동조합은 경제적 기능, 정치적 기능 등이 있다.

다. 노동조합의 유지, 강화

숍(shop)제도는 노동조합의 가입방법을 말하는 것으로 노동조합의 세력을 확보하기 위한 중요한 제도 중의 하나이다. 숍의 유형에는 오픈숍, 클로즈드숍, 유니온숍이 있다. 오픈숍(open shop)은 조합원 · 비조합원을 모두 고용할 수 있는 제도이다. 클로즈드숍(closed shop)은 조합원의 조건이 고용의 전제조건이 되는 제도이다. 유니온숍(union shop)은 사용자는 비조합원을 일단 채용할 수 있으나 채용 후 일정기간 안에 조합에 가입시켜야 하는 제도이다.

| 표 9-9 | 숍(shop)제도

구분	내용
오픈숍	조합원 · 비조합원을 모두 고용할 수 있는 제도
클로즈드숍	조합원의 조건이 고용의 전제조건이 되는 제도
유니온숍	사용자는 비조합원을 채용 후 일정기간 안에 조합에 가입시켜야 하는 제도

라. 부당노동행위

부당노동행위는 노사 간에 공평하지 못한 부당한 행위를 규정하고 이를 금지시키는 것이다. 부당노동행위에는 개별근로자 대상으로 불이익대우와 황견계약이 있다. 불이익대우는 근로자가 노조에 가입하여 활동하는 행위 등을 사유로 불공정하게 대우하는 것을 의미한다. 황견계약(yellow dog contract)은 노조에 가입하지 않을 것을 전제로 종업원을 선발하는 것을 말한다. 노동조합을 대상으로 한 부당노동행위에는 단체교섭거부, 시배, 개입, 자금원조 등이 있다.

3절 창업 생산운영관리

1. 생산운영관리의 의의

가. 생산운영관리의 정의

생산운영관리(production and operation management)란 제품과 서비스를 창출하는 생산시스템의 설계 및 운영과 관련된 다양한 문제들을 처리하는 관리활동이다. 생산이란 원자재, 노동력, 자본, 정보, 기업가정신과 같은 생산요소를 투입하여 제품과 서비스와 같은 산출물로 변환시키는 과정이다. 생산관리(production management)는 제품의 생산관리를 의미하고, 운영관리(operation management)는 서비스의 생산관리를 말한다.

나. 생산운영관리의 목표

생산운영관리 목표로서 품질, 원가, 납기, 유연성 등이 있다. 이 중 생산관리 목표로 가장 중요시 되는 것이 품질이다. 납기는 품질이 확보되지 않는 한 경쟁력을 발휘할 수 없고, 품질과 납기가 바탕이 되지 않는 한 원가도 가격경쟁력을 발휘할 수 없다.

기업전체의 경쟁우위 목표를 달성하기 위하여 원가우위전략, 차별화전략, 집중화전략을 도입·적용한다. 따라서 생산운영관리 전략도 기업전체의 전략과 연계하여 수립하여야 한다.

다. 창업 생산운영관리

창업 생산운영관리란 창업기업의 생산시스템의 생산효율을 극대화할 수 있도록 생산활동이나 생산과정을 관리하는 것을 말한다. 창업 생산운영관리란 창업기업의 생산시스템을 계획·실행·통제함으로써 생산효율을 극대화시키는 일련의 관리활동을 말한다.

창업 생산운영관리의 목표는 원가의 최소화, 품질의 최대화, 납기의 최소화, 유연성의 최대화에 있다. 따라서 생산운영관리는 생산성 향상과 경제성 향상을 궁극적인 목표로 한다.

표 9-10 | 창업 생산운영관리의 목표

• 원가의 최소화	• 생산성 향상 • 경제성 향상
• 품질의 최대화	
• 납기의 최소화	
• 유연성의 최대화	

2. 제품 및 서비스의 설계

제품 및 서비스의 설계단계는 제품아이디어 모집 → 타당성 조사 → 제품 및 서비스 결정 → 제품 및 서비스 설계의 과정을 거친다. 제품설계 및 설계관련 기법에는 가치분석, 가치공학, 가치혁신, CAD(Computer Aided Design), 동시공학, 모듈러생산 등이 있다.

표 9-11 | 제품설계 및 설계관련 기법

구분	내용
가치분석	제품을 구성하는 원가의 재검토 등의 분석
가치공학	기능 및 원가를 향상시키고자 하는 분석
가치혁신	가치를 소비자지향적으로 반영하고자 가치분석과 가치공학을 제품의 라이프사이클별로 다르게 반영하는 것
CAD	Computer Aided Design. 컴퓨터를 이용한 제품설계
동시공학	제품개발과정에서 설계, 기술, 제조, 구매, 마케팅, 서비스 등 담당자뿐만 아니라 납품업자, 소비사들이 하나의 팀을 구성하여 각 부문이 서로 제품개발에 대한 정보를 교환하면서 제품개발과정을 단축시키는 과정
모듈러생산	회사 내에 생산공장을 가지고 있지 않거나 가능한 최소한 시설만 보유하고, 부품이나 완제품을 외부로부터 조달하여 생산하는 방식

3. 공정설계

연속공정은 소량의 제품을 대량생산하기에 적합한 공정으로 제품별 배치에 적합하다. 연속공정은 자동차, 전자제품의 조립공장에 적합한 생산공정이다. 단속공정은 주문생산과 기능별·공정별 배치에 적합한 생산공정이다. 프로젝트공정은 규모가 크고, 비반복적이며, 대체로 한 번에 끝나는 생산활동에 적합한 생산공정이다.

| 표 9-12 | 연속공정, 단속공정, 프로젝트공정

구분	내용
연속공정	소량의 제품을 대량생산하기에 적합한 공정 – 제품별 배치
단속공정	생산흐름이 가변적이고, 비연속적인 공정 – 주문생산
프로젝트공정	규모가 크고, 비반복적이며, 대체로 한 번에 끝나는 생산활동

4. 공장입지

공장입지는 영리조직 여부, 경제적 요인, 지리적 요인, 사회적 요인, 제도적 요인에 따라 결정된다. 영리조직은 기업이윤을 최대화할 수 있는 곳에서, 비영리조직은 수요자에 대해 최대의 서비스를 제공할 수 있는 곳에서 입지가 결정된다. 경제적 요인으로는 시장과의 거리, 원재료, 전력, 노동력 등의 획득가능성을 고려하여 입지가 결정된다. 지리적 요인으로는 지형, 지질, 기후, 강우, 강설, 기온 등이 고려되어 결정된다. 사회적 요인으로는 지역사회 분위기, 문화 생활환경이 고려되어 결정된다. 제도적 요인으로는 과세제도, 공해 관련제도, 토지 및 도시계획 등이 고려되어 결정된다.

공장입지를 선정하는 기법에는 점수법, 수송법, 입지분석기법 등이 있다. 점수법은 질적 요인분석방법으로 점수합산을 고려하여 가장 높은 점수의 입지를 선정하는 방법으로 가장 객관적인 기법이다. 수송법은 수송비용이 중요하거나 복수공장의 입지결정을 위하여 수송비를 입지 선정의 주요 요인으로 고려하여 사용한다. 입지분석기법은 상이한 입지에 대해 고정비와 변동비를 함께 고려하여 생산하고자 하는 규모에 가장 적합한 곳을 입지로 선정하는 방법이다.

5. 방법연구

방법연구는 작업의 진행방법이나 작업환경 등을 조사·분석하여 공정이나 작업에 포함된 불필요한 동작을 제거하여 효과적이고 합리적인 작업방법을 찾는 과정이다.

방법연구에는 공정분석, 작업분석, 동작분석이 있다. 공정분석은 공장에서 원료가 가공·조립되어 제품으로 만들어지는 과정을 공정이라는 분석단위로 분류하여 기호와 그림으로 체계적으로 표시한 것으로 공정순서와 내용을 파악하는 것이 목적이다. 작업분석은 개별작업자에 의해 수행되는 작업내용의 개선에 중점을 둔다. 동작분석은 작업을 수행하는 세부동작을 분석하여 불필요한 동작을 줄여서 보다 능률적으로 일이 수행될 수 있게 하는 것이다. 동작분석에서 길브레스(Gilbreth) 부부는 인간의 모든 동작을 18가지의 기본동작으로 구분한 서블릭(Therblig) 기호를 사용한다.

6. 작업측정

작업측정은 작업활동시간을 측정하여 과업의 완수를 위하여 투입해야 할 노동력의 정도와 양을 통하여 표준시간을 설정하는 것이다. 표준시간은 기본시간에 여유시간을 더하여 산정한다. 기본시간은 한 단위 작업을 완성하는데 발생하는 시간이다. 여유시간은 생리적 요인이나 작업 능률향상을 위하여 불가피하게 발생하는 시간이다.

표준시간 = 기본시간 + 여유시간

작업측정기법에는 시간연구법(time study), 견적법(PTS: Predetermined Time Standards), 작업표본조사법(WS: Work Sampling method)이 있다.

시간연구법은 스톱워치나 필름, 비디오테이프 등을 이용하여 작업을 관찰하고 분석하여 기본시간 및 표준시간을 측정하는 방법이다. 견적법은 작업자가 실시하는 작업을 기본동작으로 세분하고 각각 세분된 기본동작에 대해서 그 성질과 조건에 따라 미리 정해진 표준시간을 사용하여 합산해서 그 작업의 작업시간을 산출하는 방법이다. 작업표본조사법은 작업자가 수행하는 작업시간을 정확히 파악할 수 있는 일정기간을 정하고 무작위로 선정된 시점에 표본 관찰함으로써 전체 작업을 추정하는 방법이다.

7. 설비배치

공정이란 원자재나 인력 등의 생산요소를 고객에게 가치를 제공하는 제품이나 서비스 같은 산출물로 변환시키는 일련의 과정을 말한다. 공정설계란 개발된 제품 및 서비스를 어떻게 생산하여 공급할 것인가를 결정하는 것으로 공정에 필요한 장비를 선정하여 배치하고 인력·자원을 통합·관리하는 장기적인 생산의사결정이다. 이와 같은 공정설계에 설비배치가 매우 중요한 요소이다.

설비배치란 시스템을 통과하는 고객이나 자재의 흐름에 맞게 작업장, 시설, 기계장치, 작업부서 등을 배열하는 것을 말한다. 설비배치는 작업장과 생산설비의 효율적인 이용, 자재취급비용과 운반비용의 최소화, 기계·인원·공간의 효율적 이용을 목적으로 한다. 설비배치에는 제품별 배치, 공정별 배치, 위치고정형 배치, 혼합형 배치 등이 있다.

| 표 9-13 | 설비배치

구분	내용	장점	단점
제품별 배치	라인 배치 연속공정, 소품종 대량생산에 적합	생산성이 높고, 단위당 생산원가 저렴	생산의 신축성이 낮다. 수요변동에 따라 제품이나 작업공정을 변경하기 곤란하다.
공정별 배치	기능별 배치	환경변화에 대한 신축성이 크고, 생산중단 손실이 적음	제품별 배치에 비해 단위당 생산원가가 높고, 일정계획과 통제가 복잡하다.
위치고정형 배치	제품고정형 배치, 프로젝트 배치	소비자의 다양한 욕구충족이 가능	생산현장까지 기계설비를 이동시키는데 많은 시간과 비용이 소모되고 기계설비의 이용도가 낮다.
혼합형 배치	제품별 배치와 공정별 배치를 혼합한 배치 방법	제품별 배치와 공정별 배치 장점	제품별 배치와 공정별 배치 단점

8. 재고관리

재고관리란 재고수준을 관찰하여 어느 정도로 재고수준을 유지할 것인지, 언제 보충해야 하는지, 주문량을 얼마로 할 것인지 등을 결정하는 일련의 정책을 말한다. 즉 재고관리는 재고수준, 주문시점 또는 생산시점, 1회 주문량 또는 1회 생산량 등을 결정하는 것이다. 재고관리의 목표는 재고 관련 총비용을 최소화하는 것이다.

재고 관련 비용에는 재고유지비, 주문비, 생산준비비, 재고부족비 등이 있다. 재고유지비는 재고를 물품창고에 보관하는 데 소요되는 비용으로 재고수량의 증가에 따라 비례하여 변동하는 변동비 성격의 비용이다. 재고유지비는 재고투자에 따른 자본비용, 저장비, 진부화 및 파손에 따른 비용, 저장에 따른 냉동비, 광열비 등의 비용이다. 주문비는 재고를 주문할 때 소요되는 비용으로 1회 주문에 발생하는 비용은 주문량에 관계없이 일정한 고정비적 성격의 비용이다. 주문비에는 재고입고비용, 검사비용, 조사비용 등이 있다. 생산준비비는 재고를 생산할 경우 생산공장에서 그 제품을 제조하기 위하여 생산라인을 준비하는 데 소요되는 비용으로 고정비 성격의 비용이다. 생산준비비에는 설비 및 장치의 변경비용, 유휴시간비용, 준비에 발생하는 노무비용, 종업원의 재배치비용 등이 있다. 재고부족비는 재고가 부족하여 고객의 주문에 응할 수 없을 때 발생하는 비용이다. 재고부족비는 판매기회의 상실에 대한 비용, 고객에 대한 신뢰도 하락으로 발생하는 비용 등이 있다.

수요에는 독립적인 수요와 종속적인 수요가 있다. 독립적인 수요는 다른 수요와 관계없이 생산하는 수요를 말한다. 종속적인 수요는 다른 품목의 수요에 의존하는 수요를 말한다.

재고관리모형에는 전통적 재고관리모형으로 고정주문량모형, 고정주문기간모형, 절충모형, ABC재고관리법이 현대적 재고관리모형으로 자재관리시스템(MRP)과 적시생산시스템(JIT)이 있다. 고정주문량모형에는 경제적주문량모형, 경제적생산량모형, 투빈시스템, 단일기간재고모형이 있다.

경제적주문량모형은 해리스(F.H. Harris)가 제안한 이론으로 경제적 주문량을 총재고비용, 즉 재고주문비용과 재고유지비용의 합을 최소화하는 1회 주문량을 결정하는 모형이다.

경제적생산량모형은 경제적 생산량을 총재고비용, 즉 재고유지비와 생산준비비의 합을 최소화하는 1회 생산량을 결정하는 모형이다.

투빈시스템(Two-Bin System)은 재고를 두 개의 용기에 나누어 놓고 한쪽을 사용하면 주문을 하고, 조달기간 동안에는 다른 용기의 재고를 사용하는 과정을 반복하는 재고관리모형이다.

단일기간재고모형은 재고기간이 짧은 경우, 즉 신문이나 부패성식품에 적용되며, 기회손실이 중요한 관리비용이 된다. 즉, 단일기간재고모형은 수요가 1회적이며 수명이 짧은 1회성 재고의 주문량을 결정하는 모형이다. 주문기회가 1회이고 재고기간이 짧으므로 재고유지비와 주문비의 중요성은 상대적으로 낮아지고 재고부족비와 재고과잉비의 중요성이 상대적으로 높아진다.

고정주문기간모형은 매주 혹은 매달 특정한 시기에 재고를 파악하여 일정시점마다 필요한 양을 주문하는 시스템으로 주문기간은 정기적으로 일정하지만 주문량은 수요변화에 따라 변동하게 된다. 고정주문기간모형은 수요가 불확실한 경우의 재고운영에 적용할 수 있는 시스템이며 일반적으로 고정주문량모형보다 더 많은 안전재고가 필요하다.

절충모형은 고정주문기간모형과 고정주문량모형을 결합한 모형으로 재고조사도 정기적으로 하고 미리 정해진 시점이 되어야 재고를 주문할 수 있지만 재고조사시 재고수준이 미리 정해진 재주문점 이하에 도달한 경우에만 재고를 주문할 수 있는 모형이다. 절충모형은 재고조사비용과 재고주문비용이 클 때 유용한 기법이다.

ABC재고관리법은 재료의 가치나 중요도에 따라 재고자산 품목을 A, B, C 품목으로 분류하여 중점적으로 관리하는 기법이다.

자재소요계획(MRP: Material Requirement Planning)은 미국 IBM사의 올릭키(J. Orlicky)에 의하여 개발된 재고관리법으로 완제품의 조립에 필요한 자재나 종속 부품의 소요량 및 소요계획을 역산하여 자재조달계획을 수립함으로써 종속 수요품의 일정관리와 함께 효율적인 재고관리를 하고자 하는 기법이다.

적시생산시스템(JIT: Just In Time)은 필요한 자재를 적시에 적량만큼 생산하는 시스템으로 무재고시스템이다. 적시생산시스템은 시간지연 제거, 적시부품조달, lot 축소로 유휴재고와 창고공간 축소, 재고회전을 개선하는 효과가 있다.

| 그림 9-2 | 경제적주문량모형(EOQ)

$$\text{경제적주문량모형(EOQ)}: Q^* = \sqrt{\frac{2SD}{H}}$$

Q: 1회 주문량, S: 1회 주문비용, D: 총수요

9. 품질관리

가. 품질관리의 개념

품질관리란 품질을 계획하고 실행하고 통제하는 것을 말한다. 품질계획에서는 제품품질계획과 품질운영계획을 수립한다. 품질실행은 품질계획에서 수립된 품질목표가 달성될 수 있도록 실행하는 활동이다. 품질통제는 품질계획에 맞춰 품질이 달성됐는지를 평가하고 관리하는 활동이다. 품질통제에서는 공정을 검사하고 불량을 발생시키는 모든 원인들을 파악하고 제거한다.

나. 품질관리의 발전과정

1) 품질관리(QC: Quality Control)

20세기에 접어들어 대량생산이 시작되면서 부품의 호환성이 매우 중요한 관심사가 되어 품질관리는 주로 검사에 국한된 것으로 생각되었다.

2) 통계적 품질관리(SQC: Statistical Quality Control)

통계적 품질관리는 품질관리에 통계적 기법을 이용하는 품질관리를 말한다. 통계적 품질관리에서는 관리도, 샘플링검사 등의 통계적 기법들이 사용된다.

3) 종합적 품질관리(TQC: Total Quality Control)

종합적 품질관리는 소비자가 만족할 만한 품질의 제품을 경제적으로 생산하기 위하여 기업 내 모든 부문이 품질의 계획 · 실행 · 평가를 하는 과정이다.

종합적 품질관리는 품질향상을 품질만을 다루는 전문부서에만 의존하지 말고, 품질에 영향을 주는 조직의 모든 부서와 모든 사람들이 전부 함께 품질을 관리하여야 하는 것을 말한다. 즉, 마케팅, 설계엔지니어링, 구매, 제조엔지니어링, 감독과 생산, 검사와 기능테스트, 반출, 판매와 서비스 등 조직에서 품질에 관련된 모든 부서가 품질에 대해 책임을 져야 한다는 것이다. 전사적 품질관리(TQC: Total Quality Control)는 마케팅, 기술, 생산 및 서비스가 가장 경제적으로 소비자를 충분히 만족시킬 수 있도록 품질개발, 품질유지 및 품질향상에 관한 조직 내 여러 그룹의 노력을 통합하는 효과적 시스템이다.

4) 종합적 품질경영(TQM: Total Quality Management)

종합적 품질경영(TQM)은 고객지향 품질활동을 품질관리 책임자뿐만 아니라 마케팅, 엔지니어링, 생산 등 기업의 모든 분야로 확대하는 것으로 품질관리가 성공하려면 기업의 전 구성원이 품질관리의 실천자가 되어야 한다는 것을 전제로 하는 품질관리 철학이다.

전사적 품질경영은 전사적품질관리(TQC)의 개념을 발전시켜 고객만족, 회사의 전 부서 간의 협력체계 구축에 초점을 두고 품질을 중심으로 종합적 경영시스템을 계획하고 실행하고 관리하는 경영방식이다.

종합적 품질경영은 기업차원에서 품질을 계획하고 실행하고 평가하는 것이다. 품질경영은 기업의 지속적인 경쟁우위 확보를 목표로 한다.

10. 생산시스템

생산시스템에는 단속생산시스템, 연속생산시스템, 유연생산시스템 등이 있다. 단속생산시스템은 다품종 소량생산에 적합한 시스템으로 산업혁명 이전 가내수공업 시기의 생산시스템이다. 연속생산시스템은 산업혁명 이후 개발된 생산시스템으로 소품종 대량생산에 적합한 생산시스템이다. 유연생산시스템은 다품종 대량생산에 적합한 생산시스템으로 고객의 다양한 욕구에 부응하기 위하여 만들어진 생산시스템이다.

| 표 9-14 | 생산시스템

구분	의미
단속생산시스템	다품종 소량생산에 적합한 시스템으로 산업혁명 이전 가내수공업 시기의 생산시스템
연속생산시스템	산업혁명 이후 개발된 생산시스템으로 소품종 대량생산에 적합한 생산시스템
유연생산시스템	다품종 대량생산에 적합한 생산시스템으로 고객의 다양한 욕구에 부응하기 위하여 만들어진 생산시스템

11. 수요예측

수요예측기법에는 정성적 수요예측기법과 정량적 수요예측기법이 있다. 정성적 수요예측기법에는 델파이법, 시장조사법, 제품수명주기분석법, 자료유추법, 휴리스틱기법 등이 있다. 델파이법은 조직 내의 전문가들이나 특정인의 영향을 배제하기 위해 모이지 않고, 우편 등을 통해 의견을 수렴하는 방법이다. 시장조사는 설문조사 등을 이용하는 방법이다. 제품수명주기분석법은 유사품목의 도입 · 성장 · 성숙 · 쇠퇴단계에 근거를 둔 예측기법이다. 자료유추법은 상대자료를 통해 본 자료를 유추하는 방법이다. 휴리스틱기법은 직관에 의한 예측기법이다.

정량적 수요예측기법에는 시계열예측법, 인과예측기법, 지수평활법 등이 있다. 시계열예측법은 과거의 데이터에 나타나 있는 수요의 형태를 파악하여 이를 미래에도 그대로 적용시켜 수요를 예측하는 기법이다. 인과예측기법은 회귀분석법이 대표적인 예측기법인데 예측대상의 결과와 밀접한 관계가 있는 변수 사이의 상관관계를 이용하여 수요를 예측하는 기법이다. 인과예측기법은 논리적이라는 장점이 있는 데 반하여 많은 데이터와 비용이 필요하단는 단점이 있다. 지수평활법은 '차기판매예측량=당기예측치+(당기실제량−당기예측량)×지수평활계수'를 사용하여 수요를 예측하는 방법이다.

| 표 9-15 | 수요예측기법

구분		의미
정성적 수요예측기법	델파이법	조직 내의 전문가들이나 특정인의 영향을 배제하기 위해 모이지 않고, 우편 등을 통해 의견을 수렴하는 방법
	시장조사법	설문조사 등을 이용하는 방법
	제품수명주기분석법	유사품목의 도입 · 성장 · 성숙 · 쇠퇴단계에 근거를 둔 예측기법
	자료유추법	상대자료를 통해 본 자료를 유추하는 방법
	휴리스틱기법	직관에 의한 예측기법
정량적 수요예측기법	시계열예측법	과거의 데이터에 나타나 있는 수요의 형태를 파악하여 이를 미래에도 그대로 적용시켜 수요를 예측하는 기법
	인과예측기법	회귀분석법이 대표적인 예측기법인데 예측대상의 결과와 밀접한 관계가 있는 변수 사이의 상관관계를 이용하여 수요를 예측하는 기법
	지수평활법	'차기판매예측량=당기예측치+(당기실제량−당기예측량)×지수평활계수'를 사용하여 수요를 예측하는 방법

12. 생산성

가. 생산성의 개념

생산성(productivity)이란 제품 생산이나 서비스 제공에 있어 투입 대비 얼마만큼의 산출이 이루어졌는지를 나타내는 지표를 말한다. 생산성은 투입요소 기준의 생산성과 산출요소 기준의 생산성으로 구분할 수 있다. 투입요소 기준의 생산성은 투입노동 대비 얼마만큼의 산출이 이루어졌는지를 나타내는 노동생산성과 투입자본 대비 얼마만큼의 산출이 이루어졌는지를 나타내는 자본생산성으로 나눌 수 있다. 산출요소 기준의 생산성은 제품수, 크기 등을 기준으로 하는 물적 생산성과 매출액과 부가가치 등의 화폐가치 등을 기준으로 하는 가치적 생산성으로 구분할 수 있다.

생산성의 측정에는 조직구성원 한 사람이 얼마만큼의 부가가치를 창출했는지를 가늠할 수 있는 기준이자 한 조직의 궁극적인 생산성 향상 지표인 부가가치생산성을 주로 사용하고 있다. 부가가치생산성은 투입을 노동으로, 산출을 부가가치로 보는 생산성 개념이다. 부가가치생산성이 높다는 것은 그만큼 노동력이 잘 활용되어 보다 많은 부가가치를 창출했다는 의미이다. 부가가치생산성이라 하더라도 노동이 기여한 부가가치만을 의미하는 것은 아니며, 노동이 중심이 되어 자본 및 기타 여러 투입요소들의 기여도가 복합된 성과라 할 수 있다.

생산성은 효율성과 효과성을 함께 추구함으로써 조직이 목표로 하는 성장과 구성원의 행복을 가져오는 개념이다. 효율성은 '최소의 투입으로 최대의 산출'을 지향하는 양적 측면을 나타내고, 효과성은 '원하는 목표에 얼마나 도달했는가'라는 질적 측면을 나타낸다.

| 그림 9-3 | 생산성의 개념

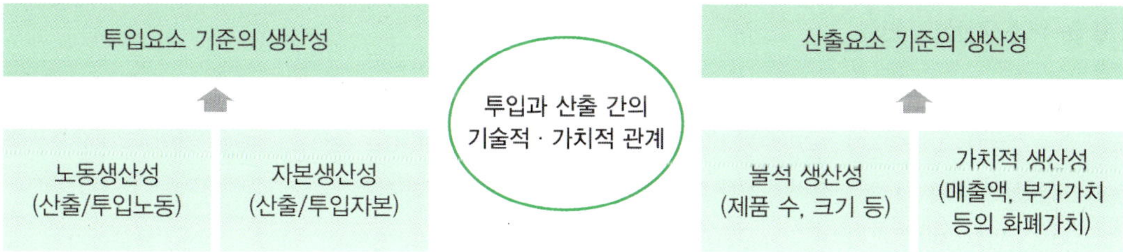

자료: 한국생산성본부 홈페이지

나. 생산성 3.0

생산성의 패러다임이 바뀌고 있다. 생산성은 기업 내부의 핵심역량 개발을 통하여 내부 생산성 향상을 추구하는 방식에서 조직 간에 협조를 통하여 생산성을 추구하는 방식을 뛰어 넘어 최근에는 공급기업과 소비자 등 다양한 이해관계자들이 상호 교류하면서 생산성 향상을 추구하는 생산성 3.0, 즉 네트워크 생산성(network productivity)으로 발전하고 있다.

현대의 경영활동은 고도로 글로벌화되고 기술발전도 빠른 속도로 진행됨에 따라 기업활동과 관련한 불확실성도 크게 증가하고 있다. 이에 따라 빠르게 변화하는 소비자 기호를 파악하고 경쟁우위를 확보하기 위해 네트워크 생산성의 필요성이 강조되고 있다. 특히 네트워크 생산성은 최근 들어 기업 차원을 넘어 정부 차원의 범국가적 화두가 되고 있다.

네트워크 생산성은 기업 가치사슬상의 융합과 협력의 과정을 통해 성과를 극대화하고 이를 공유하는 패러다임이다. 네트워크 생산성은 기업 내부 및 전사단위의 생산성을 넘어 기업 네트워크 간의 융합과 협력을 기반으로 각 개인과 기업이 동일한 투입으로 높은 성과를 창출하고 공유할 수 있도록 한다.

생산성 3.0은 설비자동화, 작업장 혁신 등 기업 내부단위 혁신으로 생산성 향상을 추구하는 생산성 1.0, 6시그마 등 전사 혁신으로 개별기업 생산성을 높이는 생산성 2.0을 잇는 새로운 생산성 향상 패러다임이다. 기업 가치사슬상의 융합 · 협력 과정을 뜻하는 '네트워크 생산성(network-convergenced productivity)'을 높여 추가적 투입 없이 높은 성과를 창출하는 방식이다.

| 표 9-16 | 생산성의 변화

구분	생산성 1.0	생산성 2.0	생산성 3.0
범위	기업 내부단위	전사적	기업과 기업 간
생산성 대상	설비자동화, 작업장 혁신	기업의 전 부문	산업가치사슬
생산성 향상 방법	부문 혁신	6시그마, 전사적 혁신	융합 · 협력과정

13. 의사결정분석

의사결정분석이란 경영의사결정에 있어서 의사결정자에게 놓여지는 의사결정환경하에서 의사결정자가 여러 가지 선택가능한 대안 문제를 분석하고 최적의 대안을 찾아낼 수 있도록 대안들을 평가 · 분석하는 것이다. 의사결정환경에는 확실한 상황, 위험한 상황, 불확실한 상황의 세 가지 상황이 있다.

| 표 9-17 | 의사결정환경

구분	의미
확실한 상황	의사결정을 내리는 데 필요한 정보가 모두 알려져 있을 뿐만 아니라 이용가능한 경우, 즉 완전한 정보가 갖추어져 있을 때
위험한 상황	완전한 정보는 갖추어져 있지 않지만 특정 결과가 일어날 확률은 추정이 가능한 경우
불확실한 상황	대안에 따른 가능한 결과의 확률조차 알 수 없는 상황

가. 확실한 상황하에서의 의사결정

확실한 상황은 의사결정을 내리는 데 필요한 정보가 모두 알려져 있을 뿐만 아니라 이용가능한 경우, 즉 완전한 정보가 갖추어져 있을 때이다. 예를 들어 경영과학모형에서 선형계획법, 수송모형, 할당모형, 네트워크모형, 확정적 재고모형 등이 확실한 상황하에서의 의사결정모형이다.

나. 위험한 상황하에서의 의사결정

위험한 상황은 완전한 정보는 갖추어져 있지 않지만 특정 결과가 일어날 확률은 추정이 가능한 경우이다. 위험한 상황하에서의 의사결정문제에는 확률이론이 사용된다. 기대값 기준, 대기행렬이론, 마코브분석, 시뮬레이션, 확률재고모형 등이 위험한 상황하에서의 의사결정모형이다.

위험한 상황하에서 의사결정은 다음 과정을 거쳐 이루어진다. 첫째, 선택가능한 대안 확인, 둘째 각 상황의 발생확률을 정함, 셋째 각 대안들의 조건부 수익이나 손실을 계산하는 세 가지 단계를 거쳐서 이루어진다. 위험한 상황하에서의 의사결정에서 세 가지 단계를 거쳐 각 대안들의 기대이익을 구하고 최종의사결정은 최대기대이익이나 최소기대손실을 나타내는 대안을 선택하는 것이다.

| 표 9-18 | 위험한 상황하에서 의사결정과정

단계	과정
1	선택가능한 대안 확인
2	각 상황의 발생확률을 정함
3	각 대안들의 조건부 수익이나 손실을 계산

1) 기대값기준(expected value)

각 대안에 대한 기대값을 구한 후 이 값들 중에서 최선의 값을 갖는 대안을 선택하는 방법으로 불완전정보하에서의 기대값이라고도 한다.

2) 기대기회손실(expected opportunity loss)

특정 대안을 선택함에 따라 발생할 수 있는 기대손실을 최소화하는 대안을 선택하는 방법이다.

3) 완전정보의 기대값(expected value of perpect information)

완전정보는 의사결정조건을 위험상황에서 확실한 상황으로 바꾸어 놓을 수 있는 정보를 말한다. 즉, 완전정보하에서의 기대값(expected value under perpect information)에서 기대값기준에 따른 기대값을 차감한 값이 바로 완정정보의 기대값이 된다. 이는 바로 기대기회손실값과 일치한다.

| 표 9-19 | 위험한 상황하에서 의사결정기준

구분	의미
기대값기준	각 대안에 대한 기대값을 구한 후 이 값들 중에서 최선의 값을 갖는 대안을 선택하는 방법
기대기회손실	특정 대안을 선택함에 따라 발생할 수 있는 기대손실을 최소화하는 대안을 선택
완전정보의 기대값	기대값 기준에 따른 기대값을 차감한 값

다. 불확실한 상황하에서의 의사결정

불확실한 상황은 대안에 따른 가능한 결과의 확률조차 알 수 없는 상황하에서의 의사결정을 말한다. 실제로 확실한 상황이나 위험한 상황하의 의사결정에 비하여 가장 현실성이 있는 의사결정 상황이다. 불확실한 상황하에서 의사결정을 하는 데 있어서 다음의 다섯 가지 기준이 이용된다.

1) 라플라스기준

미래의 상황발생 확률을 알 수 없으므로 모든 상황에 동일한 확률을 부여하여 가장 큰 기대값을 갖는 대안을 선택하는 의사결정방법이다.

2) 맥시민기준

왈드기준이라고도 하며 미래에 대해 조심스럽고 비관적인 예측을 통해 의사결정을 하는 것이다. 즉, 각 대안별로 가장 작은 이득을 골라 이 중 가장 큰 값을 갖는 대안을 선택하는 의사결정방법이다.

3) 맥시맥스기준

낙관적인 의사결정으로서 각 대안별로 가장 큰 이득을 골라 이 중 가장 큰 값을 갖는 대안을 선택하는 의사결정방법이다.

4) 후르비츠기준

맥시민과 맥시맥스의 중간형태로서 미래에 대해 낙관적이거나 비관적이지 않고 중간 정도에서 의사결정을 하는 것으로서 낙관계수란 개념을 이용한다. 낙관계수란 미래에 대한 낙관정도를 표시한 값으로 0과 1 사이의 값을 갖는다. 각 대안의 최대치에 낙관계수 α를 곱한 값과 최소치에 $1-\alpha$를 곱한 것을 더한 다음, 이 중 가장 큰 값을 갖는 대안을 선택하는 의사결정방법이다.

5) 미니맥스기준

새비지기준이라고도 하며 기회손실기준 또는 후회기준이라고도 한다. 각 상황별로 최대기회손실을 구하고 그 중 가장 작은 값을 갖는 대안을 선택하는 의사결정방법이다. 기회손실은 각 상황별 최대수익에서 해당 상황하의 각 대안별 수익을 빼서 구한다.

표 9-20 | 불확실한 상황하에서의 의사결정

구분	의미
라플라스기준	미래의 상황발생 확률을 알 수 없으므로 모든 상황에 동일한 확률을 부여하여 가장 큰 기대값을 갖는 대안을 선택하는 의사결정방법
맥시민기준	각 대안별로 가장 작은 이득을 골라 이 중 가장 큰 값을 갖는 대안을 선택하는 의사결정방법
맥시맥스기준	낙관적인 의사결정으로서 각 대안별로 가장 큰 이득을 골라 이 중 가장 큰 값을 갖는 대안을 선택하는 의사결정방법
후르비츠기준	각 대안의 최대치에 낙관계수 α를 곱한 값과 최소치에 $1-\alpha$를 곱한 것을 더한 다음, 이 중 가장 큰 값을 갖는 대안을 선택하는 의사결정방법
미니맥스기준	각 상황별로 최대기회손실을 구하고 그 중 가장 작은 값을 갖는 대안을 선택하는 의사결정방법

4절 창업 마케팅

1. 마케팅의 의의

마케팅이란 소비자의 필요와 욕구를 충족시키기 위해 시장에서 교환이 일어날 수 있도록 상품, 서비스 및 아이디어의 설계, 가격결정, 촉진, 유통 등을 계획하고 실행하고 통제하는 과정이다.

표 9-21 마케팅의 정의

구분	마케팅 정의
일반 마케팅	마케팅이란 소비자의 필요와 욕구를 충족시키기 위해 시장에서 교환이 일어날 수 있도록 상품, 서비스 및 아이디어의 설계, 가격결정, 촉진, 유통 등을 계획하고 실행하고 통제하는 과정이다.
미국마케팅협회	마케팅은 조직과 그 이해관계자들을 위해 고객에게 가치를 창조하고 커뮤니케이션하여 그 가치를 전달하고 고객과의 관계를 관리하는 조직의 기능 및 일련의 프로세스이다.
필립 코틀러	마케팅은 개인이나 집단이 제품이나 서비스의 가치를 창조하고 제공하여 타인과 자유롭게 교환함으로써 소비자의 필요(needs)와 욕구(wants)를 만족시키는 사회적 관리 프로세스이다.

미국마케팅협회(AMA)는 "마케팅은 조직과 그 이해관계자들을 위해 고객에게 가치를 창조하고 커뮤니케이션하여 그 가치를 전달하고 고객과의 관계를 관리하는 조직의 기능 및 일련의 프로세스이다"라고 정의하였다.

필립 코틀러(P. Kotler)는 "마케팅은 개인이나 집단이 제품이나 서비스의 가치를 창조하고 제공하여 타인과 자유롭게 교환함으로써 소비자의 필요(needs)와 욕구(wants)를 만족시키는 사회적 관리 프로세스이다"라고 정의하였다.

마케팅을 이해하기 위하여 필요, 욕구, 수요의 이해가 선행되어야 한다. 필요(needs)란 인간이 기본적 만족의 결핍을 느끼고 있는 상태로 이는 사회나 마케팅으로 발생하는 것이 아니고 인간의 생리적 바탕으로 발생하는 것이다. 욕구(wants)란 소비자가 갖고 있는 필요들을 만족시킬 수 있는 구체적인 제품이나 서비스에 대한 바람을 의미하는 것으로 이는 문화나 사회에 따라 달라지며 끊임없이 변형되어 간다. 수요(demand)란 특정 제품이나 서비스에 대한 욕구가 구매의사와 능력에 의해 뒷받침되어 행동으로 일어날 수 있는 상태를 의미한다.

소비자는 자신의 필요와 욕구를 충족시키기 위하여 제품과 서비스의 지불대가와 욕구를 충족시키기 위하여 사용한 제품이나 서비스의 효용을 비교하여 효용이 지불대가보다 클 때 만족을 느끼게 된다.

| 표 9-22 | 필요, 욕구, 수요

구분	의미
필요(needs)	인간이 기본적 만족의 결핍을 느끼고 있는 상태로 이는 사회나 마케팅으로 발생하는 것이 아니고 인간의 생리적 바탕으로 발생하는 것
욕구(wants)	소비자가 갖고 있는 필요들을 만족시킬 수 있는 구체적인 제품이나 서비스에 대한 바람을 의미하는 것
수요(demand)	특정 제품이나 서비스에 대한 욕구가 구매의사와 능력에 의해 뒷받침되어 행동으로 일어날 수 있는 상태

대량 마케팅은 하나의 제품을 대량생산하고 유통 · 촉진시키는 마케팅이다. 제품차별화 마케팅은 구매자에게 다양성을 제공하여 기존제품과 차별화된 제품을 생산 · 판매하는 마케팅이다. 목표 마케팅은 소비자시장을 세분화하고 구분된 시장부분에 대해 기업이 목표를 달성할 수 있는 목표시장을 선정하고 이를 각각에 대해 각기 다른 마케팅 믹스를 개발하는 과정을 거친다.

| 표 9-23 | 대량 마케팅, 제품차별화 마케팅, 목표 마케팅

구분	의미
대량 마케팅	하나의 제품을 대량생산하고 유통 · 촉진시키는 마케팅
제품차별화 마케팅	구매자에게 다양성을 제공하여 기존제품과 차별화된 제품을 생산 · 판매하는 마케팅
목표 마케팅	소비자시장을 세분화하고 구분된 시장부분에 대해 기업이 목표를 달성할 수 있는 목표시장을 선정하고 마케팅 믹스를 개발하는 마케팅

2. 마케팅 과정

마케팅은 고객의 충족되지 않은 욕구(wants)를 파악하여 선정된 표적시장 내 고객에게 경쟁사보다 우수한 가치를 창출하고 이를 효과적으로 커뮤니케이션하려는 고객지향적인 사고이다.

마케팅 과정(marketing process)은 마케팅전략 수립, 마케팅 프로그램 개발, 마케팅 프로그램 관리 순으로 진행된다.

| 표 9-24 | 마케팅 과정

구분	의미
마케팅전략 수립	시장기회분석, 경쟁상황분석, 표적시장 선정을 통하여 표적시장별 마케팅 목표 수립
마케팅 프로그램 개발	제품개념 선정, 가격결정, 유통채널 결정 후 촉진믹스 통합결정, 즉 광고, 판촉, PR, 인적판매, 퍼블리시티 결정 후 실행과 통제 순으로 진행
마케팅 프로그램 관리	개발한 마케팅 프로그램을 계획, 실행, 통제

3. 마케팅전략의 수립

마케팅전략은 시장세분화(Segmentation), 표적시장의 선정(Targeting), 포지셔닝전략(Positioning) 과정을 거쳐서 수립한다.

| 표 9-25 | 마케팅전략

단계		과정
1	시장세분화	전체 제품시장을 기준변수를 사용하여 동질적 집단으로 나누는 과정
2	표적시장 선정	각 세분시장의 매력도를 비교 · 분석하여 자사에 가장 적절하다고 판단되는 세분시장들을 표적시장으로 결정
3	포지셔닝전략	선정된 표적세분시장 내에 가장 바람직한 경쟁적 위치를 정립

4. 마케팅 개념의 역사적 변천

마케팅 개념은 역사적으로 기업이 마케팅 관리상 지향하여야 할 이념을 대상으로 변화 · 발전해 왔다. 마케팅 개념의 역사적 변천단계는 생산 개념, 제품 개념, 판매 개념, 마케팅 개념, 사회적마케팅 개념 다섯 단계로 나누어 볼 수 있다.

❙ 표 9-26 ❙ 마케팅 개념의 역사적 변천

구분	의미	수요공급 관계
생산 개념	소비자들이 제품을 구입할 여유가 있고 소비자의 관심은 제품의 유용성과 가격에 있다고 가정하는 마케팅 개념	수요 > 공급
제품 개념	소비자들이 같은 가격에 대하여 품질이 가장 좋은 제품을 선호하며, 소비자의 관심은 품질과 가격에 있다고 가정하는 마케팅 개념	수요 > 공급
판매 개념	소비자들이 필수품이 아니면 구입하려 하지 않는 경향을 가지고 있으며, 기업은 소비자가 제품을 구입하도록 자극해야 한다고 가정하는 마케팅 개념	수요 < 공급
마케팅 개념	소비자들이 생산자보다 자신들의 필요와 욕구를 더 잘 알고 있으므로 기업은 소비자의 욕구충족에 관심을 기울여야 한다고 가정하는 마케팅 개념	수요 < 공급
사회적마케팅 개념	기업의 마케팅활동이 회사의 이익, 고객만족, 공공의 이익 모두를 충족시켜야 하는 사회적 책임을 이행하는 방향으로 전개되어야 한다는 개념	수요 < 공급

5. 마케팅 유형

다양한 마케팅 유형을 살펴보면 다음 표와 같다.

❙ 표 9-27 ❙ 마케팅 유형

구분	내용
데이터베이스 마케팅	데이터베이스를 이용한 마케팅
관계 마케팅	고객의 획득과 유지를 위한 고객관계 중심의 마케팅
서비스 마케팅	무형의 서비스 대상 마케팅
메가 마케팅	노조, 정부, 이해집단이 여러 관계자들의 협조를 얻을 목적으로 경제적 · 정치적 · 심리적 · 홍보기술을 전략적으로 조정 통합하여 적용시키는 마케팅
다이렉트 마케팅	측정가능한 하나 혹은 여러 개의 광고매체를 쓰는 마케팅
사회지향적 마케팅	사회적 공공이익을 위한 마케팅
리텐션 마케팅	이탈고객을 대상으로 원인조사를 하여 이를 고객별 · 거래 유형별 분석 · 대책을 수립하는 마케팅
내부 마케팅	내부고객인 종업원을 위한 마케팅
매스 마케팅	불특정다수 대중을 대상으로 하는 마케팅

인디비쥬얼 마케팅	고객의 성명, 주소, 연령, 연수입, 라이프사이클, 구매성향 등을 파악하고 그 욕구에 맞는 적합한 마케팅 믹스전략을 구사하는 마케팅
로열티 마케팅	시장점유율을 높이기 이전에 자사나 자사제품에 대한 고객의 마인드 쉐어를 높이는 마케팅전략
맥시 마케팅	고객 한 사람 한 사람으로부터의 매출을 극대화하기 위한 마케팅전략
프리퀀시 마케팅	자사제품에 대한 구매횟수가 많은 고객을 대상으로 한 적극적인 마케팅전략
그린 마케팅	환경보호를 중심으로 한 마케팅
계몽 마케팅	사회적 가치창조 마케팅
애프터 마케팅	구매 후 제품에 대한 확신과 만족을 제고시키는 마케팅
공생 마케팅	마케팅 관리를 공동으로 수행하는 마케팅
니치 마케팅	틈새시장을 목표로 한 다량 소품종의 마케팅전략
카운터 마케팅	특정한 제품이나 서비스에 대한 수요나 관심을 없애려는 전략
심바이오틱 마케팅	관련 회사 간 유대전략을 통해 종속수요를 유도하는 마케팅
브랜드 마케팅	특정의 브랜드를 소유함으로써 얻게 되는 바람직한 마케팅효과로 높은 시장점유율과 높은 고객충성도를 획득하게 하는 마케팅
푸쉬(Push) 마케팅전략	제조기업이 중심이 되어 유통기업을 대상으로 소비자를 향하여 제품, 가격, 유통, 촉진전략 등 마케팅전략을 수립하는 것
풀(Pool) 마케팅전략	소비자가 중심이 되어 소비자를 대상으로 제조기업을 향하여 마케팅전략을 수립하는 것
통합적 마케팅 커뮤니케이션(IMC) 전략	마케팅 목표의 설정, 마케팅전략의 수립, 통합적 마케팅 커뮤니케이션(IMC) 목표의 설정, 통합적 마케팅 커뮤니케이션(IMC) 전략의 수립, 마케팅 커뮤니케이션 도구별 전략의 수립(광고전략, 판촉전략, PR전략 등)을 수행하는 것
고객관계관리(CRM: Customer Relationship Management)	고객에 대한 정확한 이해를 바탕으로 고객이 원하는 제품과 서비스를 지속적으로 제공함으로써 상호 간에 이익이 되는 전략적으로 중요한 고객을 장기적으로 유지시키고, 그 결과 고객의 평생가치를 극대화하여 수익성을 높일 수 있도록 고객과의 관계를 관리하는 것

| 그림 9-4 | 푸쉬(Push)전략과 풀(Pool)전략

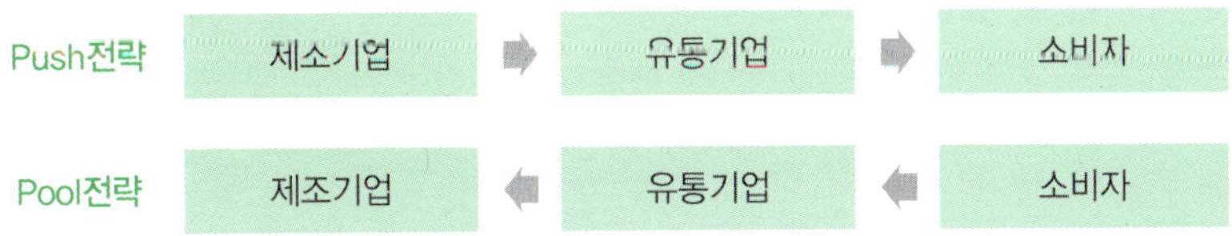

| 그림 9-5 | 통합적 마케팅 커뮤니케이션(IMC) 전략의 수립과정

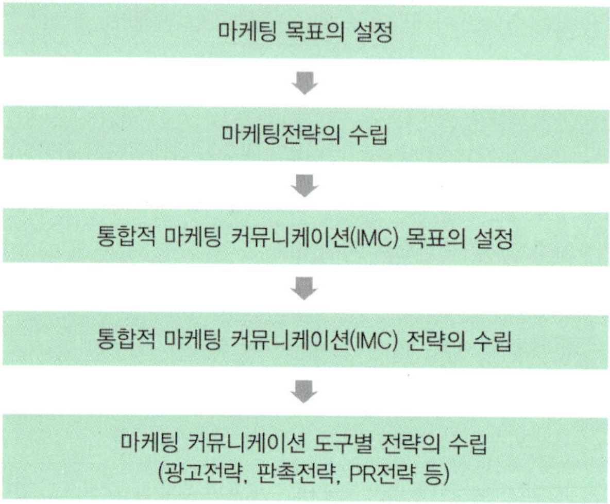

기업의 가치사슬에서 공급사슬관리(SCM), 전사적자원관리(ERP), 고객관계관리(CRM)를 기반으로 전자상거래(E-commerce)를 통하여 프론트오피스와 백오피스가 통합된다.

| 그림 9-6 | 가치사슬에서의 백오피스와 프론트오피스 통합

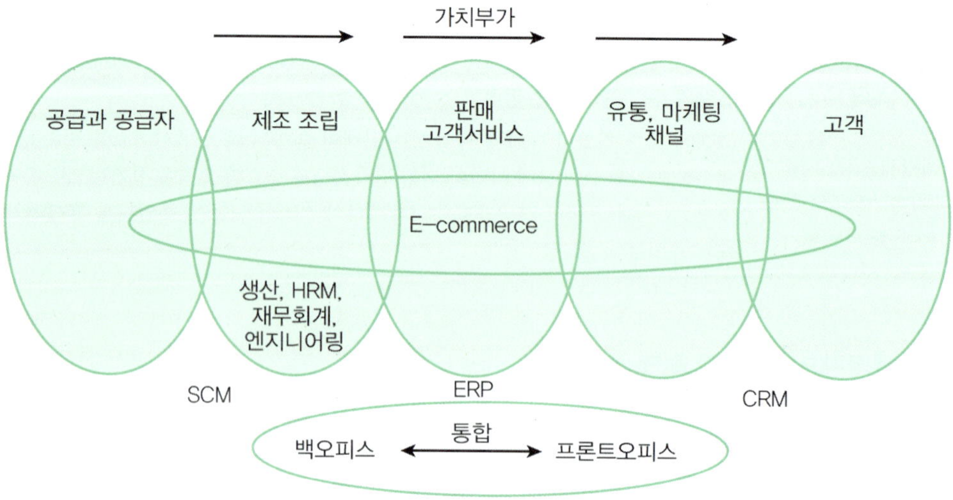

5절 창업 회계관리

1. 회계의 의의

회계는 회계정보이용자가 합리적인 판단이나 의사결정을 할 수 있도록 기업실체에 관한 유용한 경제적 정보를 식별 · 인식 · 측정 · 기록 및 전달하는 과정이다.

회계는 기업의 활동인 거래를 기록하는 기업의 언어이다. 회계상 거래란 자산, 부채, 자본의 변동이나 수익과 비용의 발생을 가져오는 기업의 경영활동을 말한다.

기업경영에서 회계가 하는 역할은 다음과 같다. 첫째, 회계는 기업의 일반적 정보를 제공한다. 둘째, 회계는 경영을 측정하고 관리하는 도구이다. 셋째, 회계는 기업의 유용한 정보를 제공한다.

2. 회계의 목적

회계는 회계정보이용자들의 경제적 의사결정에 유용한 기업의 재무상태, 경영성과, 현금흐름, 자본변동에 관한 정보를 제공하는데 목적이 있다. 또한 회계는 경영자의 수탁책임이나 회계책임의 결과를 표시하는 것이 목적이다.

3. 회계정보이용자

회계정보이용자는 주주, 투자자, 채권자, 거래처, 정부와 유관기관, 일반대중 등 내부정보이용자와 경영자, 종업원 등 외부정보이용자로 구분할 수 있다.

| 표 9-28 | 회계정보이용자

외부정보 이용자	주주, 투자자	투자위험을 감수하는 자본제공자는 투자위험 · 수익에 대한 정보에 관심
	채권자	대여금과 대여금에 대한 이자가 지급기일에 적절히 지급되는지에 관심
	거래처	지급기일 내에 지급할 수 있는 능력이 있나 판단하기 위한 정보에 관심
	정부, 유관기관	기업활동을 규제하고 조세정책을 결정하며 국민소득이나 이와 유사한 통계 자료의 근거로 사용하기 위한 정보에 관심
	일반대중	재무제표에서 기업의 성장과 활동범위의 추세와 현황에 대한 정보에 관심
내부정보 이용자	경영자	경영의사결정에 필요한 정보에 관심
	종업원	고용주인 기업의 안정성, 수익성, 연봉, 고용기회 등의 정보에 관심

4. 회계의 유형

회계에는 재무회계, 관리회계, 세무회계가 있다. 재무회계는 일반목적 재무제표 작성을 주요 목적으로 하는 회계로, 주로 외부의 정보이용자인 투자자와 채권자에게 정보를 제공한다. 관리회계는 경영자가 경영활동에 필요한 재무정보를 생성시키고 이를 분석하는 것을 주요 목적으로 하는 회계를 말한다. 관리회계의 주된 정보이용자는 경영자이다. 세무회계는 법인세, 부가가치세 등의 세무보고서를 작성하기 위한 회계를 말하며 주된 정보이용자는 과세관청이다.

| 표 9-29 | 회계의 유형

구분	재무회계 (Financial Accounting)	관리회계 (Management Accounting)	세무회계 (Tax Accounting)
목적	• 일반목적 재무제표 작성	• 경영자가 경영활동에 필요한 재무정보 생성 · 분석	• 법인세, 소득세, 부가가치세 등의 세무보고서를 작성
정보 이용자	• 외부정보이용자	• 내부정보이용자	• 과세관청
	• 주주, 투자자, 채권자	• 경영자, 종업원 등	• 국세청
작성 기준	• 일반적으로 인정된 회계원칙에 따라 작성	• 특별한 기준이나 일정한 원칙 없이 작성	• 법인세법, 소득세법, 부가가치세법 등에 따라 작성

5. 회계의 기본가정

회계의 기본가정, 즉 전제조건은 기업실체의 가정, 계속기업의 가정, 기간별 보고의 가정이다. 기업실체의 가정이란 기업을 소유주와는 별개의 독립적으로 존재하는 회계단위로 간주하여 하나의 기업을 하나의 회계단위의 관점에서 그 경제활동에 대한 재무정보를 측정 · 보고하는 것을 말한다. 계속기업의 가정은 재무제표는 일반적으로 기업이 예상가능한 기간 동안 영업을 계속할 것이라는 가정하에 작성된다. 기간별 보고의 가정이란 기업실체의 존속기간을 일정한 기간단위로 분할하여 각 기간별로 재무제표를 작성하는 것을 말한다.

표 9-30 | 회계의 기본가정

기업실체의 가정	• 기업을 소유주와는 독립적으로 존재하는 회계단위로 간주 • 회계단위: 기업의 경영활동을 기록 계산하기 위한 장소적 범위
계속기업의 가정	• 일반적으로 기업이 예상가능한 기간 동안 영업을 계속할 것이라는 가정
기간별 보고의 가정	• 기업실체의 존속기간을 일정한 기간단위로 분할하여 각 기간별로 재무제표를 작성하는 것

6. 발생주의

발생주의는 현금의 수수에 관계없이 거래가 발생한 시점에 인식하는 기준으로 현금거래 이외의 비현금거래에 대하여도 거래로 인식하여 회계처리를 하는 회계처리기준이다.

표 9-31 | 발생주의와 현금주의

발생주의	• 회계상 거래나 사건의 발생 여부를 기준으로 수익과 비용을 확정 • 현금의 수수에 관계없이 거래가 발생된 시점에 인식하는 기준 • 현금거래 이외의 비현금거래에 대하여도 거래로 인식하여 회계처리 • 거래는 발생하였으나 현금의 유입과 유출이 이루어지기 전에 인식되는 매출채권, 매출채무 등의 발생주의 계정 사용
현금주의	• 현금의 수입 또는 지출시에 수익과 비용을 확정

7. 회계정보의 질적특성

회계정보의 질적특성이란 정보이용자의 의사결정에 유용하기 위하여 회계정보가 갖추어야 할 주요 속성을 말한다.

회계정보가 갖추어야 할 가장 중요한 질적특성은 목적적합성과 신뢰성이다. 비교가능성은 목적적합성과 신뢰성만큼 중요한 질적특성은 아니나, 목적적합성과 신뢰성을 갖춘 정보가 기업실체 간에 비교가능하거나 또는 기간별 비교가 가능할 경우 회계정보는 유용성이 제고될 수 있다.

목적적합성은 예측가치, 피드백가치, 적시성과 같은 하위 질적특성을 구성한다. 예측가치란 정보이용자가 기업의 미래의 재무상태, 경영성과, 순현금흐름 등을 예측하는 데에 그 정보가 활용될 수 있는 능력을 의미한다. 피드백가치는 제공되는 회계정보가 기업의 재무상태, 경영성과, 순현금흐름, 자본변동 등에 대한 정보이용자의 당초 기대치를 확인 또는 수정되게 함으로

| 표 9-32 | 회계정보의 질적특성

회계정보의 질적특성		의미
목적적합성	예측가치	• 정보이용자가 기업의 미래 재무상태, 경영성과, 순현금흐름 등을 예측하는 데에 그 정보가 활용될 수 있는 능력
	피드백가치	• 제공되는 회계정보이용자의 당초 기대치를 확인 또는 수정되게 함으로써 의사결정에 영향을 미칠 수 있는 능력
	적시성	• 의사결정 시점에 필요한 정보의 제공 여부
신뢰성	표현의 충실성	• 회계정보가 기업의 경제적 자원과 의무, 그리고 이들의 변동을 초래하는 거래나 사건을 충실하게 표현해야 함
	검증가능성	• 동일한 경제적 사건이나 거래에 대하여 동일한 측정방법을 적용할 경우 다수의 독립적 측정자가 동일한 결과에 도달할 수 있어야 함을 의미
	중립성	• 편의 없이 중립적임
비교가능성		• 기업실체 간의 상대적 평가를 위하여 회계정보는 기간별 비교가 가능해야 하고, 기업실체 간의 비교도 가능해야 함

써 의사결정에 영향을 미칠 수 있는 능력을 말한다. 적시성은 의사결정 시점에 필요한 정보를 제공하는 것이다.

신뢰성은 표현의 충실성, 검증가능성, 중립성과 같은 하위 특성으로 구성된다. 표현의 충실성은 회계정보가 신뢰성을 갖기 위해서는 그 정보가 기업의 경제적 자원과 의무, 그리고 이들의 변동을 초래하는 거래나 사건을 충실하게 표현하여야 한다. 검증가능성은 회계정보가 신뢰성을 갖기 위해서는 객관적으로 검증가능하여야 한다. 중립성은 회계정보가 신뢰성을 갖기 위해서는 편의 없이 중립적이어야 한다.

비교가능성은 기업실체의 재무상태, 경영성과, 현금흐름과 자본변동의 추세분석과 기업실체 간의 상대적 평가를 위하여 회계정보는 기간별 비교가 가능해야 하고 기업실체 간의 비교도 가능해야 한다.

8. 회계정보의 제약요인

회계정보의 제약요인에는 비용과 효익 간의 균형, 중요성, 질적특성 간의 상충관계가 있다. 비용과 효익 간의 균형은 실석특성을 갖춘 정보라도 징보제공 및 이용에 소요될 사회적 비용이 사회적 효익을 초과한다면 그러한 정보의 제공은 정당화될 수 없는 것을 말한다. 중요성이란 목적적합성과 신뢰성을 갖춘 항목이라도 중요하지 않다면 반드시 재무제표에 표시되는 것은 아니라는 것이다. 특정 정보가 생략되거나 잘못 표시된 재무제표가 정보이용자의 판단이나 의사결정에 영향을 미칠 수 있다면 그러한 정보는 중요한 정보라는 것이다. 질적특성 간의 상충관계는 목적적합성 있는 정보를 위해 신뢰성이 희생하는 경우도 있고, 신뢰성 있는 정보제공을 위해서 목적적합성이 희생해야 하는 경우가 있다라는 것이다. 따라서 정보의 적시성과 신뢰성 간의 균형을 고려하여야 한다.

| 표 9-33 | 회계정보의 제약요인

<table>
<tr><td>비용과 효익 간의 균형</td><td>• 질적특성을 갖춘 정보라도 정보제공 및 이용에 소요될 사회적 비용이 사회적 효익을 초과한다면 그러한 정보의 제공은 정당화될 수 없음</td></tr>
<tr><td>중요성</td><td>• 목적적합성과 신뢰성을 갖춘 항목이라도 중요하지 않다면 반드시 재무제표에 표시되는 것은 아님
• 특정 정보가 생략되거나 잘못 표시된 재무제표가 정보이용자의 판단이나 의사결정에 영향을 미칠 수 있다면 그러한 정보는 중요한 정보임</td></tr>
<tr><td>질적특성 간의 상충관계</td><td>• 목적적합성 있는 정보를 위해 신뢰성이 희생하는 경우도 있고, 신뢰성 있는 정보제공을 위해서 목적적합성이 희생해야 하는 경우가 있음
• 정보의 적시성과 신뢰성 간의 균형을 고려하여야 함
<table>
<tr><th>구분</th><th>목적적합성</th><th>신뢰성</th></tr>
<tr><td>자산의 평가</td><td>공정가치법
(시가법)</td><td>원가법</td></tr>
<tr><td>수익의 인식</td><td>진행기준</td><td>완성기준</td></tr>
<tr><td>손익의 인식</td><td>발생주의</td><td>현금주의</td></tr>
<tr><td>재무제표 보고</td><td>반기 재무제표</td><td>연차 재무제표</td></tr>
<tr><td>유가증권의 투자</td><td>지분법</td><td>원가법</td></tr>
</table></td></tr>
</table>

| 그림 9-7 | 재무제표의 질적특성

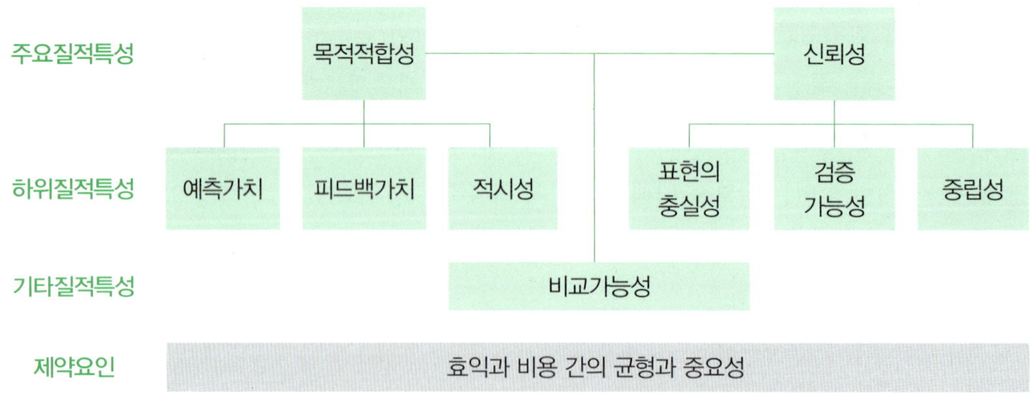

재무제표 요소의 측정기준인 취득원가, 공정가치, 기업특유가치, 순실현가치의 의미를 살펴보면 다음과 같다.

취득원가는 역사적원가로 자산을 취득하였을 때 그 대가로 지불한 금액이나 공정가치를 말한다. 공정가치는 독립된 당사자 간의 현행거래에서 자산이 매각 또는 구입되거나 부채가 결제 또는 이전될 수 있는 교환가치를 말한다. 기업특유가치는 기업실체가 자산을 사용함에 따라 당해 기업실체의 입장에서 인식되는 현재의 가치를 말하며, 사용가치라고도 한다. 순실현가치는 정상적인 기업활동 과정에서 미래에 당해 자산이 현금 또는 현금성자산으로 전환될 때 수취할 것으로 예상되는 금액에서 직접 소요된 비용을 차감한 금액을 말한다.

| 표 9-34 | 재무제표 요소의 측정기준

구분	내용
취득원가	역사적원가로 자산을 취득하였을 때 그 대가로 지불한 금액이나 공정가치
공정가치	독립된 당사자 간의 현행거래에서 자산이 매각 또는 구입되거나 부채가 결제 또는 이전될 수 있는 교환가치로서 시장가치라고도 함
기업특유가치	기업실체가 자산을 사용함에 따라 당해 기업실체의 입장에서 인식되는 현재의 가치를 말하며, 사용가치라고도 함
순실현가치	정상적인 기업활동 과정에서 미래에 당해 자산이 현금 또는 현금성자산으로 전환될 때 수취할 것으로 예상되는 금액에서 직접 소요된 비용을 차감한 금액

9. 기업정보가 움직이는 방향

기업정보가 움직이는 방향은 다음과 같다. 회사의 경영활동인 거래를 회계라는 기업의 언어로 인식 · 측정 · 기록하여 회계정보를 생산한다. 생산된 회계정보는 재무제표라는 회계보고서에 담아 회계정보를 필요로 하는 이해관계자들에게 전달하는 방향으로 움직인다.

| 그림 9-8 | 기업정보가 움직이는 방향

10. 이해관계자들이 기업정보를 얻으려는 목적

회계정보를 필요로 하는 이해관계자들은 기업정보를 얻으려는 목적이 다르다. 경영자는 "올해 실적은 얼마나 될까?"가 기업정보를 얻으려는 목적이다. 주주는 "이 회사 주식을 계속 보유해도 될까?"가 기업정보를 얻으려는 목적이다. 채권자는 "돈을 빌려줘도 괜찮은 회사일까?"가 기업정보를 얻으려는 목적이다. 직원은 "올해 성과급은 얼마나 받게 될까?"가 기업정보를 얻으려는 목적이다. 거래처는 "이 회사와 거래를 해도 괜찮을까?"가 기업정보를 얻으려는 목적이다. 과세당국은 "올해 세금은 얼마나 걷을 수 있을까?"가 기업정보를 얻으려는 목적이다.

| 그림 9-9 | 이해관계자들이 기업정보를 얻으려는 목적

이해관계자	기업정보를 얻으려는 목적
경영자	올해 실적은 얼마나 될까?
주주	이 회사 주식을 계속 보유해도 될까?
채권자	돈을 빌려줘도 괜찮은 회사일까?
직원	올해 성과급은 얼마나 받게 될까?
거래처	이 회사와 거래를 해도 괜찮을까?
과세당국	올해 세금은 얼마나 걷을 수 있을까?

→ 기업정보

11. 기업의 3대 경영활동

회계정보를 생산하는데 회계정보의 기록 대상이 되는 기업의 활동에는 재무활동, 투자활동, 영업활동의 3가지 활동이 있다. 재무활동은 기업에 필요한 자금을 조달하는 활동을 말한다. 투자활동은 기업의 재무활동으로 조달한 자금을 경영목적상 필요한 자산의 획득에 사용하는 활동이다. 영업활동은 획득한 자원을 활용하여 제품을 생산 · 판매하고 용역을 제공함으로써 기업의 본래의 목적인 이익을 달성하는 활동을 말한다.

▎표 9-35 ▎기업의 3대 경영활동

경영활동	의미	내용
재무활동	필요한 자금을 조달하는 활동	• 필요한 자금의 조달 –자기자본의 조달(주식발행) –부채의 조달(사채발행)
투자활동	조달한 자금을 경영목적상 필요한 자산 획득에 활용하는 활동	• 조달된 자금의 활용 –생산설비에의 투자(설비구입) –장 · 단기 여유자금의 투자(주식이나 사채 매입)
영업활동	획득한 자원을 활용하여 제품을 생산 · 판매하고 용역을 제공함으로써 본래의 목적을 달성하는 활동	• 경영관리 –구매, 생산 –마케팅 –연구개발 –인적자원관리

12. 재무제표의 의의

재무제표는 기업이 재무상태, 경영성과, 현금흐름, 자본변동을 나타내는 회계정보 보고서이다. 재무제표에는 재무상태표, 손익계산서, 현금흐름표, 자본변동표, 주석의 다섯 가지 회계보고서가 있다. 재무상태표는 일정시점 기업의 재무상태, 즉 자산, 부채, 자본에 대한 정보를 제공하는 보고서이다. 손익계산서는 일정기간 동안 기업의 경영성과에 대한 정보를 제공하는 보고서이다. 현금흐름표는 일정기간 동안 기업의 영업활동, 투자활동, 재무활동에 따른 현금유입과 현금유출에 대한 정보를 제공하는 보고서이다. 자본변동표는 일정기간 동안 기업의 자본의 크기와 그 변동에 대한 정보를 제공하는 보고서이다. 주석은 재무제표 본문에 표시된 정보를 이해하는 데 도움이 되는 추가적인 정보를 설명하는 것이다.

| 표 9-36 | 재무제표의 종류

재무상태표	일정시점 기업의 재무상태에 대한 정보를 제공하는 보고서
손익계산서	일정기간 동안 기업의 경영성과에 대한 정보를 제공하는 보고서
현금흐름표	일정기간 동안 기업의 영업활동, 투자활동, 재무활동에 따른 현금유입과 현금유출에 대한 정보를 제공하는 보고서
자본변동표	일정기간 동안 기업의 자본의 크기와 그 변동에 대한 정보를 제공하는 보고서
주석	제무제표 본문에 표시된 정보를 이해하는 데 도움이 되는 추가적인 정보를 설명하는 것

13. 재무상태표, 손익계산서, 제조원가명세서, 이익잉여금처분계산서 계정과목의 이해

가. 재무상태표 계정과목

재무상태표(Balance Sheet)는 일정시점 기업의 재무상태를 나타내는 재무보고서로서 재무상태표의 차변에 기록되는 자산항목은 기업이 소유한 자산의 종류를 나타내며 대변에 기록되는 부채 및 자본항목은 자본의 조달구조를 나타낸다. 재무상태표는 기업의 유동성과 재무적 융통성(financial flexibility)에 관한 정보를 제공한다.

재무상태표 계정과목은 다음과 같다.

| 표 9-37 | 재무상태표 계정과목 – 유동자산

계정과목	의미
자산	경제적 가치가 있는 자원. 가치가 있는 물건 또는 권리
유동자산	기업이 1년 이내에 현금화할 수 있는 자산
당좌자산	판매과정을 거치지 않고 즉시 현금화가 가능한 자산 현금및현금성자산, 단기투자자산, 매출채권, 기타당좌자산
현금및현금성자산	현금 또는 현금과 동일하게 사회에서 인정되는 것 현금, 당좌예금, 보통예금, 현금성자산의 통합계정

현금	주화, 지폐, 타인발행수표, 자기앞수표, 우편환, 배당금지급통지표, 만기도래 국공채이자표
당좌예금	당좌수표를 발행할 수 있는 예금
당좌차월	당좌예금의 잔액을 초과하여 수표를 발행한 금액
보통예금	입출금이 자유로운 예금
현금성자산	현금 전환이 쉬운 금융상품으로 취득당시 만기가 3개월 이내인 단기금융상품
단기투자자산	단기금융상품, 단기대여금, 단기매매증권의 통합계정
단기금융상품	취득시 만기가 3개월 초과 1년 이내인 금융상품. 정기예 · 적금 등 저축성예금
단기대여금	1년 이내의 상환조건으로 빌려준 대여금
단기매매증권	1년 이내에 매매차익을 목적으로 취득한 유가증권
매출채권	외상매출금, 받을어음의 통합계정
외상매출금	일반적인 상거래, 즉 상품과 제품을 외상으로 판매한 채권
받을어음	일반적인 상거래, 즉 상품과 제품을 어음을 받고 판매한 채권
대손충당금	외상매출금과 받을어음의 차감적 평가계정
기타당좌자산	미수금, 미수수익, 선급금, 선급비용, 선급법인세
미수금	일반적인 상거래 이외에서, 즉 상품과 제품 이외의 것을 외상으로 판매하고 발생한 채권
미수수익	당기에 해당하는 수익 중 기일이 도래하지 않아 아직 받지 못한 수익
선급금	상품구입 계약 후 지급한 계약금
선급비용	당기에 지급한 비용 중 차기에 해당하는 비용을 자산으로 처리하는 경우
소모품	소모품 구입시 자산으로 처리하는 경우
가지급금	금전의 지급이 있으나 그 내용이나 금액이 확정되지 않았을 때 처리하는 계정
현금과부족	장부상의 현금과 보유한 현금이 일치하지 않은 경우 보유한 현금과 일치시키는 임시계정
부가세대급금	상품, 제품, 비품 등 물품 구입시 부담한 10% 부가가치세(매입부가세)
선납세금	법인세 중간예납세액과 법인의 소득에 대한 원천징수액
재고자산	기업의 일반적인 상거래 또는 주된 영업활동 과정에서 판매를 목적으로 보유하고 있는 실물자산. 상품, 제품, 반제품, 원재료, 미착품, 미착상품, 재공품 등 재고로 보유가능한 자산
상품	판매목적으로 구입한 물품
제품	재료비, 노무비, 경비를 투입하여 완성한 물품

반제품	재료비, 노무비, 경비를 투입하여 만든 판매가능한 중간 물품
원재료	제품 생산을 위하여 구입한 원료
미착품	구입 후 운송중인 원재료
미착상품	구입 후 운송중인 상품
재공품	재료비, 노무비, 경비를 투입하여 제조중인 미완성 제품

| 표 9-38 | 재무상태표 계정과목-비유동자산

계정과목	의미
비유동자산	1년 이내에 현금화할 수 없는 유동자산 이외의 자산. 투자자산, 유형자산, 무형자산, 기타비유동자산
투자자산	장기에 걸쳐 이자 및 배당수익을 얻거나 다른 기업을 지배·통제할 목적으로 취득한 자산. 장기금융상품, 장기투자증권, 장기대여금, 투자부동산, 지분법적용투자주식
장기투자증권	매도가능증권과 만기보유증권, 지분법적용투자주식
장기금융상품	만기가 1년 이후에 도래하는 정기예·적금 등 저축성예금
매도가능증권	단기매매증권, 만기보유증권으로 분류되지 않은 유가증권
만기보유증권	만기가 확정된 채무증권으로 만기까지 보유할 의도가 있는 것
장기대여금	1년 이상의 상환조건으로 빌려준 대여금
투자부동산	영업활동에 사용하지 않는 투자목적으로 구입한 토지, 건물 등의 부동산
특정현금과 예금	당좌예금 개설시 보증금을 예치하는 경우 등 특정한 목적의 현금과 예금
유형자산	재화의 생산·용역의 제공, 타인에 임대 또는 자체적으로 사용할 목적으로 보유하는 물리적 형태를 갖춘 1년을 초과하여 사용할 것으로 예상되는 자산
토지	영업활동에 사용하는 대지, 임야, 전답
건물	영업활동에 사용하는 건물
구축물	영업활동에 사용하는 교량, 저수지, 상하수도, 터널, 전주, 지하도관, 신호장치, 정원 등
기계장치	일반기계와 컨베이어, 호이스트, 기중기 등의 운송설비 및 기타의 부속설비
차량운반구	영업활동에 사용하는 승용차, 트럭, 오토바이, 지게차 등 차량과 운반구
비품	영업활동에 사용하는 PC, 복사기, 프린터, 책상 등의 집기

건설중인자산	영업활동에 사용할 유형자산을 건설하기 위하여 지출한 금액으로 아직 건설이 완료되지 않은 것
감가상각누계액	건물, 구축물, 기계장치, 차량운반구, 비품 등 유형자산의 차감적 평가계정
무형자산	재화의 생산, 용역의 제공, 타인에 임대 또는 관리에 사용할 목적으로 기업이 보유하는 물리적 형체가 없지만 식별가능하고 기업이 통제하고 있으며, 미래의 경제적 효익을 가져오는 비화폐성자산
영업권	유리한 위치, 우수한 경영, 좋은 기업이미지 등으로 인하여 동종의 다른 기업보다 더 많은 수익을 얻을 경우 그 초과수익을 자본의 가치로 환원한 것
산업재산권	특허권, 실용신안권, 디자인권, 상표권 등의 통합계정
특허권	신규 발명품에 대한 특허를 등록하고 얻은 독점적 권리
실용신안권	산업상 이용할 수 있는 물품의 형상, 구조, 조합에 관한 신규고안을 등록하고 얻은 권리
디자인권	물품에 대한 새로운 디자인을 고안하여 등록하고 얻은 권리
상표권	특정 상표를 등록하여 독점적으로 이용하는 권리
개발비	신기술 개발비용으로 미래 경제적 효익의 유입가능성이 매우 높고 취득원가를 신뢰성 있게 측정할 수 있는 경우
소프트웨어	소프트웨어(회계프로그램, ERP프로그램, 한글프로그램, MS오피스 프로그램 등) 구입금액
기타비유동자산	임차보증금, 이연법인세자산, 장기매출채권 및 장기미수금 등 비유동자산 중 투자자산, 유형자산 및 무형자산으로 분류될 수 없는 사산
임차보증금	임대차계약에 의하여 임차인이 임대인에게 지급하는 보증금
전세권	전세금을 지급하고 타인의 부동산을 사용 · 수익할 수 있는 권리
장기매출채권	장기외상매출금, 장기받을어음
장기외상매출금	일반적인 상거래(상품매출, 제품매출)에서 외상으로 판매한 1년 이상의 회수기간인 채권
장기받을어음	일반적인 상거래(상품매출, 제품매출)에서 외상으로 판매하고 받은 1년 이상의 만기인 어음
장기미수금	일반적인 상거래(상품매출, 제품매출) 이외에서 발생한 1년 이상의 회수기간인 채권
부도어음과수표	어음과 수표 대금에 대한 지급 청구시 지급이 거절된 어음과 수표

| 표 9-39 | 재무상태표 계정과목-부채

계정과목	의미
부채	미래에 자산이나 용역을 제공해야 하는 의무. 빚
유동부채	1년 이내에 상환해야 하는 부채. 매입채무, 단기차입금, 유동성장기부채, 기타유동부채
매입채무	일반적인 상거래에서 발행한 외상매입금과 지급어음
외상매입금	일반적인 상거래(상품매입)에서 외상으로 매입하고 1년 이내에 갚아야 하는 채무
지급어음	일반적인 상거래(상품매입)에서 외상으로 매입하고 지급한 1년 이내에 갚아야 하는 어음
미지급금	일반적인 상거래(상품매입) 이외에서 발생한 채무
미지급비용	당기에 속하는 비용 중 약정기일이 도래하지 않아 지급하지 못한 비용
예수금	소득세, 지방소득세, 4대 보험의 근로자부담금을 원천징수하여 일시적으로 보관하는 예수금액
가수금	금전의 입금이 있으나 그 내용이나 금액이 확정되지 않았을 경우의 금액
선수금	상품매출 등을 약정하고 계약금 성격으로 미리 받은 대금
선수수익	당기에 이미 받은 수익 중에서 차기분에 해당하는 수익
단기차입금	자금을 차입하고 그 상환기간이 1년 이내에 도래하는 차입금
부가세예수금	상품, 제품, 비품 등을 판매하고 받은 부가가치세. 매출부가세
유동성장기부채	장기차입금 중 기말결산일 현재 상환기일이 1년 이내 도래하는 채무
비유동부채	1년 이후에 지급기일이 도래하는 부채 회사채, 장기차입금, 임대보증금, 퇴직급여충당부채, 장기미지급금 등의 부채
사채	주식회사가 장기자금을 조달할 목적으로 발행한 채무. 회사채(주식회사가 확정채무임을 표시한 증권을 발행하고 계약에 따라 일정한 이자를 지급하며 만기에 원금을 상환할 것을 약정하고 차입한 채무)
사채할인발행차금	사채를 액면가액보다 낮게 발행하는 경우 액면가액과 발행가액과의 차액. 사채의 차감계정
사채할증발행차금	사채를 액면가액보다 높게 발행하는 경우 액면가액과 발행가액과의 차액. 사채의 가산계정
장기차입금	상환기일이 1년 이후에 도래하는 차입금
임대보증금	임대차계약에 의하여 임대인이 임차인에게 받은 보증금
퇴직급여충당부채	직원이 퇴직할 때 지급할 퇴직급여를 충당하기 위해 설정한 금액
장기미지급금	일반적인 상거래(상품매입) 이외에 발생한 1년 이후에 지급할 채무

| 표 9-40 | 재무상태표 계정과목 – 자본

계정과목	의미
자본	총자산에서 총부채를 차감한 잔액 자본금, 자본잉여금, 자본조정, 기타포괄손익누계액, 이익잉여금으로 구성
자본금	기업이 발행한 주식의 액면금액. 자본금=발행주식수×액면금액. 보통주자본금과 우선주자본금 등으로 분류
자본잉여금	주식의 발행, 증자, 감자와 같은 자본거래에서 발생한 잉여금으로 이는 원칙적으로 배당이 불가능함 주식발행초과금, 감자차익, 자기주식처분이익 등으로 구성
주식발행초과금	주식할증 발행시 주식의 액면금액과 발행금액의 차액
감자차익	자본금 감소시 주식의 취득금액이 액면금액보다 낮은 경우 그 차액
자기주식처분이익	자기주식 처분시 자기주식 취득금액보다 처분금액이 높은 경우 그 차액
자본조정	자본조정은 성격상 자본거래에 해당하지만 최종 납입된 자본으로 볼 수 없거나 자본의 가감적 특성으로 인해 자본금이나 자본잉여금으로 분류할 수 없는 항목 주식할인발행차금, 배당건설이자, 자기주식, 주식선택권, 출자전환채무, 감자차손 및 자기주식처분손실 등을 포함
주식할인발행차금	주식할인 발행시 주식의 액면금액과 발행금액의 차액
감자차손	자본금 감소시 주식의 취득금액이 액면금액보다 높은 경우 그 차액
자기주식처분손실	자기주식 처분시 자기주식 취득금액보다 처분금액이 낮은 경우 그 차액
자기주식	자기가 발행한 자기회사의 주식을 구입하여 보유하는 경우 그 구입금액
기타포괄손익누계액	포괄손익은 일정기간 동안 주주와의 자본거래를 제외한 모든 거래나 사건에서 인식한 자본의 변동으로 재무상태표일 현재의 매도가능증권평가손익, 해외사업환산손익, 현금흐름위험회피 파생상품평가손익, 자산재평가이익 등의 잔액
매도가능증권평가손익	매도가능증권평가손익은 매도가능증권을 공정가액으로 평가한 경우 장부가액과 공정가액과의 차이를 계상
해외사업환산손익	해외사무소나 지점 등을 운영하는 경우 그 자산, 부채 등을 원화로 환산하면서 발생하는 환산손익
현금흐름위험회피 파생상품평가손익	미래의 환율, 물가변동 등의 위험에 대비하기 위하여 취득한 파생상품의 결산 평가시 평가손익
재평가잉여금	유형자산과 무형자산을 재평가모형으로 평가시 발생하는 재평가이익

이익잉여금	손익계산서에 보고된 손익과 다른 자본항목에서 이입된 금액의 합계액에서 주주에 대한 배당, 자본금으로의 전입 및 자본조정 항목의 상각 등으로 처분된 금액을 차감한 잔액
법정적립금	상법에 의한 법정적립금인 이익준비금과 상법 이외의 법령에 의하여 적립하는 기업합리화적립금, 재무구조개선적립금 등
이익준비금	상법에 의해 자본금의 1/2에 달할 때까지 결산시 금전에 의한 이익배당액의 1/10 이상의 금액을 적립한 금액
임의적립금	정관의 규정 또는 주주총회의 결의에 의하여 회사가 임의로 이익 가운데서 일부를 기업 내부에 유보시키는 적립금
사업확장적립금	회사의 임의로 정관의 규정이나 주주총회의 결의에 따라 사업확장에 대비하기 위해 적립한 금액
감채기금적립금	회사의 임의로 정관의 규정이나 주주총회의 결의에 따라 사채를 상환할 목적으로 적립한 금액
미처분이익잉여금	전기이월이익잉여금과 당기순이익을 합한 금액

나. 손익계산서 계정과목

손익계산서(Income Statement)는 기업의 경영성과를 명확히 보고하기 위하여 일정기간 동안에 발생한 모든 수익과 이에 대응되는 비용을 나타내는 재무보고서이다. 손익계산서는 회계정보이용자로 하여금 기업의 수익성을 판단하는 데 유용한 정보를 제공해준다.

손익계산서 계정과목은 다음과 같다.

▎표 9-41 ▎손익계산서 계정과목-수익

계정과목	의미
수익	영업활동의 결과 자본의 증가를 가져오는 것 영업활동의 과정에서 고객에게 제공한 재화나 용역의 가치를 화폐가치로 표시한 것
영업수익	매출액에서 매출원가를 빼내고 얻은 매출총이익에서 다시 일반관리비(본사의 경비)와 판매비를 뺀 것
상품매출	상품을 판매하여 발생한 상품순매출액 상품순매출액 = 상품총매출액 − 매출에누리와 환입 − 매출할인

제품매출	제품을 판매하여 발생한 제품순매출액 제품순매출액 = 제품총매출액 − 매출에누리와 환입 − 매출할인
영업외수익	기업의 주된 영업활동이 아닌 활동으로부터 발생한 수익과 차익으로서 중단사업손익에 해당하지 않는 것
이자수익	금융기관의 예금과 대여금 등에 대하여 받은 이자
배당금수익	주식투자에 대하여 받은 배당금
단기매매증권평가이익	결산시 단기매매증권을 공정가치로 평가할 때 장부금액보다 공정가치가 높은 경우 그 차액
단기매매증권처분이익	단기매매증권을 처분할 때 장부금액보다 처분금액이 높은 경우 그 차액
외환차익	외화자산의 회수와 외화부채의 상환시 환율의 차이로 발생하는 이익
외화환산이익	결산시 외화자산과 외화부채를 결산일 환율로 평가할 때 발생하는 이익
수수료수익	서비스(용역)를 제공하고 대가로 받은 수수료
임대료	토지, 건물, 기계장치, 차량운반구 등을 임대하고 받은 임대료
유형자산처분이익	유형자산을 취득금액에서 감가상각누계액을 차감한 장부가액보다 높은 금액으로 처분하는 경우 차액
자산수증이익	타인으로부터 자산을 무상으로 증여받은 경우 이익
채무면제이익	채무를 면제받는 경우 인식하는 이익
보험금수익	보험금을 받았을 때의 금액
잡이익	영업활동 이외의 활동에서 발행한 소액 이익 또는 가끔 발생하는 이익

▎표 9-42 ▎손익계산서 계정과목 – 비용

계정과목	의미
비용	생산자와 소비자가 구입하는 재화와 용역의 화폐가치
상품매출원가	판매된 상품의 매입원가(상품매출원가=기초상품재고액+당기상품매입액−기말상품재고액) (당기상품매입액=당기상품총매입액−매입에누리−매입환출−매입할인)
제품매출원가	생산된 제품의 매출원가(제품매출원가=기초제품재고액+당기제품제조원가−기말제품재고액) 당기제품제조원가는 당기에 발생한 재료비, 노무비, 경비 등의 당기총제조비용에서 기초재공품원가를 더하고 기말재공품원가와 타계정대체액을 차감하여 산출

판매비및관리비	상품과 용역의 판매활동 또는 기업의 관리 · 유지활동과 관련하여 발생하는 비용으로서 매출원가에 속하지 않는 모든 영업비용
급여	직원의 급여 및 제수당
퇴직급여	직원이 퇴직시 지급한 퇴직금 또는 결산시 퇴직급여충당부채를 설정할 경우의 퇴직금
복리후생비	직원의 복리후생을 위하여 지출한 식대, 경조사비, 직장체육대회, 야유회비 등의 비용
여비교통비	직원의 업무시 지출한 교통비 및 출장비
접대비	업무와 관련하여 거래처에 접대한 비용
통신비	업무와 관련하여 발생한 전화, 핸드폰, 팩스, 인터넷 등의 사용비용
수도광열비	업무와 관련하여 발생한 가스, 수도, 난방 등의 사용비용
전력비	업무와 관련하여 발생한 전기비용
세금과공과금	업무와 관련하여 발생한 재산세, 자동차세, 협회비 등의 세금과공과금
감가상각비	업무와 관련된 유형자산인 건물, 기계장치, 차량운반구, 비품 등의 감가상각금액
무형자산상각비	업무와 관련된 무형자산인 개발비, 영업권, 소프트웨어 등의 상각금액
임차료	업무와 관련하여 발생한 토지, 건물, 기계장치, 차량운반구 등의 임차비용
수선비	업무와 관련하여 발생한 건물, 기계장치 등의 현상유지를 위한 수리비용
보험료	업무와 관련된 건물, 기계장치 등의 유형자산과 상품, 제품 등의 재고자산 등에 대한 보험료
차량유지비	업무와 관련하여 발생한 차량운반구의 유지와 수선을 위한 비용
운반비	상품 및 제품을 매출하고 지출한 운송비
도서인쇄비	업무와 관련된 도서구입, 신문잡지구독, 인쇄에 지출한 비용
소모품비	업무와 관련된 복사용지, 문구류, 소모자재 등 소모성물품 구입에 사용한 비용
지급수수료	업무와 관련된 서비스를 제공받고 대가를 지불한 비용
광고선전비	업무와 관련하여 광고목적으로 신문, 방송, 잡지 등에 지출한 광고비용
대손상각비	상품매출 및 제품매출과 관련하여 발생한 외상매출금과 받을어음 등 매출채권이 회수불능되었을 때 또는 결산시 대손에 대비하여 대손충당금을 설정할 때 비용
영업외비용	기업의 주된 영업활동으로부터 발생하는 영업비용 이외의 비용
이자비용	금융기관의 차입금, 당좌차월 등 자금의 차입대가로 지불하는 이자
외환차손	외화자산의 회수와 외화부채의 상환시 환율의 차이로 발행하는 손실
기부금	무상으로 금전이나 물건 등을 기증한 금액

외화환산손실	결산시 외화자산과 외화부채를 결산일 환율로 평가할 때 발생하는 손실
매출채권처분손실	받을어음을 만기 이전에 은행에 할인하여 매각하는 경우 할인료와 수수료
단기매매증권 평가손실	결산기 단기매매증권을 공정가치로 평가할 때 장부금액보다 공정가치가 낮은 경우 차액
단기매매증권 처분손실	단기매매증권 처분시 장부금액보다 처분금액이 낮은 경우 차액
재해손실	천재지변이나 도난 등 예측치 못한 상황으로 발생한 손실
유형자산처분손실	건물, 기계장치, 차량운반구, 비품 등 유형자산을 취득원가에서 감가상각누계액을 차감한 장부금액보다 낮은 금액으로 처분할 때 발생한 손실
투자자산처분손실	투자자산을 장부금액보다 낮은 금액으로 처분하는 경우 발생한 손실
재고자산감모손실	비정상적인 감모로 재고자산의 실제수량이 장부금액보다 적은 경우
잡손실	영업활동 이외의 활동에서 금액이 적은 비용이나 빈번하지 않은 지출
법인세비용	법인이 일정기간 동안 획득한 법인소득에 대해 부과한 법인세

다. 제조원가명세서 계정과목

제조원가명세서(Statement of Cost of Goods Manufactured)는 재무제표의 부속명세서의 하나로서 제품제조에 소비된 원가의 계산명세를 나타낸다. 여기서 제조는 제조활동은 물론 공사, 임대, 분양, 운송활동 등을 포괄하는 의미로 사용한다. 당기제품제조원가는 당기에 발생한 재료비, 노무비, 경비 등의 당기총제조비용에서 기초재공품원가를 더하고 기말재공품원가와 타계정대체액을 차감하여 계상한다.

제조원가명세서의 계정과목은 다음과 같다.

표 9-43 | 제조원가명세서 계정과목

계정과목	의미
당기총제조비용	당기 제품생산에 투입된 총제조비용으로 원가요소에 따라 재료비, 노무비 및 경비로 구분
재료비	제품의 제조에 직·간접적으로 투입된 재료의 비용으로서 기초재료재고액과 당기재료매입액의 합계액에서 기말재료재고액을 차감하여 구한다.

노무비	제품의 제조에 직·간접적으로 종사하는 공장종업원에 대하여 지급하는 임금, 상여금, 잡급과 퇴직급여
경비	제품의 제조를 위하여 지출된 원가요소 중 재료비 및 노무비를 제외한 일체의 비용
복리후생비	제조부문에 종사하는 종업원의 복리후생(의무·위생·보험·오락 등)을 위하여 지출된 제경비
전력비	제조부문에서 소비된 전력비
가스수도비	제조부문에서 발생한 수도료, 연료비 및 유류비 등이며, 운송업종에 있어서 운송수익 창출에 직접 사용되는 연료비 및 유료비는 업종특성상 재료비로 계상
감가상각비	공장의 건물, 기계장치, 차량운반구, 공구 및 비품 등에 대한 감가상각비
세금과공과금	제조부문에서 발생한 세금과공과금
임차료	공장용의 토지, 건물 및 구축물 등을 임차한 경우에 지급되는 임차료 또는 사용료
보험료	공장의 건물, 기계, 저장품 등의 화재보험료 및 기타 손해보험료
수선비	공장의 건물, 기계장치 및 공·기구 등의 수선을 외부에 의뢰했을 때 발생하는 비용
외주가공비	하청업자에게 재료를 공급하여 가공을 의뢰한 경우에 발생하는 임가공비용
운반·하역·보관·포장비	제조활동을 위하여 원재료, 재공품, 제품 등을 운반·하역·보관·포장하는 데 발생하는 비용
경상개발비	특정 신기술연구 또는 신제품의 개발과 관련하여 개발단계에서 발생한 지출 중 무형자산 요건을 갖추지 못한 경우로서 제조활동과 관련된 비용
기타경비	이상에서 열거한 경비 항목을 제외한 경비의 합계액으로 소모품비, 여비교통비, 통신비, 특허권사용료 및 잡비 등
기초재공품원가	재공품은 제품 또는 반제품의 제조를 위한 생산과정에 있는 것으로, 전기에서 이월된 재공품 잔액이 기초재공품원가가 된다.
기말재공품원가	기초재공품원가와 반대로 결산일 현재 생산과정 중에 있는 재공품 잔액
유형자산(타계정) 대체액	자사의 제품을 자가소비하는 경우 당기제품제조원가에서 차감하여 자산 등 타계정으로 대체하게 되는 제품제조원가를 기록하는 항목
당기제품제조원가	당기의 제품생산을 위하여 소요된 총비용으로서 기초재공품원가에 당기총제조비용을 더하고 기말재공품원가와 타계정대체액을 차감하여 계산

라. 이익잉여금처분계산서 계정과목

이익잉여금처분계산서(Statement of Appropriation of Retained Earnings)는 이익잉여금의 처분사항을 명확히 보고하기 위하여 이익잉여금의 총변동사항을 표시하는 재무보고서이다. 즉 이익잉여금처분계산서는 전년도 이월이익잉여금과 당기순이익 등 가용 이익잉여금이 당해 연도중 어떤 용도로 처분되었으며 얼마나 남았는지 그 변동내역을 설명해준다. 한편 미처리결손금이 있는 기업은 결손금의 보전사항을 표시하는 결손금처리계산서를 작성한다.

이익잉여금처분계산서의 계정과목은 다음과 같다.

| 표 9-44 | 이익잉여금처분계산서 계정과목

계정과목	의미
처분전이익잉여금	전기로부터 이월된 전기이월이익잉여금에 당기순이익, 회계변경의 누적효과, 지분법 적용 회사의 잉여금 변동, 전기오류수정손익 및 기타처분전이익잉여금을 합계한 것
전기이월이익잉여금	전기로부터 당기로 이월된 이익잉여금으로 전기의 차기이월이익잉여금과 당기의 전기이월이익잉여금은 일치한다.
당기순이익	손익계산서상의 당기순손익
회계변경의 누적효과	회계변경이란 새로운 사실의 발생 또는 환경의 변화에 적절히 대응하기 위하여 전기에 적용해 오던 회계방법을 변경하는 것을 의미하며, 이에는 회계원칙의 변경, 회계추정의 변경, 보고실체의 변경 등 3가지 유형이 있다. 회계변경의 누적효과는 회계원칙의 변경과 보고실체의 변경으로 인해 발생한다.
전기오류수정손익	전기 또는 그 이전 기간에 발생한 오류의 수정은 손익계산서의 영업외비용(전기오류수정손익)으로 처리하나 중대한 오류의 수정인 경우에는 전기이월이익잉여금에 반영하게 된다. 전기오류수정손익의 대상은 계산상의 실수, 기업회계기준의 잘못된 적용, 사실 판단의 잘못, 부정, 과실 또는 사실의 누락 등이며 이는 추가적인 정보를 입수함에 따라 기존의 추정치를 수정하는 회계추정의 변경과는 구분된다.
기타처분전이익잉여금	처분전이익잉여금 중에서 위에 열거한 항목에 속하지 아니하는 이익잉여금으로서 자사주이익소각, 특별수선충당금환입액 등을 포함한다.
임의적립금 등의 이입액	임의적립금이입액은 처분전이익잉여금이 부족하여 배당이나 적립이 곤란하거나 임의적립금이 더 이상 필요하지 않은 경우 당기 이전에 적립하였던 임의적립금을 이입한 것을 말한다.

이익잉여금처분액	처분전이익잉여금과 임의적립금이입액의 합계액을 재원으로 배당금, 법정적립금 또는 임의적립금 적립 등 기간 중 처분한 이익잉여금의 합계액
이익준비금	상법의 규정에 의하여 자본금의 2분의 1에 달할 때까지 매결산기 이익배당액의 10분의 1 이상을 의무적으로 적립하는 금액
기타법정적립금	기업합리화적립금, 재무구조개선적립금 등 상법 이외의 법령의 규정에 의하여 의무적으로 적립하여야 할 적립금
배당금	주주총회의 결의에 의하여 배당으로 지급이 확정된 시점의 이익잉여금 처분액
임의적립금	법적 강제력에 의해서가 아니라 정관의 규정이나 주주총회의 결의에 따라 사내에 유보되는 적립금으로서 사업확장적립금, 감채적립금, 배당평균적립금, 결손보전적립금 및 법인세 등을 이연할 목적으로 적립하여 일정기간이 경과한 후 환입될 준비금
기타이익잉여금 처분액	이익잉여금처분액 중 위에 열거한 항목에 속하지 아니하는 처분액으로서 이에는 주식할인발행차금상각, 배당건설이자상각, 자기주식처분손실잔액, 상환주식상환액
차기이월이익잉여금	처분전이익잉여금과 임의적립금이입액의 합계에서 이익잉여금처분액을 차감한 금액

14. 재무상태표, 손익계산서, 제조원가명세서, 이익잉여금처분계산서 계정과목 실무의 이해

가. 제조원가명세서 실무의 이해

제조원가명세서 양식은 다음과 같다.

| 표 9-45 | 제조원가명세서

제조원가명세서

2023년 1월 1일부터 2023년 12월 31일까지

회사명: ㈜커피파라다이스 (단위: 원)

과 목	금액		구성비
Ⅰ. 원재료비		(　　　)	
기초원재료재고액	1,000,000		
당기원재료매입액	27,000,000		
기말원재료재고액	2,000,000		

Ⅱ. 노무비		( )	
임금	28,000,000		
Ⅲ. 경비		( )	
복리후생비	5,000,000		
가스수도료	1,500,000		
전력비	3,000,000		
세금과 공과금	1,000,000		
감가상각비	4,000,000		
수선비	2,900,000		
보험료	1,200,000		
차량유지비	2,200,000		
소모품비	3,200,000		
Ⅳ. 당기총제조비용		( )	
Ⅴ. 기초재공품재고액		2,000,000	
Ⅵ. 합계		( )	
Ⅶ. 기말재공품재고액		1,000,000	
Ⅷ. 타계정으로대체액		1,000,000	
Ⅸ. 당기제품제조원가		( )	

나. 손익계산서 실무의 이해

손익계산서 양식은 다음과 같다.

| 표 9-46 | 손익계산서

손익계산서

2023년 1월 1일부터 2023년 12월 31일까지

회사명: ㈜커피파라다이스 (단위: 원)

과목	금액		구성비
Ⅰ. 매출액		( )	
상품매출	10,000,000		
제품매출	180,000,000		

Ⅱ. 매출원가		(　　　)	
상품매출원가		(　　　)	
기초상품재고액	3,000,000		
당기상품매입액	12,000,000		
기말상품재고액	4,000,000		
제품매출원가		(　　　)	
기초제품재고액	4,000,000		
당기제품제조원가	(　　　)		
기말제품재고액	5,000,000		
Ⅲ. 매출총이익		(　　　)	
Ⅳ. 판매비및관리비		(　　　)	
직원급여	40,000,000		
복리후생비	10,000,000		
여비교통비	4,000,000		
접대비	9,000,000		
통신비	4,000,000		
세금과공과금	5,000,000		
보험료	2,000,000		
소모품비	3,000,000		
대손상각비	500,000		
Ⅴ. 영업이익		(　　　)	
Ⅵ. 영업외수익		(　　　)	
이자수익	1,400,000		
Ⅶ. 영업외비용		(　　　)	
이자비용	1,400,000		
Ⅷ. 법인세비용차감전이익		(　　　)	
Ⅸ. 법인세비용등		(　　　)	
법인세비용등	500,000		
Ⅹ.당기순이익		(　　　)	

다. 이익잉여금처분계산서 실무의 이해

이익잉여금처분계산서 양식은 다음과 같다.

| 표 9-47 | 이익잉여금처분계산서

이익잉여금처분계산서

회사명: ㈜커피파라다이스 (단위: 원)

과목	2023.12.31		
	금액	합계	구성비
Ⅰ. 미처분이익잉여금		(　　　　)	
1. 전기이월미처분이익잉여금	49,700,000		
2. 회계변경의 누적효과	0		
3. 전기오류수정이익	0		
4. 전기오류수정손실	0		
5. 중간배당금	0		
6. 당기순이익	(　　　　)		
Ⅱ. 임의적립금 등의 이입액		0	
합 계		(　　　　)	
Ⅲ. 이익잉여금처분액		(　　　　)	
1. 이익준비금	3,000,000		
2. 기다법정적립금			
3. 주식할인발행차금상각액			
4. 배당금			
가. 현금배당			
나. 주식배당			
5. 사업확장적립금			
6. 감채적립금			
Ⅳ. 차기이월미처분이익잉여금		(　　　　)	

라. 재무상태표 실무의 이해

재무상태표 양식은 다음과 같다.

| 표 9-48 | 재무상태표

재무상태표

제11기 2023년 12월 31일 현재

회사명: ㈜커피파라다이스 (단위: 원)

과목	2023.12.31		
	금액		구성비
자 산			
Ⅰ. 유동자산		(　　　)	
(1) 당좌자산		(　　　)	
현금		51,750,000	
당좌예금		30,000,000	
보통예금		28,000,000	
외상매출금	5,000,000		
대손충당금	50,000	(　　　)	
받을어음		7,000,000	
(2) 재고자산		(　　　)	
상품		4,000,000	
제품		5,000,000	
원재료		2,000,000	
재공품		1,000,000	
Ⅱ. 비유동자산		(　　　)	
(1) 투자자산		-	
(2) 유형자산		(　　　)	
토지		290,000,000	
기계장치	20,000,000		
감가상각누계액	4,000,000	(　　　)	
차량운반구	29,000,000		
감가상각누계액	2,500,000	(　　　)	
비품	3,000,000		
감가상각누계액	500,000	(　　　)	
(3) 무형자산		(　　　)	
개발비	6,000,000		
(4) 기타비유동자산		(　　　)	

임차보증금	11,000,000		
자산총계		(　　　　)	
부채			
Ⅰ. 유동부채		(　　　　)	
외상매입금	13,000,000		
미지급금	17,000,000		
Ⅱ. 비유동부채		(　　　　)	
퇴직급여충당부채	41,000,000		
부채총계		(　　　　)	
자본			
Ⅰ. 자본금		(　　　　)	
자본금	300,000,000		
Ⅱ. 자본잉여금		(　　　　)	
주식발행초과금	32,000,000		
Ⅲ. 자본조정		(　　　　)	
주식할인발행차금	1,000,000		
Ⅳ. 기타포괄손익누계액		(　　　　)	
매도가능증권평가익	10,000,000		
Ⅴ. 이익잉여금		(　　　　)	
이익준비금	3,000,000		
미처분이익잉여금	(　　　　)		
자본총계		(　　　　)	
부채및자본총계		(　　　　)	

15. 원가회계의 이해

가. 원가회계의 의의

원가회계(cost accounting)란 재화나 용역의 원가정보를 산출하는 과정이다. 원가회계는 재무회계와 관리회계에 필요한 원가정보를 제공하는 것을 목적으로 한다. 즉, 원가회계는 재화나 용역의 원가를 측정하고 계산하여 재무제표 작성에 필요한 정보를 제공하며, 경영계획 · 통제 · 성과평가에 필요한 원가정보도 제공한다.

나. 원가의 개념

1) 원가의 정의와 특징

원가란 재화나 용역을 생산하기 위하여 희생된 자원을 화폐단위로 측정한 것을 말한다. 원가의 특징은 다음 표와 같다.

표 9-49 | 원가의 정의와 특징

구분	내용
정의	• 재화나 용역을 생산하기 위하여 희생된 자원을 화폐단위로 측정한 것
특징	• 경제적 가치의 소비: 재화나 용역의 생산과정에서 소비된 경제적 가치 –자연력(태양열, 공기)의 사용은 경제적 가치가 없어 원가가 될 수 없음 • 제품생산과 관련된 소비: 기업의 주된 경영활동에서 소비되는 가치 –주된 생산활동과 관련없는 이자비용 등은 제외 • 정상적인 경제자원의 소비: 정상적인 경영활동에서 소비된 가치 –화재나 재해 등으로 인한 비경상적인 손실은 원가로 보지 않음

2) 원가 · 자산 · 비용 · 손실

원가는 소멸원가와 미소멸원가로 구분할 수 있다. 미소멸원가란 투입된 원가가 미래에 경제적 효익이 창출될 것으로 기대되는 자원을 말하며 자산으로 기록한다. 소멸원가는 투입된 원가의 용역 잠재력이 소멸되어 더 이상 경제적 효익을 창출할 수 없는 원가를 말한다. 소멸원가는 비용과 손실로 구분되며 수익창출에 기여한 원가는 비용으로 기록하고, 수익창출에 기여하지 못한 원가는 손실로 기록한다.

▎그림 9-10 ▎원가 · 자산 · 비용 · 손실의 관계

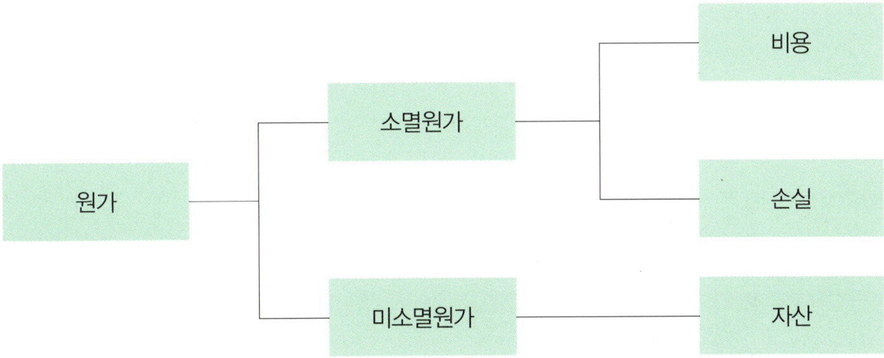

다. 원가의 분류

1) 추적가능성 여부에 따른 분류

원가는 추적가능성 여부에 따라 직접원가와 간접원가로 분류한다.

▎표 9-50 ▎추적가능성 여부에 따른 원가분류

구분	내용
직접원가	특정 제품 또는 특정 부문과 관련해서 실질적으로 명확하게 추적할 수 있는 원가로 해당 제품 또는 부문에 직접 부과
간접원가	특정 제품 또는 특정 부문과 관련은 있지만 실질적으로 추적이 불가능한 원가로 합리적인 배부기준에 의하여 각각의 제품 또는 부문에 배부

2) 제조활동 관련성에 따른 분류

원가는 제조활동 관련성에 따라 제조원가와 비제조원가로 분류한다.

| 표 9-51 | 제조활동 관련성에 따른 원가분류

구분	내용
제조원가	제품을 생산하는 과정에서 발생하는 모든 원가
비제조원가	제조활동과 직접 관련이 없는 판매 및 관리활동에서 발생하는 원가 –판매관리비

3) 자산화 여부에 따른 분류

원가는 자산화 여부에 따라 제품원가와 기간원가로 분류한다.

| 표 9-52 | 자산화 여부에 따른 원가분류

구분	내용
제품원가	제품을 제조할 때 소비되는 원가로 소비되는 시점에는 재고자산의 원가를 구성하였다가 판매시점에 매출원가라는 비용으로 처리한다.
기간원가	제품제조와 관련없이 발생하는 원가로 발생한 기간에 비용으로 처리한다.

4) 원가형태에 따른 분류

원가는 원가형태에 따라 변동원가, 고정원가, 준변동원가, 준고정원가로 분류한다. 원가형태는 조업도 변화에 따라 나타나는 원가의 반응을 뜻한다. 조업도는 기업의 제조설비의 이용수준을 말한다.

| 표 9-53 | 원가형태에 따른 원가분류

구분	내용
변동원가	조업도의 변동에 따라 비례적으로 변동하는 원가 –단위당 변동원가는 조업도 증감에 관계없이 일정하다.

고정원가	조업도의 변동에 관계없이 일정한 범위의 조업도 내에서 총원가가 일정하게 발생하는 원가 –단위당 고정원가는 조업도 증가에 따라 감소한다.
준변동원가 (혼합원가)	조업도가 0이어도 일정 고정비가 발생하고 조업도가 증가하면 비례적으로 증가(변동원가)하는 원가 –고정원가와 변동원가 요소가 혼합된 원가성격을 갖는다.
준고정원가	일정한 조업도 범위 내에서는 총원가가 일정(고정원가)하나, 조업도가 일정수준 이상 증가하면 원가총액이 증가하는 원가

5) 통제가능성에 따른 분류

원가는 통제가능성에 따라 통제가능원가와 통제불능원가로 분류한다.

| 표 9-54 | 통제가능성에 따른 원가분류

구분	내용
통제가능원가	경영자가 원가 발생액에 영향을 미칠 수 있는 원가
통제불능원가	경영자가 원가 발생액에 영향을 미칠 수 없는 원가

6) 의사결정 관련성에 따른 분류

원가는 의사결정 관련성에 따라 관련원가, 비관련원가, 매몰워가, 기회원가로 분류한다.

| 표 9-55 | 의사결정 관련성에 따른 원가분류

구분	내용
관련원가	특정 의사결정과 직접 관련 있는 원가로 의사결정의 여러 대안 간에 차이가 있는 미래의 원가
비관련원가	특정 의사결정과 관련이 없는 이미 발생한 원가로 의사결정의 여러 대안 간에 차이가 없는 원가
매몰원가	과거 의사결정의 결과 이미 발생한 원가로 현재 또는 미래의 의사결정에 아무런 영향을 미치지 못하는 원가
기회원가	의사결정의 여러 대안 중 하나를 선택하면 다른 대안은 포기할 수밖에 없는데 이때 포기한 대안에서 얻을 수 있는 효익 중 가장 큰 것

라. 원가계산과 원가의 흐름

1) 원가계산 단계

원가계산은 원가요소별 원가계산, 부문별 원가계산, 제품별 원가계산 순으로 진행한다.

▎그림 9-11 ▎원가계산 단계

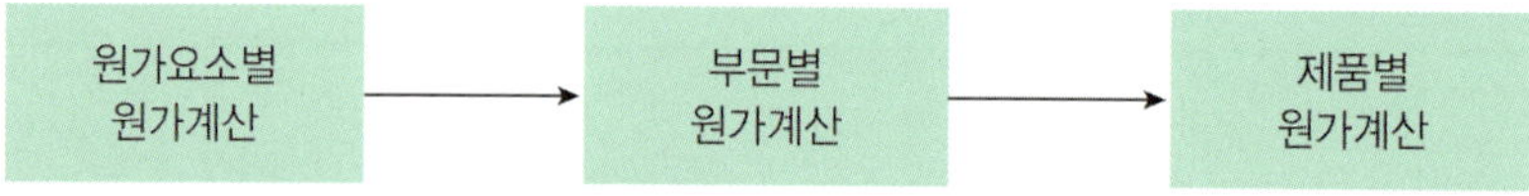

2) 원가계산의 종류

원가계산은 원가계산 시기에 따라 사전원가계산, 실제원가계산으로 분류한다. 원가계산은 생산형태에 따라 개별원가계산과 종합원가계산으로 분류한다. 원가계산은 원가계산 범위에 따라 전부원가계산과 직접원가계산으로 분류한다. 전부원가계산은 직접재료비, 직접노무비, 변동제조간접비(전력비 등)의 변동비뿐만 아니라 고정비에 속하는 고정제조간접비(공장임차료, 보험료 등)도 포함하여 모든 원가를 제품의 원가계산 범위에 포함하는 원가계산 방법이다. 직접원가계산은 직접재료비, 직접노무비, 변동제조간접비 등의 변동비만 원가계산 대상에 포함시키고 고정비는 제품의 원가에 구성하지 않고 기간비용(판매비및관리비)으로 처리하는 원가계산 방법이다.

▎표 9-56 ▎원가계산의 종류

분류기준	내용	
원가계산 시기	사전원가계산	• 제품의 생산을 위하여 원가요소를 소비하는 시점에 사전적으로 예정가격, 표준가격 등을 사용 – 정상원가계산: 직접재료비와 직접노무비 → 실제원가로 측정 제조간접비 → 예정배부율에 의한 원가 결정 – 표준원가계산: 사전에 설정된 표준가격, 표준사용량을 이용
	실제원가계산 (사후원가계산)	• 제품의 생산이 완료된 후 원가요소의 실제 소비량과 실제 금액을 적용하여 실제발생액을 이용

<table>
<tr><td rowspan="2">생산형태</td><td>개별원가계산</td><td>• 성능, 규격 등이 서로 다른 여러 가지의 제품을 개별적으로 생산하는 경우
–예: 건설업, 조선업, 기계제조업 등 주문 제작</td></tr>
<tr><td>종합원가계산</td><td>• 성능, 규격 등이 동일한 제품을 대량으로 연속하여 생산
–예: 정유업, 제지업, 제분업</td></tr>
<tr><td rowspan="2">원가계산 범위 (고정비 포함 여부)</td><td>전부원가계산</td><td>• 직접재료비, 직접노무비, 변동제조간접비(전력비 등)의 변동비뿐만 아니라 고정비에 속하는 고정제조간접비(공장임차료, 보험료 등)도 포함하여 모든 원가를 제품의 원가계산 범위에 포함</td></tr>
<tr><td>직접(변동)원가 계산</td><td>• 직접재료비, 직접노무비, 변동제조간접비 등의 변동비만 원가계산 대상에 포함시키고 고정비는 제품의 원가에 구성하지 않고 기간비용(판매비및관리비)으로 처리</td></tr>
</table>

3) 원가흐름

가) 제조원가의 구성

제조원가는 발생형태별로 재료원가, 노무원가, 제조경비로 분류되며, 특정 제품이나 부문에의 추적가능성에 따라 직접재료원가, 직접노무원가, 제조간접원가로 분류된다.

① **직접재료원가**: 제품제조를 위한 재료의 소비금액으로 특정 제품에 추적할 수 있는 원가를 말한다.

② **직접노무원가**: 제품제조를 위해 투입된 노동력의 대가로 지급되는 임금으로 특정 제품에 추적할 수 있는 원가를 말한다.

③ **제조간접원가**: 직접재료원가와 직접노무원가를 제외한 모든 제조원가를 말한다.

| 표 9–57 | 제조원가의 구성

발생형태 / 추적가능성	재료원가	노무원가	제조경비
직접원가	직접재료원가	직접노무원가	직접제조경비
제조간접원가	간접재료원가	간접노무원가	간접제조경비

• 가공원가 = 직접노무원가 + 제조간접원가

원가의 구성을 살펴보면 다음과 같다. 직접재료원가와 직접노무원가를 집계하면 직접원가가 산정된다. 직접원가에 제조간접원가를 합산하면 제조원가가 산정된다. 제조원가에 판매비 및관리비를 합산하면 판매원가가 산정된다. 판매원가에 단위당 이익을 합산하면 판매가격이 산정된다.

❙ 그림 9-12 ❙ 원가의 구성

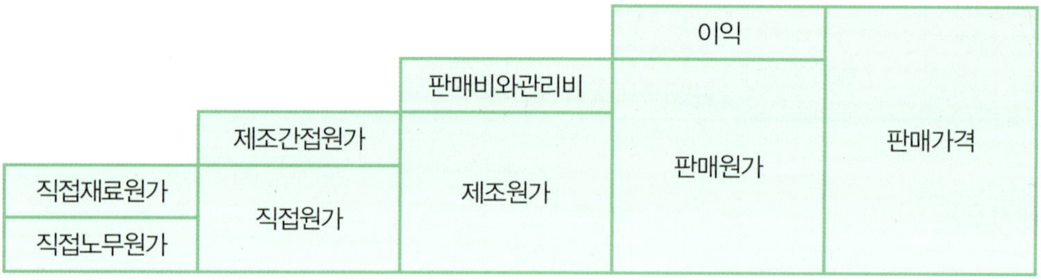

나) 제조원가의 흐름

제조원가의 흐름은 재료비, 노무비, 경비를 집계하여 당기제품제조원가를 산출하는 과정을 말한다. 당기제품제조원가는 제품매출원가를 산출하는 데 사용된다.

제조원가의 흐름을 자세하게 살펴보면 다음과 같다. 기초원재료재고액에 당기원재료매입액을 더하고 기말원재료재고액을 차감하면 직접재료원가가 산정된다. 노무비 단기지급액에 노무비 당기미지급액을 더하고 노무비 전기미지급액을 차감하면 직접노무원가가 산정된다. 제조간접비의 당기지급액에 제조간접비의 당기미지급액과 전기선급액을 더하고 제조간접비의 전기미지급액과 당기선급액을 차감하면 제조간접원가가 산정된다. 이와 같이 산정한 직접재료원가에 직접노무원가와 제조간접원가를 합산하면 당기총제조원가가 산정된다. 기초재공품재고액에 당기총제조원가를 합산하고 기말재공품재고액을 차감하면 당기제품제조원가가 산정된다. 당기제품제조원가는 손익계산서의 제품매출원가 부문에 전달되어 제품매출원가를 산정하는 데 사용된다. 따라서 기초제품재고액에 당기제품제조원가를 더하고 기말제품재고액을 차감하면 제품매출원가가 산정된다.

| 표 9-58 | 제조원가의 흐름

구분		제조원가의 흐름
1	직접재료원가	직접재료원가=기초원재료재고액+당기원재료매입액−기말원재료재고액
2	직접노무원가	직접노무원가=당기지급액+당기미지급액−전기미지급액
3	제조간접원가	제조간접원가=당기지급액+당기미지급액+전기선급액−전기미지급액 −당기선급액
4	당기총제조원가	당기총제조원가=직접재료원가+직접노무원가+제조간접원가
5	당기제품제조원가	당기제품제조원가=기초재공품재고액+당기총제조원가−기말재공품재고액
6	제품매출원가	제품매출원가=기초제품재고액+당기제품제조원가−기말제품재고액

마. 제조원가명세서

제조원가명세서는 당기에 제품제조를 위하여 소비된 원가를 집계해 놓은 표로, 재공품계정을 펼쳐놓은 서식이다. 제조원가명세서에서 산출되는 '당기제품제조원가'는 손익계산서의 '제품매출원가'의 '당기제품제조원가'에 반영된다.

| 표 9-59 | 제조원가명세서

제조원가명세서

2023년 1월 1일부터 2013년 12월 31일까지

㈜커피바라나이스 (단위: 원)

과목	금액	
Ⅰ. 재료비		
1. 기초재료비	×××	
2. 당기재료매입액	×××	
계	×××	
3. 기말재료재고액	(×××)	×××
Ⅱ. 노무비		
1. 임금	×××	
2. 급여	×××	
3. 퇴직급여	×××	×××

Ⅲ. 경비		
1. 전기료	×××	
2. 가스료	×××	
3. 세금과공과금	×××	
4. 감가상각	×××	
5. 보험료	×××	
Ⅳ. 당기총제조원가		×××
Ⅴ. 기초재공품재고액		×××
Ⅵ. 합계		×××
Ⅶ. 기말재공품재고액		(×××)
Ⅷ. 당기제품제조원가		×××

6절 창업 세무관리

1. 소자본 창업 부가가치세 실무

가. 부가가치세 신고와 납부

1) 부가가치세 개요

부가가치세란 상품(재화)의 거래나 서비스(용역)의 제공과정에서 얻어지는 부가가치(이윤)에 대하여 과세하는 세금이며, 사업자가 납부하는 부가가치세는 매출세액에서 매입세액을 차감하여 계산한다.

부가가치세 = 매출세액 − 매입세액

부가가치세는 물건값에 포함되어 있기 때문에 실제로는 최종소비자가 부담하는 것이며, 사업자는 최종소비자가 부담하는 부가가치세를 국세청에 납부하는 것이다. 그러므로 부가가치세 과세대상 사업자는 상품을 판매하거나 서비스를 제공할 때 거래금액에 일정금액의 부가가치세를 징수하여 납부해야 한다.

2) 부가가치세 납세의무자

영리목적의 유무에 불구하고 사업상 상품(재화)의 판매나 서비스(용역)를 제공하는 모든 사업자는 부가가치세를 신고납부할 의무가 있다.

다만, 미가공식료품 등 생필품 판매, 의료 · 교육 관련 용역 제공 등 법령에 열거된 규정에 따라 부가가치세가 면제되는 사업만을 영위하는 경우에는 부가가치세 신고납부 의무가 없다.

3) 과세기간 및 신고 · 납부기간

가) 계속사업자의 경우

(1) 일반과세자(법인사업자, 개인 일반사업자)

부가가치세는 6개월을 과세기간으로 하여 신고납부하며 각 과세기간을 다시 3개월로 나누어 중간에 예정신고기간을 두고 있다.

일반적인 경우 법인사업자는 1년에 4회, 개인사업자는 2회 신고하며 과세기간 중에 월별 조기환급 신고를 한 경우에는 해당 기간의 실적은 제외하고 신고하여야 한다.

개인 일반사업자와 직전 과세기간 공급가액의 합계액이 1억 5천만원 미만인 법인사업자는 직전 과세기간(6개월) 납부세액의 50%를 예정고지서(4월 · 10월)에 의해 납부(예정신고 의무 없음)하여야 하고, 예정고지된 세액은 확정신고시 기납부세액으로 차감된다.

다만, 징수하여야 할 금액이 30만원 미만이거나 과세기간 개시일 현재 일반과세자(간이→일반)로 과세유형 전환된 사업자는 예정고지 대상에서 제외된다.

예정고지 대상자라도 사업부진 또는 조기환급을 받으려는 사업자는 예정신고를 할 수 있으며 이 경우 예정고지는 취소된다.

| 표 9-60 | 부가가치세 과세기간 · 과세대상기간 · 신고납부기간 · 신고대상자

과세기간	과세대상기간		신고납부기간	신고대상자
제1기 1.1.~6.30.	예정신고	1.1.~3.31.	4.1.~4.25.	법인사업자
	확정신고	4.1.~6.30.	7.1.~7.25.	법인사업자
		1.1.~6.30.	7.1.~7.25.	개인 일반사업자
제2기 7.1.~12.31.	예정신고	7.1.~9.30.	10.1.~10.25.	법인사업자
	확정신고	10.1.~12.31.	다음해 1.1.~1.25.	법인사업자
		7.1.~12.31.	다음해 1.1.~1.25.	개인 일반사업자

(2) 간이과세자

간이과세자는 1년을 과세기간으로 하여 신고납부한다.

| 표 9-61 | 간이과세자 부가가치세 과세기간 · 신고납부기간

과세기간	신고납부기간
1.1.~12.31.	다음해 1.1.~1.25.

다만, 7월 1일 기준 과세유형전환 사업자(간이 → 일반)와 예정부과기간(1.1.~6.30.)에 세금계산서를 발행한 간이과세자는 1월 1일부터 6월 30일을 과세기간으로 하여 7월 25일까지 신고납부하여야 한다.

나) 신규사업자의 경우

신규사업자의 부가가치세 과세기간은 사업개시일로부터 그 날이 속하는 과세기간 종료일까지이다. 신고납부기간은 계속사업자와 동일하다.

| 표 9-62 | 신규사업자 부가가치세 과세기간 · 신고납부기간

과세기간	신고납부기간
사업개시일로부터 그 날이 속하는 과세기간 종료일까지	계속사업자와 동일

다) 폐업자의 경우

폐업자의 경우 부가가치세 과세기간은 폐업일이 속하는 과세기간의 개시일부터 폐업일까지이다. 신고납부기간은 폐업이 속하는 달의 다음달 25일까지이다.

▌표 9-63 ▌폐업자 부가가치세 과세기간 · 신고납부기간

과세기간	폐업일이 속하는 과세기간의 개시일부터 폐업일까지
신고납부기간	폐업이 속하는 달의 다음달 25일까지 (예시) 일반과세자가 202×.8.13. 폐업한 경우 • (과세기간) 202×.7.1.~202×.8.13. • (신고납부기한) 202×.9.25.까지 관할 세무서에 신고납부 • 신고기한을 경과하였을 경우 신고불성실가산세, 납부지연가산세 등 여러 가산세가 적용될 수 있음

나. 부가가치세 세액계산 흐름

1) 일반과세자

일반과세자의 부가가치세 세액계산 흐름은 다음 표와 같다.

▌표 9-64 ▌일반과세자 부가가치세 세액계산 흐름

매출세액	가 = (1) + (2) + (3) ± (4)
(1) 과세분	세금계산서 교부분 + 기타 매출분
(2) 영세율(수출)	세금계산서 교부분 + 기타 매출분
(3) 예정신고 누락분	
(4) 대손세액 가감	
매입세액	나 = (5) + (6) + (7) − (8)
(5) 세금계산서 수취분	일반 매입분 − 수출기업 수입부가세 납부유예분 + 고정자산 매입분
(6) 예정신고 누락분	

(7) 그 밖의 공제매입세액	신용카드매출전표 등 + 의제매입세액 + 재활용폐자원 등 매입세액 + 과세사업전환매입세액 + 재고매입세액 + 변제대손세액 + 외국인관광객에 대한 환급세액
(8) 공제받지 못할 매입세액	
납부(환급)세액	다 = 가 − 나
경감 · 공제세액	라 = (9) + (10) + (11)
(9) 신용카드매출전표 발행공제 등	
(10) 그 밖의 경감 · 공제세액	전자신고세액공제 + 택시운송사업자 경감세액 + 현금영수증사업자 세액공제 + 전자세금계산서 발급세액공제 + 대리납부 세액공제
(11) 소규모 개인사업자 감면세액	
예정신고 미환급세액	마
예정고지세액	바
사업양수자의 대리납부 기납부세액	사
매입자 납부특례 기납부세액	아
신용카드사업자의 대리납부 기납부세액	자
가산세액	차
차가감 납부(환급)세액	다 − 라 − 마 − 바 − 사 − 아 − 자 + 차

2) 간이과세자

간이과세자의 부가가치세 세액계산 흐름은 다음 표와 같다.

표 9-65 | 간이과세자 부가가치세 세액계산 흐름

매출세액	가 = (1) + (2) + (3)
(1) 과세분	매출금액 × 업종별 부가가치율 × 세율(10/100)
(2) 영세율 적용분	
(3) 재고납부세액	

공제세액	나 = (4) + (5) + (6) + (7) + (8)
(4) 매입세금계산서 등 수취세액 공제	매입세액 × 업종별 부가가치율 (2021.7.1. 이후 공급받은 분부터) 매입액(공급대가) × 0.5%
(5) 의제매입세액공제	면세농산물 등의 가액 × 공제율 * 음식업 8/108 또는 9/109, 과세유흥장소 2/102 제조업 6/106 (2021.7.1. 이후 공급받은 분부터) 적용 배제
(6) 매입자발행 세금계산서 세액공제	
(7) 전자신고 세액공제	
(8) 신용카드매출전표 등 발행세액공제	
매입자 납부특례 기납부세액	다
예정고지(신고)세액	라
가산세액	마
차가감 납부(환급)세액	가 − 나 − 다 − 라 + 마

가) 간이과세자이 업종별 부가가치율(2021.6.30. 이전)

간이과세자의 업종별 부가가치율(2021.6.30. 이전)은 다음 표와 같다.

| 표 9-66 | 간이과세자의 업종별 부가가치율(2021.6.30. 이전)

업종	부가가치율
1. 전기 · 가스 · 증기 · 수도사업	5%
2. 소매업, 재생용 재료수집 및 판매업, 음식점업	10%
3. 제조업, 농 · 임 · 어업, 숙박업, 운수 및 통신업	20%
4. 건설업, 부동산임대업, 그 밖의 서비스업	30%

나) 간이과세자의 업종별 부가가치율(2021.7.1. 이후)

간이과세자의 업종별 부가가치율(2021.7.1. 이후)은 다음 표와 같다.

| 표 9-67 | 간이과세자의 업종별 부가가치율(2021.7.1. 이후)

업종	부가가치율
1. 소매업, 재생용 재료수집 및 판매업, 음식점업	15%
2. 제조업, 농업 · 임업 및 어업, 소화물 전문 운송업	20%
3. 숙박업	25%
4. 건설업, 운수 및 창고업(소화물 전문 운송업은 제외), 정보통신업	30%
5. 금융 및 보험 관련 서비스업, 전문 · 과학 및 기술서비스업(인물사진 및 행사용 영상 촬영업은 제외), 사업시설관리, 사업지원 및 임대서비스업, 부동산 관련 서비스업, 부동산임대업	40%
6. 그 밖의 서비스업	30%

다. 부가가치세 신고서류

부가가치세 신고서에 첨부하는 서류는 해당 업종 및 공제사항 등에 따라 차이가 있다. 부가가치세 신고서식은 국세청 누리집에 게시되어 있으며, 필요한 서식을 다운받아 출력할 수 있다.

| 표 9-68 | 유형별 제출서류

사업자구분	제출대상 서류
일반과세자	1. 일반과세자 부가가치세 확정신고서 [아래 항목은 해당하는 경우에만 제출] 2. 매출처별 세금계산서합계표 3. 매입처별 세금계산서합계표 4. 영세율 매출명세서 및 첨부서류(영세율 해당자) 5. 대손세액공제신고서 6. 공제받지 못할 매입세액명세서 및 계산근거 7. 매출처별 계산서합계표 8. 매입처별 계산서합계표 9. 신용카드매출전표 등 수령명세서 10. 전자화폐결제명세서(전산작성분 첨부가능) 11. 부동산임대공급가액명세서(부동산임대시) 12. 건물관리명세서(부동산관리업)

<table>
<tr><td>일반과세자</td><td>13. 사업장현황명세서(음식, 숙박업자 및 그 밖의 서비스업자)
14. 현금매출명세서(전문직, 예식장, 부동산중개업, 보건업 등)
15. 동물 진료용역 매출명세서(동물 진료용역 제공시)
16. 사업양도신고서(사업양도시)
17. 주사업장 총괄납부를 하는 경우 사업장별 부가가치세과세표준 및 납부세액(환급세액) 신고명세서
18. 사업자단위과세를 적용받는 사업자의 경우에는 사업자단위과세의 사업장별 부가가치세 과세표준 및 납부세액(환급세액) 신고명세서
19. 건물등 감가상각자산취득명세서(건물, 기계장치 등을 취득하는 경우)
20. 의제매입세액공제신고서
21. 재활용폐자원 및 중고자동차 매입세액공제신고서
22. 소규모 개인사업자 부가가치세 감면신청서
23. 그 밖의 필요한 증빙서류</td></tr>
<tr><td>간이과세자</td><td>1. 간이과세자 부가가치세신고서
[아래 항목은 해당하는 경우에만 제출]
2. 매입처별 세금계산서합계표
3. 매입자발행 세금계산서합계표
4. 영세율 매출명세서 및 첨부서류(영세율 해당자)
5. 부동산임대공급가액명세서(부동산임대시)
6. 사업장현황명세서(음식, 숙박업자 및 그 밖의 서비스업자)
7. 의제매입세액공제신고서
8. 그 밖에 「부가가치세법 시행규칙」 제74조에 따른 해당 서류</td></tr>
</table>

구분	제출서류
예식장업, 부동산중개업, 보건업(병원과 의원), 변호사업, 심판변론인업, 법무사업, 공인회계사업, 세무사업, 경영지도사업, 기술지도사업, 건축사업, 도선사업, 측량사업, 공인노무사업, 의사업, 한의사업, 약사업, 한약사업, 수의사업과 그 밖에 이와 유사한 사업서비스업	현금매출명세서
동물 진료용역을 제공하는 경우	동물 진료용역 매출명세서
법 제46조 제1항에 따라 신용카드매출전표 등을 발행한 사업자의 경우	신용카드매출전표 등 발행금액 집계표
영세율 매출이 있는 경우	영세율 매출명세서 내국신용장 · 구매확인서 전자발급명세서 영세율 첨부서류

대손세액공제를 받으려 하거나 대손세액을 매입세액에 더하려는 사업자	대손세액공제(변제)신고서
법 제39조에 따라 공제받지 못할 세액이 있는 경우	공제받지 못할 매입세액명세서 및 계산근거
법 제46조 제1항에 따라 전자적 결제수단으로 매출하여 공제받는 경우	전자화폐 결제명세서
법 제46조 제3항에 따라 매입세액을 공제받는 경우	신용카드매출전표 등 수령명세서
부동산임대업자의 경우	부동산임대공급가액명세서 임대차계약서 사본(임대차계약을 갱신한 경우)
부동산관리업을 경영하는 사업자의 경우 (주거용 건물관리는 제외)	건물관리명세서
음식, 숙박업자 및 그 밖의 서비스업자의 경우	사업장현장명세서
건물 · 기계장치 등을 취득하는 경우	건물등 감가상각자산 취득명세서
의제매입세액이 있는 경우	의제매입세액공제신고서
재활용폐자원 매입세액이 있는 경우	재활용폐자원 및 중고자동차 매입세액공제신고서
사업을 양도하는 경우	사업양도신고서
주사업장 총괄납부사업자의 경우	사업장별 부가가치세과세표준 및 납부세액(환급세액) 신고명세서
사업자단위과세 사업자의 경우	사업자단위과세의 사업장별 부가가치세과세표준 및 납부세액(환급세액) 신고명세서
면세매출이 있는 경우	매출처별 계산서합계표
면세매입이 있는 경우	매입처별 계산서합계표
환급신고 등 그 밖의 설명이 필요한 경우	그 밖의 필요한 증빙서류

영세율이 적용되는 경우에는 부가가치세신고서에 영세율 적용대상에 따른 각종 첨부서류를 첨부하여 제출하여야 한다.

라. 부가가치세 신고방법

1) 전자신고

부가가치세 전자신고는 국세청 홈택스(www.hometax.go.kr)에 가입하여 전자신고를 실시한다. 전자신고를 이용할 경우 전자세금계산서 · 신용카드 결제내역(사업용 신용카드 등록자) · 예정고지금액 조회 등 다양한 신고도움서비스를 이용할 수 있으며, 직접 신고하는 경우 1만원의 전자신고세액공제를 받을 수 있다.

| 표 9-69 | 부가가치세 전자신고

전자신고 도입 혜택	• 전자신고를 이용할 경우 전자세금계산서 · 신용카드 결제내역(사업용 신용카드 등록자) · 예정고지금액 조회 등 다양한 신고도움서비스를 이용할 수 있으며, 직접 신고하는 경우 1만원의 전자신고세액공제를 받을 수 있다.
전자신고 방법	• 국세청 홈택스(www.hometax.go.kr)에 가입하여야 한다.

| 표 9-70 | 국세청 홈택스 가입방법

개입 또는 개입사업자의 대표로 가입하는 방법	• 국세청 홈택스(http://www.hometax.go.kr) 중앙상단 회원가입 – 회원유형선택: 개인 또는 사업자 · 세무대리인 선택 – 주민등록번호로 회원가입을 클릭하여 가입 – 본인인증수단 선택(공동인증서, 휴대전화, 신용카드 중) – 회원 유형을 개인으로 선택한 경우 주민등록번호 대신 공공아이핀(I-PIN)으로 가입가능 – 전자납부를 이용할 경우에는 반드시 공동인증서가 있어야 한다.
법인 또는 세무대리인으로 가입하는 방법	• 국세청 홈택스(http://www.hometax.go.kr) 중앙상단 회원가입 – 회원유형선택: 사업자 · 세무대리인 선택 – 사업자등록번호로 회원가입을 클릭하여 가입 – 본인인증수단 선택(공동인증서, 전자세금계산서 발급용 보안카드 중)
세무서를 방문하여 가입하는 방법	• 공동인증서 등 본인인증수단이 없는 경우에는 세무서 민원봉사실을 방문하여 「홈택스 이용 신청서」를 작성 제출 – 세무서 방문시 준비서류(법인은 신청서상에 법인인감 또는 사용인감 날인) – 본인(법인은 대표자)의 경우: 신청서, 신분증 – 대리인의 경우: 신청서, 위임장(신청서 하단), 위임자의 신분증(법인은 법인인감 증명), 위임받은 자의 신분증

전자신고는 '홈택스 신고/납부–세금신고' 메뉴에서 '부가가치세'를 클릭하여 사업자유형(일반, 간이)에 따라 해당 신고서 작성하기로 들어가서 신고하면 된다.

신고서 등을 전자신고로 전송한 후 신고내용의 오류 또는 정정 사항이 발생할 경우 법정신고

기한까지 신고서를 정정하여 다시 전송하면 최종 전송한 내용이 반영된다.

매출 · 매입 등 신고할 실적이 없는 경우에는 홈택스(PC)에서 '신고/납부 → 세금신고 → 부가가치세'에 들어가서 기본정보 입력 후 하단의 '무실적신고' 버튼을 클릭하거나, 모바일 홈택스(손택스) 앱 보이는 ARS(☎1544－9944)를 이용하여 간편하게 신고를 마칠 수 있다.

세무회계 프로그램이나 자가개발 프로그램에서 작성한 신고자료는 '홈택스－신고/납부－세금신고－부가가치세'를 클릭하여 '파일 변환신고(회계프로그램)' 메뉴에서 변환하여 전송하면 된다.

2) 서면신고(우편 또는 직접 세무서 방문)

부가가치세신고서와 부속서류를 작성하여 납세지 관할 세무서에 우편 또는 직접 접수하면 된다.

마. 전자세금계산서 발급 및 전송

1) 전자세금계산서 발급

법인사업자와 직전연도 사업장별 과세공급가액과 면세공급가액 합계액이 2억원(2022.7.1. 이전 3억원) 이상인 개인사업자는 재화 또는 용역의 공급시기가 속하는 달의 다음달 10일까지 전자세금계산서를 발급하여야 한다.

2) 전자세금계산서 전송

전자세금계산서를 발급하는 방법은 전자세금계산서 발급사업자를 통한 발급과 국세청 홈택스를 통한 발급 두 가지 방법이 있다. 전자세금계산서 발급사업자를 통하여 전자세금계산서를 발급하려면 더존 SmartA 프로그램을 사용할 경우 '매입매출전표입력' 메뉴에 11.과세매출 또는 12.영세매출을 선택하여 '전자세금'란을 빈칸으로 하고 해당내역을 입력한 다음 '전자세금계산서발행 및 내역관리' 메뉴에서 '발행' 및 '전송'을 하면 '매입매출전표입력' 메뉴의 '전자세금'란에 '전자발행'으로 자동표기된다.

3) 전자세금계산서 발급 및 전송프로세스

더존 SmartA 프로그램을 사용할 경우 전자세금계산서 발급 및 전송 프로세스를 살펴보면 다음과 같다.

① 매입매출전표입력

② 전자세금계산서 발행 및 내역관리: 전자발행

③ 전자세금계산서 발행 및 내역관리(전자세금계산서에서 전송)

④ 매입매출전표입력: 조회–전자발행

바. 수정전자세금계산서 발급

전자세금계산서를 발급한 후 수정해야 할 사유가 발생한 경우 반드시 적법한 수정사유에 따른 수정전자세금계산서로만 발급하여야 한다. 수정전자세금계산서와 관련된 수정분개를 매입매출전표에 입력하고, 수정사유에 따른 수정전자세금계산서를 발급한다. 수정전자세금계산서 발급 관련 거래를 매입매출전표입력에 입력한 후

① '매입매출전표입력'에서 수정세금계산서를 입력한다.

② '전자세금계산서발행 및 내역관리' 메뉴에서 데이터를 조회하여 발급 및 전송하며, 수정세금계산서 데이터의 경우에는 '수정' 항목에 수정사유가 표시된다.

③ 수정세금계산서를 발급 후 전송결과를 통해 처리상태를 확인한다.

표 9-71 수정전자세금계산서 발급사유

구분		수정세금계산서 작성 및 발급방법			발급기한
		방법	작성일자	비고란	
환입	당초 공급한 재화가 환입(반품)된 경우	1장 발급: 환입금액분에 대해 음(–)의 세금계산서 1장 발급	환입된 날	처음 세금계산서 작성일자	환입된 날 다음달 10일

계약의 해제	계약의 해제로 재화 또는 용역이 공급되지 않는 경우	1장 발급: 음(−)의 세금계산서 1장 발급	계약해제일	처음 세금계산서 작성일자	계약해제일 다음달 10일
공급가액 변동	판매실적에 따라 단가가 변동되거나, 잠정가액으로 공급 후 추후 공급가액이 확정되는 경우, 공급계약 후 당사자 간의 합의에 의하여 가격의 증감이 발생되는 경우	1장 발급: 증감되는 분에 대해 정(+) 또는 음(−)의 세금계산서 1장 발급	변동사유 발생일	처음 세금계산서 작성일자	변동사유발생일 다음달 10일
내국신용장 사후개설	재화 또는 용역을 공급한 후 공급시기가 속하는 과세기간 종료 후 25일 이내에 내국신용장이 개설되었거나 구매확인서가 발급된 경우	2장 발급: 음(−)의 세금계산서 1장과 영세율세금계산서 1장 발급	처음 세금계산서 작성일 (단, 작성연월일이 잘못 기재된 경우 실제 작성일)	내국신용장 개설일자	내국신용장 개설일 다음달 10일(과세기간 종료 후 25일 이내에 개설된 경우 25일까지 발급)
기재사항 착오정정	• 필요적 기재사항(공급자의 사업자등록번호 · 성명 · 상호, 공급받는자 사업자등록번호, 작성연월일, 공급가액과 부가가치세액) 등을 착오 또는 착오 외의 사유로 잘못 작성하여 발급한 경우 • 세율을 잘못 적용하여 발급한 경우	2장 발급: 음(−)의 세금계산서 1장과 정확한 세금계산서 1장 발급			• 착오: 착오 사실을 인식한 날 • 착오 외: 확정 신고기한까지 발급
착오에 의한 이중발급	• 착오로 이중발급한 경우 • 면세 등 발급대상이 아닌 거래 등에 대하여 발급한 경우	1장 발급: 음(−)의 세금계산서 1장 발급			착오 사실을 인식한 날

수정전자세금계산서 발급사유는 ① 환입, ② 계약의 해제, ③ 공급가액변동, ④ 내국신용장 사후개설, ⑤ 기재사항 착오정정, ⑥ 착오에 의한 이중발급의 6가지 경우가 있다.

사. 부가가치세 매출유형

더존 SmartA 프로그램 매입매출전표입력에서 부가가치세 매출유형에는 과세매출, 영세매출, 면세매출, 건별매출, 종합매출, 수출매출, 카과매출, 카면매출, 카영매출, 면건매출, 전자매출, 현과매출, 현면매출, 현영매출 등 14가지 유형이 있다.

매입매출전표입력 메뉴는 부가가치세가 관련 있는 거래를 입력할 때 사용한다.

과세매출, 영세매출의 경우 자동작성되는 부가가치세 관련 서류로 매출처별 세금계산서합계표, 부가가치세신고서가 있다. 면세매출의 경우 매출처별 계산서합계표, 부가가치세신고서가 자동작성된다. 건별매출, 종합매출, 수출매출, 면건매출의 경우 부가가치세신고서가 자동작성된다. 카과매출, 카면매출, 카영매출, 현과매출, 현면매출, 현영매출의 경우 신용카드매출전표발행집계표, 부가가치세신고서가 자동작성된다.

표 9-72 | 부가가치세 매출유형

코드	유형	내용	자동작성되는 자료
11	과세매출	부가가치세가 발생하는 매출	• 매출처별 세금계산서합계표 • 매입매출장 • 부가가치세신고서
12	영세매출	내국신용장(Local L/C) 구매확인서에 의한 매출	• 매출처별 세금계산서합계표 • 매입매출장 • 부가가치세신고서
13	면세매출	면세매출	• 매출처별 계산서합계표 • 매입매출장 • 부가가치세신고서
14	건별매출	• 세금계산서가 발급되지 않는 과세매출 • 간주공급	• 매입매출장 • 부가가치세신고서
15	종합매출	간이과세자의 매출	• 부가가치세신고서
16	수출매출	직수출	• 매입매출장 • 부가가치세신고서
17	카과매출	카드과세매출	• 신용카드매출전표발행집계표 • 매입매출장 • 부가가치세신고서
18	카면매출	카드면세매출	• 신용카드매출전표발행집계표 • 매입매출장 • 부가가치세신고서

19	카영매출	카드영세매출	• 신용카드매출전표발행집계표 • 매입매출장 • 부가가치세신고서
20	면건매출	계산서가 발급되지 않은 면세매출	• 매입매출장 • 부가가치세신고서
21	전자매출	전자결제수단으로서 과세매출분	
22	현과매출	현금영수증에 의한 과세매출	• 신용카드매출전표발행집계표 • 매입매출장 • 부가가치세신고서
23	현면매출	현금영수증에 의한 면세매출	• 신용카드매출전표발행집계표 • 매입매출장 • 부가가치세신고서
24	현영매출	현금영수증에 의한 영세매출	• 신용카드매출전표발행집계표 • 매입매출장 • 부가가치세신고서

그림 9-13 | 부가가치세 매출유형

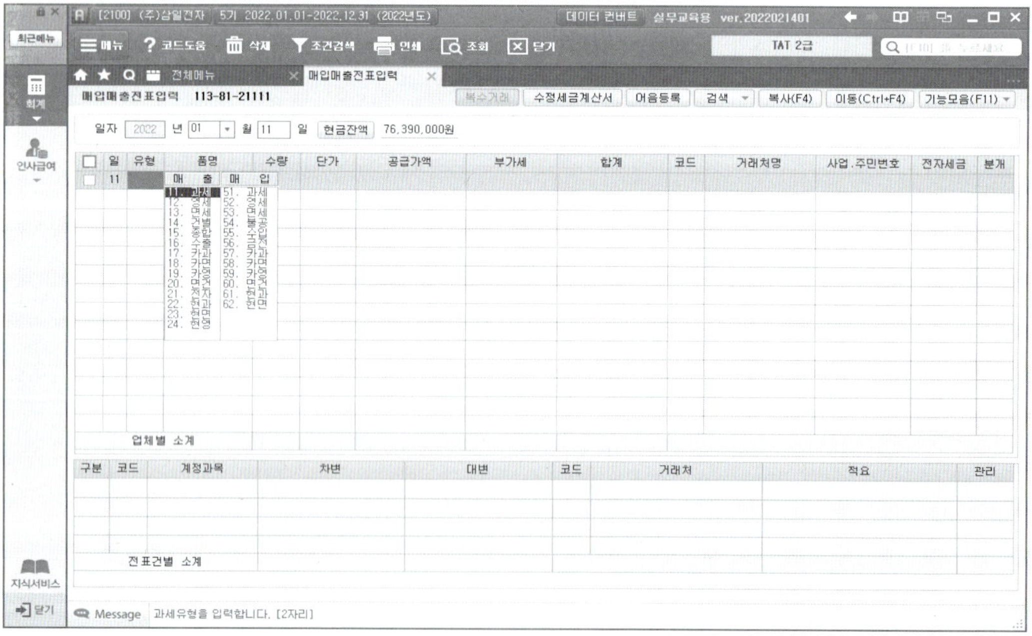

아. 부가가치세 매입유형

더존 SmartA 프로그램 매입매출전표입력에서 부가가치세 매입유형에는 과세매입, 영세매입, 면세매입, 불공매입, 수입매입, 카과매입, 카면매입, 카영매입, 면건매입, 현과매입, 현면매입 등이 있다.

과세매입, 영세매입, 불공매입, 수입매입의 경우 자동작성되는 부가가치세 관련 서류로 매입처별 세금계산서합계표, 부가가치세신고서가 있다. 면세매입의 경우 매입처별 계산서합계표, 부가가치세신고서가 자동작성된다. 카과매입, 현과매입의 경우 신용카드매출전표등 수령금액합계표(갑), 부가가치세신고서가 자동작성된다.

| 표 9-73 | 부가가치세 매입유형

코드	유형	내용	자동작성되는 자료
51	과세매입	부가가치세가 발생하는 매입	• 매입처별 세금계산서합계표 • 매입매출장 • 부가가치세신고서
52	영세매입	내국신용장(Local L/C) 구매확인서에 의한 매입	• 매입처별 세금계산서합계표 • 매입매출장 • 부가가치세신고서
53	면세매입	면세매입	• 매입처별 계산서합계표 • 매입매출장 • 부가가치세신고서
54	불공매입	부가가치세가 발생하는 매입세액불공제	• 매입처별 세금계산서합계표 • 매입매출장 • 부가가치세신고서
55	수입매입	세관장이 발급한 수입세금계산서	• 매입처별 세금계산서합계표 • 매입매출장 • 부가가치세신고서
56	금전매입	1999년 이후 사용안함	

57	카과매입	카드과세매입	• 신용카드매출전표등 수령금액합계표(갑) • 매입매출장 • 부가가치세신고서
58	카면매입	카드면세매입	• 매입매출장
59	카영매입	카드영세매입	• 매입매출장
60	면건매입	계산서가 발급되지 않은 면세 매출	• 매입매출장
61	현과매입	현금영수증에 의한 과세매입	• 신용카드매출전표등 수령금액합계표(갑) • 매입매출장 • 부가가치세신고서
62	현면매입	현금영수증에 의한 면세매입	• 매입매출장

| 그림 9-14 | 부가가치세 매입유형

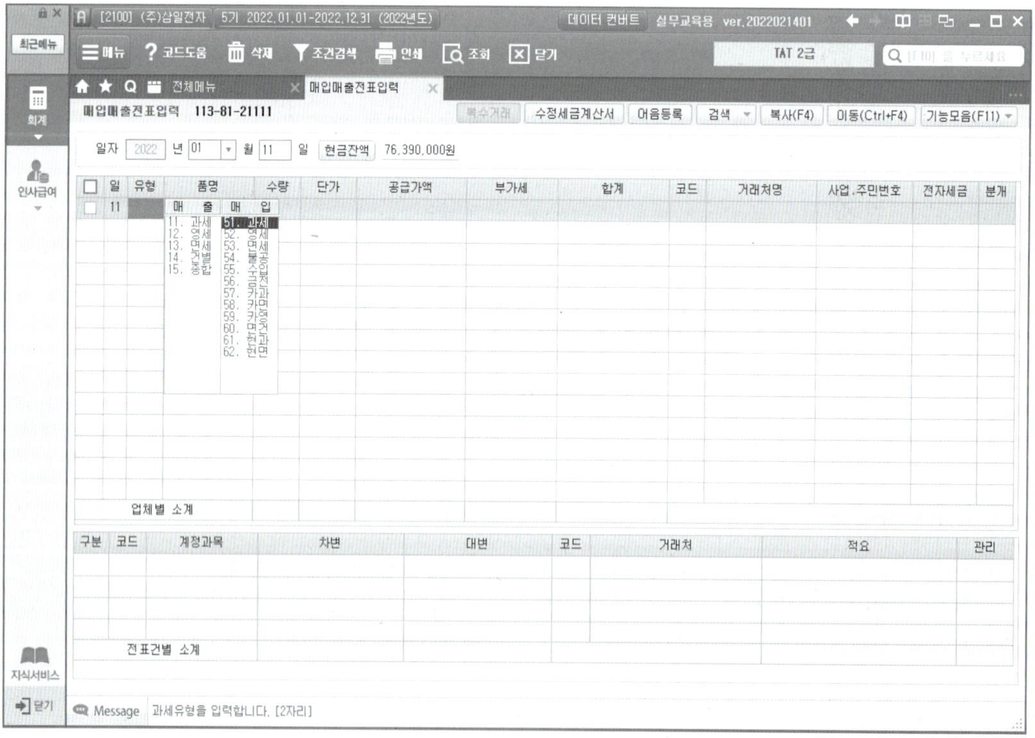

자. 부가가치세 I 메뉴 설명

더존 SmartA 프로그램에서 부가가치세 I 메뉴에는 부가가치세신고서, 세금계산서합계표, 계산서합계표, 신용카드매출전표발행집계표, 신용카드매출전표등 수령금액합계표(갑), 영세율첨부서류입력, 수출실적명세서, 매입세액불공제내역, 부동산임대공급가액명세서, 의제매입세액공제신고서, 재활용폐자원세액공제신고서, 대손세액공제신고서, 건물등 감가상각자산취득명세서 등이 있다.

표 9-74 부가가치세 I 메뉴 설명

부가가치세신고서	• 매입매출전표의 입력유형에 따른 공급가액과 세액을 작성한 신고서 • 전단계세액공제법에 의해 매출세액에서 매입세액을 차감하는 형식으로 구성
세금계산서합계표	• 매출처별 세금계산서합계표와 매입처별 세금계산서합계표로 구분되며, 발행 또는 매입한 세금계산서를 거래처별로 기본 인적사항, 수수된 세금계산서 매수와 공급가액 및 세액을 집계한 부가가치세 부속서류 • 납부세액과 환급세액의 계산근거로 활용
계산서합계표	• 사업자가 면세 대상 재화나 용역을 공급할 때 발행한 계산서와 면세대상 재화나 용역의 매입시 발급받은 계산서를 집계한 부가가치세 부속서류 • 거래처별 발행매수, 매출처수, 매입처수, 공급가액 등을 조회할 수 있음
신용카드매출전표발행집계표	• 일반과세자가 부가가치세가 과세되는 재화 또는 용역을 공급하고 세금계산서의 교부시기에 신용카드매출전표 등을 발행할 경우 작성하는 부가가치세 부속서류
신용카드매출전표등 수령금액 합계표(갑)	• 일반과세자로부터 재화나 용역을 공급받고 신용카드매출전표 등을 수취하는 경우 작성하는 부가가치세 부속서류
영세율첨부서류입력	• 영세율첨부서류를 입력하는 메뉴
영세율첨부서류제출현황	• 영세율첨부서류제출명세서를 조회하여 출력 · 제출하는 부가가치세 부속서류
수출실적명세서	• 재화를 직수출한 경우 작성하는 부가가치세 부속서류
매입세액불공제내역	• 부가가치세 신고시 매입세액불공제 대상 세금계산서의 내역을 작성하는 부가가치세 부속서류

부동산임대공급가액 명세서	• 부동산임대용역을 제공하는 사업자가 부동산임대용역의 공급내역을 상세히 기록한 부가가치세 부속서류 • 부가가치세성실신고 여부와 보증금에 대한 간주임대료 계산의 적정성 여부 등을 판단하는 자료로 활용
의제매입세액공제 신고서	• 과세사업을 하는 사업자가 부가가치세가 면세되는 농 · 축 · 수 · 임산물 등을 원재료로 과세재화를 생산하여 공급하는 경우에 그 일부를 매입세액으로 의제하기 위하여 작성하는 부가가치세 부속서류
재활용폐자원세액공제 신고서	• 재활용폐자원 및 중고품을 수집하는 사업자가 국가, 지방자치단체 및 부가가치세 과세사업을 영위하지 아니하는 비사업자인 개인 또는 면세사업자 등으로부터 재활용폐자원 및 중고품을 취득하여 제조 또는 가공하거나 이를 공급하는 경우에 재활용폐자원 및 취득가액에 일정비율을 곱하여 계산한 금액을 매입세액으로 공제하기 위하여 작성하는 부가가치세 부속서류
대손세액공제신고서	• 대손세액이란 재화 또는 용역을 공급한 후 거래 상대방의 부도 등의 대손사유가 발생하여 매출채권 및 기타채권의 부가가치세를 회수할 수 없는 경우의 부가가치세를 말함 • 사업자는 과세기간 중에 발생된 공급에 대하여 대금회수 여부와 관계없이 신고기간에 부가가치세를 납부하여야 하고 공급시기 이후의 대손세액에 대하여 매출세액에서 차감하도록 작성하는 부가가치세 부속서류
건물등 감가상각자산 취득명세서	• 건물이나 기계장치와 같은 감가상각자산을 구입한 경우 그 상세내역을 작성하여 제출하는 부가가치세 부속서류 • 사업설비를 신설 · 취득 · 확장 또는 증축함으로써 관련 매입세액이 많아져 부가가치세를 조기 환급을 받고자 하는 경우에 신고서에 첨부하여 제출하는 부가가치세 부속서류

그림 9-15 부가가치세 I 메뉴 설명

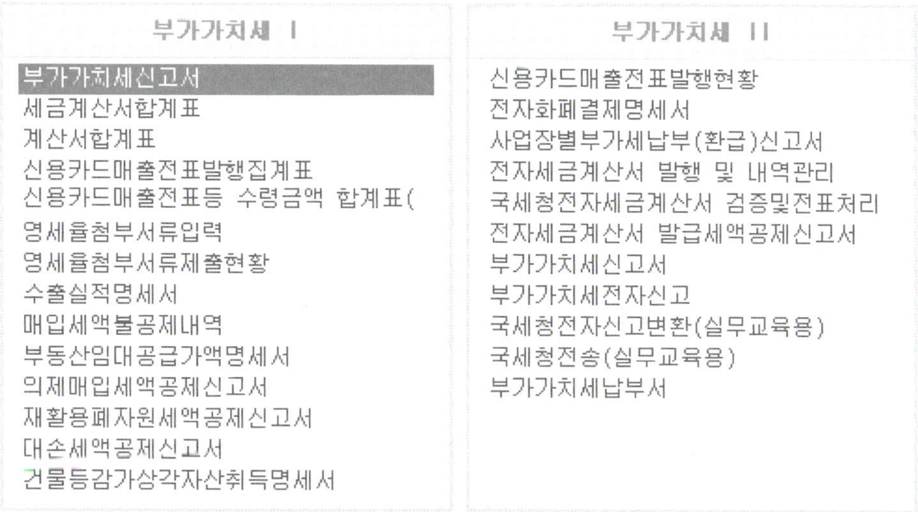

2. 소자본 창업 근로소득세 실무

가. 소득세란 무엇인가?

소득세는 개인이 얻은 소득에 대하여 부과하는 조세이다.

나. 소득세의 특징

소득세의 특징을 살펴보면 다음과 같다.

표 9-75 | 소득세의 특징

① 소득원천설에 따른 과세소득의 범위	• 법령에서 제한적으로 열거된 소득에 대해서만 과세하고 법령으로 열거되지 않은 소득은 과세하지 않음 • 이자소득과 배당소득에 열거되지 않은 것이라도 유사한 소득에 대하여 과세하는 유형별 포괄주의를 채택
② 소득종류에 따른 과세	• 종합과세: 종합소득(이자소득, 배당소득, 사업소득, 근로소득, 연금소득, 기타소득)은 합산하여 과세 • 분리과세: 특정 소득에 대하여 원천징수로 과세를 종결(예외) • 퇴직소득, 양도소득: 분류과세(장기간에 걸쳐 발생하는 퇴직소득 또는 양도소득은 다른 소득과 합산하지 않고 별도로 과세
③ 개인단위 과세제도	• 개인을 단위로 하여 소득세를 과세
④ 원천징수	• 소득을 지급하는 자가 그 지급을 받는 자의 조세를 징수하여 국가 및 지방자치단체에 납부하는 제도
⑤ 인적공제 및 누진과세	• 소득세는 개인소득에 대하여 부과하기 때문에 부양가족에 따른 개인별 부담능력이 다름을 고려하여 소득에 대한 인적공제제도를 채택 • 소득세의 소득재분배 기능을 위해 누진세율 채택
⑥ 신고납세주의	• 납세의무자가 과세표준확정신고를 함으로써 소득세의 납세의무가 확정되는 신고납세주의를 채택

다. 소득의 종류 및 과세방법

소득의 종류에는 이자소득, 배당소득, 사업소득, 근로소득, 연금소득, 기타소득으로 구성된 종합소득과 퇴직소득, 양도소득이 있다.

종합소득의 과세방법은 원칙적으로 6가지 소득으로 합산하여 과세하는 종합과세를 원칙으로 한다. 그러나 특정 소득에 대하여 원천징수로 과세를 종결하는 분리과세를 따른다.

장기간에 걸쳐 발생하는 퇴직소득 또는 양도소득은 다른 소득과 합산하지 않고 별도로 과세하는 분류과세 방법을 따른다.

표 9-76 | 소득의 종류 및 과세방법

<table>
<tr><th colspan="2">소득종류</th><th>과세방법</th></tr>
<tr><td>종합소득</td><td>이자소득, 배당소득, 사업소득,
근로소득, 연금소득, 기타소득</td><td>• 종합과세: 원칙적으로 6가지 소득으로 합산하여 과세
• 분리과세: 특정 소득에 대하여 원천징수로 과세를 종결</td></tr>
<tr><td colspan="2">퇴직소득</td><td rowspan="2">• 분류과세: 장기간에 걸쳐 발생하는 퇴직소득 또는 양도소득은 다른 소득과 합산하지 않고 별도로 과세</td></tr>
<tr><td colspan="2">양도소득</td></tr>
</table>

라. 원천징수제도의 유형

원천징수제도에는 예납적 원천징수와 완납적 원천징수가 있다. 예납적 원천징수는 소득을 지급할 때 일단 원천징수하고, 확정신고할 때 원천징수된 세액은 기납부세액으로 공제하는 원천징수제도이다. 완납적 원천징수는 원천징수로 과세가 종결되는 경우의 원천징수제도이다.

표 9-77 | 원천징수제도의 유형

유형	내용
예납적 원천징수	소득을 지급할 때 일단 원천징수하고, 확정신고할 때 원천징수된 세액은 기납부세액으로 공제
완납적 원천징수	원천징수로 과세가 종결되는 경우의 원천징수

마. 납세의무자

소득을 얻은 개인은 거주자와 비거주자에 따라 납세의무를 준수한다. 거주자는 국내에 주소를 두거나 183일 이상의 거소(주소지 외의 장소 중 상당기간에 걸쳐 거주하는 장소)를 둔 개인을 말한다. 거주자의 납세의무는 국내 · 외 원천소득을 대상으로 한다. 비거주자는 거주자가 아닌 개인을 말한다. 비거주자의 납세의무의 범위는 국내 원천소득을 대상으로 한다.

▌표 9-78 ▌소득세 납세의무자

구분	개념	납세의무의 범위
거주자	국내에 주소를 두거나 183일 이상의 거소(주소지 외의 장소 중 상당기간에 걸쳐 거주하는 장소)를 둔 개인	국내 · 외 원천소득
비거주자	거주자가 아닌 개인	국내 원천소득

바. 인적공제대상자 해당 여부 판정

소득세 인적공제대상자 해당 여부는 소득요건과 나이요건을 기준으로 결정한다. 소득요건은 연간 소득금액 합계액이 100만원 이하여야 한다. 근로소득만 있는 자는 총급여액이 500만원 이하이다. 연간 소득금액 합계액은 종합소득, 퇴직소득, 양도소득의 소득금액을 합산하여 산정한다. 퇴직금의 경우 그 자체가 퇴직소득금액이 되므로 부양가족의 퇴직금이 100만원을 초과하면 당해 부양가족은 공제대상에 해당하지 않는다.

소득자 본인은 소득요건과 나이요건과 관계없이 기본인적공제 대상이 된다. 배우자는 나이요건에 상관없이 연간 근로소득 합계액이 100만원 이하이면 기본인적공제 대상이 된다. 소득자 직계존속은 만 60세 이상의 나이요건과 연간 근로소득 합계액이 100만원 이하인 소득요건이 충족되면 기본인적공제 대상이 된다. 소득자의 직계비속은 만 20세 이하의 나이요건과 연간 근로소득 합계액이 100만원 이하인 소득요건이 충족되면 기본인적공제 대상이 된다. 위탁아동은 만 18세 이하의 나이요건과 연간 근로소득 합계액이 100만원 이하인 소득요건이 충족되면 기본인적공제 대상이 된다. 수급자는 나이요건과 상관없이 연간 근로소득 합계액이 100만원 이하인 소득요건이 충족되면 기본인적공제 대상이 된다. 장애인의 경우 나이요건과 상관없이 연간 근로소득 합계액이 100만원 이하인 소득요건이 충족되면 기본인적공제 대상이 된다. 근로소득만 있는 자는 총급여액 500만원 이하이면 나이요건이 충족되면 기본인적공제 대상이 된다.

추가공제에는 경로우대공제, 장애인공제, 부녀자공제, 한부모공제가 있다.

경로우대공제는 기본공제대상자 중 만 70세 이상인 자로서 1명당 100만원 공제를 한다.

장애인공제는 기본공제대상자 중 장애인으로서 1명당 200만원 공제를 한다. 장애인의 경우 나이요건은 적용하지 않으나 소득요건은 충족해야 한다. 장애인의 범위는, 첫째 장애인복지법에 의한 장애인(장애인등록증으로 확인) 및 장애아동 복지지원법에 따른 장애아동이다. 둘째, 국가유공자 등 예우 및 지원에 관한 법률에 의한 상이자 및 상이자와 유사한 사람으로서 근로능력이 없는 자, 그리고 국가유공자 등 예우 및 지원에 관한 법률 시행령 별표 3에 규정된 상이등급 구분표에 게기하는 상이자와 같은 정도의 신체장애가 있는 자(보훈청에서 발급한 장애인증명서 제출)이다. 셋째, 항시 치료를 요하는 중증환자를 말한다.

부녀자공제는 근로소득금액이 3천만원 이하인 근로자로서 배우자가 있는 여성 근로자 또는 기본공제대상자가 있는 여성 근로자로서 세대주인 경우로서 50만원 공제를 받는다.

한부모공제는 배우자가 없는 자로서 기본공제대상자인 직계비속 또는 입양자가 있는 경우로서 부녀자공제와 중복적용을 받을 수 없다. 한부모공제는 100만원 공제를 받는다.

| 표 9-79 | 인적대상공제대상자 해당 여부 판정

<table>
<tr><th colspan="2">구분</th><th>공제금액</th><th colspan="4">공제요건</th></tr>
<tr><td colspan="2" rowspan="9">기본공제</td><td rowspan="9">1명당
150만원</td><td colspan="2">구분</td><td>소득요건</td><td>나이요건</td></tr>
<tr><td>본인</td><td>소득자 본인</td><td>×</td><td>×</td></tr>
<tr><td>배우자</td><td>배우자</td><td>○</td><td>×</td></tr>
<tr><td>직계존속</td><td>소득자 부모</td><td>○</td><td>만 60세 이상</td></tr>
<tr><td>형제자매</td><td>소득자 형제자매</td><td>○</td><td>만 20세 이하
만 60세 이상</td></tr>
<tr><td>직계비속
(입양자 포함)</td><td>소득자 자녀</td><td>○</td><td>만 20세 이하</td></tr>
<tr><td>위탁아동</td><td>위탁아동</td><td>○</td><td>만 18세 미만</td></tr>
<tr><td>수급자 등</td><td>수급자 등</td><td>○</td><td>×</td></tr>
<tr><td colspan="4">• 소득요건: 연간근로소득합계액이 100만원 이하
(근로소득만 있는 자는 총급여액 500만원 이하)
• 장애인의 경우 나이요건 적용하지 않음</td></tr>
<tr><td rowspan="4">추가공제</td><td>경로우대</td><td>1명당
100만원</td><td colspan="4">• 기본공제대상자 중 만 70세 이상</td></tr>
<tr><td>장애인</td><td>1명당
200만원</td><td colspan="4">• 기본공제대상자 중 장애인</td></tr>
<tr><td>부녀자</td><td>50만원</td><td colspan="4">• 근로소득금액이 3천만원 이하자인 근로자가 다음 어느 하나에 해당하는 경우
−배우자가 있는 여성 근로자
−기본공제대상자가 있는 여성 근로자로서 세대주</td></tr>
<tr><td>한부모</td><td>100만원</td><td colspan="4">• 배우자가 없는 자로서 기본공제대상자인 직계비속 또는 입양자가 있는 경우(부녀자공제와 중복적용 배제)</td></tr>
<tr><td colspan="2">소득요건</td><td colspan="5">• 연간 소득금액 합계액이 100만원 이하여야 함
• 근로소득만 있는 자는 총급여액이 500만원 이하
• 연간 소득금액 합계액은 종합소득, 퇴직소득, 양도소득의 소득금액을 합산함
• 퇴직금의 경우 그 자체가 퇴직소득금액이 되므로 부양가족의 퇴직금이 100만원을 초과하면 당해 부양가족은 공제대상에 해당하지 않음</td></tr>
<tr><td colspan="2">나이요건</td><td colspan="5">• 장애인의 경우 나이요건은 적용하지 않으나 소득요건은 충족해야 함</td></tr>
</table>

기본공제	• 기본공제를 받기 위해서는 해당 거주자와 생계를 같이해야 하며 구체적인 내용은 다음과 같음 –주민등록표의 동거가족으로서 해당 근로자의 주소 또는 거소에서 현실적으로 생계를 같이하는 사람으로 함 –거주자 또는 동거가족(직계비속 · 입양자 제외)이 취학, 질병의 요양, 근무상 또는 사업상의 형편으로 본래의 주소 또는 거소를 일시 퇴거한 경우에도 생계를 같이하는 것으로 봄 –근로자의 부양가족 중 근로자(그 배우자 포함) 직계존속이 주거의 형편에 따라 별거하고 있는 경우 생계를 같이하는 것으로 봄
직계비속	• 며느리나 사위는 기본공제대상자에 해당하지 아니하나, 기본공제대상 직계비속과 그 직계비속의 배우자가 모두 장애인이면 그 직계비속의 배우자도 기본공제가 가능함
위탁아동	• 아동복지법에 따른 가정위탁을 받아 양육하는 아동으로서 해당 과세기간에 6개월 이상 직접 양육한 위탁아동을 말함 • 다만, 직전 과세기간에 소득공제를 받지 아니한 경우에는 해당 위탁아동에 대한 직전 과세기간의 위탁기간을 포함하여 계산함
장애인	• 장애인의 범위는 다음과 같음 1. 장애인복지법에 의한 장애인(장애인등록증으로 확인) 및 장애아동 복지지원법에 따른 장애아동 2. 국가유공자 등 예우 및 지원에 관한 법률에 의한 상이자 상이자와 유사한 사람으로서 근로능력이 없는 자 –국가유공자 등 예우 및 지원에 관한 법률 시행령 별표 3에 규정된 상이등급 구분표에 게기하는 상이자와 같은 정도의 신체장애가 있는 자(보훈청에서 발급한 장애인증명서 제출) 3. 항시 치료를 요하는 중증환자 –지병에 의해 평상시 치료를 요하고 취학 · 취업이 곤란한 상태에 있는 자 (소득세법에서 정하는 장애인증명서 제출)

| 표 9-80 | 기본인적공제대상자 소득요건 해당 여부 판정

기본공제대상자 소득요건 해당 여부	• 연간소득금액합계액 100만원 이하 • 연간소득금액=종합소득+퇴직소득+양도소득 • 소득금액=총소득금액-필요경비

종류	소득금액계산	기본공제대상 여부	
근로소득	근로소득-근로소득공제	총급여 500만원 이하	○
		총급여 500만원 초과	×
		일용근로자(분리과세)	○
사업소득	총수입금액-필요경비공제	소득금액 100만원 이하	○
퇴직소득	비과세를 제외한 퇴직금 전액	소득금액 100만원 이하	○
양도소득	양도가액-필요경비-장기보유특별공제	소득금액 100만원 이하	○
연금소득	연금소득-연금소득공제	공적연금 516만원 이하	○
		사적연금 1,200만원 이하	○
기타소득	총수입금액-필요경비공제 필요경비공제: 60%(강연료, 원고료 등), 80%, 90% 또는 실제필요경비	100만원 이하	○
		100만원~300만원 이하(선택적분리과세)	△
		300만원 초과	×
		복권 등(무조건 분리과세)	○
		뇌물 등(모조건 종합과세)	×
금융소득	필요경비 인정 안됨	2,000만원 이하(분리과세)	○
		2,000만원 초과(종합과세)	×

3. 소자본 창업 법인세 실무

가. 법인세의 정의

법인세는 법인이 얻은 소득에 대하여 부과하는 조세이다.

나. 법인세의 특징

법인세는 순자산증가설과 권리의무확정주의를 특징으로 한다.

| 표 9-81 | 법인세의 특징

구분	내용
순자산증가설	법인세법은 순자산을 증가시키는 거래로 인하여 발생하는 수익의 금액은 익금으로 하고, 순자산을 감소시키는 거래로 인하여 발생하는 손비의 금액은 손금으로 하여 익금에서 손금을 차감한 잔액을 법인의 과세대상소득으로 보고 있다.
권리의무확정주의	법인세법은 익금과 손금의 귀속사업연도를 그 익금과 손금이 확정된 날이 속하는 사업연도로 하고 있어 권리의무확정주의를 채택하고 있다.

다. 법인세 과세대상소득

법인세 과세대상소득은 각 사업연도소득, 청산소득, 토지등 양도소득을 대상으로 한다.

| 표 9-82 | 법인세 과세대상소득

구분	내용
각 사업연도소득	사업연도에 속하는 익금의 총액에서 손금의 총액을 공제한 금액
청산소득	내국법인이 해산한 경우 법인의 해산에 의한 잔여재산의 가액에서 해산등기일 현재의 자기자본을 공제한 금액
토지등 양도소득	법인이 보유한 비사업용 토지 또는 법령에서 정하는 주택(부수토지 포함) 등을 양도하는 경우에는 해당 부동산 등의 양도소득에 대하여 각 사업연도소득에 대한 법인세 외에 추가로 법인세를 과세

라. 법인세의 납세의무

법인세의 납세의무자는 국내에 본점이나 주사무소 또는 사업의 실질적 관리장소를 둔 내국법인과 외국에 본점 또는 주사무소를 둔 외국법인이다. 법인세의 납세의무자는 영리목적으로 설립된 영리법인과 학술 · 종교 · 자선 등 영리가 아닌 사업을 목적으로 하는 비영리법인이다.

| 표 9-83 | 법인세의 납세의무자

구분		내용
본점이나 주사무소에 따른 분류	내국법인	국내 본점이나 주사무소 또는 사업의 실질적 관리장소를 둔 법인
	외국법인	외국에 본점 또는 주사무소를 둔 법인
영리성 유 · 무에 따른 분류	영리법인	영리를 목적으로 설립된 법인
	비영리법인	학술 · 종교 · 자선 등 영리가 아닌 사업을 목적으로 하는 법인

| 표 9-84 | 법인별 납세의무

구분		각 사업연도소득	청산소득	토지등 양도소득
내국법인	영리법인	국내 · 외 모든 소득	○	○
	비영리법인	국내 · 외 수익사업에서 발생한 소득	×	○
외국법인	영리법인	국내원천소득	×	○
	비영리법인	국내원천소득 중 열거된 수익 사업에서 발생한 소득	×	○
국가 · 지방자치단체		납세의무 없음		

마. 법인세 사업연도

| 표 9-85 | 법인세 사업연도

구분	내용
원칙	① 사업연도는 법령이나 법인의 정관 등에서 정하는 1회계기간으로 한다. 다만, 그 기간은 1년을 초과하지 못한다. ② 법령이나 정관 등에 사업연도에 관한 규정이 없는 내국법인은 따로 사업연도를 정하여 법인 설립신고 또는 사업자등록과 함께 납세지 관할 세무서장에게 사업연도를 신고하여야 한다. 사업연도를 신고하지 아니하는 경우에는 매년 1월 1일부터 12월 31일까지를 법인의 사업연도로 한다.

최초 사업연도 개시일	① 내국법인: 설립등기일 ② 외국법인: 국내사업장을 가지게 된 날
사업연도의 변경	① 사업연도를 변경하려는 법인은 직전 사업연도 종료일부터 3개월 이내에 납세지 관할 세무서장에게 이를 신고하여야 한다. 사업연도 변경신고를 기한까지 하지 아니한 경우에는 법인의 사업연도는 변경되지 아니한 것으로 본다. ② 사업연도가 변경된 경우에는 종전의 사업연도 개시일부터 변경된 사업연도 개시일 전날까지의 기간을 1사업연도로 한다. 다만, 그 기간이 1개월 미만인 경우에는 변경된 사업연도에 그 기간을 포함한다.
사업연도의 의제	① 해산한 경우(합병 · 분할 또는 분할합병에 따른 해산은 제외): 사업연도 개시일부터 해산등기일까지의 기간과 해산등기일 다음날부터 그 사업연도 종료일까지의 기간을 각각 1사업연도로 본다. ② 합병이나 분할(분할합병을 포함)에 따라 해산한 경우: 사업연도 개시일부터 합병등기일 또는 분할등기일까지의 기간을 그 해산한 법인의 1사업연도로 본다. ③ 청산 중에 있는 내국법인이 사업을 계속하는 경우: 사업연도 개시일부터 계속등기일까지의 기간과 계속등기일 다음날부터 그 사업연도 종료일까지의 기간을 각각 1사업연도로 본다. ④ 청산 중에 있는 내국법인의 잔여재산의 가액이 사업연도 중에 확정된 경우: 그 사업연도 개시일부터 잔여재산의 가액이 확정된 날까지의 기간을 1사업연도로 본다.

바. 법인세 납세지

표 9-86 법인유형별 납세지

구분	내용
내국법인	법인의 등기부에 따른 본점이나 주사무소의 소재지(국내에 본점 또는 주사무소가 있지 아니하는 경우에는 사업을 실질적으로 관리하는 장소의 소재지)로 함
외국법인	• 국내사업장이 있는 경우: 국내사업장의 소재지 • 국내사업장이 없는 경우로서 부동산소득, 양도소득이 있는 경우: 각 자산의 소재지

| 표 9-87 | 법인세 납세지 지정 및 변경

구분	내용
납세지 지정	① 관할 지방국세청장이나 국세청장은 납세지가 법인의 납세지로 적당하지 아니하다고 인정되는 경우에는 위 규정에도 불구하고 납세지를 지정할 수 있다. ② 관할 지방국세청장이나 국세청장은 ①에 따라 납세지를 지정한 경우에는 사업연도 종료일부터 45일 이내에 해당 법인에게 이를 알려야 한다.
납세지 변경	① 법인은 납세지가 변경된 경우에는 그 변경된 날부터 15일 이내에 변경 후의 납세지 관할 세무서장에게 이를 신고하여야 한다. 이 경우 납세지가 변경된 법인이 부가가치세법에 따라 그 변경된 사실을 신고한 경우에는 납세지 변경신고를 한 것으로 본다. ② 납세지 변경신고를 하지 아니한 경우에는 종전의 납세지를 그 법인의 납세지로 한다.

사. 법인세 계산 흐름도

| 표 9-88 | 법인세 계산 흐름도

구분	내용
당기순손익	기업회계기준에 의하여 작성한 재무제표상의 당기순손익
〈세무조정〉 결산상 당기순손익을 법인세법상 소득금액으로 조정하는 과정	• 결산조정: 결산에 반영되어야 인정 예 감가상각비, 퇴직급여충당금, 대손충당금, 일정대손금, 자산평가손실 등 • 신고조정: 결산반영 없이 신고서 계상 가능 예 국고보조금의 손금산입, 손익귀속시기 차이 등
(+) 익금산입 익금의 범위: 순자산을 증가시키는 거래로 인하여 발생하는 수익의 금액	• 사업수입금액: 장기할부판매, 용역제공에 따른 수입금액 조정 • 준비금 · 충당금 환입액: 사유 발생시 미사용 잔액 등 환입 • 임대보증금 간주익금: 부동산임대업 & 차입금이 자기자본 2배 초과 법인 대상 • 가지급금 인정이자: 특수관계인에게 무상 · 저리 대여시 이자상당액 익금산입
(−) 익금불산입	• 자본거래로 인한 수익: 주식발행액면초과액, 합병 · 분할차익 등 • 자산의 평가이익: 보험업법 등 법률에 의한 평가이익 제외 • 수입배당금: 이중과세 방지 −지주회사의 수입배당금액 중 일정액(100%, 90%, 80%) −내국법인의 수입배당금액 중 일정액(100%, 50%, 30%) • 국세 또는 지방세의 과오납금의 환급금에 대한 이자 • 이월결손금 보전에 충당한 자산수증이익 · 채무면제이익

<table>
<tr><td>(−) 손금산입
손금의 범위: 순자산을 감소시키는 거래로 인하여 발생하는 손비의 금액</td><td>• 법인세법상 준비금: 책임준비금, 비상위험준비금
• 퇴직급여충당금 · 퇴직연금부담금: 장래에 지급할 퇴직급여를 대비하여 비용 설정
• 대손충당금: 채권의 세법상 장부가액×max(1%, 대손실적률)
• 일시상각(압축기장)충당금: 국고보조금 등으로 취득한 사업용자산</td></tr>
<tr><td>(+) 손금불산입</td><td>• 채권자 불분명 사채이자, 지급받은 자가 불분명한 채권이자, 건설자금에 충당한 차입금이자, 업무무관자산 및 가지급금등 관련 지급이자
• 감가상각비 한도초과액: 감가상각방법, 내용연수와 상각률 등에 따라 계산한 상각범위액을 초과하는 금액
• 접대비 한도초과액: 한도액(①+②+③)
① 1,200만원(중소기업 3,600만원)×당해 사업연도 월수/12
② 일반수입금액×적용률(0.3%, 0.2%, 0.03%)+특수관계자 거래 수입금액×적용률×10%
③ min[문화접대비, (①+②)×20%]
• 업무용승용차 관련 비용: 업무전용자동차보험 가입, 운행기록부 작성, 감가상각비 8백만원 한도 등</td></tr>
<tr><td>차가감 소득금액</td><td>(=당기순손익+익금산입 · 손금불산입−손금산입 · 익금불산입)</td></tr>
<tr><td>(±) 기부금 한도초과 및 이월액 손금산입</td><td>• 기부금 귀속시기: 지출한 사업연도의 손금(어음: 실제 결제된 날)
• 현물기부금: 법정기부금, 특수관계인이 아닌 자에 대한 지정기부금(장부가액), 특수관계인에 대한 지정기부금, 비지정기부금[max(시가, 장부가액)]
• 기부금 한도초과액
<table>
<tr><th>구분</th><th>내용</th><th>한도</th></tr>
<tr><td>법정기부금</td><td>국가 기증품, 국방헌금, 이재민 구호금품 등</td><td>기준소득금액 50%</td></tr>
<tr><td>지정기부금</td><td>지정기부금단체에 지출하는 기부금 등</td><td>기준소득금액 10%*</td></tr>
<tr><td>비지정기부금</td><td>법정·지정기부금 외의 업무무관 무상지출금액</td><td>손금불산입</td></tr>
</table>
* 사회적기업이 지출하는 지정기부금은 기준소득금액의 20% 한도 적용
• 기부금 한도초과액 이월액: 법정·지정기부금 10년*간 이월공제
* 2019.1.1. 이후 신고분 및 2013.1.1. 이후 사업연도에 지출한 기부금 대상</td></tr>
<tr><td>각 사업연도소득금액</td><td>(=차가감 소득금액 ± 기부금 한도초과 및 이월액 손금산입)</td></tr>
</table>

<table>
<tr><td>(−) 이월결손금</td><td>• 당해 사업연도 개시일 전 15년(2019.12.31. 이전 개시 사업연도 10년) 이내에 발생한 결손금 중 다음 사유로 공제되지 아니한 금액
−결손금소급공제에 따라 소급공제받은 결손금
−당해 사업연도 이전에 이월결손금으로 이미 공제된 금액
−자산수증이익 및 채무면제이익으로 충당된 이월결손금 등
• 공제한도: 중소기업 등은 당해 소득금액의 100%, 그 이외 법인은 60%</td></tr>
<tr><td>(−) 비과세소득</td><td>• 공익신탁의 신탁재산에서 생기는 소득
• 중소기업창업투자회사 등의 주식양도차익 등</td></tr>
<tr><td>(−) 소득공제</td><td>• 유동화전문회사 등에 대한 소득공제: 배당가능이익의 90% 이상 배당시 그 배당금액
• 국민주택 임대소득공제 등</td></tr>
<tr><td>과세표준</td><td>(=각 사업연도소득금액−이월결손금−비과세소득−소득공제)</td></tr>
<tr><td>(+) 선박표준이익</td><td>• 해운기업의 법인세과세표준(①+②)
① 해운소득: 개별선박순톤수 × 톤당 1운항일 이익* × 운항일수 × 사용률
* 1천톤 이하 14원, 1천톤 초과 1만톤 이하 11원, 1만톤 초과 2만5천톤 이하 7원, 2만5천톤 초과 4원
② 비해운소득: 법법§13부터 §54까지의 규정에 따라 계산한 금액</td></tr>
<tr><td>(×) 세율</td><td>• 일반 법인세율
<table>
<tr><th>과세표준</th><th>2억원 이하</th><th>2억원 초과
200억원 이하</th><th>200억원 초과
3,000억원 이하</th><th>3,000억원
초과</th></tr>
<tr><td>세율</td><td>10%</td><td>20%</td><td>22%</td><td>25%</td></tr>
</table>
* 2018.1.1. 이후 개시하는 사업연도부터 적용
• 토지등 양도소득에 대한 법인세율[(등기 10%(주택 20%), 미등기 40%)]
• 투자 · 상생협력 촉진을 위한 과세특례
−미환류소득(투자금액포함방식, 투자금액제외방식)×20%</td></tr>
<tr><td>산출세액</td><td>과세표준에 세율을 적용하여 계산</td></tr>
<tr><td>(−) 공제 · 감면세액</td><td>• 법인세법상 세액공제
−외국납부세액공제(세액공제와 손금산입 방법 중 선택 적용)
• 공제한도: 산출세액×(국외원천소득/법인세과세표준)
−재해손실세액공제: 천재지변이나 재해로 인하여 사업용 자산총액의 20% 이상을 상실하여 납세가 곤란하다고 인정되는 경우
−사실과 다른 회계처리 관련 세액공제: 일반적인 경정청구에 의한 세액환급과 달리 즉시 환급하지 않고 경정일이 속하는 사업연도 분부터 법인세액에서 공제(과다 납부한 세액의 20% 한도)</td></tr>
</table>

<table>
<tr><td></td><td>• 조세특례제한법상 세액감면(공제)
－창업 중소기업 등에 대한 세액감면
－중소기업에 대한 특별세액감면: 소기업(10%, 20%, 30%), 중기업(5%, 10%, 15%)
－연구인력개발비 세액공제: max(당기비용 × 0～25%, 전년 대비 증가비용 × 25～50%)
－성실신고확인비용에 대한 세액공제: min(성실신고확인비용 × 60%, 150만원)</td></tr>
<tr><td>※ 최저한세의 계산</td><td><table>
<tr><th>구분</th><th>과세표준</th><th>최저한세율</th></tr>
<tr><td>중소기업</td><td>유예기간 4년 포함</td><td>7%</td></tr>
<tr><td rowspan="5">일반기업</td><td>유예기간 이후 1～3년차</td><td>8%</td></tr>
<tr><td>유예기간 이후 4～5년차</td><td>9%</td></tr>
<tr><td>100억원 이하</td><td>10%</td></tr>
<tr><td>1천억원 이하</td><td>12%</td></tr>
<tr><td>1천억원 초과</td><td>17%</td></tr>
</table></td></tr>
<tr><td>(＋) 가산세</td><td>• 국세기본법상 가산세
－무신고 · 과소신고 · 납부불성실가산세등
• 법인세법상 가산세
－장부의 기록 · 보관 불성실 · 주주등의 명세서 제출불성실 · 증명서류 수취불성실 · 지급명세서 제출 불성실가산세등</td></tr>
<tr><td>가감계</td><td>(＝산출세액－공제 · 감면세액＋가산세)</td></tr>
<tr><td>(－) 기납부세액</td><td>• 기한내 납부세액: 중간예납세액, 수시부과세액등(가산세 제외)
• 신고납부전 가산세액: 중간예납 미납부가산세등</td></tr>
<tr><td>(＋) 감면분 추가납부세액</td><td>• 준비금의 환입에 따른 추가납부세액
• 공제감면세액에 대한 추가납부세액등</td></tr>
<tr><td>차감납부할 세액</td><td>(＝가감계－기납부세액＋감면분 추가납부세액)</td></tr>
</table>

아. 법인세 세무조정

각 사업연도소득은 사업연도에 속하는 익금의 총액에서 그 사업연도에 속하는 손금의 총액을 공제한 금액이다. 각 사업연도소득을 구하기 위하여 기업회계기준에 의하여 작성한 재무제표상의 당기순손익을 기초로 하여 세법규정에 따라 익금과 손금을 조정함으로써 과세소득을 계산하기 위한 일련의 절차를 세무조정이라 한다.

| 그림 9-16 | 법인세 세무조정

기업회계기준에 따른 당기순손익과 세법에 따른 각 사업연도의 차이를 조정하는 방법은 다음과 같다.

① 익금산입: 기업회계상 수익이 아니나 세무회계상 익금으로 인정하는 것
② 익금불산입: 기업회계상 수익이나 세무회계상 익금으로 보지 않는 것
③ 손금산입: 기업회계상 비용이 아니나 세무회계상 손금으로 인정하는 것
④ 손금불산입: 기업회계상 비용이나 세무회계상 손금으로 보지 않는 것

| 표 9-89 | 법인세 세무조정 방법

구분	내용
익금산입	기업회계상 수익이 아니나 세무회계상 익금으로 인정하는 것
익금불산입	기업회계상 수익이나 세무회계상 익금으로 보지 않는 것
손금산입	기업회계상 비용이 아니나 세무회계상 손금으로 인정하는 것
손금불산입	기업회계상 비용이나 세무회계상 손금으로 보지 않는 것

자. 결산조정과 신고조정

결산조정이란 특정한 손실 또는 비용을 결산서에 계상하여야만 법인세법상 손금으로 인정하는 항목을 말한다.

| 표 9-90 | 결산조정 항목

구분	내용
감가상각비(즉시상각액 포함)	국제회계기준을 적용하는 법인은 신고조정 허용
고유목적사업준비금	외부감사를 받는 비영리법인의 경우 신고조정이 가능
퇴직급여충당금	퇴직보험료 · 퇴직연금 부담금의 손금산입은 신고조정이 가능
대손충당금	
일시상각충당금(압축기장충당금)	원칙은 결산조정사항이나 신고조정 허용
구상채권상각충당금	
대손금	소멸시효 완성분 등 일정한 대손금은 신고조정사항
자산의 평가손	• 파손 · 부패 등의 사유로 인하여 정상가격으로 판매할 수 없는 재고자산의 평가손 • 천재지변 등에 의한 고정자산평가손 • 상장법인 또는 특수관계 없는 비상장법인이 발행한 수식으로서 부도발생, 회생계획인가결정 또는 부실 징후기업이 된 경우 당해 주식 등의 평가손 • 주식을 발행한 법인이 파산한 경우의 그 주식평가손
생산설비의 폐기손	

신고조정이란 결산서에 손비계상 여부와 관계없이 세무조정계산서에서 익금과 손금을 가감조정하여 과세표준을 계산할 수 있는 항목을 말한다.

| 표 9-91 | 신고조정 항목

구분	내용
임의조정항목	① 임의조정항목이란 결산시 비용으로 회계처리를 하지 아니한 경우에도 법인의사에 따라 세무상 한도까지 손금산입의 세무조정을 할 수 있는 항목을 말한다. ② 임의조정항목의 세부내역은 다음과 같다. • 국제회계기준을 적용하는 법인의 감가상각비 • 일시상각충당금 및 압축기장충당금 • 외부감사를 받는 비영리법인의 고유목적사업준비금
강제조정항목	강제조정항목이란 결산시 비용으로 회계처리를 하지 아니한 경우 법인의 의사에 관계없이 반드시 세무조정을 해야 하는 항목을 말한다. 결산조정항목과 신고조정 중 임의조정항목이 아닌 항목은 모두 강제조정항목이다.

차. 소득처분

소득처분이란 세무조정사항으로 발생한 소득이 법인 내부에 남아 있으면 이를 기업회계상 순자산에 가산하여 세무상 순자산을 계산하고, 법인 외부로 유출되었으면 소득귀속자를 파악하여 소득세를 징수하는 제도를 말한다.

1) 익금산입 또는 손금불산입액의 소득처분

가) 유보

익금산입 또는 손금불산입한 세무조정의 효과가 사외로 유출되지 않고 회사 내에 남아 있는 것으로 세무상 자산을 증가시키거나, 세무상 부채를 감소시키는 경우에 하는 소득처분이다.

유보는 회계상 자산 · 부채와 세무상 자산 · 부채의 차이로 인하여 발생한 소득처분이다. 따라서 유보는 해당 자산 · 부채가 해소될 때 유보 처분으로 소멸되며, '자본금과적립금조정명세서(을)'에서 사후관리를 해야 한다.

나) 기타

익금산입 또는 손금불산입한 세무조정의 효과가 사외유출되지 않고 사내에 남아 있으면서도, 회계상 자산 · 부채와 세무상 자산 · 부채의 차이를 유발하지 않는 경우에 하는 소득처분이다. 예를 들어 세무상 익금을 회계상으로 수익으로 처리하지 않고 자본항목(자본잉여금, 자본조정, 기타포괄손익누계액, 이익잉여금)의 증가로 처리한 경우에 하는 소득처분이다.

다) 사외유출로 인한 소득처분

익금산입 또는 손금불산입한 세무조정의 효과가 사외로 유출되어 특정인의 소득을 구성하는 경우에 하는 소득처분이며, 동 소득처분의 귀속자는 이익을 분여받은 것으로 보고 소득세 또는 법인세의 납세의무가 있다. 소득의 귀속에 따른 사외유출 유형은 다음과 같다.

| 표 9-92 | 소득의 귀속에 따른 사외유출 유형

귀속자	소득처분	해당 법인의 원천징수	귀속자에 대한 과세
주주	배당	○	배당소득에 대한 소득세 과세
임원	상여	○	근로소득에 대한 소득세 과세
법인 또는 개인사업자	기타사외유출	×	추가적인 과세는 없음
위 외의 경우	기타소득	○	기타소득에 대한 소득세 과세

2) 손금산입 또는 익금불산입액의 소득처분

가) 유보

손금산입 또는 익금불산입한 세무조정의 효과가 사외로 유출되지 않고 회사 내에 남아 있는 것으로 세무상 자산을 감소시키거나, 세무상 부채를 증가시키는 경우에 하는 소득처분이다.

유보는 회계상 자산 · 부채와 세무상 자산 · 부채의 차이로 인하여 발생한 소득처분이다. 따라서 유보는 해당 자산 · 부채가 해소될 때 유보처분으로 소멸되며, '자본금과 적립금조정명세서(을)'에서 사후관리를 해야 한다.

나) 기타

손금산입 또는 익금불산입한 세무조정의 효과가 사외유출되지 않고 사내에 남아 있으면서도, 회계상 자산 · 부채와 세무상 자산 · 부채의 차이를 유발하지 않는 경우에 하는 소득처분이다. 예를 들어 세무상 손금을 회계상으로 비용 또는 손실로 처리하지 않고 자본항목(자본잉여금, 자본조정, 기타포괄손익누계액, 이익잉여금)의 감소로 처리한 경우에 하는 소득처분이다.

3) 특수한 소득처분

가) 부당하게 사외유출된 금액을 회수하고 수정신고하는 경우

내국법인이 국세기본법의 수정신고기한 내에 매출누락, 가공경비 등 부당하게 사외유출된 금액을 회수하고 세무조정으로 익금에 산입하여 신고하는 경우의 소득처분은 사내유보로 한다.

나) 무조건 기타사외유출로 처분해야 하는 경우

① 임대보증금의 간주임대료

② 접대비 한도초과액의 손금불산입액 및 건당 3만원(경조금 20만원)을 초과하는 접대비 중 법정증빙 미수취분

③ 기부금 한도초과액과 비지정기부금

④ 채권자 불분명 사채이자, 비실명 채권 · 증권이자의 원천징수세액

⑤ 업무무관자산 등에 대한 지급이자 손금불산입액

⑥ 귀속자가 불분명하여 익금에 산입한 금액을 대표자에 대한 상여로 처분한 경우 및 추계결정, 경정에 따라 대표자에 대한 상여로 처분한 경우 당해 법인이 그 처분에 따른 소득세 등을 대납하고 이를 손비로 계상하거나 그 대표자와의 특수관계가 소멸될 때까지 회수하지 아니함에 따라 익금에 산입한 금액

⑦ 불공정자본거래로 인한 부당행위계산의 부인규정에 따라 익금에 산입한 금액으로서 귀속자에게 상속세 및 증여세법에 따라 증여세가 과세되는 금액

⑧ 외국법인의 국내사업장의 각 사업연도의 소득에 대한 법인세의 과세표준을 신고하거나 결정 또는 경정함에 있어서 익금에 산입한 금액이 그 외국법인 등에 귀속되는 소득

다) 소득의 귀속자가 불분명한 경우

익금에 산입한 금액이 사외로 유출된 것이 분명하지만 그 귀속이 분명하지 아니한 경우에는 대표자에 대한 상여로 처분한다.

라) 추계조사 결정의 경우

추계결정된 과세표준과 법인의 대차대조표상의 당기순이익과의 차액(법인세상당액을 공제하지 아니한 금액을 말한다)은 대표자에 대한 상여로 처분한다. 천재지변 기타 불가항력으로 추계결정한 경우에는 기타 사외유출로 처분한다.

표 9-93 | 익금산입 또는 손금불산입액의 소득처분

<table>
<tr><th>세무조정</th><th>사외유출 여부</th><th>소득처분</th></tr>
<tr><td rowspan="6">익금산입 및 손금불산입</td><td rowspan="2">사내유보</td><td>유보</td></tr>
<tr><td>기타</td></tr>
<tr><td rowspan="4">사외유출</td><td>상여</td></tr>
<tr><td>배당</td></tr>
<tr><td>기타소득</td></tr>
<tr><td>기타사외유출</td></tr>
</table>

카. 익금

익금이란 자본 또는 출자의 납입 및 법인세법에서 익금불산입항목으로 규정하는 것을 제외하고 해당 법인의 순자산을 증가시키는 거래로 인하여 발생하는 수익의 금액으로 한다.

| 표 9-94 | 익금항목과 익금불산입항목

구분	내용
익금항목	① 사업에서 생기는 수입금액(기업회계기준에 의한 매출에누리금액 및 매출할인금액은 차감) ② 자산의 양도금액 ③ 자기주식의 양도금액(자기주식소각이익은 익금불산입항목이다) ④ 자산의 임대료 ⑤ 법률에 따른 자산의 평가차익 • 보험업법이나 그 밖의 법률에 따른 고정자산 평가이익 • 자본시장과 금융투자업에 관한 법률에 따른 투자회사 등이 보유한 유가증권 등의 평가이익 • 화폐성외화자산 · 부채의 환율변동으로 인한 평가이익 ⑥ 무상으로 받은 자산의 가액(자산수증이익) ⑦ 채무의 면제 또는 소멸로 인하여 생기는 부채의 감소액(채무면제이익) ⑧ 손금에 산입한 금액 중 환입된 금액 ⑨ 이익처분에 의하지 아니하고 손금으로 계상된 적립금액 ⑩ 불공정자본거래로 인하여 특수관계인으로부터 분여받은 이익 ⑪ 특수관계가 소멸되는 날까지 회수되지 아니한 가지급금과 이와 관련된 이자 및 이자 발생일이 속하는 사업연도 종료일부터 1년이 되는 날까지 회수하지 아니한 가지급금 이자 ⑫ 기타 법인의 수익으로서 그 법인에 귀속되었거나 귀속될 금액
익금불산입항목	① 자본거래로 인한 수익의 익금불산입 • 주식발행초과금 • 주식의 포괄적 교환 · 이전차익, 감자차익 • 합병 · 분할차익 • 자본준비금을 감액하여 받은 이익배당 ② 평가차익 등의 익금불산입 • 자산의 평가차익(법률에 따른 자산의 평가차익은 제외) • 이월익금 • 법인세 또는 법인지방소득세를 환급받았거나 환급받을 금액을 다른 세액에 충당한 금액 • 국세 또는 지방세의 과오납금의 환급금에 대한 이자 • 부가가치세 매출세액 • 이월결손금의 보전에 충당한 자산수증이익 및 채무면제이익 ③ 지주회사가 자회사로부터 받은 배당소득금액 중 일정금액 ④ 법인이 내국법인으로부터 받는 수입배당금 중 일정금액

타. 손금

손금은 자본 또는 출자의 환급, 잉여금의 처분 및 법인세법에서 손금불산입항목으로 규정하는 것을 제외하고 해당 법인의 순자산을 감소시키는 거래로 인하여 발생하는 손비의 금액으로 한다.

표 9-95 | 손금항목과 손금불산입항목

구분	내용
손금항목	① 판매한 상품 또는 제품에 대한 원료의 매입가액(기업회계기준에 의한 매입에누리금액 및 매입할인금액 제외)과 그 부대비용 ② 판매한 상품 또는 제품의 보관료, 포장비, 운반비, 판매장려금 및 판매수당 등 판매와 관련된 부대비용(판매장려금 및 판매수당은 사전약정 없는 경우 포함) ③ 양도한 자산의 양도 당시의 장부가액 ④ 인건비 ⑤ 고정자산의 수선비 ⑥ 고정자산에 대한 감가상각비 ⑦ 자산의 임차료 ⑧ 차입금이자 ⑨ 회수할 수 없는 부가가치세매출세액 미수금(부가가치세법상 대손세액공제를 받지 아니한 것에 한정함) ⑩ 법률에 따른 자산의 평가차손 • 재고자산, 유가증권 등, 화폐성외화자산 · 부채 등을 법인세법에 따라 평가함으로써 발생하는 평가손실 ⑪ 제세공과금 ⑫ 영업자가 조직한 단체로서 법인이거나 주무관청에 등록된 조합 또는 협회에 지급한 회비 ⑬ 업무와 관련 있는 해외시찰 · 훈련비 ⑭ 임원 또는 사용인을 위하여 지출한 복리후생비 • 직장체육비, 직장문화비 • 우리사주조합의 운영비 • 국민건강보험법 및 노인장기요양보험법에 의하여 사용자로서 부담하는 보험료, 기타 부담금 • 영유아보육법에 의하여 설치된 직장어린이집의 운영비

	• 고용보험법에 의하여 사용자로서 부담하는 보험료 • 임원 또는 사용인에게 지급한 경조사비 등 기타 이와 유사한 비용으로서 사회통념상 타당하다고 인정되는 금액 ⑮ 우리사주조합에 출연하는 자사주의 장부가액 또는 금품 ⑯ 장식 · 환경미화 등의 목적으로 사무실 · 복도 등 여러 사람이 볼 수 있는 공간에 상시 비치하는 미술품의 취득가액으로서 거래단위별 1천만원 이하의 금액 ⑰ 불특정다수에게 광고선전용 목적으로 기증한 물품 구입비용 ⑱ 특정인에게 기증한 물품구입비용의 경우에 연간 5만원 이내 금액(개당 3만원 이하의 물품은 제외) ⑲ 임직원이 주식매수선택권 또는 주식기준보상을 행사하거나 지급받는 경우 해당 주식매수선택권 등을 부여하거나 지급한 법인에 그 행사 또는 지급비용으로서 보전하는 금액 ⑳ 동업기업 소득금액 등의 계산 및 배분규정에 따라 배분받은 결손금 ㉑ 위 이외의 손비로서 그 법인에 귀속되었거나 귀속될 금액
손금불산입항목	① 자본거래 등으로 인한 손비의 손금불산입 • 잉여금의 처분을 손비로 계상한 금액 • 주식할인발행차금 및 감자차손 ② 제세공과금의 손금불산입 • 각 사업연도에 납부하였거나 납부할 법인세(외국법인세액 포함) 또는 지방소득세 소득분과 각 세법에 규정된 의무 불이행으로 납부하였거나 납부할 세액(가산세 포함) 및 부가가치세의 매입세액 • 판매하지 아니한 제품에 대한 반출필의 개별소비세, 주세 미납액(제품가격에 세액상당액을 가산한 경우는 예외) • 벌금, 과료(통고처분에 의한 벌금 또는 과료 상당액 포함), 과태료, 가산금과 체납처분비 • 법령에 의하여 의무적으로 납부하는 것이 아닌 공과금 • 법령에 의한 의무의 불이행, 금지, 제한의 위반에 대한 제재로 부과되는 공과금 ③ 자산의 임의 평가차손 ④ 상각범위액을 초과하는 감가상각비 ⑤ 기부금의 손금불산입 ⑥ 접대비의 손금불산입 ⑦ 과다경비 등의 손금불산입: 다음 손비 중 과다하거나 부당하다고 인정하는 금액은 손금에 산입하지 않는다. • 상여금, 퇴직금 및 퇴직보험료 등 • 복리후생비

손금불산입항목	• 여비 · 교육훈련비 • 분담금액을 초과하는 공동경비 ⑧ 업무와 관련 없는 비용의 손금불산입 • 업무와 관련이 없는 자산을 취득 · 관리함으로써 발생하는 비용, 유지비, 수선비 및 이와 관련되는 비용 • 법인이 직접 사용하지 아니하고 다른 사람(주주 등이 아닌 임원과 소액주주인 임원 및 사용인 제외)이 주로 사용하고 있는 장소, 건축물, 물건 등의 유지비, 관리비, 사용료와 이와 관련된 지출금 • 주주(소액주주 제외) 또는 출연자인 임원 또는 그 친족이 사용하고 있는 사택의 유지비, 관리비, 사용료와 이와 관련된 지출금 • 형법상 뇌물(외국공무원에 대한 뇌물을 포함)에 해당하는 금전 및 금전 이외의 자산과 경제적 이익의 합계액 ⑨ 지급이자의 손금불산입 • 채권자 불분명 사채이자 및 수령자가 불분명한 채권 · 증권의 이자와 할인액 • 건설자금에 충당한 차입금의 이자 • 업무무관자산 및 가지급금등에 대한 지급이자 ⑩ 부당행위계산의 유형 등에 해당하는 금액

파. 법인세무조정 프로그램 작업순서

법인세무조정 프로그램은 기본사항 검토, 수입금액 확정, 각 과목별 세무조정, 소득금액의 확정, 기부금 조정, 과세표준 및 세액계산, 법인세 확정 순으로 작업을 진행한다.

| 표 9-96 | 법인세무조정 프로그램 작성순서

작업순서	해당 메뉴	작업 내용
기본사항 검토 ⬇	회사등록	중소기업 여부 검토
	표준재무제표 작성	• 법인세신고기초서식 • 법인세비용 처분
	자본금과 적립금조정명세서(갑)(을)	전년도 부인액 검토
	중소기업검토표	중소기업 해당 여부 검토

수입금액 확정 ⬇	수입금액조정명세서	기업회계상 수입금액과 법인세법상 수입금액 차이 조정
	조정후 수입금액명세서	법인세법상 수입금액과 부가세법상 공급가액 차이 검토
	임대보증금 간주익금조정	부동산임대업의 익금조정
	수입배당금명세서	배당금수입의 익금조정
각 과목별 세무조정 ⬇	감가상각비조정명세서	기업회계와 법인세법의 감가상각 조정
	퇴직급여충당금조정명세서	기업회계와 법인세법의 퇴직급여충당금 조정
	퇴직연금부담금조정명세서	기업회계와 법인세법의 퇴직연금 등 조정
	대손충당금 및 대손금조정명세서	기업회계와 법인세법의 대손금과 대손충당금 조정
	접대비등 조정명세서	기업회계와 법인세법의 접대비 조정
	가지급금등 인정이자조정명세서	업무무관가지급금관련 인정이자 조정
	재고자산, 유가증권평가조정명세서	기업회계와 법인세법의 재고자산과 유가증권평가 조정
	세금과공과금명세서	기업회계와 법인세법의 세금과공과금 조정
	선급비용명세서	기업회계와 법인세법의 기간비용 조정
	건설자금이자조정명세서	기업회계와 법인세법의 건설자금이자 조정
	업무무관부동산 등에 관한 차입금이자조정명세서	기업회계와 법인세법의 이자비용 조정
소득금액의 확정 ⬇	소득금액조정합계표	기업회계와 법인세법의 차이조정 정리
기부금 조정 ⬇	기부금조정명세서	기업회계와 법인세법의 기부금 조정
과세표준 및 세액계산 ⬇	공제감면세액계산서	과세표준확정 후 세액공제감면과 가산세, 원천납부세액계산
	가산세액계산서	
	원천납부세액명세서	
법인세 확정 ⬇	법인세과세표준 및 세액조정계산서	

신고서 마감 ⬇	법인세과세표준 및 세액신고서	
기타서식 작성	주요계정명세서	
	주식등 변동상황명세서	
	자본금과적립금조정명세서	

7절 창업 경영정보시스템

1. 경영정보시스템의 의의

경영정보시스템(MIS: Management Information Systems)이란 "조직의 계획, 운영 및 통제를 위한 정보를 수집 · 저장 · 검색 · 처리하여 적절한 시기에 적절한 형태로 구성원에게 제공해줌으로써 조직의 목표를 보다 효율적 및 효과적으로 달성할 수 있도록 조직화된 통합적 인간 · 기계시스템"이다.

기업의 경영정보시스템 도입은 지속적인 경쟁우위(sustainable competitive advantage)를 확보할 수 있도록 한다. 지속적 경쟁우위는 비용절감, 시간절감, 매출증대, 수익증대, 생산성향상, 의사소통원활, 고객만족을 통하여 확보된다. 경영정보시스템은 조직의 경영을 위한 정보기술(IT: Information Technology)을 도입함으로써 지속적 경쟁우위(SCA: Sustainable Competitive Advantage)를 확보할 수 있다.

| 그림 9-17 | 경영정보시스템

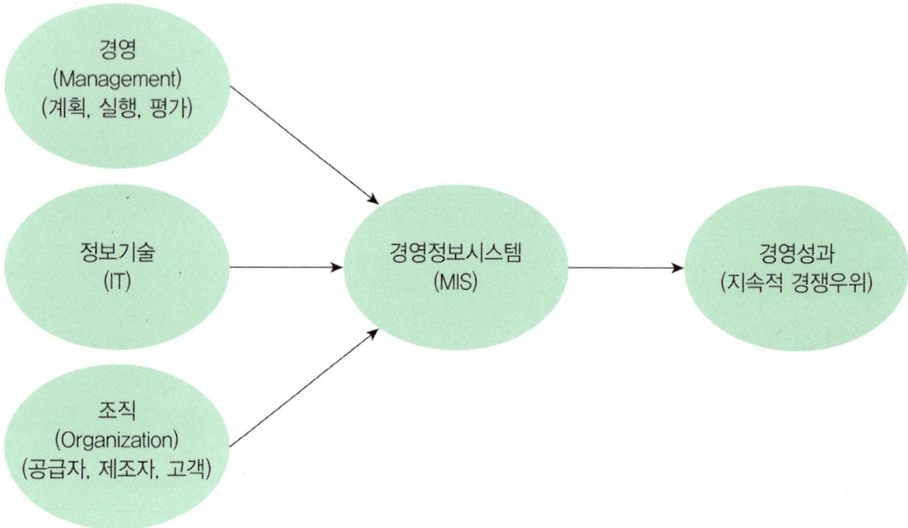

| 표 9-97 | 경영정보시스템

MIS = M + I + S	
경영정보학의 배경학문	• 전산과학, 경영과학, 조직과학
정보기술의 발전방향	• 지능화, 통합화, 네트워크화
MIS에서 학습할 내용	• 데이터베이스마케팅(Database Marketing) • 데이터웨어하우스(Data Warehouse) • 전자적자료교환(EDI: Electronic Data Interchange) • CALS(Commerce at Light Speed) • 공급사슬관리(SCM: Supply Chain Management) • 전사적자원관리(ERP: Enterprise Resource Planning) • 고객관계관리(CRM: Customer Relationship Management) • 의사결정지원시스템(DSS: Decision Support Systems), GDSS • 최고경영자지원시스템(EIS: Executive Information Systems) • 전략정보시스템(SIS: Strategic Information Systems) • 인공지능(Artificial Intelligence) • 전문가시스템(Expert System) • 신경망이론(Neural Theory)

	• 인터넷(Internet), 인트라넷(Intranet), 엑스트라넷(Extranet) • 전자상거래(Electronic Commerce), E-Business, E-Marketplace
최근 강조되고 있는 기술	• IT(Information Technology), CT(Contents Technology) • NT(Nano Technology), BT(Bio Technology) • ET(Environment Technology), ST(Space Technology)
MIS의 목표	• 지속적 경쟁우위(SCA: Sustainable Competitive Advantage) 확보

| 그림 9-18 | 경영정보시스템 지도(MIS Map)

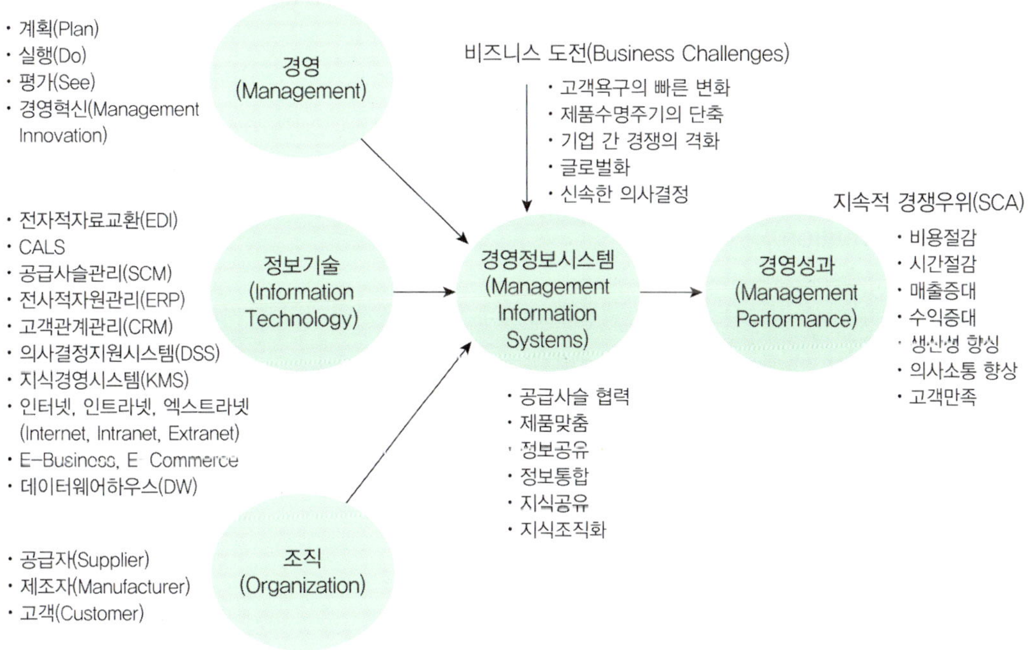

2. 경영 · 정보 · 시스템의 이해

경영정보시스템은 경영 · 정보 · 시스템으로 구분하여 의미를 이해하면 경영정보시스템의 의미를 쉽게 이해할 수 있다.

| 표 9-98 | 경영 · 정보 · 시스템의 의미

경영정보시스템 = 경영(Management) + 정보(Information) + 시스템(System)	
경영	경영목적을 합리적으로 달성하기 위하여 조직의 활동을 계획(plan), 실행(do), 통제(see)하는 체계적인 과정
정보	가공된 데이터(적시성, 신뢰성, 목적적합성)
시스템	어떤 목적을 달성하기 위하여 하나 이상의 기능요소가 상호 관련하여 유기적으로 결합된 것

가. 경영(Management)의 이해

경영은 경영목적을 합리적으로 달성하기 위하여 조직의 활동을 계획(plan), 실행(do), 통제(see)하는 체계적인 과정이다.

나. 정보(Information)의 이해

기업활동에 있어서 정보는 중요한 구성요소이다. 어떠한 기업이라 할지라도 구체적인 행동에 앞서 의사결정을 하게 되는데 의사결정에는 정보가 필수적이다.

정보는 자료를 원천으로 만들어진다. 자료(data)는 정보시스템에 의하여 수집되고, 저장되고, 처리되는 모든 사실이다. 정보(information)는 의미를 제공하기 위하여 조직되고 처리된 자료이다.

| 그림 9-19 | 정보의 체계

사실(fact) ➡ 자료(data) ➡ 정보(information) ➡ 지식(knowledge) ➡ 지혜(wisdom)

▌그림 9-20 ▌지식, 정보, 데이터의 체계

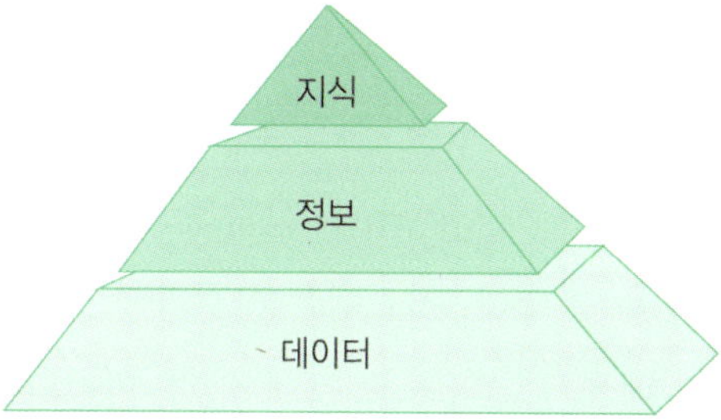

정보는 사실(fact), 자료(data), 정보(information), 지식(knowledge), 지혜(wisdom)와 관련이 있다. 정보 관련 용어의 연관관계를 살펴보면 있는 그대로의 사실(fact)을 체계화하면 자료(data)가 되고, 자료(data)를 가공하면 정보(information)가 되며, 정보(information)를 의사결정에 반복하여 사용하게 되면 지식(knowledge)이라는 일정한 규칙이 만들어진다. 또한 지식(knowledge)보다 높은 상위 개념으로 지혜(wisdom)가 있다. 정보란 의사결정이나 가치창출을 위하여 일정한 형식에 따라 처리할 수 있는 유용한 자료이다. 정보는 의사결정에 유용하고 의미있는 정보가 되기 위해서는 관련성(relevant), 신뢰성(reliable), 완전성(complete), 적시성(timely), 이해가능성(understandibility), 검증가능성(verifiable)의 특성을 지녀야 한다.

다. 시스템(System)의 이해

시스템이란 어떤 목적을 달성하기 위하여 하나 이상의 기능요소가 상호 관련하여 유기적으로 결합된 것이다. 시스템은 투입(input), 처리과정(process), 출력(output), 통제(control), 피드백(feedback) 등 다섯 가지로 구성되어 있다. 시스템은 시스템 내부와 외부가 경계(boundary)로 이루어지며 시스템 경계 외부에는 환경이 존재한다. 시스템은 환경과 에너지 및 정보를 교환한다. 시스템들 사이의 경계에 해당하는 영역을 인터페이스(interface)라 한다.

시스템의 특성을 살펴보면 다음과 같이 다섯 가지로 요약할 수 있다. 첫째, 시스템은 목표(goal)를 가지고 있다. 둘째, 시스템은 반드시 정해진 절차에 따라 작동된다. 셋째, 시스템은 여러 개의 구성요소로 구성되어 있다. 넷째, 시스템의 구성요소는 상호 유기적인 협조 관계를 유지하여야 한다. 다섯째, 시스템의 출력은 피드백(feedback)되어 사용자에게 이익을 주도록 조절된다.

시스템은 다양한 유형으로 분류할 수 있다. 시스템은 예측가능성에 따라 예측할 수 있는 형태로 작동되는 확정시스템(deterministic system)과 확률적 가능성에 따라 작동되는 확률시스템(probabilitic system)으로 분류할 수 있다. 시스템은 환경과의 상호작용성에 따라 환경과 단절되어 상호작용을 하지 않는 폐쇄시스템(close system)과 환경과 상호작용하는 개방시스템(open system)으로 분류할 수 있다. 시스템은 가시성에 따라 볼 수 없는 추상적인 유형의 추상적(abstract) 시스템과 볼 수 있는 유형의 물리적(physical) 시스템으로 분류할 수 있다. 기업시스템은 생산, 마케팅, 재무, 회계, 인사, 정보시스템 여러 기능부문에 따라 경영조직의 하위시스템을 구성하여 상호작용을 하고 있다.

▎그림 9-21 ▎기업시스템

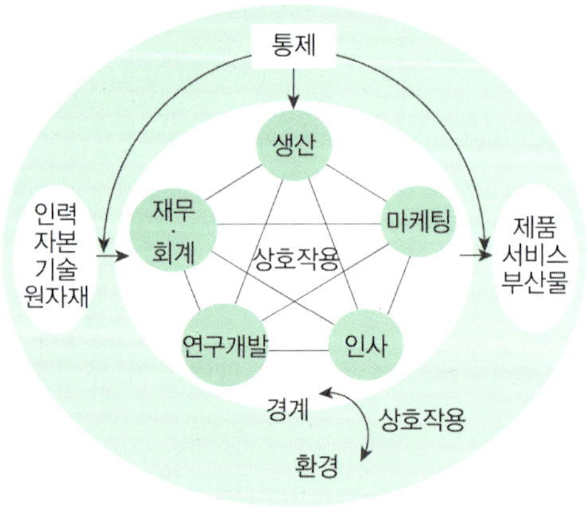

▎그림 9-22 ▎경영정보시스템

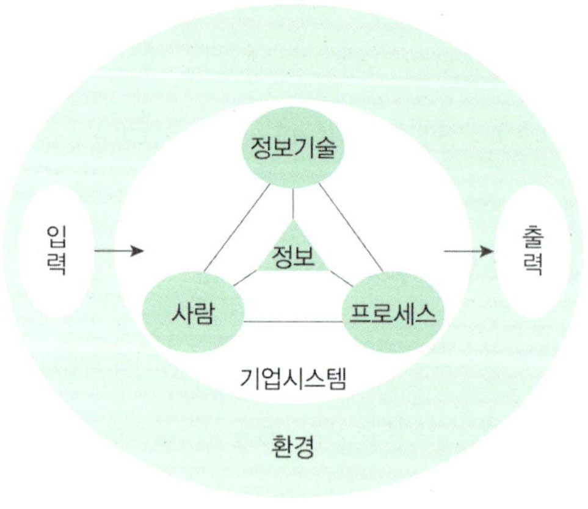

3. 집중화 정도에 따른 경영정보시스템(MIS)

경영정보시스템(MIS)의 구조는 경영정보시스템(MIS)의 물리적 요소들이 배치된 형태 및 이에 대한 통제방식에 따라 집중 경영정보시스템(MIS), 분권 경영정보시스템(MIS) 그리고 분산

경영정보시스템(MIS)으로 구분할 수 있다.

가. 집중 경영정보시스템(Centralized MIS)

집중 경영정보시스템(MIS)은 하나의 중심이 되는 대형 컴퓨터시스템을 이용하여 전체 조직에 필요한 정보의 제공 및 제어기능을 종합적으로 수행하는 경영정보시스템이다. 집중 경영정보시스템(MIS)은 중앙 컴퓨터의 권한이 매우 강한 것이 특징이다.

나. 분권 경영정보시스템(Decentralized MIS)

분권 경영정보시스템(MIS)은 지사 또는 부서 등 사용자단위로 필요한 시스템을 구성하여 사용하며, 이에 대한 중앙통제를 행하지 않는 경영정보시스템이다. 분권 경영정보시스템(MIS)은 각각이 독립하여 컴퓨터를 사용하므로 기밀유지 등이 쉬우나 서로 연관이 없어 협조의 어려움이 따른다. 분권 경영정보시스템은 컴퓨터가 네트워크로 연결되지 않고 독립적으로 운영되는 시스템이기 때문에 현재의 정보시스템 환경에는 적합하지 않는 시스템이다.

다. 분산 경영정보시스템(Distributed MIS)

분산 경영정보시스템(MIS)은 설비, 인력 등 물리적 요소들의 배치는 분권 경영정보시스템(MIS)의 형태를 취하지만, 모든 독립된 컴퓨터 등의 정보시스템들이 네트워크로 연결됨으로써 모든 정보시스템에 대한 중앙통제가 가능하도록 한 방식이다. 분산 경영정보시스템(MIS)은 집중구조와 분권구조가 함께 결합된 형태로 가장 이상적인 형태라 할 수 있다. 각각 독립된 부서 컴퓨터를 사용하면서 중앙 컴퓨터와도 연결이 되어 상호 긴밀한 협조체제가 이루어질 수 있는 장점이 있다.

❙ 그림 9-23 ❙ 집중화 정도에 따른 경영정보시스템(MIS) 구조

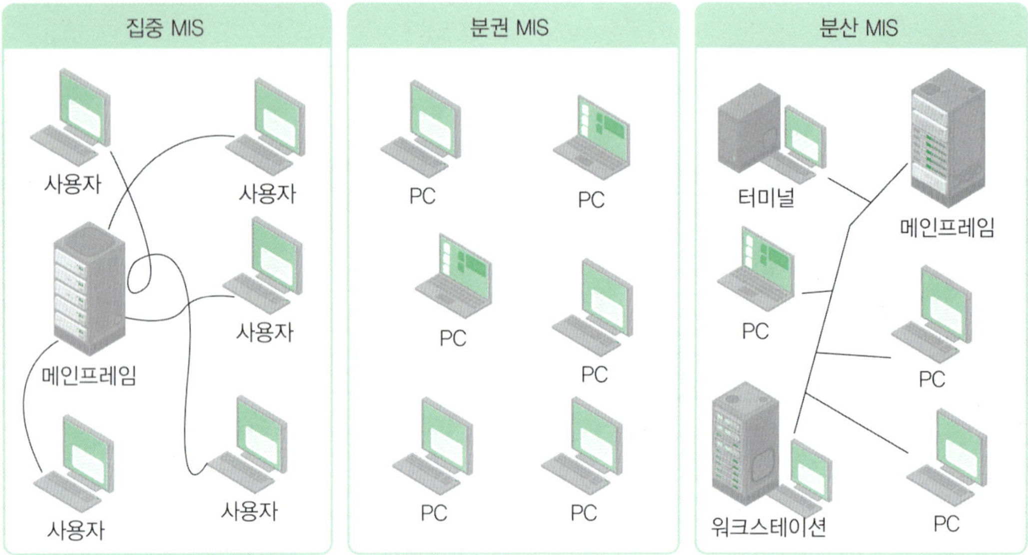

4. 경영관리수준에 따른 경영정보시스템(MIS)

경영관리수준에 따라 경영정보시스템을 전략계획시스템, 관리통제시스템, 운영통제시스템으로 구분할 수 있다.

가. 전략계획정보시스템(Strategic Planning Information Systems)

전략계획정보시스템은 주로 최고경영층의 업무를 지원하기 위해 구축된 정보시스템으로 조직의 현재 능력을 평가하고, 과거자료를 이용한 미래예측을 행하며, 산업과 경영자에 대한 자료의 조직 내 데이터베이스 구축 및 외부 데이터 은행(data bank)과의 연결기능 등을 구비한 경영정보시스템(MIS)의 하위 시스템이다.

나. 관리통제정보시스템(Management Control Information Systems)

관리통제정보시스템은 주로 중간경영층의 업무지원에 사용되는 경영정보시스템의 하위 시스템이다. 이를 위해 관리통제 정보시스템은 계획 및 예산모형, 차이보고 프로그램, 문제분석모형, 의사결정모형 및 조회모형 등을 갖추게 된다.

다. 운영통제정보시스템(Operational Control Information Systems)

운영통제정보시스템은 조직의 기본적인 거래활동이 원활히 수행될 수 있도록 하위경영층의 업무를 지원하기 위해 구축되는 정보시스템이다. 이를 위해 거래처리, 보고서처리 및 조회처리 기능을 구비하는 것을 기본으로 한다.

▌그림 9-24 ▌관리수준에 따른 정보시스템의 유형

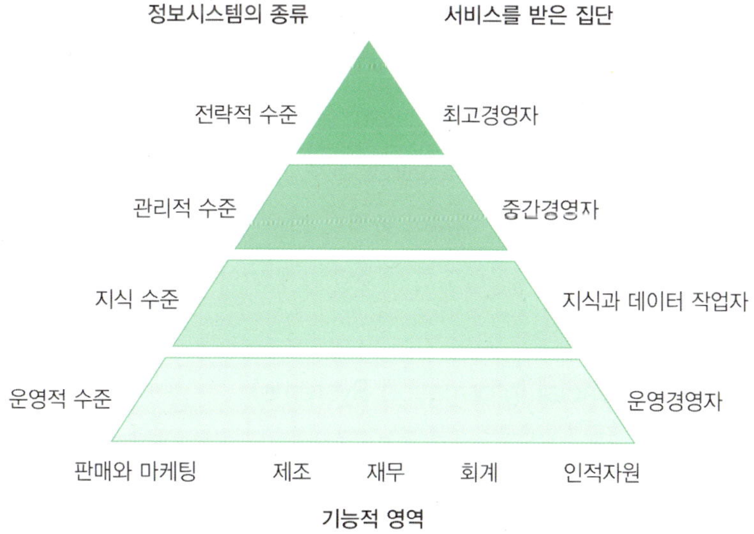

5. 경영기능에 따른 경영정보시스템(MIS)

경영정보시스템(MIS)은 경영기능에 따라 생산정보시스템, 마케팅정보시스템, 재무정보시스템, 회계정보시스템, 인적자원관리시스템으로 구분할 수 있다.

가. 생산정보시스템(Manufacturing Information Systems)

생산정보시스템은 재화와 서비스의 생산계획, 실행 및 통제와 관련된 모든 활동을 지원하는 경영정보시스템의 하위 시스템이다.

나. 마케팅정보시스템(Marketing Information Systems)

마케팅정보시스템은 기존시장에서의 기존제품에 대한 계획, 촉진 및 판매활동은 물론 현재 및 잠재적 고객에 대한 보다 나은 서비스 제공을 위해 신시장과 신제품을 개발하는 활동 등 모든 마케팅활동을 지원하는 경영정보시스템의 하위 시스템이다. 마케팅정보시스템은 마케팅 믹스(marketing mix)인 제품(Product), 가격(Price), 유통(Place), 촉진(Promotion) 등 네 가지 전통적인 마케팅전략(4P)과 커뮤니티(Community), 전자상거래(Commerce), 맞춤(Customization) 등 3가지 현대적인 마케팅전략(3C)에 대하여 마케팅 의사결정자들이 바람직한 의사결정을 할 수 있도록 필요한 정보를 적시에 제공하도록 구축된 마케팅 의사결정지원시스템이다.

다. 재무정보시스템(Financial Information Systems)

재무정보시스템(Financial Information Systems)은 조직의 자금조달과 운용에 필요한 정보를 제공하는 경영정보시스템의 하위 시스템이다.

라. 회계정보시스템(Accounting Information Systems)

회계정보시스템(Accounting Information Systems)은 기업의 재무에 관한 자료를 수집 · 기록 · 정리하여 경영자 및 외부의 이용자가 의사결정하는 데 유용한 회계정보를 제공하는 시스템이다.

마. 인적자원정보시스템(Human Resource Information Systems)

인적자원정보시스템(Human Resource Information Systems)은 조직의 인적자원관리 기능을 지원하는 경영정보시스템의 하위 시스템으로 종업원의 모집, 선발, 배치, 인사고과, 보상, 훈련 및 개발, 건강, 안전 등에 대한 계획 및 통제활동을 지원하기 위한 하드웨어 및 소프트웨어를 말한다.

| 그림 9-25 | 경영기능에 따른 경영정보시스템(MIS)

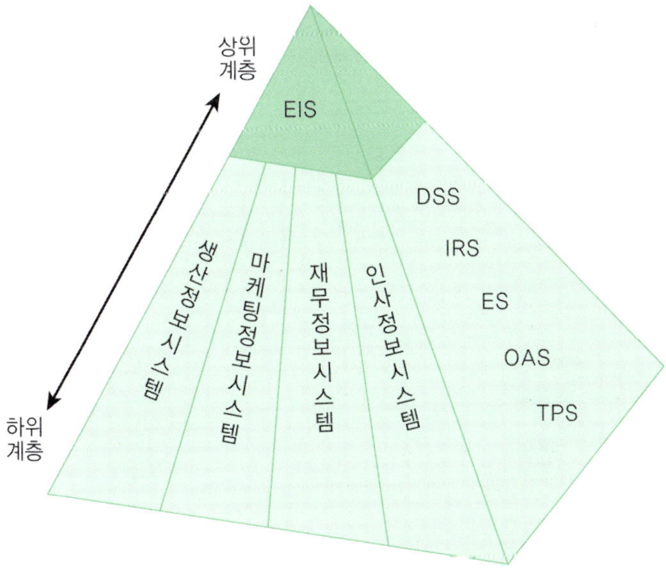

6. e-비즈니스

e-비즈니스는 최초의 공급자로부터 최종소비자까지의 공급사슬상에 전자적인 시스템을 도입한 환경을 의미한다. 최근 공급자, 제조기업, 고객 등의 조직은 경쟁우위를 확보하기 위하여 인터넷과 연결이 쉬운 인트라넷을 구축하였다. 그리고 기업과 기업 간의 정보공유를 통한 양자간의 경쟁우위를 확보하기 위하여 인터넷과 연결이 쉬운 엑스트라넷이라는 네트워크를 적극 도입 · 활용하고 있다. 이와 같이 공급사슬상의 모든 기업들은 인트라넷, 엑스트라넷, 인터넷 네트워크를 활용하여 서로 간의 정보시스템을 연결하여 정보를 공유함으로써 각 주체가 지속적 경쟁우위를 확보하기 위하여 조직을 e-비즈니스 환경으로 발전시켜 나가고 있다.

따라서 기업들은 공급사슬상에서 공급자의 공급자로부터 공급자, 중개상, 제조기업에까지 구매측 전자상거래를 구축 활용하여 거래를 하고 있고, 또한 제조기업에서 중개인, 고객, 고객

▎그림 9-26 ▎e-비즈니스의 정의

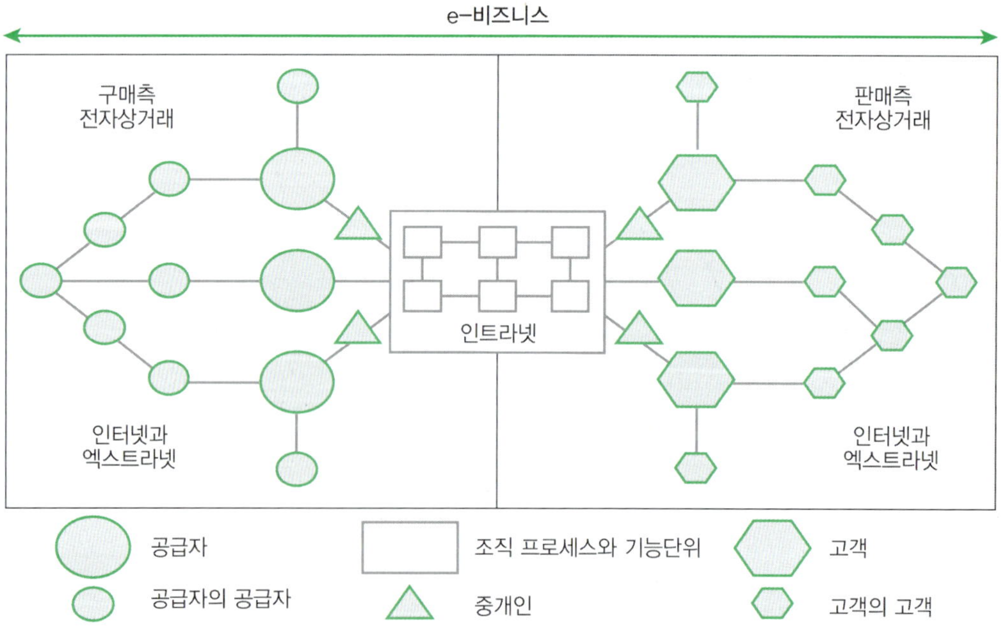

의 고객까지도 판매측 전자상거래를 구축 활용하여 거래를 함으로써 진정한 의미의 e-비즈니스 환경을 구축하여 활용하고 있다.

e-비즈니스와 전자상거래와의 관계는 세 가지 측면에서 살펴볼 수 있다. 첫째, e-비즈니스와 전자상거래는 어느 정도 겹친다는 정의와, 둘째 e-비즈니스와 전자상거래가 동일하다는 정의, 셋째 전자상거래가 e-비즈니스의 부분집합이라는 세 가지 측면에서 살펴볼 수 있다.

| 그림 9-27 | e-비즈니스와 전자상거래 관계의 세 가지 정의

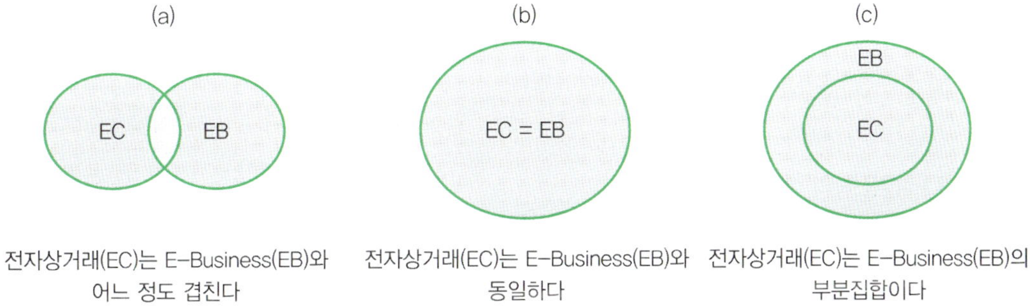

| 그림 9-28 | 인터넷, 인트라넷, 엑스트라넷의 관계

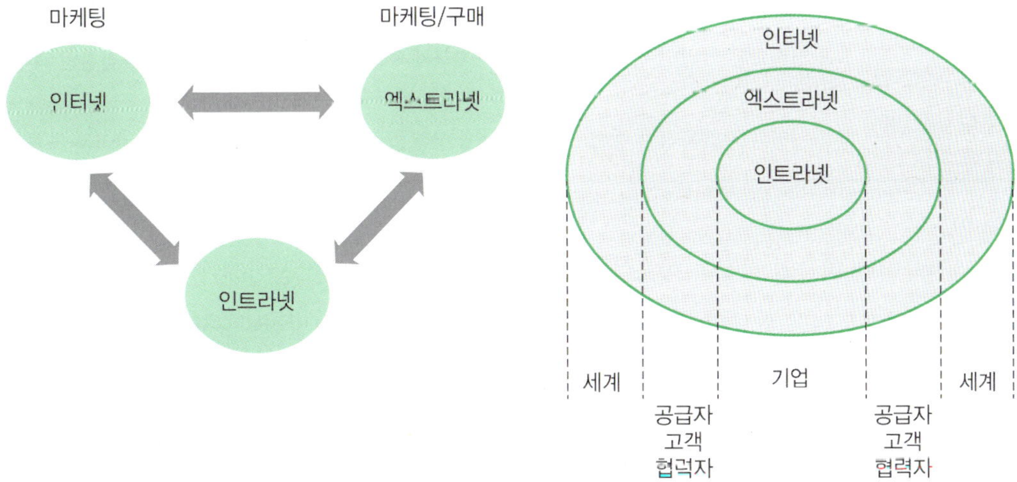

8절 창업 경영전략

1. 창업 경영전략의 의의

창업 경영전략이란 창업기업이 나아가야 할 목표를 설정하고 창업기업 내 · 외부환경을 분석하여 기업의 자원을 가장 효율적으로 활용할 수 있는 행동방향을 설정하는 것이다.

경영전략에 대한 정의를 대표적인 경영전략 전문가인 챈들러, 앤소프, 마이클 포터, 케니치 오마에 등을 대상으로 살펴보면 다음 표와 같다.

| 표 9-99 | 경영전략의 정의

구분	경영전략 정의
챈들러 (A.D. Chandler)	경영전략이란 기업의 기본적인 장기 목적과 목표를 설정하고, 목표 달성을 위한 행동 방안을 결정하며, 목표 달성에 필요한 자원을 배분하는 것
앤소프 (Ansoff)	경영전략은 주로 기업의 외부적 문제로서, 외부 환경의 변화에 기업을 전체로서 적응시키기 위한 제품과 시장 구조의 결정
마이클 포터 (M.E. Porter)	경영전략은 기업의 경쟁우위를 구축하고 구체적인 경영방식을 선택하는 의사결정의 과정
케니치 오마에 (Kneich Ohmae)	경영전략은 효율적인 방법으로 경쟁사에 비해 그 기업의 경쟁우위를 향상시키려는 노력

경영전략이란 회사의 비전과 목표에 연결되어 어떤 사업 분야에 참여해야 하는지 그리고 어떻게 하면 경쟁우위를 확보할 수 있는지를 결정하는 행동방안을 말한다. 창업 경영전략은 창업기업이 독자적이고 독특한 기본개념에 입각하여 미래의 기업 비전을 달성하기 위한 사업영역과 경쟁우위 방안을 제시하는 의사결정 방안을 말한다.

2. 경영전략 수립 프로세스

경영전략 수립은 기업의 목표설정, 내부환경분석과 외부환경분석, 기업전략 · 사업부전략 · 기능별전략 수립, 전략실행, 전략평가 순으로 진행된다.

❙ 표 9-100 ❙ 창업 경영전략 프로세스

구분	경영전략 프로세스
1	기업의 목표설정
2	내 · 외부환경분석
3	전략수립(기업전략, 사업부전략, 기능별전략)
4	전략실행
5	전략평가

기업의 목표설정은 기업이 미래에 도달하고자 하는 모습을 설정하는 단계로 기업의 목표를 명확히 함으로써 경영자의 주요 의사결정을 쉽게 하고 기업 및 기업구성원의 활동에 명확한 방향을 제시해준다.

외부환경분석은 기업을 둘러싸고 있는 경쟁자, 공급자, 소비자, 법과 규제, 정치적 환경, 경제적 환경 등의 외부환경이 기업의 전략목표를 달성함에 있어서 기업활동에 유리하게 영향을 미치는 기회요인(Opportunity)으로 작용할 것인가, 혹은 기업활동에 주요한 불이익을 미치는 위협요인(Threat)으로 작용할 것인가를 평가하는 것이다. 외부환경분석에는 산업내 경쟁기업, 공급자, 구매자, 잠재적 진입기업, 대체재 등 다섯 경쟁자를 대상으로 경쟁우위를 확보하는 것을 연구하는 마이클 포터의 '산업구조분석모형'이 주로 사용된다.

내부환경분석이란 기업 내부의 인적자원, 물적자원, 생산, 마케팅, 연구개발, 조직구조, 조직문화, 대고객 관계 등 기업 내부부문을 분석하여 기업이 경쟁우위를 확보할 수 있는 부문을 찾아 자신의 강점(Strength)을, 기업이 경쟁열위에 있는 부분을 찾아 자신의 약점(Weakness)을 발견하여 기업의 현재 능력을 정확히 파악하려는 것이다. 내부환경분석에는 기업의 활동을 유입물류, 생산 · 운영, 산출물류, 판매 및 마케팅, 사후서비스의 다섯가지의 본원적 활동과, 기업의 하부구조, 인적자원관리, 기술개발, 구매의 네 가지 지원활동을 통하여 이윤을 창출하는 조직으로 분석하는 '기업가치사슬모형'이 사용된다.

기업의 내부환경분석과 외부환경분석 결과 확인된 강점(Strength), 약점(Weakness), 기회요인(Opportunity), 위협요인(Threat)은 SWOT분석 모델로 정리된다.

| 그림 9-29 | SWOT분석 모델

기업은 외부환경과 내부환경에서 분석한 자료를 기초로 기업의 전략을 수립한다. 전략은 기업전략, 사업부전략, 기능별전략으로 구분하여 수립한다. 기업전략(corporate strategy)은 기업의 전략적 영역을 명확히 하고 전략적으로 나아갈 방향을 제시하는 것으로 가장 상위단계의 전략을 말한다. 기업전략에는 사업포트폴리오 매트릭스(BCG 매트릭스), GE 매트릭스, 성장전략, 안정전략, 방어전략 등이 있다. 사업부전략은 사업부단위에서 특정 산업에서 어떻게 경쟁하여 우위를 확보할 것인가의 전략을 수립하는 경쟁전략을 말한다. 사업부단위의 전략에는 마이클 포터의 경쟁우위전략이 있다. 기능별전략에는 생산전략, 마케팅전략, 재무전략, 인적자원관리전략 등이 있다.

3. 경영혁신의 의의

경영혁신(management innovation)이란 조직의 목적을 달성하기 위하여 새로운 생각(idea)이나 방법(method)으로 기존업무를 다시 계획(plan)하고 실천(do)하고 평가(see)하는 것이다. 경영혁신이란 새로운 제품이나 서비스, 새로운 생산공정기술, 새로운 구조나 관리시스템, 조직 구성원을 변화시키는 새로운 계획이나 프로그램을 의도적으로 실행함으로써 기업의 중요한 부분을 본질적으로 변화시키는 것을 의미한다.

경영혁신기법은 시대흐름에 따라 새롭게 등장하고 사라졌다. 경영혁신은 1940~70년대에는 성장성을, 1980년대에는 수익성을, 1990년대에는 장기적 경쟁력을 목표로 하였다.

표 9-101 | 경영혁신의 시대적 목표

시대	1940~70년대	1980년대	1990년대
목표	성장성	수익성	장기적 경쟁력

1940~70년대 기업들은 매출액을 증가시키는 데 목적을 두고, 이를 달성하는데 도움이 되는 경영혁신기법을 노입하였다. 그 결과 경험곡선, 전략사업단위조직, 제품포트폴리오 매트릭스 등의 경영혁신기법들이 나다났다.

표 9-102 | 성장성 지향 경영혁신기법

경영혁신기법	의미
경험곡선 (Experience Curve)	대량생산을 통한 시장점유율 향상
전략사업단위조직 (Srategic Business Unit)	제한된 자원을 전략적으로 성장유망사업에 집중시킴
제품포트폴리오 매트릭스 (Product Portfolio Matrix)	성숙사업, 성장사업, 미래사업 등으로 사업균형을 유도하는 일명 BCG(Boston Consulting Group) 매트릭스

1980년대 경영자들은 성장성 대신 수익성을 새로운 목표로 삼게 되었다. 그 결과 재무 리스트럭처링, 전사적 품질경영(TQM), 적시생산시스템(JIT), 경쟁전략(CS), 정보시스템 다운사이징 등의 경영혁신기법들이 탄생하였다.

| 표 9-103 | 수익성 지향 경영혁신기법

경영혁신기법	의미
재무 리스트럭처링 (Financial Restructuring)	약탈적인 기업 인수자로부터 기업을 보호하기 위해 의도적으로 부채비율을 높이는 기법
전사적 품질경영 (Total Quality Management)	전 종업원 참여 속에 원가절감과 품질개선을 추구
적시생산시스템 (Just-In-Time)	공장에서 부품업체의 협력을 통해 재고비용을 절감
경쟁전략 (Competitive Strategy)	전략사업단위를 중심으로 경쟁기업의 행동에 대응하여 자신이 속한 산업구조에서 독점적 수익성을 확보
정보시스템 다운사이징 (Information System Downsizing)	컴퓨터시스템을 분산시켜 비용을 줄이고 효율성을 높임

1990년대에 들어오면서 경영자들은 보다 장기적으로 경쟁력을 향상시키기 위해 새로운 전략을 제안하였다. 이에 따라 시간기준경쟁, 벤치마킹, 조직다운사이징, 아웃소싱, 리엔지니어링, 비전 만들기 등 새로운 기법을 도입하기 시작했다.

| 표 9-104 | 장기적 경쟁력 향상 지향 경영혁신기법

경영혁신기법	의미
시간기준경쟁 (Time-based Management)	시간 사용에서 효율성을 높임
벤치마킹 (Benchmarking)	세계 최고수준으로 경쟁력을 갖춤
조직다운사이징 (Organizational Downsizing)	인력과 시간, 비용을 과감하게 줄임

아웃소싱 (Outsourcing)	핵심능력이 없는 부분은 과감하게 떼어내어 외주로 돌림
리엔지니어링 (Reengineering)	고객만족을 전제로 경영 프로세스를 혁신적으로 단축
비전 만들기 (Vision Making)	무한한 미래를 향해 진정하게 원하는 바를 계획

4. 경영혁신기법의 유형

1) 비전 만들기

비전이란 조직의 바람직한 미래상을 표현한 것으로서 미래에 어떠한 기업이 되고 싶은가를 나타낸 조직구성원의 소망이다.

기업 비전은 미래에 목표지점과 기업이 목표지점에 도달하기 위한 최선의 방법을 결정하는데 핵심적인 역할을 한다. 시티은행, 3M, 듀퐁 등은 비전을 수립한 후 지속적으로 추구하여 경쟁력 있는 기업이 되었다

2) 리스트럭처링

리스트럭처링(RS: Restructuring)은 기업의 구조를 새구소화하여 경쟁우위를 확보하는 경영전략이다. 리스트럭처링은 어떠한 사업구조를 통해서 비전을 달성할 것인가에 대한 해답을 제시함으로써 구체적으로 기업 미래상을 그려내는 것이다.

제너럴 일렉트릭(GE: General Electric)사의 최고경영자인 잭 웰치(Jack Welch)는 리스트럭처링 경영혁신기법을 사업구조에 적용하여 기업을 성공적으로 이끌었다.

3) 벤치마킹

벤치마킹(BM: Benchmarking)은 성공적인 기업의 경쟁우위 요소를 보고 배우는 경영혁신기법이다. 1970년대 세계 복사기 산업의 선두 주자였던 제록스는 일본 캐논사의 시장진입으로

1980년대에 들어오면서 80%나 되던 시장점유율이 30%선으로 급락하는 상황에 직면하였다. 이에 충격을 받은 제록스사의 컨스 회장은 일본 캐논사를 벤치마킹 파트너로 선정하고 캐논의 디자인, 가격정책, 원가관리, 제조 및 판매에 이르는 각 부문을 자사와 비교 · 분석하여 혁신대상을 도출하고 개선을 추진하였다. 제록스는 캐논을 벤치마킹한 결과 90% 이상 기계 불량을 줄이고 1인당 매출액을 30% 이상 성장시켰다.

4) 학습조직

학습조직(LO: Learning Organization)이란 스스로 배우는 기업을 말한다. 기업은 모든 구성원이 스스로 자유롭게 생각하고 배울 수 있는 학습능력을 갖추도록 해주어야 한다. 그리고 이 같은 구성원 개인의 학습과정이 조직 학습으로 기업 내에 구체화할 때 결과적으로 경쟁력을 갖춘 기업이 되는 것이다.

세계 최고의 기내 서비스로 명성을 얻은 싱가포르 항공사는 종업원을 훈련시키는 학습조직 전략을 도입하여 경쟁력을 확보하였다.

5) 기업 아이덴티티

기업 아이덴티티(CI: Corporate Identity)는 기업 이미지를 형성하고 내재화시킴으로써 기업문화를 기업비전과 전략에 맞추어 변화시키는 경영혁신기법이다. 기업아이덴티티는 기업 정체성을 확보하고자 하는 것이다.

기업아이덴티티(CI)는 보다 구체적으로는 사고 아이덴티티(MI: Mind Identity), 행동 아이덴티티(BI: Behavior Identity), 시각 아이덴티티(VI: Visual Identity)를 통해서 달성한다.

6) 장기전략계획

장기전략계획(LSP: Long-term Strategy Planning)은 기업목표를 설정하고 전략수행에 필요한 자원을 배분하는 전략적 판단을 포함하여 사업구조나 제품구조와 같은 경영구조 자체의 변혁을 의도하는 전사적 · 종합적 · 포괄적 성격의 거시적 계획으로 불확실성의 정도가 높은 비계량적 · 질적 계획이다. 장기전략계획은 한번 정해지면 고정된 확정계획이 아니라 상황변화에 따라 변화하는 연동계획의 성격을 지닌다. 장기전략계획은 미래 환경예측으로부터 몇 가지 핵심적인 문제에 대한 시나리오를 개발하고 이에 대비하는 시나리오 계획이 사용되기도 한다.

7) 경쟁전략

경쟁전략(CS: Competitive Strategy)은 산업 내에서 유리한 경쟁적 지위를 확보하기 위해 기업이 추구하는 전략이다. 경쟁전략은 자신이 속한 산업 내 기업들의 장기적 수익성을 결정하는 공급자, 구매자, 대체품, 잠재적 진입기업 및 기존기업 등 다섯 경쟁요인을 분석하여 산업 내에서 유리한 경쟁지위를 확보하는 경영방법이다. 이와 같은 다섯 경쟁요인을 분석하는 데 사용되는 모델을 경쟁세력모형이라 한다. 경쟁세력모형이란 다섯 경쟁세력(Five Forces)들이 그 산업의 경쟁 정도를 결정하며, 이러한 세력들의 총체적인 힘이 그 산업에서 기대할 수 있는 궁극적인 이윤잠재력을 결정짓는다는 모형을 말한다. 다섯 경쟁세력모형은 마이클 포터(Michael Porter)가 제안한 모형으로 다섯 경쟁세력에는 잠재적 진입기업, 공급자, 고객, 대체재, 경쟁자들이 있다.

8) 가치사슬

가치사슬(value chain)은 기업이 사신의 제품이나 서비스에 가치를 부가시켜 나가는 일련의 연쇄적 활동이다. 기업의 활동은 기본적 활동(primary activity)과 지원활동(support activity)으로 나누어진다. 기본적 활동은 본원적 활동이라고도 한다.

가치사슬모형에서 본원적 활동은 유입물류, 생산활동, 산출물류, 마케팅/판매, 서비스의 다섯 가지 활동으로 구성되어 있다. 기업은 가치사슬의 다섯 가지 활동을 통하여 제품 또는 서비스를 생산하는 주체이다. 가치사슬모형에서 지원활동은 기업의 하부구조, 인적자원관리, 기술개발, 구매활동의 네 가지 활동으로 구성되어 있다. 기업은 네 가지 지원활동을 통하여 본원적 활동이 원활하게 수행될 수 있도록 지원하는 역할을 하도록 역할을 한다. 가치사슬모형에서 기업은 다섯 가지 본원적 활동과 네 가지 지원활동을 통하여 기업의 목표인 이윤을 추구하는 주체이다.

| 그림 9-30 | 가치사슬모형

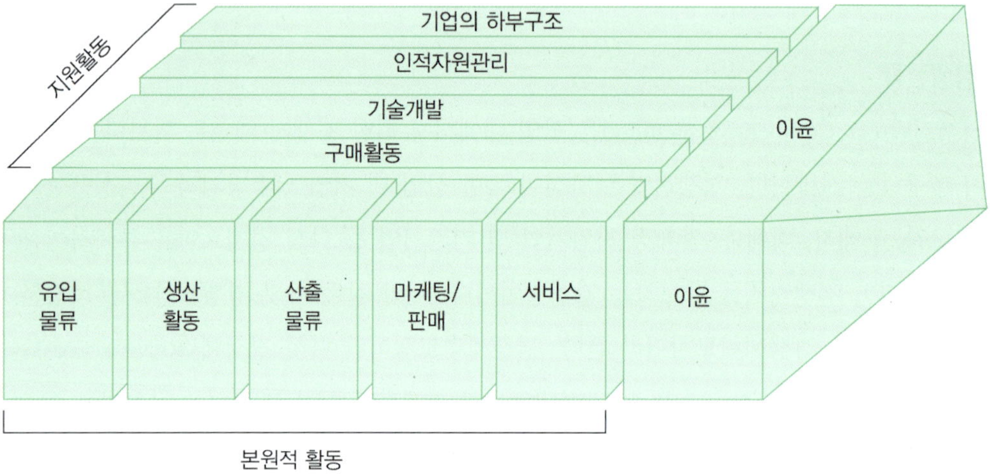

가치사슬모형에서 기업은 본원적 활동과 지원활동에 정보시스템을 전략적으로 활용할 수 있다. 기업은 가치사슬을 구성하는 제반 활동에 대해 정보기술을 적절히 적용함으로써 비용우위전략이나 차별화전략의 실행을 통하여 지속적인 경쟁우위를 확보할 수 있다.

기업은 가치사슬 내에서 지원활동인 기업의 하부구조, 인적자원관리, 기술개발, 구매활동에 각각 전자적 스케줄링과 메시지시스템, 인력계획시스템, 컴퓨터지원설계시스템, 컴퓨터화된 주문시스템을 도입함으로써 비용절감과 차별화를 통하여 지속적 경쟁우위를 확보할 수 있다. 또한 본원적 활동인 유입물류, 생산활동, 산출물류, 마케팅/판매, 서비스활동에 각각 자동창고시스템, 컴퓨터통제시스템, 컴퓨터화된 주문시스템, 설비유지시스템, 자동화된 선적스케줄링시스템을 도입함으로써 비용절감과 차별화를 통하여 지속적 경쟁우위를 확보할 수 있다.

기업은 공급자로부터 고객까지 가치사슬을 확대함으로써 수직적 통합(vertical integration)을 통하여 가치사슬상 모든 기업 주체들이 경쟁우위를 확보할 수 있게 된다. 즉, 기업의 가치사슬은 공급자의 공급자, 공급자, 제조기업, 유통기업, 고객기업을 연결하여 산업가치사슬을 구성함으로써 최초의 공급자로부터 최종 고객까지 각 주체들이 경쟁우위를 확보할 수 있게 된다.

| 그림 9-31 | 기업가치사슬과 산업가치사슬

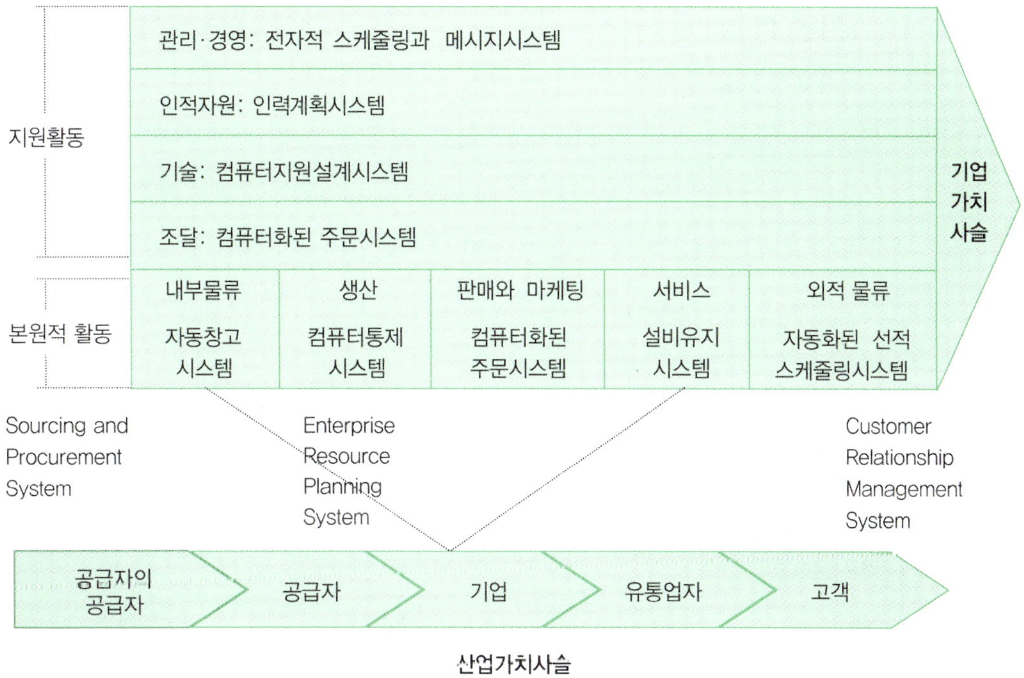

가치사슬은 공급자, 제조업자, 유통업자 및 구매자에 이르는 가치사슬의 흐름을 따라 연결되어 있다. 최초의 공급자로부터 최종소비자까지 가치사슬상의 모든 기업의 연결은 산업가치사슬을 구성한다. 산업가치사슬상에서 공급자, 제조업자, 유통업자, 구매자들은 기업의 활동이 서로 연결됨으로써 각 기업들은 경쟁우위를 확보할 수 있다.

| 그림 9-32 | 가치사슬의 흐름

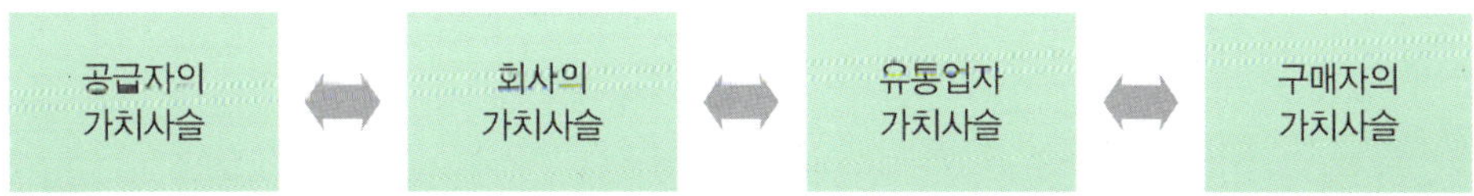

가치사슬시스템에서 본원적 활동과 지원활동에 정보기술을 이용하여 서로 다른 두 개의 가치사슬 간의 가치활동을 연결함으로써 비용을 절감하거나 차별화된 서비스를 제공할 수 있다.

최종 완성차 기업인 현대자동차는 2만 종류, 3만 개의 부품을 공급자로부터 공급을 받아 한 대의 자동차를 생산할 수 있기 때문에 원자재를 공급하는 하청기업과 완성차 제조기업인 현대자동차 간의 가치사슬상 활동의 원활한 연결이 비용절감과 고객만족을 위하여 절실하게 필요하다. 따라서 원자재 공급자 기업과 완성차 제조기업인 현대자동차 간 전략정보시스템의 연결을 통하여 가치사슬상 공급자의 본원적 활동 중 산출물류와 판매활동을 제조기업인 현대자동차의 본원적 활동 중 유입물류와 생산활동을 한 기업 내의 활동처럼 연결할 수 있다. 또한 회사의 가치사슬 중 본원적 활동인 산출물류와 판매활동을 유통업자의 가치사슬 중 본원적 활동인 유입물류와 생산활동을 연결할 수 있다. 이와 같은 제조기업, 유통업자, 구매자의 본원적 활동들 간의 가치사슬의 연결은 비용절감과 차별화를 가져와 각 기업이 지속적 경쟁우위를 확보할 수 있게 한다.

그림 9-33 | 가치사슬활동의 연결

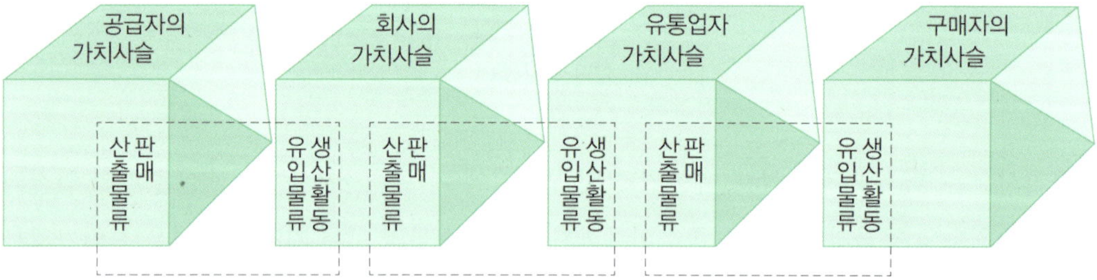

기업은 가치사슬상 공급자, 제조기업, 고객들 간의 기업활동들을 공급사슬관리시스템(SCM), 전사적자원관리시스템(ERP), 고객관계관리시스템(SCM) 등의 정보기술을 활용하여 인터넷 네트워크를 통하여 연결함으로써 가치웹을 구성하여 4차 산업혁명 시대에도 지속적 경쟁우위를 확보할 수 있게 된다.

그림 9-34 | 가치웹

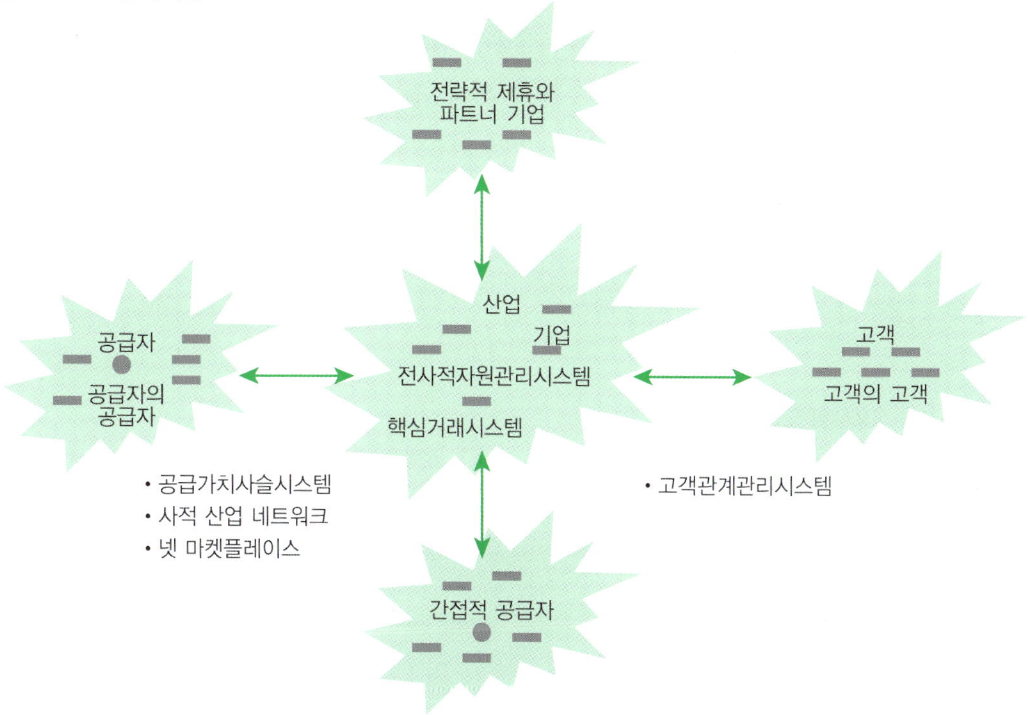

9) 경쟁우위전략

경쟁우위 획득을 위한 진략으로는 비용우위(cost leadership)전략, 차별화(differentiation)전략, 집중화(focusing)전략 세 가지가 있다.

비용우위전략은 전체 시장에서 비용선도자가 되고자 하며 매우 낮은 비용으로 제품을 생산하여 가격경쟁에서 우위를 가지려는 전략이다. 비용우위전략은 효율적인 규모의 설비투자, 경험곡선에 의한 원가의 절감, 간접비의 효율적 통제 및 연구개발비와 광고비에 대한 통제를 통해 경쟁우위를 달성한다.

차별화전략은 산업 내 전체 소비자들에게 경쟁사들이 제공하지 못하는 독특한 가치를 제공함으로써 경쟁우위를 확보하려는 전략이다. 차별화전략에서는 제품디자인이나 광고를 통해 차별화된 브랜드 이미지를 구축하거나 높은 서비스와 품질을 제공함으로써 경쟁우위를 확보한다.

집중화전략은 산업 내 특정 세분시장에서 경쟁우위를 갖는 전략이다. 집중화전략은 비용우위를 기반으로 하거나 차별화를 기반으로 둘 수 있다. 집중화전략은 비용우위를 기반으로 저가 세분시장을 타깃팅할 수 있고, 차별화를 기반으로 고가 시장이나 고품질 시장을 타깃팅 할 수 있다.

경쟁우위를 유지하기 위해서는 규모의 경제, 차별화의 정도, 소요자본, 교체비용, 유통경로의 점유도, 정부의 정책이 고려되어야 한다.

| 그림 9-35 | 경쟁우위 획득 전략

		전략적 우위요소	
		원가우위	제품의 특성
경쟁의 범위	산업전체	원가우위전략	차별화전략
	특정부분	집중화전략	

10) 비즈니스 프로세스 리엔지니어링

비즈니스 프로세스 리엔지니어링(BPR: Business Process Reengineering)은 "비용, 품질, 서비스, 속도와 같은 기업의 핵심적 성과면에 있어서의 극적인(dramatic) 향상을 얻기 위해 기업의 프로세스(process)를 기본적(fundamental)으로 다시 생각하고 근본적(radical)으로 재설계하는 것"이다.

리엔지니어링은 기존기업의 경영활동을 무시하고 기업의 부가가치를 산출하는 활동을 완전히 백지상태에서 새롭게 구성하는 경영혁신기법이다. 이러한 새로운 운영방식은 기업의 사고를 계층의 복잡성으로 의사결정의 지연을 초래하는 기능 중심의 수평적 사고에서 고객에게 신속히 반응하는 프로세스 중심의 수평적 사고로 전환할 것을 요구한다.

11) 다운사이징

다운사이징(DS: Downsizing)은 "조직의 효율성을 향상시키기 위해 의도적으로 조직 내의 인력, 계층, 작업, 직무, 부서 등의 규모를 축소시키는 기법"을 의미한다. 다운사이징의 유형에는 인력감축, 조직재설계 등의 방법이 있다.

12) 시간기준경쟁

시간기준경쟁(TBC: Time Based Competition)은 시간을 가장 중요한 경쟁자원으로 활용하는 경영혁신기법이다. 시간기준경쟁은 적시생산시스템(JIT: Just In Time)과 밀접한 관련을 맺고 있다. 적시생산시스템(JIT)은 일본의 토요타자동차에서 시작된 간판시스템이 그 기원으로 무재고 운동을 전개함으로써 재고비용을 감축하여 효율적인 생산을 이룩하는 기능수준의 경영혁신기법이다.

❙ 그림 9-36 ❙ 전통적 공급, 적시공급, 무재고공급 방법의 비교

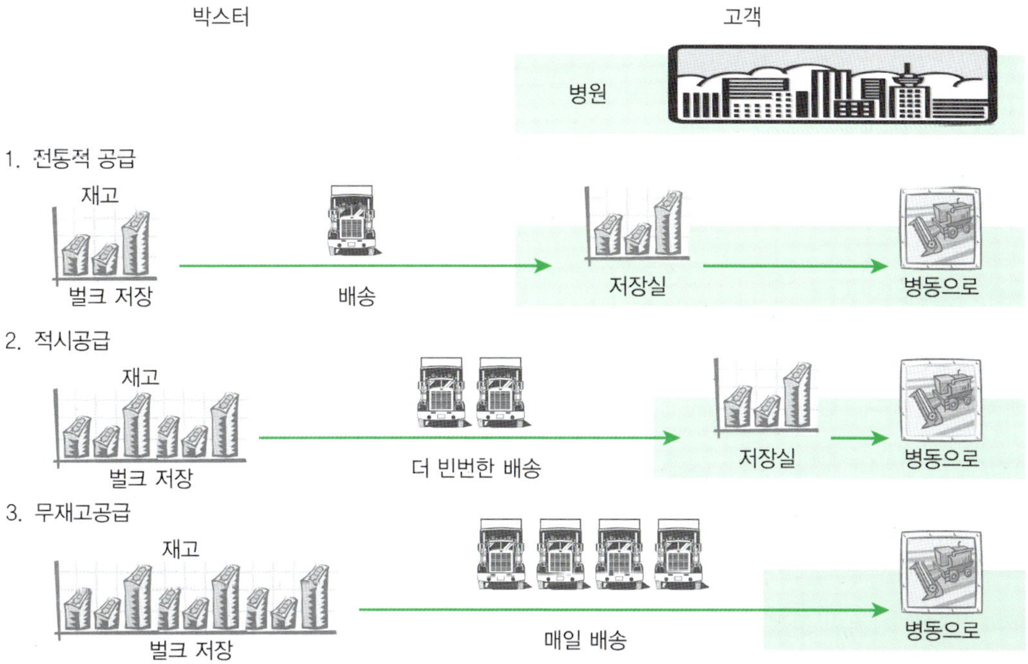

시간기준경쟁은 기업의 기능차원을 대상으로 제품을 만드는 실행부문에서 변화를 일으키는 경영혁신기법이라 할 수 있다.

13) 전사적 품질경영

전사적 품질경영(TQM: Total Quality Management)은 "고객만족을 목표로 전사적인 참여를 통하여 조직 내 업무프로세스와 시스템을 지속적으로 개선시키고자 하는 통합적인 경영혁신 기법"이다. 전사적 품질경영(TQM)은 "생산기능에 국한한 통계적 품질관리(SQC: Statistical Quality Control)나 사업부단위에서의 생산공정 개선 및 생산성 향상을 추구하는 전사적 품질관리(TQC: Total Quality Control)보다 상위의 개념이며, 통계적 품질관리(SQC)와 전사적 품질관리(TQC) 둘을 포괄하는 전략적 · 조직관리적 품질관리 개념"이다.

전사적 품질경영(TQM)은 통계적 기법은 물론 조직론 · 관리론적인 측면을 포함하는 경영전반 과정에 품질을 획득하여 장기적인 경쟁우위를 확보하기 위한 전사적 품질경영이라는 점에서 전사적 품질관리(TQC)를 포괄하는 보다 확장된 개념이다.

| 그림 9-37 | 품질관리의 발전과정

품질관리 (QC) → 통계적 품질관리 (SQC) → 전사적 품질관리 (TQC) → 전사적 품질경영 (TQM)

14) 전략평가시스템

전략평가시스템(SES: Strategy Evaluation System)은 기존 평가시스템을 개선한 것이 아니라 백지에 새로운 그림을 그리는 입장에서 새롭게 태어난 경영전략이다. 전략평가시스템은 다음 사항을 반영해야 한다. 첫째, 실행결과뿐만 아니라 활동과정까지 포함한다. 둘째, 재무적인 체크리스크보다는 기업의 장기적 경쟁력을 확보할 수 있는 내용에 중점을 둔다. 셋째, 사업하부의 기능수준에서 최적이라기보다는 기업 전체에 대한 평가요소들이 모두 포함되어 균형을 이룬다. 넷째, 기존의 산출요소 중심의 평가가 아니라 투입요소까지 반영한다. 다섯째, 평가시스템이 원활하게 적용될 수 있는 여건까지 고려한다. 여섯째, 적용대상을 기업 전체, 사업단위, 기능수준으로 나누어 전체를 연결시킨다. 일곱째, 평가기간은 장기성과를 고려할 수 있도록 한다.

15) 경험곡선

경험곡선(Experience Curve)이란 경험에 따른 기업의 비용 변화를 나타내는 곡선을 말한다. 경험곡선이란 경험이 누적됨에 따라 부가가치 창출에 필요한 모든 비용이 일정한 비율로 절감되는 현상을 말한다. 이 곡선은 학습곡선을 일반화한 것으로 기업의 경영전략을 구상하는데 기초가 되며, 기업의 경쟁전략의 한 기준으로서 보스턴컨설팅그룹(BCG)이 개발한 개념이다.

경험곡선효과는 두 가지 측면이 있다. 첫째, 규모의 경제에 따른 원가절감과 능률증대이다. 둘째, 축적한 노하우를 기업체가 잘 활용하는 데에서 비롯되는 운영효율성(operating effectiveness)의 증가이다.

16) BCG Matrix

비시지 매트릭스(BCG Matrix)는 미국의 경영컨설팅 회사인 보스턴컨설팅그룹(Boston Consulting Group)에 의해 개발된 기법으로 성장 · 점유율 매트릭스라고도 한다. 비시지 매트릭스는 기업 외적 요인인 시장의 성장률과 기업 내적 요인인 상대적 시장점유율에 의해 각 사업들을 평가하고 전략을 제시해주는 분석방법이다.

비시지 매트릭스는 시장성장률과 상대적 시장점유율로 구성되어 있다. 시장성장률은 사업이 속한 시장의 연간 성장률을 의미한다. 시장성장률은 '시장성장률 = (당기의 시장매출액 − 전기의 시장매출액)/전기의 시장매출액'에 의하여 측정한다. 시장매출액은 보통 매출성장률로서 측정한다. 상대적 시장점유율(relative market share)은 시장에서 가장 큰 경쟁자의 시장점유율에 대한 자사의 시장점유율을 나타낸 것이다. 상대적 시장점유율은 '상대적 시장점유율 = 기업의 시장점유율/경쟁기업 중 1위 기업의 시장점유율'로 측정한다. 상대적 시장점유율은 기업의 경쟁력 반영을 나타낸다. B, C, D, E 기업의 A 기업에 대한 상대적 시장점유율은 0.4, 0.3,

0.2, 0.1이다. A 기업의 상대적 시장점유율은 시장점유율이 2위 기업인 B 기업을 기준으로 산정하며 측정값은 2.5이다. 상대적 시장점유율은 시장선도기업의 경쟁적 지위가 하위기업들보다 어느 정도 강하며, 하위기업들은 선도기업에 비해 어느 정도 약한지를 보여준다. 상대적 시장점유율을 X축에 표시할 때 로그(log)를 취해주어야 한다. 동일한 길이가 동일한 백분율 증가를 나타내기 위함이다. 한편 사업의 매출액은 BCG Matrix에서 원의 크기로 나타낸다.

| 표 9-105 | 시장점유율과 상대적 시장점유율

기업	매출액	시장점유율	상대적 시장점유율
A	50억	50%	2.5
B	20억	20%	0.4
C	15억	15%	0.3
D	10억	10%	0.2
E	5억	5%	0.1
합계	100억	100%	

비시지 매트릭스는 물음표(Question Mark), 별(Star), 금송아지(Cash Cow), 개(Dog)의 네 개의 영역으로 구성된다.

물음표(Question Mark)는 시장성장률이 높으나 상대적 시장점유율이 낮은 사업을 나타낸다. 물음표는 제품수명주기(Product Life Cycle)상 도입기부터 성장기에 속한다. 신규사업이기 때문에 기존의 선도기업을 비롯한 여러 경쟁기업에 대항하기 위해 많은 자금 투하를 필요로 한다. 기업이 자금을 투입할 것인가 또는 사업을 철수해 버릴 것인가를 결정해야 하기 때문에 물음표(?)라고 불린다.

별(Star)은 시장성장률도 높고 상대적 시장점유율도 높은 경우에 해당하는 사업이다. 별은 제품수명주기상 성장기에 속한다.

금송아지(Cash Cow)는 시장성장률은 낮지만 상대적 시장점유율이 높은 사업을 말한다. 금송아지(Cash Cow)는 제품수명주기상 성장후기에서 쇠퇴기에 속하는 사업이다. 이 영역에서의 사업은 고객의 인지도가 높고, 시장의 성장률이 둔화되어 광고와 신규설비 투자와 같은 부문에 자금을 투자할 필요가 없기 때문에 많은 이익을 얻는다. 이 영역에서 사업은 높은 규모의 경제성과 생산성 효과를 누린다.

개(Dog)는 시장성장률도 낮으면서 상대적 시장점유율도 낮은 상황에 속하는 사업이다. 제품수명주기상 성장후기나 쇠퇴기에 속한 사업이나 도입기에 속하는 사업이다. 이 시기에는 사업의 시장성장률과 상대적 시장점유율의 추세를 잘 파악하여 사업의 축소 및 철수 또는 계속유지 여부를 결정하여야 한다.

| 그림 9-38 | BCG Matrix

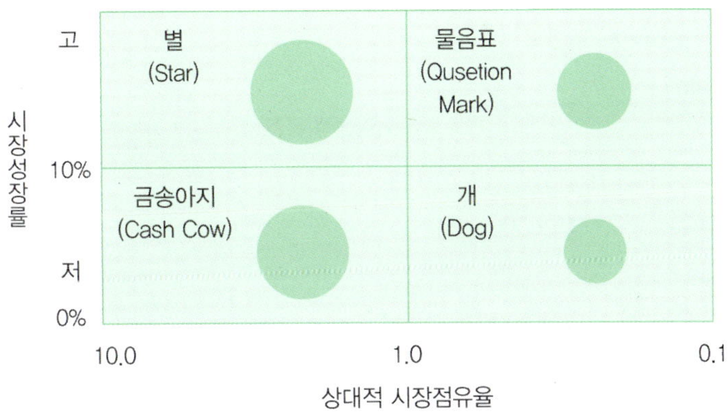

비시지 매트릭스상에서 전략은 구축(build)전략, 유지(hold)전략, 수확(harvest)전략, 철수(divest)전략 네 가지로 구분된다. 구축(build)전략은 이익 향상보다는 사업의 시장점유율 향상을 목표로 하는 전략으로서 비시지 매트릭스상 물음표 해당하는 사업이다. 유지(hold)전략은 시장점유율을 계속 유지하고자 하는 전략으로서 비시지 매트릭스상 금송아지에 해당하는 전략이다. 수확(harvest)전략은 장기적인 효과를 추구하기보다는 단기적인 현금흐름을 증가시키고자 하는 전략으로서 비시지 매트릭스상 금송아지에 해당하는 전략이다. 철수(divest)전략은 사업을 시장에서 철수시키는 전략으로 비시지 매트릭스상 개나 물음표에 해당하는 전략이다.

17) 지이 매트릭스(GE Matrix)

지이 매트릭스(GE Matrix)는 주어진 사업에 대하여 기업 외적 요인으로 시장매력도, 기업 내적 요인으로 경쟁적 우위를 사용하여 평가하는 방법이다. 지이 매트릭스는 사업이 진출한 시장의 매력도가 어느 정도인지와 그 시장에서의 경쟁적 우위를 어느 정도 보유하고 있는지에 따라 성과를 평가한다. 지이 매트릭스에서 원은 시장의 크기를 나타낸다. 상위 왼쪽(①)에 있는 영역은 시장매력도와 경쟁적 위치가 비교적 높은 사업으로 기업이 성장 · 투자를 계속해야 하는 사업이다. 하위 오른쪽(③)에 있는 영역은 기업에서 전반적인 매력도가 낮은 사업으로 기업은 수확 또는 철수전략을 고려해야 하는 사업이다. 대각선 영역(②)에 있는 부문은 전반적인 매력도가 중간인 사업으로 기업은 획득전략을 추구할 수 있다.

| 그림 9-39 | GE Matrix

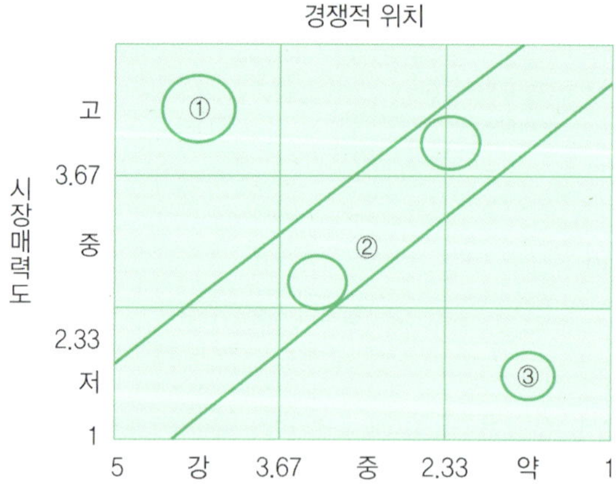

| 표 9-106 | GE Matrix상의 위치결정

시장매력도 구성요인	가중치	평점	가치	경쟁적 위치 구성요인	가중치	평점	가치
총시장규모	0.2	5	1.00	시장점유율	0.1	3	0.30
연간 시장성장률	0.2	4	0.80	점유율 성장추세	0.15	3	0.45
과거의 이익추세	0.15	4	0.60	제품의 질	0.1	4	0.40
경쟁강도	0.15	4	0.60	상표의 명성	0.1	4	0.40

기술적 소요조건	0.15	5	0.75	유통망	0.1	3	0.30
인플레이션 대응능력	0.05	3	0.15	촉진의 효율성	0.1	4	0.40
에너지 소요조건	0.05	4	0.20	생산능력	0.05	2	0.10
환경에의 영향	0.05	3	0.15	생산능률	0.05	2	0.10
합계	1.00		4.25	합계	1.00		2.45

18) 블루오션전략

레드오션전략이란 기존 시장공간에서의 전략으로 경쟁에서 이겨야만 생존할 수 있는 전략으로 가치와 비용 중 한 가지만을 통하여 경쟁우위를 획득할 수 있는 전략이다. 블루오션전략(Blue Ocean Strategy)이란 경쟁자가 없는 새로운 시장 공간을 창출하여 새로운 수요를 창출함으로써 가치와 비용 두 가지를 동시에 추구할 수 있는 최신의 전략이다. 블루오션전략은 프랑스의 김위찬 교수와 르네 마보안 교수가 창안한 전략으로 비용절감과 가치증대라는 두 마리 토끼를 잡을 수 있는, 즉 가치혁신(value innovation)을 이룰 수 있는 전략이다.

이와 같은 레드오션과 블루오션전략의 특징을 비교하면 다음 표와 같다.

표 9-107 | 레드오션과 블루오션전략

레드오션전략	블루오션전략
기존 시장공간 안에서 경쟁	경쟁자 없는 새 시장 공간 창출
경쟁에서 이겨야 한다	경쟁을 무의미하게 만든다
기존 수요시장 공략	새 수요창출 및 장악
가치와 비용 가운데 택일	가치와 비용 동시 추구
차별화나 저비용 가운데 하나를 택해 회사 전체 활동 체계를 정렬	차별화와 저비용을 동시에 추구하도록 회사 전체 활동 체계를 정렬

블루오션전략의 4가지 액션 프레임워크는 감소(Reduce), 제거(Eliminate), 증가(Raise), 창조(Create)이다. 블루오션전략은 4가지 액션 프레임워크를 통하여 새로운 가치곡선을 만들어냄으로써 경쟁우위를 확보한다.

| 그림 9-40 | 블루오션전략의 가치

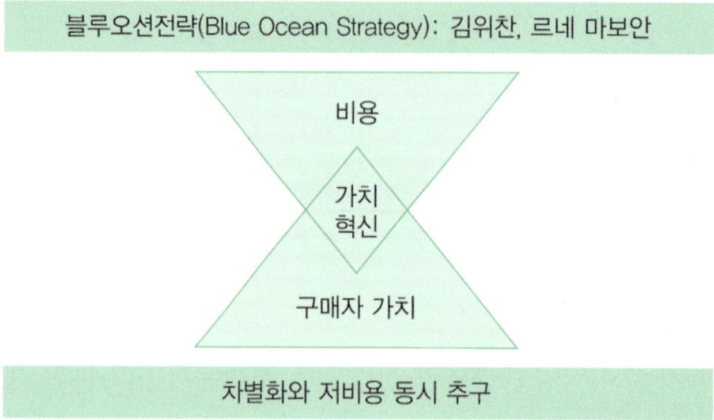

| 표 9-108 | 블루오션전략의 4가지 액션 프레임워크

구분	내용
감소(Reduce)	업계의 표준 이하로 내려야 할 요소는 무엇인가?
제거(Eliminate)	업계에서 당연한 것으로 받아들이는 요소들 가운데 제거할 요소는 무엇인가?
증가(Raise)	업계의 표준 이상으로 올려야 할 요소는 무엇인가?
창조(Create)	업계가 아직 한 번도 제공하지 못한 것 중 창조해야 할 요소는 무엇인가?

| 그림 9-41 | 블루오션전략의 액션 프레임워크

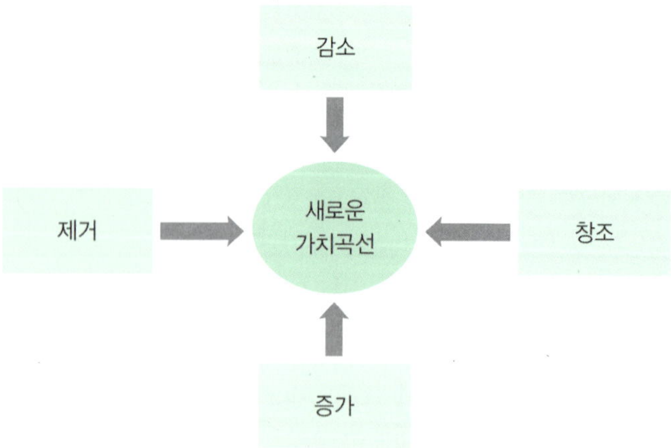

캐나다 서커스 회사인 시르크 뒤 솔레이유는 블루오션전략으로 경쟁우위를 획득하였다. 시르크 뒤 솔레이유의 최고경영자(CEO)인 기 랄리베르테는 잠재 성장력이 한계에 달한 사양산업인 서커스를 성공시킴으로써 세계 90여 개 도시 4천여만 명이 관람을 하는 비즈니스로 재탄생시켰다. 시르크 뒤 솔레이유는 세계 최고의 서커스 기업 링링 브라더스 앤드 바넘 & 베일리가 100년 이상 걸려 달성한 수입을 20년 만에 벌어들였다.

❙ 그림 9-42 ❙ 시르크 뒤 솔레이유의 ERRC 구성표

제거	증가
스타곡예사 동물묘기쇼 구내매점 복합쇼무대	독특한 공연장
감소	**창조**
재미와 유머 스릴과 위험	테마 세련된 관람환경 다양한 공연작품 예술적 음악과 무용

시르크 뒤 솔레이유는 스타곡예사, 동물묘기쇼, 구내매점, 복합쇼무대를 제거하고, 독특한 공연장을 증가시켰으며, 재미와 유머, 스릴과 위험을 감소시키고 테마, 세련된 관람환경, 다양한 공연작품, 예술적 음악과 무용을 창조함으로써 경쟁우위를 확보하였다.

시르크 뒤 솔레이유는 ERRC 전략캔버스를 수립함으로써 새로운 가치곡선을 창출하였다.

| 그림 9-43 | 시르크 뒤 솔레이유의 전략캔버스

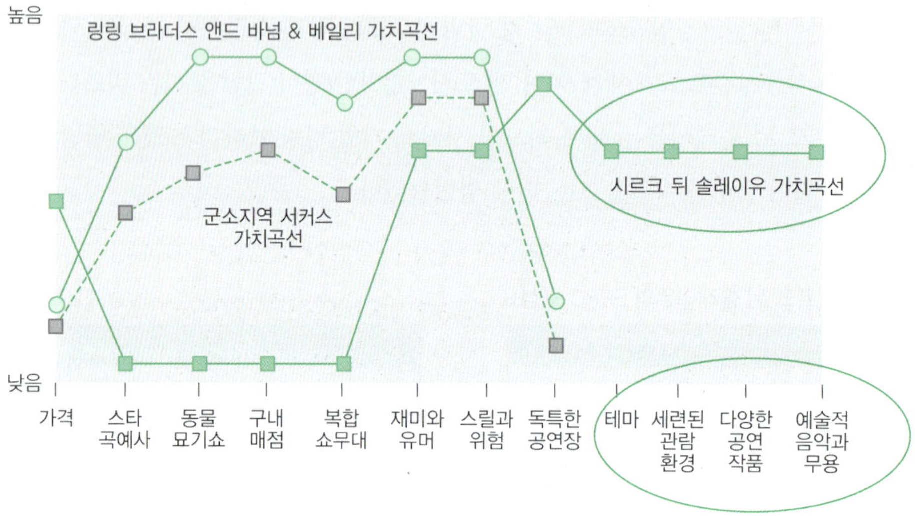

5. 디지털 경제로 향한 주요 패러다임의 변화

기업들이 디지털 경제에서 성공적으로 기업을 운영해 나가기 위해서는 그들의 비즈니스 사고방식에 패러다임의 변화를 가져와야 한다. 소자본 창업기업이 기업을 성공적으로 경영하기 위해서는 디지털 경제로 향한 주요 패러다임의 변화를 정확하게 인식하여야 한다.

디지털 경제로 향한 주요 패러다임의 변화를 살펴보면 다음과 같다.

첫째, 비즈니스 사고방식을 정보의 비대칭에서 정보의 민주화로 전환하여야 한다. 디지털 기술들은 판매자들은 소비자들보다 좀 더 나은 정보를 접하게 된다는 정보와 힘의 불균형을 근본적으로 변화시키고 있다. 낮은 진입장벽을 계기로 더 많은 판매자들이 인터넷 시장공간으로 파고들고 있고, 더 많은 고객들이 상품과 서비스 또는 기업에 대한 정보를 찾을 수 있게 되었다. 결국 정보는 널리 대중화되고 저렴해진다.

둘째, 비즈니스 사고방식을 특권층을 위한 제품에서 모든 사람을 위한 제품으로 전환하여야 한다. 신경제에서는 보다 많은 사람들이 맞춤화된 상품이나 서비스에 접할 수 있다. 디지털 기술은 '한 개인이 원하는 선택사양의 결합물'을 만들어내는 비용을 낮추었다.

셋째, 비즈니스 사고방식을 만들고 파는 개념에서 감지하고 반응하는 개념으로 전환하여야 한다. 감지하고 반응하는 기업들은 고객들로 하여금 그들의 일반적인 필요를 말하게 하기도 하고, 심지어는 그들이 원하는 바로 그 속성들을 구체적으로 선택하도록 참여시키기도 한다. 또한 기업들은 주문에 반응하여 신속하게 활동을 시작하고, 주문이 신속하게 이행되도록 디지털 기술을 사용한다.

넷째, 비즈니스 사고방식을 지역경제에서 글로벌 경제로 전환하여야 한다. 인터넷은 기업들이 지리적 도달영역을 기하급수적으로 확장시키는 것을 가능하게 한다. 신경제에서는 기업들이 글로벌화되기 위해 규모가 클 필요가 없다.

다섯째, 비즈니스 사고방식을 수익체감의 경제에서 수익체증의 경제로 전환하여야 한다. 산업화 시대에 기업이 성장하려면 수익체감의 법칙에 따라 운영될 수밖에 없었다. 그러나 신경제에서는 정보가 폭증한다. 정보, 음악, 소프트웨어 같은 몇 가지 상품과 서비스는 실질적으로 거의 제로에 가까운 한계비용으로 디지털로 재생산되며, 전자적으로 전달될 수 있다. 증대되는 용량에 비해 이렇게 무시해도 좋을 정도의 적은 비용은 도달영역의 무제한성과 결부되어 수요의 급속한 성장을 자극하고 있다. 그러므로 신경제는 규모가 커짐에 따라 수익이 체증하는 상황에서 운영되는 것이다.

여섯째, 비즈니스 사고방식을 자산의 소유에서 사용권의 획득으로 전환하여야 한다. 세계 각지의 기업들은 탈자본화(decapitalization), 즉 아웃소싱 활동, 물리적 자산의 매각, 장비의 리스, 영업자본의 축소 등을 통해서 그들 스스로를 '날씬한(lean)' 조직으로 변혁시키고 있다. 오늘날 많은 기업들은 공장보다는 오히려 브랜드를 소유하려고 한다. 소비자들도 역시 상품 소유자에서 상품 차용자로 그들의 역할을 변화시키고 있는데, 즉 자신의 차를 소유하기보다는 리스하고자 하고, 더 나아가 소프트웨어에서 난로에 이르기까지 모든 것을 렌트하기도 한다.

일곱째, 비즈니스 사고방식을 기업지배에서 시장지배로 전환하여야 한다. 기업들은 비용우위를 가지고 있는 활동은 기업내부에서 수행할 것이고, 그렇지 않은 활동은 아웃소싱할 것이다. 기업들은 점차적으로 그들의 고객과 핵심역량에 초점을 맞추고 있으며, 그 외의 활동은 아

| 표 9-109 | 디지털 경제로 향한 패러다임의 변화

- 정보의 비대칭(asymmetry)에서 정보의 민주화(democratization)로
- 특권층(elites)을 위한 제품에서 모두(everyone)를 위한 제품으로
- 만들고 파는(make-and-sell) 개념에서 감지하고 반응하는(sense-and-respond) 개념으로
- 지역경제(local economy)에서 글로벌 경제(global economy)로
- 수익체감(diminishing returns)의 경제에서 수익체증(increasing retuns)의 경제로
- 자산의 소유(owning assets)에서 사용권의 획득(gaining access)으로
- 기업지배(corporate governance)에서 시장지배(market governance)로
- 대량시장(mass market)에서 개별고객 시장(market of one)으로
- 적시(just in time) 생산에서 실시간(real-time) 생산으로

자료: 필립 코틀러 외 지음/김정구 옮김, 필립 코틀러의 마케팅 리더십, 세종서적, 2003.

웃소싱하고 있다. 오늘날 시장에서 성공하기 위해서 기업들은 고객과 공급업자 그리고 비즈니스 파트너들과의 강력한 유대관계를 구축해야 한다.

여덟째, 비즈니스 사고방식을 대량시장에서 개별고객 시장으로 전환하여야 한다. 신경제에서는 마케팅의 관점이 상품을 팔기 위해 고객을 찾는 것으로부터 고객을 위해 상품을 개발하는 것으로 근본적으로 바뀌고 있다. 이제 디지털 기술을 통해 개별고객들을 추적 파악하는 일이 가능해짐에 따라 기업들은 그들의 마케팅 관점을 전통적인 일 대 다 마케팅(one-to-many marketing)에서 일 대 일 마케팅(one-to-one marketing)으로 변화시키고 있다.

아홉째, 비즈니스 사고방식을 적시 생산에서 실시간 생산으로 전환하여야 한다. 정보의 이용가능성과 전달 속도가 점차 증대됨에 따라 기업들은 소비자 수요에 대해서 거의 실시간으로 왜곡 없이 파악할 수 있게 되었다. 그들은 수요에 공급을 맞추면서 시장에 신속하게 반응하고, 긴밀하게 시장에 연결될 수 있다. 정보는 물리적 재고의 필요성을 없애면서 근본적인 공급체인 리스트럭처링을 이루어내고 있다.

6. 오픈 이노베이션(이노베이션 3.0)

이노베이션(innovation)의 패러다임이 바뀌고 있다. 기업 내부의 핵심역량을 개발하는데 의

존하던 방식에서 조직 간에 협조하는 방식을 뛰어넘어 최근에는 공급기업과 소비자 등 다양한 이해관계자들이 상호 교류하면서 혁신을 이루어내는 통합 이노베이션(integrated innovation)으로 발전하고 있다.

이노베이션이란 기존방식과는 근본적으로 다른 아이디어나 접근방식으로 새로운 가치를 창출해내는 활동을 말한다. 현대의 경제활동은 고도로 글로벌화되고 기술발전도 빠른 속도로 진행됨에 따라 기업활동과 관련한 불확실성도 크게 증가하고 있다. 이에 따라 빠르게 변화하는 소비자 기호를 파악하고 기술혁신의 속도를 따라가기 위해 오픈 이노베이션의 필요성이 강조되고 있다. 특히 오픈 이노베이션은 최근 들어 기업 차원을 넘어 정부 차원의 범국가적 화두가 되고 있다.

오픈 이노베이션(open innovation)이란 아이디어 교류를 통해 기업 내 · 외부의 지적재산과 신기술 활용을 극대화하는 개방형 혁신을 의미한다. 즉 조직 내부의 지식과 아이디어뿐 아니라 조직 외부의 기술과 아이디어까지 적극적으로 활용해 혁신을 이루는 것이다. 이런 오픈 이노베이션은 단순히 외부의 기술을 들여오는 것이 아니라 조직 내 · 외부의 신기술과 지적재산을 상호 유기적으로 결합해 혁신으로 연결한다는 점에서 기업에 미치는 영향과 범위가 아웃소싱(outsourcing)과는 크게 다르다.

과거에는 연구개발(R&D)의 전 과정을 한 조직이 독점적으로 소유하고 운영하는 폐쇄형 혁신이 주류였다. 이때에는 조직 내부의 핵심역량을 개발하고 그 가치를 극대화하는 것이 기업의 주된 전략이었고 이를 통해 개발한 신기술로 시장을 선점하고자 했다. 전통적인 벨연구소(Bell Lab)나 미국 항공우주국(NASA)이 대표적인 예라고 할 수 있다. 이 시기가 이노베이션 1.0 시대이다. 기술혁신의 속도가 빨라지고 글로벌 경쟁이 고도화되면서 이노베이션 2.0 시대가 열리게 됐다. 이 시기에는 조직 간의 관계가 중요해지는데 조직 내부의 연구개발 역량은 물론이고 파트너와의 전략적 제휴를 통해 혁신을 추구한다. 이 시기에는 자사의 핵심역량과 더불어 파트너의 역량이 기업 경쟁력을 좌우하게 된다. 경쟁환경이 네트워크 대 네트워크의 경쟁으로 더욱 복잡해지고 다양해지면서 개방의 범위도 파트너를 넘어 조직 내 · 외부의 다양한 이해관계자들까지 확장되는데 이것이 이노베이션 3.0이다. 이노베이션 2.0이 제한적 개방이라면 이노베이션 3.0은 완전한 개방을 의미한다. 오픈 이노베이션은 조직 내부적인 연구개발(R&D)과 외부와의 연결개발을 유기적으로 연결해 이노베이션 효과를 극대화한다. 또 조직 내부에서 외부로, 외부에서 내부로 이노베이션의 원천이 되는 신기술과 지적재산을 자유롭게 이동하도록 한다. 이노베이션 3.0 시대는 전통적인 경제학의 범주를 넘어 경제주체들이 무한한 상호 협력을 통해 새로운 가치를 창출하는 통합 경제학의 시대이다.

7. 시장 3.0

시장은 지금까지 지속적으로 진화해 왔다. 시장의 진화는 시장 1.0, 시장 2.0, 시장 3.0의 단계를 거쳐서 발전해 왔다.

시장 1.0(Market 1.0)은 제품 중심의 시장이다. 핵심기술이 '산업용 기계'였던 산업화 시대에는 공장에서 생산품을 만들어 사고자 하는 사람 모두에게 판매하는 것이 시장의 주된 관심사였던 시대였다. 기업의 목표는 제품을 표준화하고 공장의 규모를 키워 생산 비용을 최소화하여 낮은 가격으로 더 많은 구매를 유도하는 것이다. 이러한 산업화 시대의 시장이 시장 1.0이다.

시장 2.0(Market 2.0)은 오늘날의 정보화 시대, 즉 핵심기술이 '정보화 기술'인 시대와 더불어 출현하였다. 오늘날의 소비자들은 '필요한 정보'를 확보할 수 있으며, 대부분의 회사가 '필요와 욕구'를 알아서 챙겨주기 때문에 기업은 고객의 이성과 감성을 모두 감동시켜야 경쟁력을 확보할 수 있다. 이와 같은 시장이 시장 2.0, 즉 소비자지향 시대이다.

시장 3.0(Market 3.0)은 기업이 더 이상 사람들을 단순한 소비자로 대하지 않고, 이성과 감성과 영혼을 지닌 전인적 존재로 바라보는 접근방식을 택하는 시장이다. 소비자지향의 시장 2.0과 유사하게 시장 3.0 역시 고객만족을 목표로 삼는다. 그러나 시장 3.0이 시장 2.0과 다른 점은 시장 3.0을 리드하는 기업들은 단순히 고객만족과 이익실현을 넘어서, 좀 더 큰 미션과 비전, 가치를 통해 세상에 기여하고자 한다는 점이다. 시장 3.0 시대는 '참여의 시대', '세계화라는 패러독스의 시대', '창의적 시대'가 주요 영향력으로 작용하는 시대이다. 이 세 가지 영향력이 소비자를 전보다 더욱 협력적으로 변모시키고, 문화에 가치를 두며, 인간의 영적 측면을 중시

| 표 9-110 | 시장 1.0, 시장 2.0, 시장 3.0

구분	시장 1.0	시장 2.0	시장 3.0
중심	제품 중심	소비자지향	가치주도
목표	제품 판매	고객만족 및 보유	더 나은 세상 만들기
동인	산업혁명	정보화 기술	뉴웨이브 기술
기업이 시장을 보는 방식	물리적 필요를 지닌 대중 구매자들	이성과 감성을 지닌 영리한 소비자	이성과 감성, 영혼을 지닌 완전한 인간
핵심컨셉	제품 개발	차별화	가치
기업의 지침	제품 명세	기업 및 제품의 포지셔닝	기업의 미션과 비전, 가치
가치명제	기능	기능과 감성	기능과 감성과 영성
소비자와의 상호작용	일 대 다 거래	일 대 일 관계	다 대 다 협력

자료: 필립 코틀러, 마켓 3.0

하도록 바꾸어놓게 되었다.

8. 국제경영전략

기업의 국제화 과정은 국내기업, 수출기업, 다국적기업, 세계기업의 단계를 거친다. 기업은 역사적으로 경쟁우위 확보를 위하여 제1기 국내지향기업 단계에서 제4기 세계지향기업 단계까지 국제화 단계를 지향하여 변화하여 왔다. 따라서 소자본 창업기업은 지속적 경쟁우위를 확보하기 위해서 기업의 국제화 단계를 정확하게 인식하고 기업경영을 하여야 한다.

기업의 국제화 과정을 살펴보면 다음과 같다. 제1기 국내지향기업 단계는 국내기업을 대상으로 생산시설이 있는 국내시장만을 목표로 하는 단계이다. 제2기 해외지향기업 단계는 수출기업을 대상으로 하는 단계로서 국내시장의 한계가 나타남에 따라 완제품의 해외수출지향 단계를 말한다. 제3기 현지지향기업 단계는 다국적기업을 대상으로 하는 단계로 현지투자에 의한 수출시장 내부에서 생산활동 또는 생산원가가 유리한 제3국에서 생산이 이루어지는 단계를

| 표 9-111 | 기업의 국제화 과정

국제화 단계		내용
제1기	국내지향기업	생산시설이 있는 국내시장만을 목표로 하는 단계
제2기	해외지향기업	국내시장의 한계가 나타남에 따라 완제품의 해외수출지향 단계
제3기	현지지향기업	현지투자에 의한 수출시장 내부에서 생산활동 또는 생산원가가 유리한 제3국에서 생산이 이루어지는 단계
제4기	세계지향기업	세계에서 가장 저렴한 원가구조를 갖는 국가에서 생산한 제품을 전 세계 시장에서 흡수하는 다변화된 생산 · 판매체제를 갖춘 세계지향기업의 단계

말한다. 제4기 세계지향기업 단계는 세계기업을 대상으로 하는 단계로 세계에서 가장 저렴한 원가구조를 갖는 국가에서 생산한 제품을 전 세계 시장에서 흡수하는 다변화된 생산 · 판매체제를 갖춘 세계지향기업의 단계를 말한다.

기업의 국제경영전략으로 글로벌라이제이션(globalization)이란 세계화의 의미로 기업이 자국 내의 시장에만 판매를 국한할 것이 아니라 세계를 시장으로 바라보고 전 세계를 대상으로 활동을 하는 것을 의미한다. 세계화를 위하여 기업들이 주로 사용하는 방법에는 전략적 제휴, 합작투자 등을 사용하고 있다. 글로벌라이제이션을 성공하기 위하여 지역에 맞게 지역화(localization)가 선행되어야 한다. 결과적으로 해외직접투자가 성공하기 위해서는 글로벌라이제이션(globalization)전략과 지역화(localization)전략이 결합된 현지화(glocalization)전략이 선행되어야 한다.

최근 기업의 경영환경에서 ESG 경영이 중요시되고 있다. ESG는 기업의 사회적 책임 범위를 정의하는 하나의 방법으로 기업은 이윤을 창출하는 과정에서 '사회적으로 요구되는 책임'을 다해야 한다는 의미를 담고 있다. ESG는 환경(E) · 사회(S) · 지배구조(G)로 그 사회적 책임의 범위를 범주화하여 등장하였다. ESG 경영에 따르면 기업은 이익창출과 더불어 환경문제와 기업의 사회적 책임을 중요시해야 한다는 점을 강조하고 있다.

9절 창업 경영통계

1. 통계학의 의의

통계학(Statistics)은 자료를 수집 · 처리 · 분석하여 합리적인 의사결정을 돕기 위하여 정보를 산출하는 학문이다. 통계학의 어원은 국가산술(State Arithmetic)에서 유래한다.

통계학에는 수리통계학과 응용통계학이 있다. 응용통계학은 기술통계학과 추론통계학으로 나눌 수 있다.

표 9-112 | 통계학의 유형

구분	의미
수리통계학	• 통계 현상을 수학을 사용하여 풀이하는 학문
응용통계학	• 농업, 의학 등 다양한 분야에서 응용한 통계학
기술통계학	• 자료를 수집 · 분류 · 정리하여 연구대상 집단의 특성을 설명하는 통계학 • 평균, 분산, 표준편차, 표, 그림으로 제공
추론통계학	• 모집단으로부터 추출한 표본의 특성인 통계량으로 모집단의 특성인 모수를 추론하는 통계학

그림 9-44 | 통계학의 유형

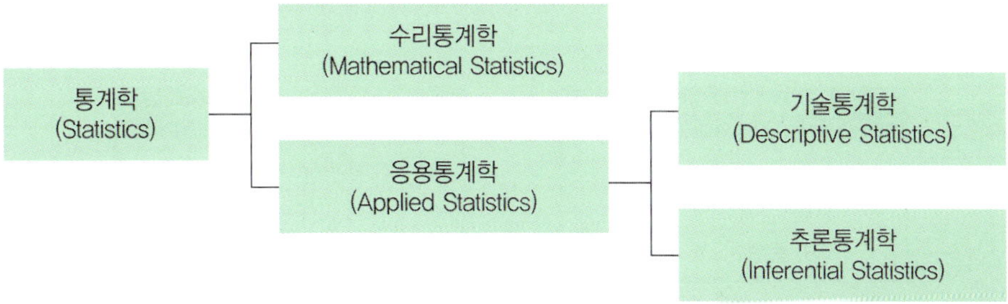

모집단은 연구자의 관심대상이 되는 모든 개인 · 사물 그리고 개별단위의 집합체이다. 표본은 연구대상으로 선택된 모집단의 일부분을 말한다. 표본에는 무작위표본과 대표표본이 있다. 무작위표본은 모집단의 개별단위가 의도적이 아니라 무작위로 우연히 선택된 표본이다.

| 표 9-113 | 모집단과 표본

구분	내용
모집단(population)	연구대상이 되는 전체집단
표본(sample)	모집단의 일부분

| 그림 9-45 | 모집단과 표본

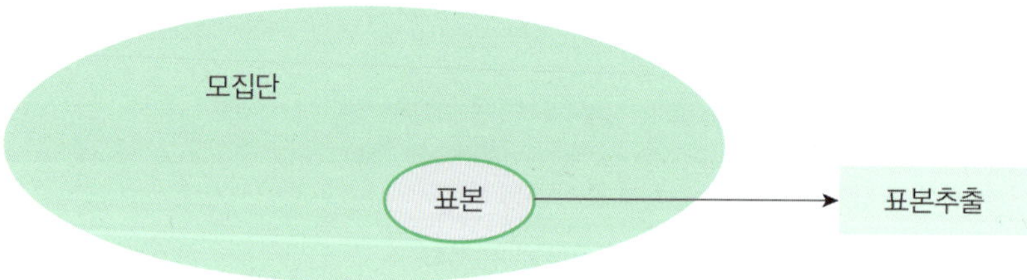

모집단의 특성을 수치로 나타낸 것을 모수(parameter)라 한다. 표본의 특성을 수치로 나타낸 것을 통계량(statistic)이라 한다. 모수에는 모평균, 모분산, 모표준편차가 있다. 통계량에는 표본평균, 표본분산, 표본표준편차가 있다.

| 그림 9-46 | 모수와 통계량

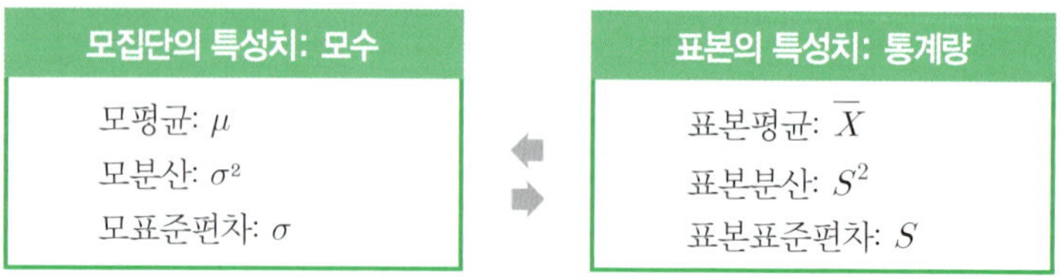

통계분석 절차는 자료수집 → 분석 → 정보화 → 의사결정 → 결과의 과정을 거친다. 자료를

통계분석 · 처리하면 정보가 생성된다. 정보는 의사결정에 사용된다. 의사결정 결과 올바른 의사결정과 올바르지 않은 의사결정으로 나타난다.

▌그림 9-47▌통계분석 절차

자료수집 → 분석 → 정보화 → 의사결정 → 결과

사실은 있는 그대로의 현상이다. 자료는 분석을 목적으로 체계적으로 수집한 사실이다. 정보는 가공한 자료이다. 자료를 통계분석 처리하면 정보가 만들어진다. 따라서 통계학은 자료를 원천으로 정보를 생산하는 학문이라고 할 수 있다. 지식은 체계화된 정보이다. 지식은 정보를 반복해서 의사결정에 사용하면 체계화되어 만들어진다. 지혜는 지식을 기반으로 형성된 사물의 도리나 선악을 분별하는 마음의 작용이다.

▌표 9-114▌사실, 자료, 정보, 지식, 지혜

구분	의미
사실(facts)	있는 그대로의 현상
자료(data)	분석을 목적으로 체계적으로 수집한 사실
정보(information)	가공한 자료
지식(knowledge)	체계화한 정보, 규칙으로 체계화됨
지혜(wisdom)	사물의 도리나 선악을 분별하는 마음의 작용

2. 자료의 이해

가. 자료(data)의 의의

자료는 분석을 목적으로 체계적으로 수집된 사실로서 정보의 원천이 된다. 자료를 가공하면 정보가 된다. 통계학은 자료를 분석 · 처리하여 정보를 생산하는 학문이다. 통계학을 완전하게 이해하기 위해서는 자료에 대한 이해가 선행되어야 한다.

나. 정보원천으로서의 자료의 이해

자료에는 수량자료(metric data)와 비수량자료(non-metric data)가 있다. 비수량자료에는 명목자료(nominal data), 순위자료(ordinal data)가 있다. 수량자료에는 등간자료(interval data)와 비율자료(ratio data)가 있다.

표 9-115 | 측정과 척도

구분	의미
측정(measurement)	관찰대상의 속성을 질적인 상태에 따라 수치를 부여하는 것
척도(scale)	일정한 규칙을 세워 질적인 자료를 양적인 자료로 전환시켜 주는 도구

표 9-116 | 자료의 유형

척도	비교방법	평균의 측정	적용분석방법	사례
명목척도	확인분류	최빈값	빈도분석, 모수통계, 교차분석	성별분류, 상품유형별 분류
서열척도	순위비교	중앙값	상관계수	상표선호순위
등간척도	간격비교	산술평균	모수통계	광고인지도, 상표선호도, 주가지수
비율척도	절대크기비교	기하평균 조화평균	모수통계	매출액, 구매확률, 무게, 소득, 나이

표 9-117 | 척도의 유형

구분	의미
명목척도	측정대상의 특성을 분류하거나 확인할 목적으로 숫자를 부여하는 척도. 예) 운동선수의 등번호, 남자(1), 여자(2)
서열척도	측정대상 간의 순서관계를 나타내는 척도. 측정대상 간에 크고 작음이나 높고 낮음 등의 순위를 부여해주나, 측정대상들의 해당 속성 간 양적인 비교를 할 수 있는 정보는 제공해주지 못함

등간척도	측정대상의 속성에 숫자를 부여하되 숫자 사이의 간격을 동일하게 측정하는 척도. 등간측정은 온도계 수치 및 물가지수, 생산성지수, 주가지수와 같은 지수 측정에 많이 이용됨
비율척도	등간척도가 갖는 특성에 추가적으로 측정값 사이의 비율계산이 가능한 척도. 측정값 사이에 절대영점이 존재함

명목척도, 서열척도, 등간척도, 비율척도의 순으로 얻어진 자료가 담고 있는 정보의 양이 많아지며, 보다 정밀한 분석방법이 적용될 수 있다.

다. 자료형태에 따른 통계분석방법

자료가 비수량자료인 경우 비모수통계분석법(non-parametric statistical analysis)을 적용하고, 수량자료인 경우에는 모수통계분석법을 적용한다.

1) 비모수통계분석법

비모수통계분석법은 모집단의 분포가 명확하지 않거나 모평균과 같은 모수가 존재하지 않은 경우에 이용되는 분석방법이다. 따라서 비모수통계분석법은 모수통계를 위한 모집단의 분포에 대한 가정이 충족되지 않은 경우와 순위자료나 명목자료를 분석할 경우에 이용된다.

2) 모수통계분석방법

가) 독립변수와 종속변수 간의 관계를 분석하는 방법

독립변수가 종속변수를 어느 정도 설명 또는 예측해주는가에 초점을 둔 분석방법에는 상관관계분석(correlation analysis), 회귀분석(regression analysis), 분산분석(analysis of variance), 판별분석(discriminant analysis), 정준상관분석(canonical correlation analysis) 등이 있다.

| 표 9-118 | 독립변수와 종속변수 간의 관계 분석방법

구분	독립변수	종속변수	참고
상관관계분석(correlation analysis)	등간(비율)	등간(비율)	독립변수가 명목자료인 경우는 Regression with Dummy Variable을 이용
회귀분석(regression analysis)	등간(비율)	등간(비율)	
분산분석(analysis of variance)	명목	등간(비율)	
판별분석(discriminant analysis)	등간(비율)	명목	
정준상관분석(canonical correlation analysis)	등간(비율)	등간(비율)	

나) 변수들 간의 상호관계를 이용한 분석방법

변수들 간의 상호관계를 이용한 분석방법에는 요인분석(factor analysis), 군집분석(cluster analysis), 다차원척도법(multi-dimensional scaling) 등이 있다. 변수들 간의 상호관계를 이용한 분석방법은 독립변수가 종속변수에 미치는 영향을 분석하는 것이 아니라, 변수들 간의 상호관계를 분석하는 방법으로 변수와 대상(subjects)의 집단화(grouping)에 초점을 두게 된다.

| 표 9-119 | 변수 간의 상호관계 분석방법

구분	자료형태
요인분석(factor analysis)	등간(비율)
군집분석(cluster analysis)	등간(비율)
다차원척도법(multi-dimensional scaling)	등간(비율, 서열)

3. 기술통계분석

기술통계분석은 자료를 수집 · 분류 · 정리하는 과정을 통하여 모집단 또는 표본에 대하여 알고자 하는 미지의 상황을 정확하게 파악하고자 하는 분석이다. 기술통계분석은 분석목적에 적합하게 자료를 수집 · 분류 · 정리 · 요약하는 것을 뜻한다. 기술통계분석 결과로서 평균, 분산, 표준편차 등이 산출되며, 이를 통해 우리가 알고자 하는 집단에 대한 분석과 해석을 한다. 기술통계분석 결과는 수치뿐만 아니라 그림 또는 표로 나타내어 파악하고자 하는 집단을 시각적으로 나타내기도 한다. 기술통계분석 결과는 모집단 또는 표본의 분포의 특성으로 파악된다.

기술통계분석을 통하여 자료를 기술하는 대표적인 방법은 자료의 평균과 같은 중심경향(central tendency)이나 표준편차와 같은 퍼짐의 정도(degree of dispersion) 등을 수치로 표현하는 것이다. 수치로 자료를 표현하는 측정수단에는 크게 중심경향측정치, 퍼짐의 측정치, 위치측정치 등 세 가지가 있다.

중심경향측정치(measures of central tendency)는 관찰된 자료가 어느 값을 중심으로 분포되어 있는가를 나타내는 측정치이다. 중심경향측정치에는 평균, 중앙값, 최빈값 등이 있다. 퍼짐의 측정치(measures of dispersion) 또는 분산도는 관찰된 자료가 어느 정도 퍼져 있는가를 나타내는 측정치이다. 퍼짐의 측정치에는 범위, 분산, 표준편차, 분산계수 등이 있다. 위치측정치(measures of position)는 관찰된 자료 중 어느 특정한 값이 다른 값들과 비교하여 어느 정도에 위치해 있는가를 나타내는 측정치이다. 위치측정치에는 퍼센타일(percentile)과 쿼타일(quartile) 등이 있다.

▎표 9-120 ▎분포의 특성

구분	의미
분포의 특성	관찰된 자료의 분포를 나타내는 특성으로, 집중화경향(central tendency), 분산도(dispersion), 비대칭도(skewness) 등이 대표적이다.
집중화경향	관찰된 자료들이 어디에 집중되어 있는가를 나타내주는 것. 산술평균, 중앙값, 최빈값, 기하평균, 조화평균 등이 있다.
최빈값	빈도수가 가장 많이 발생한 관찰값이다.
중앙값	수치로 된 자료를 크기 순서대로 나열할 때 가운데에 위치하는 관찰값. 중앙값은 n개의 관찰치가 있을 때 (n+1)/2번째의 값이다.
분산도	관찰된 자료가 흩어져 있는 정도. 범위, 평균편차, 표준편차, 분산 등이 있다.

4. 추론통계분석

추론통계분석은 모집단에 대한 정확한 추측을 하기 위하여 모집단으로부터 일정한 수의 표본을 추출하여 표본의 특성치인 통계량을 산출하여 모집단의 특성치인 모수를 추측하는 분석이다. 모집단의 특성치인 모수를 알기 위하여 모집단의 모수를 전수조사하지 않고 모집단의 일부인 표본을 추출하여 산출한 통계량을 이용하여 모수를 추측하는 이유는 모집단을 대상으로 전수조사할 경우 시간과 비용이 많이 소요되거나 모집단의 모수를 산출하기가 불가능한 경우가 있기 때문이다.

추론통계분석에서 표본을 이용하여 통계분석을 하기 때문에 항상 오차가 발생한다. 따라서 최소의 시간과 비용을 투입하여 허용가능한 오차범위 내에서 모수를 추측하는 것이 추론통계분석에서 추구하는 중요한 사명이다.

통계적 추론(statistical inference)은 모집단에서 추출한 표본에서 얻어진 정보를 근거로 모집단의 특성을 추정하는 과정이다. 추정은 수에 대한 지식이 없는 환경에서 모수의 값을 유추하는 방법이다. 가설검정은 가설을 설정한 후 모집단으로부터 추출한 표본의 특성치를 이용하여 가설의 채택 또는 기각 여부를 결정하는 것이다. 가설에는 연구가설과 귀무가설 두 가지가 있다. 가설검정은 귀무가설만을 가지고 실시한다.

표 9-121 | 통계적 추론

구분	내용
통계적 추론	• 모집단에서 추출한 표본에서 얻어진 정보를 근거로 모집단의 특성을 추정하는 과정
추정	• 모수에 대한 지식이 없는 환경에서 모수의 값을 유추하는 방법 • 점추정과 구간추정이 있음
가설검정	• 가설을 설정한 후 모집단으로부터 추출한 표본의 특성치를 이용하여 가설의 채택 또는 기각 여부를 결정하는 것 • 가설의 유형 2가지: 연구가설, 귀무가설 • 가설검정은 귀무가설만을 가지고 한다.

가. 추정

추정은 모집단으로부터 표본을 추출하고 표본의 특성치인 통계량을 산출한 후 모집단의 특성치를 미지의 상수인 모수로 추측하는 통계분석 방법이다. 추정에는 점추정(point estimation)과 구간추정(interval estimayion) 두 가지 방법이 있다. 점추정은 하나의 숫자로 모수를 추정하는 방법이다. 구간추정은 모수가 속하리라고 예상되는 구간을 설정하여 추정하는 방법이다.

모수를 추정하기 위한 점추정량에는 모평균, 모분산, 모비율이 있는데, 각 비율의 추정에 표본의 크기가 n인 표본평균, 표본분산, 표본비율을 사용한다.

신뢰구간(confidence interval) 추정이란 모수가 포함될 실수구간을 모수가 포함될 수준과 함께 제시함으로써 모수를 추정하는 방법이다. 신뢰구간 추정은 상한값과 하한값 두 개의 추정량으로 표현된다. 신뢰구간에 모수가 포함될 정도를 신뢰수준이라 한다. 모수에 대한 $1-\alpha$ 신뢰수준의 신뢰구간은 다음과 같이 표현할 수 있다. 모수가 구간 안에 포함되지 않을 수준 α를 허용오차라 한다. 가설검정에서 허용오차 α를 유의수준이라고 부른다.

▌표 9-122 ▌신뢰구간

신뢰구간	P(하한값 ≤ θ ≤ 상한값) = 1 − α(단, 0 ≤ α < 1)

나. 가설검정

가설검정(hypothesis test)은 모집단의 특성치인 모수에 대한 가설을 수립하고 가설의 채택 또는 기각 여부를 표본의 특성치인 통계량을 산출하여 검증하는 것을 말한다. 통계학에서 가설이란 모집단이나 확률변수의 분포에 관한 것이다. 모집단의 분포에 관한 가설이나 분포의 형태, 분포들의 비교 · 분포에서 나온 모수(parameter)에 관한 주장이나 서술은 모두 통계적인 가설이 된다. 만약 소자본 창업기업의 평균매출액이 10억이라고 한다면 이것은 하나의 가설이 된다. 즉, 소자본 창업기업 전체가 모집단이라고 한다면 평균매출액이 10억이라고 하는 것은 모집단의 모수인 모평균에 대한 주장이므로 하나의 가설이라고 할 수 있다. 이러한 가설은 실험이나 표본조사에서 나오는 자료의 분석을 통해서 받아들여지든지 또는 기각되든지 한다. 이렇게 모집단에 대한 가설을 실험 또는 표본조사에 의하여 채택 또는 기각하는 것을 가설검정이라고 한다. 통계학에서는 직접 관찰되지 않는 것을 포함한 모든 가능한 사건의 집단을 모집단(population)이라고 한다. 반면 가설을 검정하기 위하여 모집단으로부터 추출된 일부의 자료를 표본집단이라고 한다.

| 표 9-123 | 가설검정 과정

가설검정 과정		내용
1	귀무가설과 대립가설의 설정	• 연구자가 입증하고자 하는 가설: 대립가설(alternative hypothesis) 또는 연구가설 • 대립가설에 반대되는 가설: 귀무가설(null hypothesis)
2	오류의 수준결정	• 유의수준: 0.01, 0.05, 0.10
3	통계량 산출	• 양측검정과 단측검정
4	가설의 기각채택 판단	• 검정통계량이 기각역보다 크게 작게 되면, 즉 기각역 안에 있게 되면 귀무가설은 기각되고 대립가설이 채택된다. 반대로 검정통계량이 채택역에 있게 되면 귀무가설이 채택되고 대립가설은 기각된다.

| 표 9-124 | 가설검정에 사용되는 표본분포

분포	특징
정규분포	• 연속확률분포의 대표적인 분포. 통계적 추론에 가장 많이 활용되는 분포 • 모집단의 평균이 μ이고 분산이 δ^2 • 정규분포는 $X \sim N(\mu, \delta^2)$로 표시 • 확률밀도함수: $f(x) = \frac{1}{\sigma\sqrt{2\pi}} e^{-(X-\mu)^2/2\sigma^2} (-\infty < x < \infty)$
t-분포	• 모집단으로부터 30개 미만의 소표본들을 반복하여 표본추출을 하였을 때 이들 표본평균들이 이루는 분포 • 정규분포와 모양은 비슷하나 양끝 부분이 정규분포보다 두텁다.

카이스퀘어 분포	• 표본분산이 만들어내는 분포로서 통계적 추론에 많이 이용되는 연속확률분포 $\chi^2_{n-1} = \frac{(n-1)S^2}{\delta^2}$ • 모집단의 분산이 특정한 값을 갖는지의 여부를 검증 • 교차분석(contingency table)에서는 기대값과 관찰치의 차이를 검증
F-분포	• 정규분포를 이루는 두 모집단에서 추출된 두 표본집단의 분산의 비율이 만드는 분포 • 분산분석(ANOVA)이나 회귀식(regression)에 의해서 설명되는 분산과 설명되지 않은 분산의 비를 분석하는 회귀식의 유의성검증에도 이용

10절 창업 경영과학

1. 경영과학의 의의

경영과학은 Management Science 또는 Operations Research라고 하며 간단히 MS 또는 OR으로 표기하기도 하고, 계량경영이라고도 부른다. 경영과학은 '경영에서 의사결정 문제를 모형화하여 수리적 · 과학적인 방법으로 해결하는 것'을 말한다. 경영과학은 당면한 의사결정 문제에 대해 의사결정 문제의 목적이 무엇인지 정하고, 무엇을 결정해야 하는지를 파악한 다음, 문제를 둘러싸고 있는 모든 요소를 함께 고려하여 그것이 문제와 어떻게 연관되어 있는지를 종합적으로 표현하여 최적의 해를 찾는데 목적을 둔다.

경영의사결정은 4단계로 이루어진다. 1단계 문제를 발견하여 정의하고, 2단계 여러 가지 해결 대안(alternatives)을 마련하고, 3단계 대안을 평가하여 선택하고, 4단계 선택된 대안을 현실에 적용하여 실천한다. 경영의사결정 문제를 해결하기 위하여 의사결정 문제를 표현하고 기술하는 모형화(modeling)가 선행되어야 한다. 경영과학은 경영의사결정 문제를 모형화하여 문제를 해결하고 현실에 적용하는 것이다.

표 9-125 | 경영과학의 적용절차

구분	내용
Ⅰ. 문제의 정의	• 경영자는 문제를 제시하고 문제해결의 구체적인 목표를 제시 • 문제해결을 위한 경영과학 팀 구성
Ⅱ. 관찰 및 자료수집	• 문제에 관련된 자료를 수집, 문제상황 이해
Ⅲ. 모형수립	• 목적내용과 제한조건 표현
Ⅳ. 모형검증	• 수립된 모형에서 산출된 결과와 관찰에 의한 결과를 비교하여 모형의 정확성 검증
Ⅴ. 대안마련 및 평가	• 현실적으로 적용가능한 대안 마련 • 각 대안을 평가하여 최선의 대안 선택
Ⅵ. 연구결과 발표	• 선택된 대안을 문제가 속하고 있는 조직에 발표 • 다른 전문가의 의견을 듣고서 모형과 대안을 재차 수정
Ⅶ. 연구결과 실행	• 대안이 선택되면 실제 문제의 현실 상황에 적용

2. 경영과학의 문제

경영과학은 정형화된 문제로 표현하여 해결할 수 있는 경영의 문제 영역을 점점 넓혀 오고 있다. 경영에서 의사결정 문제가 이러한 정형화된 문제에 속하면 표준화된 모형을 적용하여 해를 구할 수 있다. 일반적인 경영과학의 문제를 살펴보면 자원배분 문제, 수송배분 문제, 활동 네트워크 문제, 불확실성하의 의사결정 문제, 재고관리 문제, 대기행렬 문제, 시스템의 행동예측 문제, 효율성의 상대적 비교, 정보가치분석 문제, 포트폴리오 최적화 문제 등이 있으며 그 내용을 살펴보면 다음 표와 같다.

표 9-126 | 경영과학의 문제

구분	내용
자원분배 문제	• 한정된 자원과 설비를 갖고 목표를 달성하기 위하여 자원과 설비를 가장 효율적으로 활용하는 방법을 찾는 문제 • 설비와 원자재를 배분하는 생산계획 수립 문제와 노동력과 재고수준 등을 종합적으로 고려하는 총괄 생산계획 수립 문제

수송배분 문제	• 다수의 공급지에서 다수의 수요지로 물품을 수송해야 할 경우 수송비용이 최소가 되는 수송방법을 찾는 문제 • 생산-분배 계획의 수립, 작업자-작업의 할당 문제
네트워크 문제	• 물류 문제에서 물량을 최대화하거나 비용을 최소화시키는 문제 • 물품의 흐름, 설비교체 문제
활동네트워크 문제(PERT/CPM)	• 프로젝트 표현 문제 • 프로젝트 소요시간의 관리 및 장비와 자원의 투입을 관리하는 문제
불확실성하의 의사결정 문제	• 불확실성하의 의사결정 문제
재고관리 문제	• 적정한 재고수준 결정 문제 • 재고비용 최소화 문제
대기행렬 문제	• 사람이나 물품 흐름 서비스를 최적의 방법으로 설계하는 문제
시스템의 행동예측 문제	• 관심대상이 되는 시스템이나 문제가 현재와 다른 조건과 환경에 처했을 때 나타나는 행동이나 상태를 예측하는 문제
효율성의 상대적 비교	• 측정단위가 다른 여러 가지의 투입요소가 있고 산출 성과가 여러 가지일 때 이러한 투입-산출을 가진 시스템의 효율성을 상호 비교하는 문제
정보가치분석 문제	• 정보에 의한 불확실성의 감소를 평가하여 정보가치를 분석하는 문제
포트폴리오 최적화 문제	• 기대수익률과 위험을 동시에 안고 있는 투자대안들로서 포트폴리오를 구성할 때 여러 가지 조건으로서 포트폴리오 구성을 최적화하는 문제

3. 경영과학의 모형

경영과학은 경영현장에서 관찰되는 현상이나 문제를 표현하고 설명한다. 현실을 표현하는 것을 모형화(modeling)라고 하고, 표현된 것을 모형(model)이라고 부른다. 특히 수학적인 표현으로 모형화된 것을 수학적 모형(mathematical model)이라고 한다.

의사결정 문제는 실제현실의 상황에 싸여 있다. 이러한 현실의 문제를 모형으로 표현하고 그 모형에서 얻어진 해를 현실에 다시 적용하는 절차를 밟는다.

경영과학의 문제는 경영과학의 정형화된 도구를 활용하여 해결할 수 있다. 경영과학에서는 새로운 문제를 만나면 문제를 새로운 모형으로 표현해 해를 구해서 현실에 적용한다. 이와 같은 과정이 반복되면 문제의 모형은 경영과학의 정형화된 모형으로 자리잡게 된다. 경영과학에서 자주 활용하는 의사결정 모형은 다음 표와 같다.

| 표 9-127 | 경영과학의 모형

구분	내용
선형계획모형	• 여러 가지 제한조건을 충족시키면서 목표 하는 결과치를 최적화(이익의 최대화, 비용의 최소화, 효율의 극대화)시키도록 활동수준을 정하는 의사결정모형 • 선형계획모형(LP)에서는 제한조건과 목표 하는 결과치가 활동수준에 대해서 선형관계식으로 표현. 선형계획모형: 심플렉스법과 민감도 분석기법
수송문제모형	• 다수의 공급지에서 다수의 수요지로 물품을 수송하는 문제를 다루는 모형 • 공급지의 공급 가능량 제한과 수요지의 수요량 요구를 충족하면서 수송비용을 최소화하는 수송방법을 찾아줌
네트워크 분석모형	• 연결마디(node)와 연결가지(arc)로 표현되는 네트워크에서 흐름량을 최대화시키거나, 흐름비용을 최소화시키는 문제 또는 출발지에서 목적지까지의 최단거리의 경로를 찾는 문제 모형
PERT/CPM	• 여러 가지 활동(activities)이 우선순위로 연결되어 전체 프로젝트를 구성하는 경우 프로젝트의 완료시간과 자원의 활용을 분석해주는 모형
정수계획법	• 활용수준이 정수값으로 표현되는 문제를 표현하여 해를 구해주는 모형 • 0/1 이진변수를 활용하면 여러 가지 선택조건이나 논리적 제약을 표현할 수 있고, 고정비 발생문제나 종합적인 선택문제를 모형화해서 풀어줌
비선형계획법	• 제한조건이나 목표 하는 결과치가 의사결정변수의 활동수준에 대해서 비선형으로 표현되는 문제를 다루는 최적화 의사결정모형 • 비선형계획법은 일반적인 비선형 함수의 최적화를 비롯하여, 주식의 β(베타)값 추정, 투자 프트폴리오 최적화, 재고관리 문제, 생산함수, 비용함수 등 관리경제학적인 함수의 최적화에 응용
다목적계획 및 목표계획법	• 제한조건하에서 여러 개의 목표를 동시에 달성하는 의사결정을 찾는 모형 • 목표계획법에서는 최적해를 찾기보다는 가능한 한 목표를 근접하게 충족시키는 만족할 만한 해를 찾는다.
의사결정분석	• 성과이득을 최대화하는 의사결정 문제의 분석을 다룸 • 성과이득은 화폐가치 또는 효용함수(utility function)에 의해 효용값으로 표현

대기행렬모형	• 은행이나 병원과 같이 서비스시스템에 도착하여 대기했다가 서비스를 완료하고 시스템을 떠나는 경우 평균대기시간, 평균대기자수 등을 분석하는 모형 • 도착방법, 서비스방법, 서비스 창구개수, 도착 고객의 모집단 크기, 시스템 내 체류인원 제한 등의 여러 가지 경우에 따라서 대기행렬모형은 다양한 수식모형으로 표현
시뮬레이션	• 수학적 분석모형으로 표현하기에는 현실 시스템이 매우 복잡한 경우 난수를 이용해서 컴퓨터로 모의실험하여 시스템의 상태와 특성을 알아보는 방법 • 시스템의 행동이 확률적인 선택을 따르는 경우 시뮬레이션은 적합한 분석방법 • 시뮬레이션은 대기행렬 시스템분석, 주식투자방법분석, 기업의 현금흐름분석 등 다방면에 활용
예측모형	• 주식가격, 이자율 변동 등 시간흐름에 따라 변하는 값들의 미래값을 예측해내는 모형 • 추세나 주기적 변동, 계절적 변동 등을 반영하여 예측

요약& 결론

재무관리는 경영학의 한 분야로서 기업이 필요한 자금을 어떻게 조달하고, 조달된 자금을 어떻게 사용할 것인가 하는 문제를 다룬다. 재무관리에 대한 정보는 기업의 재무제표인 재무상태표에 나타나 있다. 재무상태표란 기업의 일정시점의 재무상태, 즉 자산, 부채, 자본의 정보를 나타내고 있는 표이다. 재무상태표의 대변에는 기업의 자금조달에 대한 정보, 즉 부채와 자본의 정보를 나타내고 있고, 차변에는 조달된 자금의 운용, 즉 자산의 정보를 나타내고 있다.

인적자원관리는 조직의 목적을 달성하기 위하여 인적자원의 잠재적 능력을 육성 · 개발함과 동시에 인적자원의 잠재적 능력이 조직의 전략적 목적을 달성하는데 기여하도록 체계적으로 계획 · 실행 · 통제하는 조직의 활동이다. 인적자원관리의 목표는 기업의 목표를 달성할 수 있도록 인사관리의 목표를 수립하고 직무와 종업원 모두에게 가장 효율적인 시스템을 구축하여 종업원의 만족과 생산성을 향상시키는 것이다.

창업 생산운영관리란 창업기업의 생산시스템의 생산효율을 극대화할 수 있도록 생산활동이나 생산과정을 관리하는 것을 말한다. 창업 생산운영관리란 창업기업의 생산시스템을 계획 · 실행 · 통제함으로써 생산효율을 극대화시키는 일련의 관리활동을 말한다. 창업 생산운영관리의 목표는 원가의 최소화, 품질의 최대화, 납기의 최소화, 유연성의 최대화에 있다. 생산운영관리는 생산성 향상과 경제성 향상을 궁극적인 목표로 한다.

마케팅이란 소비자의 필요와 욕구를 충족시키기 위해 시장에서 교환이 일어날 수 있도록 상품, 서비스 및 아이디어의 설계, 가격결정, 촉진, 유통 등을 계획하고 실행하고 통제하는 과정이다.

회계는 회계정보이용자가 합리적인 판단이나 의사결정을 할 수 있도록 기업실체에 관한 유용한 경제적 정보를 식별 · 인식 · 측정 · 기록 및 전달하는 과정이다. 회계는 기업의 활동인 거래를 기록하는 기업의 언어이다. 회계상 거래란 자산, 부채, 자본의 변동이나 수익과 비용의 발생을 가져오는 기업의 경영활동을 말한다.

세무관리는 부가가치세, 근로소득세, 법인세 이론과 실무를 이해하고 처리하는 것을 목표로 한다.

경영정보시스템이란 '조직의 계획, 운영 및 통제를 위한 정보를 수집 · 저장 · 검색 · 처리하여 적절한 시기에 적절한 형태로 구성원에게 제공해줌으로써 조직의 목표를 보다 효율적 및 효과적으로 달성할 수 있도록 조직화된 통합적 인간 · 기계시스템'이다. 기업의 경영정보시스템 도입은 지속적인 경쟁우위를 확보할 수 있도록 한다.

창업 경영전략이란 창업기업이 나아가야 할 목표를 설정하고 창업기업 내 · 외부환경을 분석하여 기업의 자원을 가장 효율적으로 활용할 수 있는 행동방향을 설정하는 것이다.

통계학은 불확실성 속에서 자료를 수집 · 처리 · 분석하여 합리적인 의사결정을 돕기 위한 학문이다. 통계학은 자료를 수집 · 처리 · 분석하여 합리적인 의사결정을 돕기 위하여 정보를 산출하는 학문이다.

경영과학은 '경영에서 의사결정 문제를 모형화하여 수리적 · 과학적인 방법으로 해결하는 것'을 말한다. 경영과학은 당면한 의사결정 문제에 대해 의사결정 문제의 목적이 무엇인지 정하고, 무엇을 결정해야 하는지를 파악한 다음, 문제를 둘러싸고 있는 모든 요소를 함께 고려하여 그것이 문제와 어떻게 연관되어 있는지를 종합적으로 표현하여 최적의 해를 찾는 데 목적을 둔다.

Successful Startup 9 성공 창업자의 창업 성공요인

성공 창업자의 창업 성공요인을 살펴보면 다음 표와 같다.

| 표 9-128 | 성공 창업자의 창업 성공요인

창업자	창업기업	창업 성공요인
마윈	알리바바	당신이 100만 달러를 벌었다면 그것은 당신의 돈이다. 그러나 10억 달러를 벌었다면 그것은 당신의 돈이 아니다. 사회에 투자해야 하는 돈이다.
옌빈	화빈그룹	"그래도 한번 해봐." 모두가 안 된다고 할 때 할 수 있다고 생각했으며 아무것도 하지 않는 것보다는 실패라도 하는 것이 낫다는 사실을 아는 사람들, 그들이 리더였다. 해보지도 않고 실패를 걱정하면 어떻게 발전하겠습니까?
량원건	싼이중공업	"할 수 있다"와 "할 수 없다"는 모두 옳은 판단일 수 있지만, 그에 따른 결과는 전혀 다르다. 할 수 있다고 생각하면 그것을 이루려고 노력할 것이고, 할 수 없다고 생각하면 아무것도 하지 않고 그냥 포기하고 말 것이다.
손정의	소프트뱅크	보통 사람이 보면 어리석거나 상식을 벗어난 것처럼 보이겠지만, 때로는 미친 사람도 있어야 세상이 발전하는 법이다.
장 루이민	하이얼그룹	장 루이민이 하이얼그룹의 전신인 칭다오의 냉장고 공장 공장장으로 부임했을 때 그는 기강이 완전히 무너지고 형편없는 품질의 제품을 만들고도 책임질 줄 모르는 직원들을 보았다. 장루이민은 냉장고 400대를 일일이 검사하여 품질 불량인 76대를 직원들 앞에서 망치로 부숴버린다. 유명한 하이얼 망치 사건이다. 이것은 쓰레기입니다. 우리는 제품이 아닌 쓰레기를 만들었습니다. 우리는 소비자들에게 용서를 빌어야 합니다. 세계 일류 기업의 직원이 되길 원하십니까? 1등이 되려거든 나를 따라 망치를 드십시오.
사와다 히데오	하우스텐보스	고객과 종업원이, 회사와 주주가 그리고 지역이 모두 좋아지는 균형을 찾는 것, 이것이야말로 지속가능한 기업의 모습이다.
요코우치 유이치로	후지겐	이 공장은 사람을 만드는 공장입니다. 훌륭한 사람을 만들면, 그 훌륭한 사람들이 기타를 만듭니다.

존 헨드릭스	디스커버리 커뮤니케이션스	사업이나 기업가정신을 말할 때 숫자가 중심이 되는 경우가 너무나 많다. 우리가 자주 잊고 지내는 것이 바로 이쪽 세계의 인간적 측면이다. 고결함, 품위, 용기, 신뢰와 같은 것들이 빛을 발하는 그 눈부신 순간이야말로 비즈니스의 세계를 진정 가치 있게 만든다.
토니 셰이	자포스	월급 때문만이 아니라 그 이상의 이유로 자포스에서 일하고 싶어 하는 사람들을 뽑겠다.
워런 버핏	버크셔 해서웨이	발전하기 위해서는 자기보다 훌륭한 사람과 사귀어야 하고 평생의 멘토로 삼을 만한 사람을 만나기 위해 최대한의 노력을 기울이라고 조언했다.
피터 틸	페이팔	창조의 순간도 단 한 번뿐이다. 경쟁하지 말고 독점하라.

4부

소자본 창업경영 평가

10장 재무제표분석

1절 재무상태표와 손익계산서

재무제표는 특정 회계기간 동안 기업의 경영활동을 간결하게 요약한 재무보고서이다. 재무제표의 작성은 기업과 이해관계를 가지고 있는 재무제표이용자들이 기업에 관한 의사결정을 할 때 도움이 될 수 있는 재무정보를 제공하고자 하는 데 있다. 그러므로 재무제표이용자가 어떤 재무정보를 필요로 하느냐에 따라 작성해야 할 재무제표의 종류와 재무분석의 유형이 결정된다. 주주, 종업원, 채권자 등 기업의 이해관계자들은 일반적으로 기업의 재무상태 및 경영성과에 관한 정보를 필요로 한다. 이렇게 기업의 재무상태와 경영성과를 나타내고 있는 재무보고서에는 재무상태표(Financial Statement)와 손익계산서(Income Statement)가 있다.

재무상태표와 손익계산서에는 기업의 경영자들과 구성원들의 활동성과가 나타나게 되며, 이를 통하여 기업의 재무상태와 경영성과를 보다 정확하게 파악 · 평가할 수 있다. 주주나 채권자들은 기업에 대한 투자 여부를 결정할 때 투자 대상 기업의 재무구조와 경영성과, 미래 재무구조와 경영성과에 대하여 많은 관심을 가지고 있는데, 이들은 필요한 정보의 많은 부분을 재무제표분석을 통하여 획득할 수 있다. 따라서 재무제표분석은 경영자, 주주, 채권자 등 기업의 경영성과와 재무상태에 관한 유용한 재무정보를 제공해준다.

기업의 경영성과와 재무구조는 제조원가명세서, 손익계산서, 이익잉여금처분계산서, 재무상태표, 현금흐름표, 자본변동표 등에 나타나며, 이것들을 중심으로 평가가 이루어진다. 이 중에서 재무상태표와 손익계산서가 기업의 재무구조와 경영성과를 나타내는 가장 대표적인 재무제표이다.

1. 재무상태표

재무상태표는 특정 시점에 자산, 부채, 자본의 상태를 나타내는 표이다. 모든 기업은 회계연도 말에 재무상태표를 작성하여야 하며, 필요에 따라서는 반기말, 분기말 또는 월말에 재무상태표를 작성하기도 한다.

표 10-1 | 재무상태표의 계정과목

계정과목	내용
자산	기업의 경영활동을 수행하거나 기업의 목적을 달성하기 위하여 통제하고 있는 유형 및 무형의 재화, 용역 및 권리 등을 포함한 제반 경제적 자산
부채	기업의 미래의 어느 시점에 제3자에게 현금을 지급하거나 기타 재화나 용역을 제공해야 할 의무, 기업자산에 대한 채권자의 지분
자본	자산에서 부채를 차감한 금액, 기업의 순자산

재무상태표는 자산과 부채 및 자본에 관한 정보를 제공하는 재무보고서로서 재무상태표 등식의 기본 골격을 갖추고 있다.

자산 = 부채 + 자본

재무상태표의 보고방식으로는 계정식과 보고식의 두 가지가 있다. 계정식 재무상태표는 중앙을 중심으로 좌측에는 자산을, 우측에는 부채와 자본을 보고하는 방법이다. 보고식 재무상태표는 좌우의 구별이 없이 재무상태표 상단으로부터 자산, 부채 및 자본의 순서대로 연속 표시하는 방법을 말한다.

| 표 10-2 | 계정식 재무상태표

차변	대변
자산	부채
	자본

| 표 10-3 | 보고식 재무상태표

계정과목	금액
자산	
부채	
자본	

2. 손익계산서

기업은 일상적인 영업활동이나 부수적인 경영활동 등을 수행함으로써 이익과 손실을 발생시키게 된다. 손익계산서는 일정기간 동안 기업의 경영성과를 나타내는 재무제표이다. 경영성과는 다음과 같이 수익, 비용 및 순이익 또는 손손실의 형태로 나타난다.

| 표 10-4 | 손익계산서의 계정과목

계정과목	내용
수익	기업의 경영활동으로 번 돈
비용	기업의 경영활동을 위해 쓴 돈
이익	수익에서 비용을 차감한 금액

수익 − 비용 = 순이익(혹은 순손실)

경영활동을 수행하는 과정에서 창출되는 수익은 수익인식의 원칙에 의해, 그리고 이 과정에서 소요되는 희생인 비용은 비용대응의 원칙에 의해 인식된다. 한 회계기간 동안 인식된 수익과 이에 대응된 비용의 차액이 그 기간 동안의 순이익이 되는 것이다. 수익과 비용은 정상적이고 반복적으로 수행되는 영업활동에서 발생되어야 하나, 경영활동을 수행하는 과정에서 예외적으로 발생되는 수익과 비용 또한 있을 수 있다. 이러한 수익과 비용항목을 영업외수익과 영업외비용으로 구분한다. 한 회계기간 동안의 경영활동의 결과가 흑자인 경우 당기순이익이 양의 수치로 나타나며, 적자인 경우에는 당기순이익이라는 용어 대신에 당기순손실이라는 용어를 사용한다.

표 10-5 | 기업의 수익과 비용의 발생원천

구분	수익/비용의 구분	발생활동의 종류
수익	매출 영업외수익	주된 영업활동 보조적인 영업활동
비용	매출원가, 판매비및관리비 영업외비용 법인세 등	주된 영업활동 보조적인 영업활동 법인소득세의 활동

재무상태표는 특정 시점의 재무상태를 보고하는 정태적인 성격의 보고서이나, 손익계산서는 작성 대상기간 동안의 경영성과를 나타내는 동태적인 성격을 나타내는 보고서이다. 재무상태표에 보고되는 재무상태는 손익계산서에 보고되는 경영성과를 이미 반영한 후의 재무상태를 나타내게 된다. 이렇게 재무제표들 간의 연계성을 유지하도록 한 것은 회계정보의 활용성을 높이기 위한 것이다.

매출총이익은 매출액에서 매출원가를 차감시킨 금액인데, 이 금액에서 판매비및관리비 등이 차감되어야만 궁극적으로 이익 또는 손실이 계산된다는 뜻에서 총이익이라 한다. 매출총이익에서 판매비및관리비를 차감하면 영업수익인 매출액에서 영업비용을 차감한 결과이므로 이는 영업활동의 성과를 나타낸다는 뜻에서 영업이익이라 한다. 영업이익에 주된 영업활동을 보조하는 영업외수익과 영업외비용을 가감하면 법인세비용차감전순이익이 나타난다. 법인세비용차감전순이익에서 세법에 따른 법인세비용 등을 공제하면 손익계산서의 최종 수입인 당기순이익이 최종 집계된다.

| 표 10-6 | 이익의 산출 개념

구분	산출 개념
매출총이익	매출액 − 매출원가
영업이익	매출총이익 − 판매비및관리비
법인세비용차감전순이익	영업이익 + 영업외수익 − 영업외비용
당기순이익	법인세비용차감전순이익 − 법인세비용등

손익계산서의 보고방식으로는 계정식과 보고식의 두 가지가 있다. 계정식 손익계산서는 중앙을 중심으로 좌측에는 비용을, 우측에는 수익을 보고하는 방법이다. 보고식 손익계산서는 좌우의 구별이 없이 손익계산서 상단으로부터 수익, 비용, 이익의 순서대로 연속 표시하는 방법을 말한다.

| 표 10-7 | 계정식 손익계산서

차변	대변
비용	수익

| 표 10-8 | 보고식 손익계산서

계정과목	금액	계산방법
Ⅰ. 매출액		
Ⅱ. 매출원가		
Ⅲ. 매출총이익		Ⅰ − Ⅱ
Ⅳ. 판매비및관리비		

Ⅴ. 영업이익		Ⅲ－Ⅳ
Ⅵ. 영업외수익		
Ⅶ. 영업외비용		
Ⅷ. 법인세비용차감전순이익		Ⅴ＋Ⅵ－Ⅶ
Ⅸ. 법인세비용등		
Ⅹ. 당기순이익		Ⅷ－Ⅸ

2절 재무제표 구성비율분석

1. 재무상태표 구성비율분석

재무비율분석은 재무제표상의 항목을 서로 대응하는 항목으로 분류하여 그 총체적 구성비나 개별항목들 간 연관비율을 산출하고, 이를 과거의 평균비율이나 표준비율과 비교함으로써 기업의 재무상태와 경영성과를 분석 · 비교 · 평가하는 것을 말한다.

재무상태표 구성비율분석은 재무상태표 모든 항목을 자산총계에 대한 비율로 나타낸 것으로 재무상태표 각 구성요소들이 자산총계에서 차지하는 상대적 중요성을 비교하는 데 유용하다.

표 10-9 | 삼성전자 재무상태표 구성비율(2018~2020)

(단위: 백만원, %)

계정과목	2018		2019		2020	
	금액	구성비	금액	구성비	금액	구성비
자산						
유동자산	80,039,455	36.5	72,659,080	33.6	73,798,549	32.1
현금및현금성자산	2,607,957	1.2	2,081,917	1.0	989,045	0.4
단기금융상품	34,113,871	15.6	26,501,392	12.3	29,101,284	12.7
매출채권	24,933,267	11.4	26,255,438	12.1	24,736,740	10.8

미수금	1,515,079	0.7	2,406,795	1.1	1,898,583	0.8
선급비용	2,230,628	1.0	813,651	0.4	890,680	0.4
재고자산	12,440,951	5.7	12,201,712	5.6	13,831,372	6.0
기타유동자산	2,197,702	1.0	2,398,175	1.1	2,350,845	1.0
비유동자산	138,981,902	63.5	143,521,840	66.4	155,865,878	67.9
기타포괄손익-공정가치금융자산	1,098,565	0.5	1,206,080	0.6	1,539,659	0.7
당기손익-공정가치금융자산	7,413	0.0	3,181	0.0	3,107	0.0
종속기업, 관계기업 및 공동기업 투자	55,959,745	25.5	56,571,252	26.2	56,587,548	24.6
유형자산	70,602,493	32.2	74,090,275	34.3	86,166,924	37.5
무형자산	2,901,476	1.3	8,008,653	3.7	7,002,648	3.0
순확정급여자산	562,356	0.3	486,855	0.2	1,162,456	0.5
이연법인세자산	654,456	0.3	547,176	0.3	992,385	0.4
기타비유동자산	7,195,398	3.3	2,608,368	1.2	2,411,151	1.0
자산총계	219,021,357	100.0	216,180,920	100.0	229,664,427	100.0
부채						
유동부채	43,145,053	19.7	36,237,164	16.8	44,412,904	19.3
매입채무	7,315,631	3.3	7,547,273	3.5	6,599,025	2.9
단기차입금	10,353,873	4.7	10,228,216	4.7	12,520,367	5.5
미지급금	8,385,752	3.8	9,142,890	4.2	9,829,541	4.3
선수금	214,615	0.1	355,562	0.2	424,368	0.2
예수금	572,702	0.3	383,450	0.2	432,714	0.2
미지급비용	6,129,837	2.8	5,359,291	2.5	7,927,017	3.5
당기법인세부채	7,925,887	3.6	788,846	0.4	3,556,146	1.5
유동성장기부채	5,440	0.0	153,942	0.1	87,571	0.0
충당부채	2,135,314	1.0	2,042,039	0.9	2,932,468	1.3
기타유동부채	106,002	0.0	235,655	0.1	103,687	0.0
비유동부채	2,888,179	1.3	2,073,509	1.0	1,934,799	0.8
사채	43,516	0.0	39,520	0.0	31,909	0.0
장기차입금	0	0.0	174,651	0.1	150,397	0.1
장기미지급금	2,472,416	1.1	1,574,535	0.7	1,247,752	0.5
장기충당부채	372,217	0.2	283,508	0.1	503,035	0.2
기타비유동부채	30	0.0	1,295	0.0	1,706	0.0
부채총계	46,033,232	21.0	38,310,673	17.7	46,347,703	20.2

자본						
자본금	897,514	0.4	897,514	0.4	897,514	0.4
우선주자본금	119,467	0.1	119,467	0.1	119,467	0.1
보통주자본금	778,047	0.4	778,047	0.4	778,047	0.3
주식발행초과금	4,403,893	2.0	4,403,893	2.0	4,403,893	1.9
이익잉여금(결손금)	166,555,532	76.0	172,288,326	79.7	178,284,102	77.6
기타자본항목	1,131,186	0.5	280,514	0.1	(268,785)	-0.1
자본총계	172,988,125	79.0	177,870,247	82.3	183,316,724	79.8
부채와자본총계	219,021,357	100.0	216,180,920	100.0	229,664,427	100.0

2. 손익계산서 구성비율분석

손익계산서 구성비율분석은 손익계산서의 모든 항목을 매출액에 대한 비율로 나타낸 것으로 손익계산서 각 구성요소들이 매출액에서 차지하는 상대적 중요성을 비교하는 데 유용하다. 예를 들면, 전체 매출액에 있어서 매출원가와 판매비및관리비와 같은 주요 원가 항목들이 매출액에서 차지하는 비중이 어느 정도인지를 알 수 있다. 이렇게 재무제표 구성비율분석은 동종 산입에 종사하는 다른 기업들의 재무제표 구성비율들과 비교해봄으로써 기업 간의 영업의 특징과 재무적인 특징을 파악하는 데 이용한다.

| 표 10-10 | 삼성전자 손익계산서 구성비율(2018~2020)

(단위: 백만원, %)

계정과목	2018		2019		2020	
	금액	구성비	금액	구성비	금액	구성비
수익(매출액)	170,381,870	100.0	154,772,859	100.0	166,311,191	100.0
매출원가	101,666,506	59.6	113,618,444	73.4	116,753,419	70.2
매출총이익	68,715,364	40.3	41,154,415	26.5	49,557,772	29.8
판매비및관리비	25,015,913	14.6	27,039,348	17.4	29,038,798	17.4
영업이익	43,699,451	25.6	14,115,067	9.1	20,518,974	12.3
기타수익	972,145	0.5	5,223,302	3.3	797,494	0.4

기타비용	504,562	0.3	678,565	0.4	857,242	0.5
금융수익	3,737,494	2.1	4,281,534	2.7	5,676,877	3.4
금융비용	3,505,673	2.0	3,908,869	2.5	5,684,180	3.4
법인세비용차감전순이익(손실)	44,398,855	26.0	19,032,469	12.3	20,451,923	12.3
법인세비용	11,583,728	6.8	3,679,146	2.3	4,836,905	2.9
계속영업이익(손실)	32,815,127	19.2	15,353,323	9.9	15,615,018	9.3
당기순이익(손실)	32,815,127	19.2	15,353,323	9.9	15,615,018	9.3

3. 재무비율 분석의 유용성

재무비율 분석은 ① 자료수집의 간편성, ② 계산의 단순성, ③ 정보의 다양성 등으로 유용하다.

| 표 10-11 | 재무비율분석의 유용성

유용성	내용
자료수집의 간편성	• 비율분석에 필요한 자료를 쉽게 구할 수 있음 • 대부분의 재무비율은 기업이 공개하는 재무제표로부터 구할 수 있음
계산의 단순성	• 계산이 간단하고 이해하기 쉬움 • 재무분석에 대한 사전지식이 없는 사람도 쉽게 사용
정보의 다양성	• 기업에 대한 다양한 정보를 제공 • 단순히 비율을 계산하기만 하여도 기업의 여러 측면에 대한 정보를 얻을 수 있음

4. 재무비율 분석의 한계

재무비율 분석이 유용한 정보를 제공하기 위해서는 무엇보다도 계산에 이용되는 재무제표가 신빙성이 있어야 한다. 재무제표가 기업의 실상을 분석하지 않고 정직하게 보여주어야 하며 다른 기업이나 과거의 실적과 비교할 때에는 회계처리방법이 동일해야 한다. 또 재무제표는 1년 단위로 작성되기 때문에 계절적으로 심한 변동이 나타나는 기업의 분석시에는 유의하여야 한다.

재무비율 분석의 한계로는 ① 비율의 과장성, ② 미래예측의 한계, ③ 해석의 양면성, ④ 표준비율의 모호성 등이 있다.

❙ 표 10-12 ❙ 재무비율 분석의 한계

한계	내용
비율의 과장성	• 비율값만 보고 기업활동을 추정하거나 해석하면 기업활동의 실상을 오해할 여지가 있음 • 분모가 작은 값인 경우에는 비율이 실상을 과장해서 보이는 경향이 있음 • 비율을 해석할 때에는 계산에 이용된 수치도 함께 고려해야 함
미래예측의 한계	• 재무제표는 과거 기업활동에 대한 회계적 기록이므로 현재의 경제적 실상을 보여주고 미래를 예측하는 데 한계가 있음 • 과거의 활동에 대한 재무비율을 분석하여 미래를 추정할 수 있기 위해서는 미래의 기업환경이나 경영의사결정이 과거와 유사할 것이라는 전제가 성립해야 함 • 경쟁이 치열해지고 환경이 급변하는 오늘날의 세계에서 이러한 전제는 매우 비현실적임
해석의 양면성	• 재무비율을 해석할 때 양면성을 고려 • 기업이 현금을 많이 보유하고 있으면 부채의 지불능력을 측정하는 유동비율값이 크게 나옴 • 유동비율이 높다는 것이 반드시 경영이 잘되었다는 의미는 아님 • 현금은 수익능력이 없는 자산이므로 현금보유가 지나치게 높으면 총사본이익률이 낮아짐 • 은행이나 채권자는 원리금을 안전하게 상환받기 위해서 유동비율이 높은 것을 원하지만 주주는 자금이 보다 수익성이 높은 자산에 투자되기를 원함 • 재무분석의 이용자에 따라 같은 비율값이라도 그 해석은 서로 다름
표준비율의 모호성	• 비율분석에서 경영성과를 판단하는 표준비율이 합리적으로 설정되어야 함 • 모든 기업에 공통적으로 적용될 수 있는 절대적인 표준비율은 존재하지 않으며 분석가의 목적이나 대상기업의 특성에 따라서 표준비율이 달라짐

요약&
결론

재무제표는 특정 회계기간 동안 기업의 경영활동을 간결하게 요약한 재무보고서이다. 재무제표의 작성은 기업과 이해관계를 가지고 있는 재무제표이용자들이 기업에 관한 의사결정을 할 때 도움이 될 수 있는 재무정보를 제공하고자 하는 데 있다. 주주, 종업원, 채권자 등 기업의 이해관계자들은 일반적으로 기업의 재무상태 및 경영성과에 관한 정보를 필요로 한다. 이렇게 기업의 재무상태와 경영성과를 나타내고 있는 재무보고서에는 재무상태표(Financial Statement)와 손익계산서(Income Statement)가 있다.

재무상태표와 손익계산서에는 기업의 경영자들과 구성원들의 활동성과가 나타나게 되며, 이를 통하여 기업의 재무상태와 경영성과를 보다 정확하게 파악 · 평가할 수 있다. 주주나 채권자들은 기업에 대한 투자 여부를 결정할 때 투자 대상 기업의 재무구조와 경영성과, 미래 재무구조와 경영성과에 대하여 많은 관심을 가지고 있는데, 이들은 필요한 정보의 많은 부분을 재무제표 분석을 통하여 획득할 수 있다. 따라서 재무제표 분석은 경영자, 주주, 채권자 등 기업의 경영성과와 재무상태에 관한 유용한 재무정보를 제공해준다.

기업의 경영성과와 재무구조는 제조원가명세서, 손익계산서, 이익잉여금처분계산서, 재무상태표, 현금흐름표, 자본변동표 등에 나타나며, 이것들을 중심으로 평가가 이루어진다. 이 중에서 재무상태표와 손익계산서가 기업의 재무구조와 경영성과를 나타내는 가장 대표적인 재무제표이다.

재무상태표는 특정 시점에 자산, 부채, 자본의 상태를 나타내는 표이다. 모든 기업은 회계연도 말에 재무상태표를 작성하여야 하며, 필요에 따라서는 반기말, 분기말 또는 월말에 재무상태표를 작성하기도 한다.

재무상태표의 보고방식으로는 계정식과 보고식의 두 가지가 있다. 계정식 재무상태표는 중앙을 중심으로 좌측에는 자산을, 우측에는 부채와 자본을 보고하는 방법이다. 보고식 재무상태표는 좌우의 구별이 없이 재무상태표 상단으로부터 자산, 부채 및 자본의 순서대로 연속 표시하는 방법을 말한다.

손익계산서는 일정기간 동안 기업의 경영성과를 나타내는 재무제표이다. 경영성과는 다음과 같이 수익, 비용 및 순이익 또는 손손실의 형태로 나타난다.

재무상태표는 특정 시점의 재무상태를 보고하는 정태적인 성격의 보고서이나, 손익계산서는 작성 대상기간 동안의 경영성과를 나타내는 동태적인 성격을 나타내는 보고서이다. 재무상태표에 보고되는 재무상태는 손익계산서에 보고되는 경영성과를 이미 반영한 후의 재무상태를 나타내게 된다. 이렇게 재무제표들 간의 연계성을 유지하도록 한 것은 회계정보의 활용성을 높이기 위한 것이다.

매출총이익은 매출액에서 매출원가를 차감시킨 금액인데, 이 금액에서 판매비및관리비 등이 차감되어야만 궁극적으로 이익 또는 손실이 계산된다는 뜻에서 총이익이라 한다. 매출총이익에서 판매비및관리비를 차감하면 영업수익인 매출액에서 영업비용을 차감한 결과이므로 이는 영업활동의 성과를 나타낸다는 뜻에서 영업이익이라 한다. 영업이익에 주된 영업활동을 보조하는 영업외수익과 영업외비용을 가감하면 법인세비용차감전순이익이 나타난다. 법인세비용차감전순이익에서 세법에 따른 법인세비용 등을 공제하면 손익계산서의 최종 수입인 당기순이익이 최종 집계된다.

손익계산서의 보고방식으로는 계정식과 보고식의 두 가지가 있다. 계정식 손익계산서는 중앙을 중심으로 좌측에는 비용을, 우측에는 수익을 보고하는 방법이다. 보고식 손익계산서는 좌우의 구별이 없이 손익계산서 상단으로부터 수익, 비용, 이익의 순서대로 연속 표시하는 방법을 말한다.

재무비율 분석은 재무제표상의 항목을 서로 대응하는 항목으로 분류하여 그 총체적 구성비나 개별항목들 간 연관비율을 산출하고, 이를 과거의 평균비율이나 표준비율과 비교함으로써 기업의 재무상태와 경영성과를 분석 · 비교 · 평가하는 것을 말한다.

재무상태표 구성비율분석은 재무상태표 모든 항목을 자산총계에 대한 비율로 나타낸 것으로 재무상태표 각 구성요소들이 자산총계에서 차지하는 상대적 중요성을 비교하는 데 유용하다.

손익계산서 구성비율분석은 손익계산서의 모든 항목을 매출액에 대한 비율로 나타낸 것으로 손익계산서 각 구성요소들이 매출액에서 차지하는 상대적 중요성을 비교하는 데 유용하다. 예를 들면, 전체 매출액에 있어서 매출원가와 판매비및관리비와 같은 주요 원가 항목들이 매출액에 차지하는 비중이 어느 정도인지를 알 수 있다. 이렇게 재무제표 구성비율분석은 동종산업에 종사하는 다른 기업들의 재무제표 구성비율들과 비교해봄으로써 기업 간의 영업의 특징과 재무적인 특징을 파악하는 데 이용한다.

재무비율 분석은 ① 자료수집의 간편성, ② 계산의 단순성, ③ 정보의 다양성 등으로 유용하다.

재무비율 분석이 유용한 정보를 제공하기 위해서는 무엇보다도 계산에 이용되는 재무제표가 신빙성이 있어야 한다. 재무제표가 기업의 실상을 분석하지 않고 정직하게 보여주어야 하며 다른 기업이나 과거의 실적과 비교할 때에는 회계처리방법이 동일해야 한다. 또 재무제표는 1년 단위로 작성되기 때문에 계절적으로 심한 변동이 나타나는 기업의 분석시에는 유의하여야 한다.

재무비율 분석의 한계로는 ① 비율의 과장성, ② 미래예측의 한계, ③ 해석의 양면성, ④ 표준비율의 모호성 등이 있다.

Successful Startup 10 창업실패 사례

성공적인 창업을 위하여 창업실패 사례를 살펴보는 것도 필요하다. '실패 경영학'이 새로운 사업 전략으로 세계적인 주목을 받고 있다. 실패를 창조적 경영활동의 일부로 중시하는 것이 성공적인 창업을 위하여 필요하다.

미국의 제너럴일렉트릭(GE)은 제프리 이멜트 회장이 참석한 가운데 '획기적 상상'이라는 대형 콘퍼런스를 개최하였다. 30여 개의 GE 계열사 제품 중 10여 개의 실패작을 뽑아 원인과 해결책을 토론하는 자리였다.

영국 주간지 이코노미스트의 표지 기사 '애플에서 배우는 교훈'에서 애플이 심각한 침체기를 어떻게 극복했는지 분석하였다. 여기서 제시된 4가지 교훈 중 하나는 '선의의 실패를 두려워하지 말라'는 것이다. 애플의 '아이폰'은 기존제품인 '뮤직폰'의 처절한 실패를 통해 태어났다고 분석한다.

선진 기업들이 실패 경험을 중시하게 된 것은 경영 여건의 불확실성이 갈수록 커지고 있기 때문이다. 세계화와 기술혁신의 가속화로 경쟁이 치열해지면서 제품수명의 주기가 그만큼 짧아졌다. 기업이나 국가경제를 지속적으로 발전시키려면 신제품이나 새로운 사업을 창출하기 위해 실패를 두려워하지 말고 모험적 투자를 그 어느 때보다도 과감히 단행해야 한다. '창조적 혁신의 시대'가 갈수록 심화되고 있는 것이다.

21세기는 성공보다 실패 확률이 더 높은 불확실성의 시대다. 세계화된 지식사회에서 소자본 창업기업이 새로운 도약을 이루기 위해서는 실패를 두려워하지 않는 경제적 야성을 회복해야 한다. 무엇보다 외환위기 이후 깊게 뿌리내린 패배의식으로부터 국내 기업과 정부가 자유로워져야 할 것이다. 과거의 실패원인을 냉정하게 되돌아보고 이를 정리하는 통과의례를 마련해 외환위기가 남긴 패배감을 말끔히 떨쳐내야 한다. 최선을 다했으나 목표를 달성하지 못한 '선의의 실패'를 너그러이 인정하고 재도전의 기회를 주는, 패자부활전이 가능한 사회시스템을 만들어야 한다. 이를 위해서는 우선 기업의 의욕적 도전을 억제하는 불필요한 규제를 과감히 줄여야 한다. 기업뿐 아니라 정부도 실패의 과정과 교훈을 객관적으로 평가하고, 가치 있는 실패에 대해서는 소정의 보상을 부여해 '도전에 대한 인센티브' 체제를 마련해야 한다.

도전정신과 모험심을 키워주는 청소년 교육을 강화하는 것도 중요하다. 성공과 실패를 이분법적으로 구분하거나 도전을 일회성 게임으로 인식하지 않도록 다양한 사회적 성공 모델을 일찍부터 제시해줘야 한다. 이들이 각자의 다양한 개성과 능력을 최대한 발휘할 수 있도록 유도하는 창의적인 교육체제를 만드는 것이 경제의 생기를 되찾는 첩경이 될 것이다.

11장 기업경영분석

한국은행은 1960년부터 국내 비금융 영리법인의 경영성과와 재무상태를 조사 · 분석한 '기업경영분석'을 매년 발간하고 있다.

1절 기업경영분석 지표의 이해

한국은행에서 매년 발간하고 있는 기업경영분석에서 조사 · 분석하고 있는 기업경영분석 지표에는 성장성에 관한 지표, 손익의 관계비율, 자산 · 자본의 관계비율, 자산 · 자본의 회전율, 생산성 지표 등 다섯 부문의 지표가 있다. 기업경영분석 지표에 대한 산정식과 의미를 살펴보면 다음과 같다.

1. 성장성에 관한 지표

당해 연도 기업의 자산, 자본 등 경영규모와 기업활동의 성과가 전년에 비하여 어떻게 변동하였는가를 나타내는 지표로서 기업의 경쟁력이나 미래의 수익창출능력을 간접적으로 나타낸다.

▎표 11-1 ▎성장성에 관한 지표

성장성 지표	산정식	의의
총자산증가율	$\frac{\text{당기말 총자산}}{\text{전기말 총자산}}$	기업에 투하된 총자산이 얼마나 증가하였는가를 나타내는 비율로서 기업의 전체적인 성장성을 측정하는 지표
유형자산증가율	$\frac{\text{당기말 유형자산}}{\text{전기말 유형자산}}$	토지, 건물, 기계장치 등 유형자산에 대한 투자가 어느 정도 이루어졌는가를 보여주는 지표로서 기업의 설비투자동향 및 성장잠재력 파악에 활용
유동자산증가율	$\frac{\text{당기말 유동자산}}{\text{전기말 유동자산}}$	기업의 경상적인 영업활동을 위하여 소유하는 유동자산이 얼마만큼 늘어났는가를 나타내는 지표
재고자산증가율	$\frac{\text{당기말 재고자산}}{\text{전기말 재고자산}}$	기업이 판매 또는 제조를 목적으로 보유하는 상품, 제품, 원재료, 재공품 등의 재고자산이 어떻게 변동되었는가를 설명하는 지표
자기자본증가율	$\frac{\text{당기말 자기자본}}{\text{전기말 자기자본}}$	내부유보 또는 유상증자 등을 통하여 자기자본이 얼마나 증가하였는가를 나타내는 지표
매출액증가율	$\frac{\text{당기 매출액}}{\text{전기 매출액}}$	전기 매출액에 대한 당기 매출액의 증가율로서 기업의 외형 신장세를 판단하는 대표적인 지표

2. 손익의 관계비율

일정기간 동안의 기업의 경영성과를 측정하는 비율로서 투자된 자본 또는 자산, 매출수준에 상응하여 창출한 이익의 정도를 나타내므로 자산이용의 효율성, 이익창출능력 등에 대한 평가는 물론 영업성과를 요인별로 분석 · 검토하기 위한 지표로 이용된다. 수익성 분석은 자산이익률, 매출액이익률, 매출액 대비 원가율 등의 지표를 통해 이루어진다. 참고로 저량(stock) 개념의 재무상태표 항목과 유량(flow) 개념의 손익계산서 항목을 동시에 고려하는 혼합비율의 경우 재무상태표 항목은 기초잔액과 기말잔액을 평균하여 사용한다.

| 표 11-2 | 손익의 관계비율

손익의 관계비율	산정식	의의
총자산세전순이익률	$\frac{\text{세전순이익}}{\text{총자산(평균)}}$	기업이 소유하고 있는 총자산 운용의 효율성을 나타내는 지표로서 법인세비용차감전순이익(이하 세전순이익)의 총자산에 대한 비율로서 측정
총자산세전순이익률	매출액세전순이익률 × 총자산회전율	총자산세전순이익률의 변동요인을 구체적으로 파악하기 위해서 매출액세전순이익률과 총자산회전율의 곱으로 분해하여 볼 수 있음
매출액세전순이익률	$\frac{\text{세전순이익}}{\text{매출액}}$	매출액세전순이익률은 높으나 총자산회전율이 낮았다면 판매마진은 개선된 반면, 기업의 판매활동은 부진하였음을 의미
총자산회전율	$\frac{\text{매출액}}{\text{총자산(평균)}}$	
총자산순이익률	$\frac{\text{당기순이익}}{\text{총자산(평균)}}$	당기순이익의 총자산에 대한 비율로서 ROA(Return on Assets)로 알려져 있음. 기업의 계획과 실적 간 차이분석을 통한 경영활동의 평가나 경영전략 수립 등에 많이 활용
기업세전순이익률	$\frac{\text{세전순이익+이자비용}}{\text{총자산(평균)}}$	자금원천에 관계없이 기업에 투하된 총자본이 얼마나 효율적으로 운용되었는가를 나타내는 지표로서 세전순이익에서 차입금에 대한 이자비용을 차감하기 전의 금액을 총자본과 대비한 것. 따라서 기업가의 경영능력을 측정하는 지표로 이용되고 있음
기업순이익률	$\frac{\text{당기순이익+이자비용}}{\text{총자산(평균)}}$	당기순이익과 이자비용의 합계액을 총자본과 대비한 비율로서 기업에 투하된 총자본의 종합적인 최종 성과를 나타냄
자기자본세전순이익률	$\frac{\text{세전순이익}}{\text{자기자본(평균)}}$	세전순이익의 자기자본에 대한 비율로서 출자자 또는 투자자들이 투하자본에 대한 수익성을 측정할 때 주로 이용하는 지표
자기자본순이익률	$\frac{\text{당기순이익}}{\text{자기자본(평균)}}$	자기자본에 대한 당기순이익의 비율로서 ROE(Return on Equity)로 널리 알려져 있음. 자본조달 특성에 따라 동일한 자산구성하에서도 서로 다른 결과를 나타낼 수 있으므로 자본구성과의 관계도 동시에 고려해야 함
자본금세전순이익률	$\frac{\text{세전순이익}}{\text{자본금(평균)}}$	기업활동의 기초가 되는 납입자본금에 대한 세전순이익의 비율. 자기자본세전순이익률 산출을 위한 자기자본에는 납입자본금 외에도 잉여금을 포함하고 있으므로 이것만으로는 출자자의 지분에 상응하는 정확한 이익률의 산정이 어려움. 따라서 자본금세전순이익률은 이에 대한 보조지표로 이용됨

자본금순이익률	$\frac{\text{당기순이익}}{\text{자본금(평균)}}$	자본금에 대한 당기순이익의 비율로서 기업의 배당능력 판단 등 투자자들의 투자결정시에 참고지표로 널리 이용
매출액세전순이익률	$\frac{\text{세전순이익}}{\text{매출액}}$	경영성과를 총괄적으로 표시하는 대표적 지표로서 기업의 주된 영업활동뿐만 아니라 재무활동 등에서 발생한 경영성과도 동시에 파악할 수 있음
매출액순이익률	$\frac{\text{당기순이익}}{\text{매출액}}$	매출액에 대한 당기순이익의 비율을 나타내는 지표
매출액영업이익률	$\frac{\text{영업이익}}{\text{매출액}}$	기업의 주된 영업활동에 의한 성과를 판단하기 위한 지표로서 제조 및 판매활동과 직접 관계된 순수한 영업이익만을 매출액과 대비한 것으로 영업효율성 측정에 유용
매출원가 대 매출액	$\frac{\text{매출원가}}{\text{매출액}}$	매출액에 대한 매출원가의 비중으로서 기업원가율 또는 마진율을 측정하는 지표
변동비 대 매출액	$\frac{\text{변동비}}{\text{매출액}}$	변동비는 조업도의 변동에 비례하여 발생하는 비용이므로 이 비율이 지나치게 낮은 것은 조업도가 낮거나 설비가 많음을 의미하고, 반대로 과도하게 높은 것은 고정설비의 부족을 의미. 이 비율은 적정조업도 및 투자설비 규모의 판단에 중요한 지표로서의 의미. 재료비, 외주가공비 등은 변동비로 분류 변동비=총비용−고정비 총비용=매출원가+판매관리비+영업외비용
고정비 대 매출액	$\frac{\text{고정비}}{\text{매출액}}$	고정비는 조업도에 관계없이 일정하게 발생하는 비용으로서 이 비율이 높으면 조업도가 상대적으로 낮은 것을 의미. 경기불황시에는 매출액 감소에도 불구하고 고정비 지출은 줄지 않아 이 비율이 전반적으로 높아지는 경향. 감가상각비, 보험료, 임차료, 이자비용 등이 고정비로 분류 고정비=판매비및관리비+영업외비용+(노무비의 1/2+제조경비−외주가공비+재고조정중의 고정비) 재고조정중의 고정비=(매출원가−당기총제조비용)× $\frac{\text{(노무비의 1/2+제조경비−외주가공비)}}{\text{당기총제조비용}}$
연구개발비 대 매출액	$\frac{\text{연구개발비}}{\text{매출액}}$	신제품이나 신기술 개발 등과 같은 기업의 연구개발활동과 관련하여 얼마만큼의 비용을 지출하였는가를 나타내는 비율 연구개발비=손익계산서상의 경상개발비·연구비+제조원가명세서상의 경상개발비

인건비 대 매출액	$\frac{\text{인건비}}{\text{매출액}}$	매출액에서 인건비가 차지하는 비중을 보여주는 지표로서 노무관리 및 인건비 결정에 이용 인건비＝손익계산서상의 판매비및관리비 중 급여, 퇴직급여, 복리후생비 항목과 제조원가명세서 중 노무비 및 복리후생비 항목의 합계액
인건비 대 영업총비용	$\frac{\text{인건비}}{\text{영업총비용}}$	영업총비용에서 인건비가 차지하는 비중이며, 인건비 대 매출액의 보조지표로 이용 영업총비용＝당기총제조비용＋판매비및관리비
재료비 대 매출액	$\frac{\text{재료비}}{\text{매출액}}$	매출액에서 재료비가 차지하는 비중으로서 원재료 이용의 효율성을 측정하는 지표
재료비 대 영업총비용	$\frac{\text{재료비}}{\text{영업총비용}}$	영업총비용에서 재료비가 차지하는 비중을 나타내는 지표로서 재료비 대 매출액의 보조지표로 이용
순외환손익 대 매출액	$\frac{\text{순외환손익}}{\text{매출액}}$	환율 변화에 따라 발생한 순손익이 매출액과 비교하여 어느 정도인가를 파악하기 위한 지표 순외환손익＝외환차익＋외화환산이익－외환차손－외화환산손실
EBIT 대 매출액	$\frac{\text{세전순이익＋이자비용}}{\text{매출액}}$	이자 및 법인세비용차감전순이익(EBIT: Earnings Before Interest and Tax)은 기업의 경영성과를 평가함에 있어 타인자금을 사용하는 기업이 금융비용 발생으로 인해 타인자금을 사용하지 않는 기업보다 수익성이 낮게 평가되는 것을 방지하기 위해 도입된 개념. EBIT는 세전순이익에 금융비용을 더해 산출되므로 자금조달방법에 관계없이 수익성을 측정
EBITDA 대 매출액	$\frac{\text{EBITDA}}{\text{매출액}}$	EBITDA(Earnings Before Interest, Tax, Depreciation and Amortization)는 이자 및 법인세비용차감전순이익에 감가상각비와 무형자산상각비를 더하여 산출. 회계상의 순이익이 금융비용이나 감가상각비 등 영업외적 요인이나 회계처리방식의 차이에 의해 영향을 받는 데 비해 EBIT와 EBITDA는 이러한 영향이 배제된 경영성과를 측정할 수 있어 수익성 판단지표로 유용하게 사용 EBITDA＝세전순이익＋이자비용＋감가상각비＋무형자산상각비
감가상각률	$\frac{\text{감가상각비}}{\text{감가상각자산}}$	감가상각자산, 즉 토지와 건설중인자산을 제외한 나머지 유·무형자산에 대하여 당기에 어느 정도 감가상각비를 계상하였는가를 나타내는 비율 감가상각자산＝[유형자산＋무형자산－건설중인자산－토지]의 평균

금융비용 대 부채	$\frac{\text{이자비용}}{\text{부채(평균)}}$	기업의 부채에는 차입금 등의 이자를 부담하는 이자부부채와 매입채무, 선수금, 충당금 등과 같이 이자를 부담하지 않는 비이자부부채가 있음. 금융비용 대 부채비율은 비이자부부채를 포함한 총부채에 대한 이자비용의 비율
차입금평균이자율	$\frac{\text{이자비용}}{\text{이자부부채(평균)}}$	회사채, 금융기관차입금 등 이자부부채에 대한 금융비용의 비율로서 차입금에 대한 종합적인 평균이자율을 의미. 이 비율과 다른 수익성 지표를 비교해봄으로써 타인자본의 운용이 효율적으로 이루어졌는가를 판단 이자부부채(평균)=[회사채+장 · 단기차입금+유동성장기부채]의 평균
금융비용 대 총비용	$\frac{\text{이자비용}}{\text{총비용}}$	총비용 중 금융비용이 차지하는 비중을 나타내는 것으로서 차입금의존도를 나타내는 지표 총비용=매출원가+판매비및관리비+영업외비용
금융비용 대 매출액	$\frac{\text{이자비용}}{\text{매출액}}$	금융비용이 매출액에서 차지하는 비중을 나타내는 지표. 이 비율이 낮을수록 기업경영이 안정적이라고 볼 수 있음. 금융비용에는 대출이자, 회사채이자 등이 포함되며 금융비용 대 매출액은 차입금평균이자율과 차입금의존도가 높을수록 높고 총자산회전율이 높을수록 낮음. $\frac{\text{이자비용}}{\text{차입금(평균)}} \times \frac{\text{차입금(평균)}}{\text{총자산(평균)}} \times \frac{\text{총자산(평균)}}{\text{매출액}}$ 금융비용은 차입금에 대한 대가로 매출수준과 관계없는 고정비 성격의 항목이므로 불황에 대비한 안정적 경영기반 확립을 위해서는 이 비율을 낮추는 것이 필요. 호경기에는 재무레버리지효과(financial leverage effect)에 의해서 차입금 비중이 클 경우 주당이익의 증가폭이 커질 수 있으므로 기업은 향후 성장가능성 및 이익창출능력 등을 종합적으로 감안하여 외부차입 규모 결정 필요
순금융비용 대 매출액	$\frac{\text{이자비용}-\text{이자수익}}{\text{매출액}}$	이자비용에서 이자수익을 차감한 잔액, 즉 금융거래로 지급한 순이자비용을 매출액으로 나눈 지표
이자보상비율	$\frac{\text{영업이익}}{\text{이자비용}}$	이자보상비율은 이자지급에 필요한 수익의 창출능력을 측정하기 위한 지표로 이자부담능력을 판단하는 데 유용
순이자보상비율	$\frac{\text{영업이익}}{\text{이자비용}-\text{이자수익}}$	순이자보상비율은 이자보상비율과 같이 이자부담능력을 판단하는 데 주로 이용되며, 이자지급액의 경우 이자수익이 제외된 순이자비용이 이용된다는 점에서 이자보상비율과 차이

손익분기점률	$\frac{\text{손익분기점에서의 매출액}}{\text{매출액}}$	손익분기점(break-even point)이란 일정기간의 매출액과 총영업비용이 일치하여 이익이나 손실이 발생하지 않는 점으로 매출량 또는 매출액으로 나타낼 수 있음. 매출액이 손익분기점을 초과할 경우에는 이익이, 미달할 경우에는 손실이 발생. 손익분기점률이란 손익분기점에서의 매출액과 실현된 매출액과의 비율. 일반적으로 이 비율이 낮을수록 영업활동의 채산성이 양호하고 높을수록 채산성이 좋지 않음을 의미. 손익분기점분석이란 비용을 고정비와 변동비로 분류하여 조업도 변동에 따른 기업의 수입, 비용 및 이익의 상호변동관계를 분석하고 이로부터 매출 및 이익계획을 수립. 손익분기점분석은 세전순이익을 기준
손익분기점에서의 매출액	$\frac{\text{고정비} - \text{영업외수익}}{1 - \frac{\text{변동비}}{\text{매출액}}}$	고정비=판매비및관리비+영업외비용+(노무비의 1/2+제조경비−외주가공비+재고조정중의 고정비) 변동비=총비용−고정비 총비용=매출원가+판매관리비+영업외비용 재고조정중의 고정비=(매출원가−당기총제조비용)× $\frac{\text{노무비의 1/2} + \text{제조경비} - \text{외주가공비}}{\text{당기총제조비용}}$
사내유보율	$\frac{\text{사내유보}}{\text{처분전이익잉여금} + \text{임의적립금등의 이입액}}$	처분전이익잉여금에 임의적립금등의 이입액을 더한 금액에서 배당금 등으로 처분되지 않고 기업 내부에 유보된 금액의 비율을 나타내는 유량(flow) 개념의 지표 사내유보=처분전이익잉여금+임의적립금등의 이입액−배당금
배당률	$\frac{\text{배당금}}{\text{자본금(평균)}}$	주식발행총액(납입자본금)에 대한 배당금 지급액의 비율로서 투자자에 대한 배당수준을 나타낸다. 투자자에게는 수익률에 해당하는 것이므로 투자결정에 중요한 지표로 이용
배당성향	$\frac{\text{배당금}}{\text{당기순이익}}$	기업이 당기순이익 중 어느 정도를 배당금으로 지급하였는가를 나타내는 지표로 사외배당률(payout ratio)이라고도 함. 배당률만으로는 배당지급능력의 크기를 알 수 없기 때문에 배당률의 보조지표로 이용

3. 자산 · 자본의 관계비율

자산 · 자본의 관계비율은 재무상태표 각 항목 간의 관계를 설명하는 정태비율로서 단기채무 지불능력인 유동성과 경기대응능력인 안정성을 측정하는 지표이다.

| 표 11-3 | 자산 · 자본의 관계비율

자산 · 자본 관계비율	산정식	의의
자기자본비율	$\frac{\text{자기자본}}{\text{총자본}}$	총자본 중에서 자기자본이 차지하는 비중을 나타내는 지표. 자기자본은 금융비용을 부담하지 않고 기업이 운용할 수 있는 자본. 이 비율이 높을수록 기업의 안정성이 높음. 총자본(자산)=자기자본(자본)+타인자본(부채)
유동비율	$\frac{\text{유동자산}}{\text{유동부채}}$	단기채무에 충당할 수 있는 유동자산의 규모를 평가하고, 이를 통해 기업의 단기지급능력을 판단하는 대표적인 지표. 유동비율이 높을수록 단기지급능력이 양호. 과다한 유동자산 보유는 자산운용의 효율성을 떨어뜨려 수익성을 저해할 수 있음
당좌비율	$\frac{\text{당좌자산}}{\text{유동부채}}$	유동부채에 대한 당좌자산의 비율. 유동자산 중 현금화 속도가 늦거나 현금화의 불확실성이 큰 재고자산 등을 제외한 당좌자산을 유동부채에 대응시킴으로써 단기채무에 대한 기업의 지급능력을 파악하는 데 이용. 산성시험비율(acid test ratio) 또는 신속비율이라고도 함. 이 비율은 기업의 유동성분석을 위한 보조지표로 활용
현금비율	$\frac{\text{현금및현금성자산}}{\text{유동부채}}$	유동부채에 대한 현금및현금성자산의 비율. 기업의 초단기 채무지급능력을 가늠할 수 있는 지표
비유동비율	$\frac{\text{비유동자산}}{\text{자기자본}}$	기업이 보유한 자산의 고정화 위험을 측정하는 비율. 운용기간이 장기에 속하는 비유동자산을 어느 정도 자기자본으로 충당하였는가를 나타내는 지표. 비유동비율은 일반적으로 100% 이하를 양호한 수준. 장기적으로 자금이 고착되는 비유동자산에 대한 투자는 가급적 상환기한이 없는 자기자본으로 충당하는 것이 기업의 장기 안정성 면에서 바람직함
		자기자본 및 비유동부채가 비유동자산에 어느 정도 투입 · 운용되고 있는가를 나타내는 지표. 운용자금 조달의 적정성과 투

비유동장기적합률	$\frac{\text{비유동자산}}{\text{자기자본+비유동부채}}$	하자본의 고정화 정도를 측정하는 데 이용. 통상 비유동자산에 대한 투자는 자기자본의 범위 내에서 이루어지는 것이 안정적이나, 실제로 거액의 설비투자를 필요로 하는 산업의 경우 부족한 자금을 모두 자기자본으로만 충당하기에는 어려움이 있음. 따라서 소요자금의 일부를 타인자본으로 충당하더라도 단기부채보다는 비교적 상환기간이 긴 장기부채로 조달하게 되면 안정성을 유지할 수 있다고 볼 수 있음. 100% 이하가 표준비율
부채비율	$\frac{\text{유동부채+비유동부채}}{\text{자기자본}}$	타인자본과 자기자본 간의 관계를 나타내는 안정성 지표. 이 비율이 낮을수록 재무구조가 건전하다고 판단. 부채비율은 자기자본비율과 역의 관계에 있어 자기자본비율이 높을수록 부채비율은 낮아지게 됨. 타인자본은 차입금, 회사채, 매입채무, 미지급금, 부채성충당금 등의 부채를 말하며 1년 이내에 지급기일이 도래하는 부채는 유동부채, 1년 이후에 지급기일이 도래하는 부채는 비유동부채. 경영자 입장에서는 단기채무 상환의 압박을 받지 않고 투자수익률이 이자율을 상회하는 한 타인자본을 계속 이용하는 것이 유리. 그러나 채권회수의 안전성을 중시하는 채권자는 부정적일 수 있는데 왜냐하면 기업의 부채비율이 지나치게 높을 경우 추가로 부채를 조달하는 것이 어려울 뿐만 아니라 과다한 이자비용의 지급으로 수익성도 악화되어 지급불능 사태에 직면할 가능성이 높아지기 때문
유동부채비율	$\frac{\text{유동부채}}{\text{자기자본}}$	자기자본에 대한 유동부채의 비율. 자본구성의 안정성을 측정하는 보조지표. 이 비율이 100%를 초과할 경우 자본구성의 안정성은 물론 재무유동성도 불안정한 상태에 있음을 의미
비유동부채비율	$\frac{\text{비유동부채}}{\text{자기자본}}$	자기자본에 대한 비유동부채의 비율. 자본구성의 안정성을 판단하는 보조지표
차입금의존도	$\frac{\text{차입금}}{\text{총자본}}$	총자본 중 외부에서 조달한 차입금 비중을 나타내는 지표. 차입금의존도가 높은 기업일수록 금융비용 부담이 가중되어 수익성이 저하되고 안정성도 낮아짐. 차입금＝장 · 단기차입금＋회사채＋유동성장기부채
차입금 대 매출액	$\frac{\text{차입금(평균)}}{\text{매출액}}$	차입금 규모가 매출액과 비교하여 어느 정도인가를 나타내는 지표
매출채권 대 매입채무	$\frac{\text{매출채권}}{\text{매입채무}}$	기업 간 신용관계를 나타내는 매출채권과 매입채무를 대비시킨 것으로 기업의 자금관리에 중요한 지표로 이용. 이 비율이 높을수록 기업의 유동비율은 높게 나타나지만 매출채권의 과

		다한 보유는 오히려 자금사정의 악화를 초래하는 요인이 될 수도 있음
순운전자본 대 총자본	$\frac{\text{유동자산}-\text{유동부채}}{\text{총자본}}$	기업 지급능력의 기초가 되는 순운전자본의 총자본에 대한 비율. 높을수록 유동성이 양호

4. 자산 · 자본의 회전율

자산 · 자본의 회전율은 기업에 투하된 자본이 기간중 얼마나 활발하게 운용되었는가를 나타내는 비율로서 활동성분석이라고도 한다. 기업은 수익증대를 목적으로 투입된 자본을 끊임없이 회전시키는데 이에 따른 성과는 매출액으로 대표될 수 있다. 따라서 회전율을 측정하는 기본항목은 매출액이며, 기업의 활동성은 매출액과 각 자산 · 자본항목에 대한 회전배수로 측정된다.

| 표 11-4 | 자산 · 자본의 회전율

자산 · 자본 회전율	산정식	의의
총자산회전율	$\frac{\text{매출액}}{\text{총자산(평균)}}$	총자산이 1년 동안 몇 번 회전하였는가를 나타내는 비율. 기업에 투하한 총자산의 운용효율을 총괄적으로 표시하는 지표 총자산=총자본
자기자본회전율	$\frac{\text{매출액}}{\text{자기산본(평균)}}$	자기자본이 1년 동안 몇 번 회전했는가를 나타내는 비율. 자기자본 이용의 효율성을 측정하는 지표
자본금회전율	$\frac{\text{매출액}}{\text{자본금(평균)}}$	납입자본금의 회전속도, 즉 자본금 이용의 효율성을 나타내는 지표
경영자산회전율	$\frac{\text{매출액}}{\text{경영자산(평균)}}$	영업활동에 직접 투입 · 활용되고 있는 경영자산의 효율성을 평가하는 데 이용되는 지표 경영자산=총자산－(건설중인자산＋투자자산)
비유동자산회전율	$\frac{\text{매출액}}{\text{비유동자산(평균)}}$	비유동자산의 효율적 이용도를 나타내는 지표. 자본의 고정화 정도를 판단하는 수단. 유동성분석의 유용한 보조지표

유형자산회전율	$\frac{\text{매출액}}{\text{유형자산(평균)}}$	유형자산의 이용도를 나타내는 지표. 기업이 보유하고 있는 설비자산의 적정성 여부를 판단하는 데 유용. 이 비율이 높으면 비유동자산의 유지를 위하여 지출되는 상각비, 보험료, 수선비 등의 고정비가 제품단위당 체감적으로 배분되어 원가절감이 효율적으로 이루어지고 있음을 의미. 그러나 영업규모에 비해 설비투자가 부진한 경우에도 이 비율이 높게 나타날 수 있음
재고자산회전율	$\frac{\text{매출액}}{\text{재고자산(평균)}}$	매출액을 재고자산으로 나눈 비율. 재고자산의 회전속도, 즉 재고자산이 현금 등 당좌자산으로 변화하는 속도를 나타냄. 이 비율이 높을수록 상품의 재고손실 방지 및 보험료, 보관료의 절약 등 재고자산의 관리가 효율적으로 이루어지고 있음을 의미. 그러나 재고를 정상적인 영업활동에 필요한 적정수준 이하로 유지하여 수요변동에 적절히 대처하지 못하는 경우에도 이 비율은 높게 나타날 수가 있음. 원재료의 가격이 상승추세에 있는 기업이나 재고자산의 보유수준이 크게 높아지는 기업들의 경우에는 주로 후입선출법(LIFO)에 의해 재고자산을 평가함으로써 재고자산회전율이 높게 나타나는 경향이 있음. 재고자산회전율에 대한 상대적인 차이에 대해서는 실제로 재고자산이 효율적으로 관리되었는지, 생산기간이 단축되어 재공품이 감소하였는지, 기업의 재고보유 방침이 바뀌었는지, 또한 재고자산 평가방법을 다르게 채택하고 있는지를 비교·분석하여 판단하여야 함
상(제)품회전율	$\frac{\text{매출액}}{\text{상(제)품(평균)}}$	상(제)품에 투하된 자금의 회전속도, 즉 상품이 일정기간 동안 몇 번 당좌자산으로 전환하였는가를 나타내는 지표
매출채권회전율	$\frac{\text{매출액}}{\text{매출채권(평균)}}$	매출채권의 현금화 속도를 측정하는 비율로서 높을수록 매출채권의 현금화 속도가 빠르다는 것을 의미. 매출채권회전율의 역수를 취하여 365일을 곱하면 평균회수기간을 계산할 수 있음. 이 기간이 짧을수록 매출채권이 효율적으로 관리되어 판매자금이 매출채권에 오래 묶여 있지 않음을 의미함. 그러나 기업이 시장점유율 확대를 위해 판매전략을 강화하는 경우에도 매출채권회전율이 낮게 나타날 수 있으므로 기업의 목표회수기간이나 판매조건과 비교하여 적정성을 평가하여야 함
매입채무회전율	$\frac{\text{매출액}}{\text{매입채무(평균)}}$	매입채무의 지급속도를 측정하는 지표. 기업의 부채 중에서도 특히 매입채무가 원활히 결제되고 있는가의 여부를 나타냄. 매입채무회전율이 높을수록 결제속도가 빠름을 의미하나 회사의 신용도가 저하되어 신용 매입기간을 짧게 제공받는 경우에도 이 비율이 높게 나타날 수 있음

5. 생산성 지표

생산성은 기업활동의 성과 및 효율을 측정하고 개별 생산요소의 기여도 및 성과배분의 합리성 여부를 살펴보기 위한 지표이다. 그러므로 생산성에 관한 지표는 경영합리화의 척도라고 할 수 있다. 생산성 지표는 생산성 향상으로 얻은 성과에 대한 분배기준이 된다. 기업의 경영성과 평가는 부가가치생산성 개념으로 측정하는 것이 일반적이다.

| 표 11-5 | 생산성 지표

생산성 지표	산정식	의의
총자본투자효율	$\frac{\text{부가가치}}{\text{총자본(평균)}}$	총자본투자효율은 기업에 투자된 총자본이 1년 동안 어느 정도의 부가가치를 창출하였는가를 나타내는 자본생산성(Productivity of capital) 측정 지표. 이 비율이 높으면 총자본이 효율적으로 운용되었음을 의미 부가가치=인건비+영업잉여+세금과 공과+감가상각비+이자비용 영업잉여=영업손익+대손상각비 이자비용
설비투자효율	$\frac{\text{부가가치}}{\text{설비투자(평균)}}$	설비투자효율은 기업에서 실제로 사용되고 있는 유형자산(유형자산−건설중인자산)이 어느 정도의 부가가치를 창출하였는기를 나타냄. 총자본투자효율의 보조지표. '설비투자효율×노동장비율=종업원 1인당 부가가치'로 표시. 노동생산성의 변동요인 분석. 설비투자=유형자산−건설중인자산
기계투자효율	$\frac{\text{부가가치}}{\text{기계장치(평균)}}$	기계투자효율은 설비투자효율의 보조지표로 기업이 보유하고 있는 기계장치가 부가가치의 생산에 어느 정도 기여하였는가에 대한 정보를 제공
부가가치율	$\frac{\text{부가가치}}{\text{산출액}}$	부가가치율은 일정기간 동안 기업이 창출한 부가가치액을 같은 기간중의 산출액으로 나눈 비율로서 산출액 중 생산활동에 참여한 생산요소에 귀속되는 소득이라고 해서 소득률로도 불림. 부가가치액은 산출액에서 다른 기업이 생산한 중간투입물인 재료비 등을 차감한 것이므로 기업의 생산효율성이 높을수록 부가가치율은 높아지게 됨. 부가가치율이 높다는 것은 기업활동의 이해관계자들에게 분배되는 몫이 크다는 것을 의미

		산출액＝매출액＋당기총제조비용－매출원가－외주가공비
노동소득분배율	$\frac{\text{인건비}}{\text{요소비용 부가가치}}$	노동소득분배율은 기업이 창출한 요소비용 부가가치 중 노동력을 제공한 근로자에게 분배된 몫의 비중 요소비용 부가가치＝영업잉여＋인건비＋금융비용

6. 부가가치

부가가치는 기업의 이익을 순이익뿐만 아니라 이해관계자(stakeholders)에게 귀속되는 이익까지 그 범위를 넓혀 측정한 개념이다. 이런 부가가치는 창출(value added created) 측면과 분배(value added applied) 측면에서 측정할 수 있는데 기업경영분석에서는 분배 측면의 영업잉여(영업손익＋대손상각비－금융비용), 인건비, 금융비용, 조세공과, 감가상각비 등으로 구성되며 손익계산서 및 제조원가명세서에 나타난 해당 항목들을 합산하여 산출한다.

표 11-6 ┃ 생산성 지표

부가가치 요소	의의
영업잉여	영업손익에 대손상각비를 더하고 금융비용을 차감한 잔액. 금융비용을 차감하여 이를 구분 명기하는 것은 타인자본에 대한 대가를 명확히 보여주기 위함
인건비	손익계산서상의 판매비및관리비 중 급여, 퇴직급여, 복리후생비 항목과 제조원가명세서 중 노무비 및 복리후생비 항목의 합계액
금융비용	차입금이나 회사채 발행 등에 대한 대가로 지급되는 이자비용
조세공과	판매관리부문과 제조부문에서 발생된 제세금과공과
감가상각비	판매관리부문에서 발생된 감가상각비 및 무형자산상각비와 제조부문의 감가상각비를 합산한 금액

2절 한국은행 연간 기업경영분석 결과*

1. 성장성

2021년 국내 비금융 영리법인기업의 매출액증가율(-1.1 → 17.0%)은 증가로 전환하였으며 총자산증가율(7.9 → 12.7%)은 상승폭이 확대되었다.

업종별 성장성은 제조업(-2.3 → 18.1%, 5.9 → 10.4%) 및 비제조업(-0.0 → 16.2%, 9.3 → 14.1%) 모두 매출액증가율과 총자산증가율이 상승하였다.

기업규모별 성장성은 대기업(-4.6 → 15.5%, 5.4 → 9.0%)과 중소기업(3.9 → 19.2%, 12.5 → 19.7%) 모두 매출액증가율과 총자산증가율이 상승하였다.

표 11-7 성장성 지표

(단위: %)

구분	매출액증가율			총자산증가율					
							유형자산증가율		
	2019	2020	2021	2019	2020	2021	2019	2020	2021
전산업	0.4	-1.1	17.0	6.1	7.9	12.7	6.8	6.2	7.3
제조업	-1.7	-2.3	18.1	3.3	5.9	10.4	3.0	4.5	5.7
(식료품)	3.3	6.3	9.5	5.7	5.8	8.9	6.3	5.6	6.7
(코크스 · 석유정제품)	-6.7	-34.1	49.3	5.7	-4.7	20.3	8.9	7.8	0.4
(화학물질 · 제품)	-5.2	-8.0	28.1	4.5	3.1	14.6	3.8	3.2	4.6
(고무 · 플라스틱)	0.1	-2.6	11.5	3.5	4.7	7.3	3.6	1.4	6.1
(1차금속)	-2.1	-7.2	36.0	1.3	1.9	12.0	-0.8	-0.7	0.7
(전자 · 영상 · 통신장비)	-8.1	7.0	20.1	-0.2	7.2	13.9	0.6	6.9	12.7
(전기장비)	-0.7	1.6	11.2	3.3	17.1	10.5	4.1	7.0	4.1
(기타기계 · 장비)	-1.8	0.5	13.3	4.8	6.5	2.5	3.7	4.4	0.6

* 2021 한국은행 기업경영분석 자료, 한국은행 홈페이지

(자동차)	4.7	-2.8	11.7	4.8	4.9	4.0	4.3	1.3	1.6
(조선 · 기타운수)	12.1	1.9	-5.2	8.3	1.0	5.1	-0.7	0.4	0.5
비제조업	2.3	-0.0	16.2	8.1	9.3	14.1	10.0	7.6	8.4
전기가스업	-2.4	-7.8	13.7	5.7	3.1	7.5	7.4	4.2	2.8
건설업	-0.0	-0.7	6.4	6.8	8.9	10.6	11.7	10.1	10.1
서비스업	3.3	0.8	18.8	8.7	10.4	15.7	10.8	8.5	10.1
(도매 · 소매)	3.0	1.4	18.0	9.1	5.4	12.0	18.1	3.0	8.9
(운수 · 창고)	2.1	-8.1	29.9	3.4	4.4	11.0	0.7	3.3	5.9
(정보통신)	6.7	4.0	15.0	9.9	12.5	19.9	17.4	8.1	11.9
(부동산)	-3.6	13.0	20.2	9.5	16.0	19.1	12.8	17.4	14.7
대기업	-2.3	-4.6	15.5	3.8	5.4	9.0	5.0	2.8	2.7
제조업	-3.4	-4.2	19.7	2.1	5.0	9.6	1.7	3.0	3.5
비제조업	-1.0	-5.1	11.2	5.3	5.7	8.5	7.9	2.6	2.0
중견기업	-1.3	-3.5	15.8	4.0	4.4	13.1	5.4	2.0	5.8
중소기업	4.2	3.9	19.2	10.1	12.5	19.7	10.2	12.8	15.9
제조업	1.8	1.5	14.8	6.1	8.1	12.4	5.7	7.6	10.5
비제조업	5.4	5.1	21.5	12.2	14.7	23.3	13.4	16.4	19.4

2. 수익성

2021년 중 국내 비금융 영리법인기업의 매출액영업이익률(4.2 → 5.6%) 및 매출액세전순이익률(3.9 → 6.5%)은 전년보다 상승하였다.

업종별 수익성은 제조업(4.6 → 6.8%, 4.6 → 7.7%)과 비제조업(3.9 → 4.6%, 3.3 → 5.5%) 모두 전년보다 상승하였다.

기업규모별 수익성은 대기업(4.8 → 7.0%, 4.2 → 8.0%)은 전년보다 상승하였고, 중소기업(3.5 → 3.5%, 3.5 → 4.4%)의 매출액영업이익률은 전년과 동일하나 매출액세전순이익률은 전년보다 상승하였다.

| 표 11-8 | 수익성 지표

(단위: %)

구분	매출액영업이익률			매출액세전순이익률		
	2019	2020	2021	2019	2020	2021
전산업	4.2	4.2	5.6	3.7	3.9	6.5
제조업	4.4	4.6	6.8	4.2	4.6	7.7
(식료품)	3.9	4.0	3.6	3.3	4.0	3.4
(코크스 · 석유정제품)	2.0	-5.9	5.9	1.2	-6.4	6.1
(화학물질 · 제품)	6.1	6.4	9.1	4.8	7.7	10.2
(고무 · 플라스틱)	4.6	4.8	3.6	4.3	4.6	4.2
(1차금속)	4.1	3.1	8.7	2.9	1.8	8.7
(전자 · 영상 · 통신장비)	5.6	8.4	12.9	6.5	8.6	14.9
(전기장비)	2.7	3.2	2.3	2.3	3.3	2.5
(기타기계 · 장비)	5.7	5.3	5.7	6.2	5.1	7.2
(자동차)	3.1	1.8	2.6	4.1	1.4	3.4
(조선 · 기타운수)	0.1	-0.9	-9.4	-2.9	0.6	-9.0
비제조업	4.0	3.9	4.6	3.3	3.3	5.5
전기가스업	1.3	5.2	-1.6	-0.5	4.3	-2.9
건설업	4.8	4.7	4.7	4.6	4.4	5.8
서비스업	4.1	3.7	5.1	3.3	3.2	6.0
(도매 · 소매)	2.5	2.3	2.7	2.2	2.1	3.3
(운수 · 창고)	4.5	0.5	7.2	1.5	-0.9	5.6
(정보통신)	6.7	7.6	8.3	6.9	7.0	12.8
(부동산)	9.2	10.4	12.5	7.0	9.9	14.2
대기업	4.8	4.8	7.0	4.2	4.2	8.0
제조업	4.7	4.8	8.1	4.8	5.0	9.3
비제조업	4.9	4.9	5.8	3.6	3.3	6.5
중견기업	5.0	5.0	7.0	4.5	5.0	7.9
중소기업	3.4	3.5	3.5	3.1	3.5	4.4
제조업	3.8	4.2	3.9	3.2	3.8	4.3
비제조업	3.2	3.1	3.4	3.0	3.4	4.4

매출원가율(76.8 → 76.1%)과 판매관리비율(18.9 → 18.3%)이 하락하면서 매출액영업이익률이 전년보다 상승하였다.

영업이익률 상승(4.2 → 5.6%), 영업외수지 흑자 전환(-0.4 → 0.9%)으로 매출액세전순이익률이 전년보다 상승하였다.

| 표 11-9 | 매출액 대비 수익구조 추이[1]

(단위: 비율, %, %p)

구분		2019	2020	2021	
					전년 대비
매출액	(A)	100.0 (100.0)	100.0 (100.0)	100.0 (100.0)	-
매출원가	(B)	77.6 (82.3)	76.8 (81.6)	76.1 (80.3)	-0.7 (-1.3)
판매관리비	(C)	18.2 (13.2)	18.9 (13.8)	18.3 (12.9)	-0.6 (-0.9)
영업이익	(D=A−B−C)	4.2 (4.4)	4.2 (4.6)	5.6 (6.8)	1.4 (2.2)
영업외수지[2]	(E)	-0.5 (-0.2)	-0.4 (-0.1)	0.9 (0.9)	1.3 (1.0)
(순금융비용)[3]		-0.9 (-0.6)	-0.9 (-0.6)	-0.8 (-0.5)	0.1 (0.1)
(외환손익)[4]		0.0 (0.1)	-0.1 (-0.2)	0.0 (0.2)	0.1 (0.4)
(투자 · 유형자산처분손익)		0.3 (0.2)	0.5 (0.4)	0.8 (0.6)	0.3 (0.2)
(기타)[5]		0.0 (0.1)	0.1 (0.4)	0.9 (0.7)	0.8 (0.3)
세전순이익	(F=D+E)	3.7 (4.2)	3.9 (4.6)	6.5 (7.7)	2.6 (3.1)

주: 1) ( ) 내는 제조업
2) 영업외수익 − 영업외비용
3) 이자수익 − 이자비용
4) 외환차손익, 외화환산손익
5) 배당금수익, 지분법평가손익, 파생상품거래 및 평가손익, 사채상환손익 등

금융비용 부담 능력을 나타내는 이자보상비율(328.92 → 487.90%)은 영업이익률 상승과 금융비용부담률 하락이 동시에 작용하여 전년보다 크게 상승하였다.

이자보상비율은 영업활동을 통해 창출한 수익으로 금융비용을 부담할 수 있는 정도를 나타내는 비율을 의미한다.

$$\frac{\text{이자보상비율}}{(\text{영업이익/이자비용})} = \frac{\text{매출액영업이익률}}{(\text{영업이익/매출액})} \div \frac{\text{금융비용부담률}}{(\text{이자비용/매출액})} \times 100$$

▌표 11-10 ▌이자보상비율 추이

(단위: %)

	2019	2020	2021
이자보상비율	326.53	328.92	487.90
매출액영업이익률	4.21	4.24	5.58
금융비용부담률	1.29	1.29	1.14

이자보상비율을 구간별로 살펴보면 100% 미만(40.9 → 40.5%)과 100~300%미만(14.7 → 14.2%)의 기업 비중은 감소한 반면, 300~500% 미만(7.0 → 7.1%) 및 500% 이상(37.4 → 38.2%) 기업 비중은 증가하였다.

▌표 11-11 ▌이자보상비율 구간별 업체수 비중[1)]

(단위: %)

	2019	2020	2021
100% 미만	36.6	40.9	40.5
0% 미만	30.5	34.7	34.5
100 ~ 300% 미만	16.9	14.7	14.2
300 ~ 500% 미만	8.1	7.0	7.1
500% 이상	38.4	37.4	38.2

주: 1) 이자비용이 0인 기업을 제외한 384,877개(2019년), 420,625개(2020년), 445,456개(2021년) 대상

3. 안정성

2021년말 국내 비금융 영리법인기업의 부채비율(118.3 → 120.3%)은 전년보다 상승하였고 차입금의존도(30.4 → 30.2%)는 전년보다 소폭 하락하였다.

업종별 안성성을 살펴보면 제조업(76.3 → 78.6%, 23.4 → 22.6%)의 경우 부채비율은 상승한 반면 차입금의존도는 하락하였고, 비제조업(157.3 → 158.2%, 34.8 → 35.0%)은 부채비율과 차입금의존도 모두 상승하였다.

기업규모별 안전성을 살펴보면 대기업(97.3 → 99.3%, 24.5 → 23.9%)의 부채비율은 상승한 반면 차입금의존도는 하락하였으며, 중소기업(166.3 → 169.2%, 40.2 → 41.2%)의 부채비율 및 차입금의존도는 모두 상승하였다.

| 표 11-12 | 안정성 지표

(단위: %)

구분	부채비율			차입금의존도		
	2019	2020	2021	2019	2020	2021
전산업	115.7	118.3	120.3	29.5	30.4	30.2
제조업	73.5	76.3	78.6	22.8	23.4	22.6
(식료품)	104.2	102.0	106.4	31.7	32.5	33.8
(코크스 · 석유정제품)	124.2	147.4	121.7	28.8	32.1	26.0
(화학물질 · 제품)	66.8	63.5	72.2	23.1	22.7	23.0
(고무 · 플라스틱)	94.0	94.5	97.4	31.1	30.9	31.5
(1차금속)	59.0	62.2	65.0	23.7	24.6	23.3
(전자 · 영상 · 통신장비)	39.3	41.7	46.9	12.7	12.9	12.3
(전기장비)	104.9	102.8	107.6	26.0	24.5	24.7
(기타기계 · 장비)	102.1	106.7	102.1	29.9	30.4	28.3
(자동차)	74.2	82.7	85.0	18.4	20.1	20.3
(조선 · 기타운수)	148.8	187.4	149.9	28.2	34.0	25.4
비제조업	157.8	157.3	158.2	34.0	34.8	35.0
전기가스업	163.4	163.4	183.6	38.6	39.5	41.7
건설업	105.7	109.1	106.9	22.8	26.8	24.7

서비스업	167.6	167.2	164.0	35.0	35.4	35.5
(도매 · 소매)	127.9	127.4	127.6	25.7	26.2	26.0
(운수 · 창고)	188.5	205.8	155.2	41.4	38.8	36.5
(정보통신)	78.8	79.4	87.7	20.4	20.3	20.1
(부동산)	290.4	267.9	284.5	45.4	45.8	48.0
대기업	94.9	97.3	99.3	23.9	24.5	23.9
제조업	58.3	61.5	65.2	17.3	17.8	17.1
비제조업	139.7	136.6	136.2	29.3	29.5	29.0
중견기업	95.1	92.4	96.5	23.1	23.6	23.4
중소기업	162.3	166.3	169.2	38.8	40.2	41.2
제조업	122.0	122.3	121.7	35.4	36.1	35.8
비제조업	187.9	193.7	197.7	40.5	42.2	43.7

표 11-13 | 국내 비금융 영리법인기업의 주요 경영분석지표[1)]

(단위: %)

	2019	2020	2021
1. 성장성 관련지표			
매출액증가율[2)]	0.4	-1.1	17.0
	(-1.7)	(-2.3)	(18.1)
대기업	-2.3	-4.6	15.5
중견기업	-1.3	-3.5	15.8
중소기업	4.2	3.9	19.2
총자산증가율[3)]	6.1	7.9	12.7
	(3.3)	(5.9)	(10.4)
유형자산증가율[4)]	6.8	6.2	7.3
	(3.0)	(4.5)	(5.7)
2. 수익성 관련지표			
매출액영업이익률[5)]	4.2	4.2	5.6
	(4.4)	(4.6)	(6.8)
대기업	4.8	4.8	7.0
중견기업	5.0	5.0	7.0
중소기업	3.4	3.5	3.5

매출액세전순이익률[6]	3.7	3.9	6.5
	(4.2)	(4.6)	(7.7)
이자보상비율[7]	326.5	328.9	487.9
	(496.7)	(541.4)	(958.3)
금융비용부담률[8]	1.3	1.3	1.1
	(0.9)	(0.9)	(0.7)
3. 안정성 관련지표			
부채비율[9]	115.7	118.3	120.3
	(73.5)	(76.3)	(78.6)
대기업	94.9	97.3	99.3
중견기업	95.1	92.4	96.5
중소기업	162.3	166.3	169.2
차입금의존도[10]	29.5	30.4	30.2
	(22.8)	(23.4)	(22.6)
자기자본비율[11]	46.4	45.8	45.4
	(57.6)	(56.7)	(56.0)

주: 1) ( ) 내는 제조업 기준
2) (당기 매출액/전기 매출액) × 100 − 100
3) (당기말 총자산/전기말 총자산) × 100 − 100
4) (당기말 유형자산/전기말 유형자산) × 100 − 100
5) (영업이익/매출액) × 100
6) (세전순이익/매출액) × 100
7) (영업이익/이자비용) × 100
8) (이자비용/매출액) × 100
9) (부채/자기자본) × 100
10) [(차입금 + 회사채)/총자본] × 100
11) (자기자본/총자본) × 100

3절 현금흐름분석

1. 기업활동과 현금흐름

기업의 모든 활동은 현금흐름과 직접 또는 간접의 관련이 있다. 기업의 현금흐름을 분석하려면 우선 어느 활동에서 현금흐름이 발생하였는지를 분류하여야 한다. 현금흐름이 발생하는 기업활동은 영업활동, 재무활동, 투자활동의 세 가지로 분류한다. 영업활동으로 인한 현금흐름은 손익계산서에, 재무활동으로 인한 현금흐름은 재무상태표의 대변에, 투자활동으로 인한 현금흐름은 재무상태표의 차변에 기록되어 있다.

가. 영업활동으로 인한 현금흐름

영업활동이란 제조업의 경우 생산에 필요한 요소(원재료, 노동력, 설비)를 구입하고 제품을 생산한 후에 판매하는 활동이다. 이를 자금흐름 측면에서 보면 생산요소의 구입에 현금을 지불하고 판매를 통하여 매출액으로 회수하는 것이다. 실제의 기업에서 현금흐름이 이렇게 단순하지는 않나. 생산요소의 구입을 외상으로 할 수 있고 매출에도 즉시 회수되는 것은 아니다. 또 제품을 만든다고 즉시 판매되는 것이 아니라 재고자산으로 상당기간 기업 내에 남아 있기도 한다. 재고자산과 외상매출금이 증가하면 현금의 회수가 늦어지므로 기업은 현금부족 상태가 된다. 원재료를 외상으로 매입하거나 재고자산이 빨리 처분되고 외상매출금이 신속하게 회수되면 현금이 풍부해진다. 제품의 생산과 판매에 관련된 이러한 현금흐름을 영업활동으로 인한 현금흐름이라 한다.

나. 재무활동으로 인한 현금흐름

재무활동은 기업이 외부로부터 자금을 조달하고 정기적으로 이자와 배당금을 지급하고 만기가 된 채무를 변제하는 등의 활동이다. 기업은 영업활동에서 현금이 부족해지면 외부로부터 부족한 자금을 조달하고 현금에 여유가 생기면 차입금을 상환한다. 은행에서 차입을 하거나 주식과 채권을 발행해서 필요한 자금을 조달한 경우에 이자나 배당금 등의 현금유출이 발생한다. 영업활동의 현금흐름은 공급자, 제조기업, 소비자 사이에서 발생하는 현금흐름이고, 재무활동의 현금흐름은 기업, 채권자, 주주 사이에서 발생하는 현금흐름이다.

다. 투자활동으로 인한 현금흐름

투자활동은 기업이 영업활동과는 별도로 현금을 대여하고 회수하는 활동과 유가증권, 투자자산, 고정자산 등을 취득하고 처분하는 활동이다. 기업의 현금흐름은 영업활동이나 재무활동 이외에 투자활동으로 인하여 발생한다. 새로운 공장을 건설하기 위하여 자금을 투자하면 현금이 감소하고 건물이나 기존의 시설을 매각하면 현금이 증가한다. 자산에 대한 투자 결정이 기업의 현금흐름에 영향을 미치는 것이다.

2. 현금흐름분석의 초점

경영자, 투자자, 채권자 등 기업의 이해관계자들은 현금흐름분석을 통하여 여러 가지의 유용한 정보를 얻을 수 있다. 현금흐름은 인체의 혈액순환과 같은 것이어서 안정적인 상태로 무리 없이 이루어져야 한다. 현금부족이 되면 이자지급에 대한 압박을 받고 제품을 생산하기 위한 원재료를 구입하지 못하며 종업원의 임금을 체불하게 된다. 반대로 현금과잉이 되면 기회손실이 발생하여 귀중한 자금을 효율적으로 이용하지 못하고 수익성이 저하되며 결국 기업가치가 떨어진다. 현금흐름분석에서는 현금의 동향과 관련하여 다음과 같은 분석을 한다.

① 현금의 부족이나 과잉 상태로 인한 경영압박과 비효율성은 없는가?

② 내부조달 현금과 외부조달 현금은 균형적인가?

③ 각 활동별 현금흐름이 안정적인가?

④ 단기채무에 대한 지급불능위험은 없는가?

⑤ 장기성장전략을 수행하기 위한 자금조달과 투자에 문제는 없는가?

3. 현금흐름표

현금흐름표는 재무제표의 하나로서 기업이 1년 동안에 어느 활동에서 얼마의 현금을 조달하였고 얼마의 현금을 사용하였는지를 측정하기 위하여 작성하는 회계보고서이다. 재무상태표와 손익계산서가 있음에도 불구하고 별도로 현금흐름표를 작성하는 이유는 재무상태표나 손익계산서가 현금흐름을 제대로 나타내지 못하기 때문이다. 재무상태표는 근본적으로 특정 시점에 관한 자료이므로 1년 동안의 현금흐름에 대한 변동결과만 나타나고 현금흐름이 변동한 과정과 내용은 보여주지 못한다. 손익계산서는 기간에 대한 자료이기는 하지만 당기순이익이 기업의 순현금흐름을 의미하지는 않는다. 당기순이익과 현금흐름이 차이나는 이유는 다음과 같다.

첫째, 손익계산서는 실현주의가 아니라 발생주의 기준에 의하여 작성되므로 실현되지 않은 수익과 비용이 계상된다.

둘째, 감가상각비는 현금의 유출이 없는 비용이므로 현금흐름 계산시에는 감가상각비를 더해주어야 한다.

셋째, 당기순이익은 영업활동만을 대상으로 측정한 것이지만 현금흐름은 영업활동 이외에 재무활동이나 투자활동에 의하여도 영향을 받는다.

표 11-14 | 삼성전자 현금흐름표(2018~2020)

(단위: 백만원)

	2018	2019	2020
영업활동 현금흐름	**44,341,217**	**22,796,257**	**37,509,025**
영업에서 창출된 현금흐름	53,596,311	28,344,706	39,541,654
당기순이익	32,815,127	15,353,323	15,615,018
조정	27,095,149	16,911,222	24,319,842

영업활동으로 인한 자산부채의 변동	(6,313,965)	(3,919,839)	(393,206)
이자의 수취	459,074	673,363	448,323
이자의 지급	(343,270)	(306,633)	(148,262)
배당금 수입	779,567	4,625,181	129,569
법인세 납부액	(10,150,465)	(10,540,360)	(2,462,259)
투자활동 현금흐름	**(31,678,548)**	**(13,537,171)**	**(31,175,575)**
단기금융상품의 순감소(증가)	(7,203,807)	6,212,479	(2,099,892)
장기금융상품의 처분	0	1,400,000	0
장기금융상품의 취득	(1,860,000)	0	0
기타포괄손익－공정가치금융자산의 처분	7,345	1,239	503
기타포괄손익－공정가치금융자산의 취득	(204,055)	(6,701)	(204,957)
당기손익－공정가치금융자산의 처분	7,421	7,334	74
당기손익－공정가치금융자산의 취득	(1,776)	0	0
종속기업, 관계기업 및 공동기업 투자의 처분	25,846	58,677	22,057
종속기업, 관계기업 및 공동기업 투자의 취득	(520,660)	(925,139)	(163,456)
유형자산의 처분	340,558	600,901	431,142
유형자산의 취득	(21,387,378)	(17,240,242)	(26,962,042)
무형자산의 처분	706	1,965	1,082
무형자산의 취득	(880,032)	(2,855,959)	(2,239,834)
사업결합으로 인한 현금유출액	0	(785,000)	0
기타투자활동으로 인한 현금유출입액	(2,716)	(6,725)	39,748
재무활동 현금흐름	**(12,818,480)**	**(9,787,719)**	**(7,426,376)**
단기차입금의 순증가(감소)	(1,796,186)	(41,078)	2,326,350
자기주식의 취득	(875,111)	0	0
사채 및 장기차입금의 상환	(5,357)	(128,431)	(134,443)
배당금의 지급	(10,141,826)	(9,618,210)	(9,618,283)
외화환산으로 인한 현금의 변동	0	2,593	54
현금및현금성자산의 순증감	(155,811)	(526,040)	(1,092,872)
기초의 현금및현금성자산	2,763,768	2,607,957	2,081,917
기말의 현금및현금성자산	**2,607,957**	**2,081,917**	**989,045**

4절 손익분기점분석

신규사업의 착수, 공장의 신설, 생산시설의 도입과 같은 프로젝트의 경제적 타당성을 평가할 때 생산량이나 판매량의 변화에 따른 이익 변화를 분석하는 일은 매우 중요하다. 생산량과 판매량에 따른 사업의 수익성을 분석하는 기법이 손익분기점분석(break-even point analysis, cost-volume-profit analysis)이다. 손익분기점분석은 매출액과 비용이 일치하는 점, 즉 이익이 0이 되는 손익분기점을 찾아서 매출액, 비용, 이익 간의 관계를 분석하는 기법이다. 신제품의 개발, 공장의 신설, 생산라인의 도입과 같은 신규사업의 경제적 타당성을 분석할 때 유용한 기법이다.

손익분기점분석에서는 매출액(total revenue)과 비용(total cost)의 관계를 분석하여 이익(profit)의 움직임을 분석한다. 매출액은 생산량에 제품의 가격을 곱하여 계산하게 된다. 기업의 비용은 크게 고정 인건비, 감가상각비, 임차료와 같이 생산량에 관계없이 발생하는 고정비(fixed cost)와 시간당 임금, 재료비, 제조원가, 수송비처럼 생산량에 따라 변하는 변동비(variable cost)로 분류된다. 기업의 이익은 매출액에서 비용을 차감하여 계산한다. 매출액, 비용, 이익은 생산량의 함수로서 표현되며 정리하면 다음과 같다.

- 매출액(RE) = 가격(Price) × 생산량(Quantity) … (1)
  = P×Q

- 총비용(TC: Total Cost) = 고정비(Fixed Cost) + 변동비(Variable Cost) … (2)
  = 고정비 + (단위당 변동비 × 생산량)
  = FC + (V × Q)

- 이익(Profit) = 매출액 − 총비용 … (3)
  = TR(Total Revenue) − TC(Total Cost)
  = (P × Q) − (FC + (V × Q))

손익분기점은 이익이 0이 되는 점이므로 매출액과 비용을 갖게 하여 생산량을 좌변으로 설정하여 정리하면 다음과 같이 표현된다.

- 이익(Profit) = 매출액 − 총비용 = 0
  이익 = TR − TC = (P × Q)−(FC + (V × Q)) = 0
  P × Q = FC + (V × Q)
  (P − V) × Q = FC
- 손익분기점에서의 생산량(Q) = $\dfrac{\text{FC(고정비)}}{\text{P(가격)} - \text{V(단위당 변동비)}}$

손익분기점은 가격에서 단위당 변동비를 차감한 값으로 고정비(FC)를 나눈 값이 된다. 식(3)에서 계산된 값은 이익이 0이 되는 손익분기점으로서 생산량이 손익분기점보다 클 때는 이익이 발생하고, 생산량이 손익분기점보다 작을 때는 손실이 발생하게 된다. 가격에서 변동비를 차감한 값(P−V)을 공헌이익(contribution margin)이라고 한다. 공헌이익은 새로운 사업이나 새로운 시장에 진출할 때 중요한 의사결정기준이 된다. 기존시장에서 고정비가 모두 회수되었다면 새로운 시장에서 제품의 가격을 결정하는 데 있어서 변동비만 넘어도 이익이 발생할 수 있다. 따라서 새로운 기계나 설비를 도입하는 신규 경쟁업체들에 비해서 가격경쟁력을 가질 수 있다.

이들의 관계는 아래 [그림 11-1]과 같이 표현될 수 있다. 먼저 고정비와 변동비로 구성된 총비용함수를 표현하고, 생산량과 가격의 곱으로 계산된 매출액 함수를 표시하고, 마지막으로 두 함수가 만나는 점을 계산한 값이 손익분기점이 된다.

| 그림 11-1 | 손익분기점분석

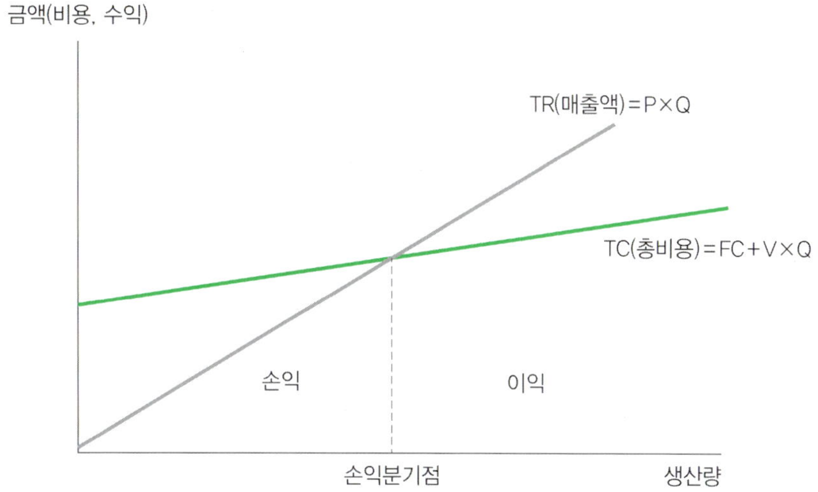

손익분기점에서의 매출액을 구하면 다음과 같다. 손익분기점에서의 생산량의 양변에 가격을 곱한다. 손익분기점에서의 매출액에서 FC는 고정비를, $(1-\frac{V}{P})$는 공헌이익률을 나타낸다.

- 손익분기점에서의 생산량(Q) $= \dfrac{\text{FC(고정비)}}{\text{P(가격)} - \text{V(단위당 변동비)}}$

$$\text{P(가격)} \times \text{Q(생산량)} = \frac{\text{FC(고정비)}}{\text{P(가격)} - \text{V(단위당 변동비)}} \times \text{P(가격)}$$

$$= \frac{\text{FC(고정비)}}{1 - \dfrac{\text{V(단위당 변동비)}}{\text{P(가격)}}}$$

- 손익분기점에서의 매출액 $= \dfrac{FC}{1-\dfrac{V}{P}}$

목표이익을 달성하기 위한 생산량 및 매출액을 구하는 식은 손익분기점에서의 생산량과 손익분기점에서의 매출액 식에서 분모인 고정비(FC)에 목표이익을 합산함으로써 산정할 수 있다.

- 목표이익 달성을 위한 생산량(Q) = $\frac{\text{FC(고정비) + 목표이익}}{\text{P(가격) − V(단위당 변동비)}}$
- 목표이익 달성을 위한 매출액 = $\frac{\text{FC + 목표이익}}{1-\frac{V}{P}}$

요약&결론

한국은행에서 매년 발간하고 있는 기업경영분석에서 조사 · 분석하고 있는 기업경영분석 지표에는 성장성에 관한 지표, 손익의 관계비율, 자산 · 자본의 관계비율, 자산 · 자본의 회전율, 생산성 지표 등 다섯 부문의 지표가 있다.

성장성에 관한 지표는 당해 연도 기업의 자산, 자본 등 경영규모와 기업활동의 성과가 전년에 비하여 어떻게 변동하였는가를 나타내는 지표로서 기업의 경쟁력이나 미래의 수익창출 능력을 간접적으로 나타낸다. 성장성에 관한 지표에는 총자산증가율, 유형자산증가율, 유동자산증가율, 재고자산증가율, 자기자본증가율, 매출액증가율 등이 있다. 총자산증가율은 기업에 투하된 총자산이 얼마나 증가하였는가를 나타내는 비율로서 기업의 전체적인 성장성을 측정하는 지표이다. 매출액증가율은 전기 매출액에 대한 당기 매출액의 증가율로서 기업의 외형 신장세를 판단하는 대표적인 지표이다.

손익의 관계비율은 일정기간 동안의 기업의 경영성과를 측정하는 비율로서 투자된 자본 또는 자산, 매출수준에 상응하여 창출한 이익의 정도를 나타내므로 자산이용의 효율성, 이익 창출능력 등에 대한 평가는 물론 영업성과를 요인별로 분석 · 검토하기 위한 지표로 이용된다. 수익성 분석은 자산이익률, 매출액이익률, 매출액대비원가율 등의 지표를 통해 이루어진다. 참고로 저량(stock) 개념의 재무상태표 항목과 유량(flow) 개념의 손익계산서 항목을 동시에 고려하는 혼합비율의 경우 재무상태표 항목은 기초잔액과 기말잔액을 평균하여 사용한다. 총자산순이익률은 당기순이익의 총자산에 대한 비율로서 ROA(Return on Assets)로 알려져 있다. 기업의 계획과 실적 간 차이분석을 통한 경영활동의 평가나 경영전략 수립 등에 많이 활용한다. 자기자본순이익률은 자기자본에 대한 당기순이익의 비율로서 ROE(Return on Equity)로 널리 알려져 있다. 매출액순이익률은 매출액에 대한 당기순이익의 비율을 나타내는 지표이다. 매출액영업이익률은 기업의 주된 영업활동에 의한 성과를 판단하기 위한 지표로서 제조 및 판매활동과 직접 관계된 순수한 영업이익만을 매출액과 대비한 것으로 영업효율성 측정에 유용하다.

자산 · 자본의 관계비율은 재무상태표 각 항목 간의 관계를 설명하는 정태비율로서 단기채무 지불능력인 유동성과 경기대응 능력인 안정성을 측정하는 지표이다. 자기자본비율은 총자본 중에서 자기자본이 차지하는 비중을 나타내는 지표이다. 자기자본은 금융비용을 부담하지 않고 기업이 운용할 수 있는 자본이다. 이 비율이 높을수록 기업의 안정성이 높다. 부채비율은 자기자본비율과 역의 관계에 있어 자기자본비율이 높을수록 부채비율은 낮아지게 된다. 타인자본은 차입금, 회사채, 매입채무, 미지급금, 부채성충당금 등의 부채를 말하며 1년 이내에 지급기일이 도래하는 부채는 유동부채, 1년 이후에 지급기일이 도래하는 부채는 비유동부채이다.

자산 · 자본의 회전율은 기업에 투하된 자본이 기간 중 얼마나 활발하게 운용되었는가를 나타내는 비율로서 활동성분석이라고도 한다. 회전율을 측정하는 기본항목은 매출액이며, 기업의 활동성은 매출액과 각 자산 · 자본항목에 대한 회전배수로 측정된다. 총자산회전율은 총자산이 1년 동안 몇 번 회전하였는가를 나타내는 비율이다. 기업에 투하한 총자산의 운용효율을 총괄적으로 표시하는 지표이다. 자기자본회전율은 자기자본이 1년 동안 몇 번 회전했는가를 나타내는 비율이다. 이는 자기자본 이용의 효율성을 측정하는 지표이다.

생산성은 기업활동의 성과 및 효율을 측정하고 개별 생산요소의 기여도 및 성과배분의 합리성 여부를 살펴보기 위한 지표이다. 기업의 경영성과 평가는 부가가치생산성 개념으로 측정하는 것이 일반적이다.

부가가치는 기업의 이익을 순이익뿐만 아니라 이해관계자에게 귀속되는 이익까지 그 범위를 넓혀 측정한 개념이다. 이런 부가가치는 창출 측면과 분배 측면에서 측정할 수 있는데 기업경영분석에서는 분배 측면의 영업잉여(영업손익+대손상각비−금융비용), 인건비, 금융비용, 조세공과, 감가상각비 등으로 구성되며 손익계산서 및 제조원가명세서에 나타난 해당 항목들을 합산하여 산출한다.

한국은행 2021년 연간 기업경영분석 결과는 다음과 같다. 성장성 관련 지표분석에서 2021년 국내 비금융 영리법인기업의 매출액증가율(−1.1 → 17.0%)은 증가로 전환하였으며 총자산증가율(7.9 → 12.7%)은 상승폭이 확대되었다. 수익성 지표에서 2021년 중 국내 비금융 영리법인기업의 매출액영업이익률(4.2 → 5.6%) 및 매출액세전순이익률(3.9 → 6.5%)은 전년보다 상승하였다. 매출원가율(76.8 → 76.1%)과 판매관리비율(18.9 → 18.3%)이 하락하면서 매출액영업이익률이 전년보다 상승하였다. 영업이익률 상승(4.2 → 5.6%), 영업외수지 흑자전환(−0.4 → 0.9%)으로 매출액세전순이익률이 전년보다 상승하였다. 금융비용 부담 능력을 나타내는 이자보상비율(328.92 → 487.90%)은 영업이익률 상승과 금융비용부담률 하락이 동시에 작용하여 전년보다 크게 상승하였다. 이자보상비율은 영업활동을 통해 창출한 수익으로 금융비용을 부담할 수 있는 정도를 나타내는 비율을 의미한다. 안정성 지표 중에서 2021년말 국내 비금융 영리법인기업의 부채비율(118.3 → 120.3%)은 전년보다 상승하였고 차입금의존도(30.4 → 30.2%)는 전년보다 소폭 하락하였다.

현금흐름표는 재무제표의 하나로서 기업이 1년 동안에 어느 활동에서 얼마의 현금을 조달하였고 얼마의 현금을 사용하였는지를 측정하기 위하여 작성하는 회계보고서이다.

생산량과 판매량에 따른 사업의 수익성을 분석하는 기법이 손익분기점분석이다. 손익분기점분석은 매출액과 비용이 일치하는 점, 즉 이익이 0이 되는 손익분기점(break-even point)을 찾아서 매출액, 비용, 이익 간의 관계를 분석하는 기법이다. 손익분기점은 가격에서 단위당 변동비를 차감한 값으로 고정비(FC)를 나눈 값이 된다. 손익분기점에서의 매출액을 구하면 다음과 같다. 손익분기점에서의 생산량의 양변에 가격을 곱한다. 손익분기점에서의 매출액에서 FC는 고정비를, $(1-\frac{V}{P})$는 공헌이익률을 나타낸다. 목표이익을 달성하기 위한 생산량 및 매출액을 구하는 식은 손익분기점에서의 생산량과 손익분기점에서의 매출액 식에서 분모인 고정비(FC)에 목표이익을 합산함으로써 산정할 수 있다.

Successful Startup 11 성공적인 창업 프로세스

1. 시장을 세분화하라.

① 시장세분화란 시장기회를 발견하고 그 가능성을 확인하는 과정
② 잠재시장의 목록을 작성한 다음 시장수를 줄임
③ 시장조사 자료를 바탕으로 각 세분시장을 분석
④ 시장조사의 목표는 집중해야 할 사업영역을 선정하기 위해 광범위하고 다양한 시장기회를 확인하고 이해하는 데 있음
⑤ 인터뷰와 고객관찰을 통한 시장조사는 시장기회를 발견하는 최고의 방법
⑥ 거점시장 선택은 시장조사를 기반으로 함

2. 거점시장을 선택하라.

① 하나의 시장만 선택
② 고객 모두 유사한 제품을 구매하고, 고객에 대한 영업주기와 제품에 대한 기대치가 비슷하며, 고객 사이에 입소문이라는 강력한 구매 준거기준이 있다라는 세 가지 조건을 충족시키는 완전히 동질적인 시장을 찾을 때까지 계속 세분화
③ 집중만이 살길

3. 최종사용자의 특징을 구체화하라.

① 목표고객에 대한 분석과 이해를 위하여 최종사용자를 구체화라는 작업은 앞으로의 여정에 방향성을 제시함
② 최종사용자를 정의하는 일은 구체화의 성배를 찾는 과정에서 매우 중요한 역할을 함. 고객의 구체적인 실체를 띠기 시작함
③ 내 관심과 역량이 아니라 고객욕구에 기반을 둔 창업의 중요성을 깨닫는 것도 중요한 과제
④ 창업자의 관심과 재능도 중요하지만 부차적인 요인임

4. 거점시장의 규모를 이해하라.

① 총유효시장 규모는 시장점유율이 100%에 도달했을 때 발생하는 연매출로, 최초로 거점시장에 적용하는 개념

② 1차 시장조사를 바탕으로 잠재고객수를 추정하는 상향식 분석은 당신이 지금까지 그려온 시장 그림에 사실성과 정확성을 더해줌
③ 시장분석 보고서 등 2차 자료에 근거한 하향식 분석으로 상향식 분석결과를 검증하고 보완하는 것이 바람직함
④ 하향식 분석은 고객과의 직접적인 상호작용에 기반을 두지 않으므로 중요한 세부사항을 간과할 수 있다는 사실을 염두에 두어야 함
⑤ 하향식 분석은 상향식 분석의 보완책으로 두 가지를 병행하는 것이 가장 좋음

5. 잠재고객의 프로파일을 설정하라.

① 페르소나 정의는 거점시장의 주요 고객을 자세히 묘사하는 과정
② 물건을 팔아야 할 사람은 '최종사용자 프로파일'이 아니라 특정 개인임
③ 창업 멤버가 모두 참여해 페르소나를 정확히 이해하면 고객에게 초점을 모을 수 있는데, 특히 구매기준 우선순위에 대한 이해가 중요함
④ 고객에게 동기를 부여해 행동을 유발하는 요인은 이성적 차원뿐만 아니라 감성적 · 사회적 차원에서도 파악해야 함
⑤ 페르소나의 욕구, 행동, 동기에 대한 이해도가 높을수록 제품개발과 창업 성공률 또한 높아짐
⑥ 백트 시트를 다듬고 여기에 살을 붙여 페르소나를 완성했다면 창업 멤버들이 공동 목표를 향해 전진할 수 있도록 시각화함

6. 고객의 제품구매 과정을 스캔하라.

① 전체 생애주기를 창의적이고 시각적으로 묘사하면 제품이 고객의 가치사슬에 자리 잡는 방법과 고객의 선택을 어렵게 만드는 장애요인을 분명히 할 수 있음
② 고객이 실제로 제품을 사용하는 과정을 이해하는 것만으로는 판매시점에 닥칠지도 모를 문제에 완벽히 대비하지 못한다는 사실을 기억해야 함

7. 제품을 시각적으로 표현하라.

① 창업 멤버와 잠재고객은 제품을 가시적으로 표현한 브로슈어를 통해 비로소 제품의 본질과 가치의 핵심에 접근함
② 지나치게 많은 시간과 자원을 투자해가면서 세부 기능과 외형을 규정하지 말고, 상위 수준에서 큰 그림만 그린 다음 계속 다듬어 나갈 것

③ 이것은 생각보다 훨씬 어려운 작업이지만 이 과정을 통해 창업 멤버들의 열정과 역량을 한곳으로 결집해 한 방향으로 나아갈 수 있음

④ 제품과 서비스의 특징, 기능, 가치를 담은 브로슈어는 당신의 제안을 더욱 명확하고 이해하기 쉽게 설명해 주는 도구임

8. 제품의 가치를 숫자로 제시하라.

① 정량화된 가치제안은 페르소나의 최우선순위를 중심으로 산정

② 먼저 고객에게 익숙한 '현재'의 전체 생애주기 사용 시나리오를 이해

③ 당신이 제안하는 미래의 가치를 페르소나의 우선순위를 근거로 명확히 기술

④ 가능하다면 다이어그램을 이용해 한 장짜리 가치제안 보고서를 작성

⑤ 가치제안 보고서는 고객이 이해하기 쉽고 제3자의 의견을 구할 때도 편리하게 사용할 수 있음

⑥ 성공적으로 정의한 가치제안은 창업과정 내내 큰 도움이 됨

⑦ 가치제안에 충분한 시간투자

9. 열 명의 예비고객을 조사하라.

① 열 명의 예비고객 선정과 인터뷰는 페르소나를 비롯한 다른 단계의 가설을 검증하는 중요한 작업

② 가설을 확인하고 수정함으로써 굳은 확신으로 무장했다면 이제 본격적으로 계획에 돌입

자료: 빌 올렛, 스타트업 바이블, 비즈니스북스, 2020.8.

5부

성공적인 소자본 창업경영 실무

12장 4차 산업혁명 시대의 창업경영

1절 산업혁명

산업혁명(Industrial Revolution)은 18세기 중엽 영국에서 시작된 기술혁신과 이에 수반하여 일어난 사회 · 경제구조의 변혁을 말한다. 영국에서 일어난 산업혁명은 유럽제국, 미국, 러시아 등으로 확대되었으며, 20세기 후반에 이르러서는 동남아시아와 아프리카 및 라틴아메리카로 확산되었다. 이런 의미에서 산업혁명을 광의로 해석하여 농업중심사회에서 공업사회로의 이행이라고 보는 한 산업혁명은 인류 역사에서 아직도 끝나지 않았다고 할 수 있다. 이 광의의 산업혁명은 흔히 공업화라고 부르는 것으로서, 이를 간단히 정의하기는 곤란하지만 물질적 재화의 생산에 무생물적 자원을 광범하게 이용하는 조직적 경제과정이라고 할 수 있다.

인류사회의 변화는 기술과 문명사회의 발전적 측면에서 보면 원시사회, 농업사회, 산업사회, 정보화사회로 변천되어 왔다. 인류사회는 석기와 같은 도구 사용, 수렵 · 채취생활을 하는 원시사회에서, 농사법의 개발, 문자의 발명으로 인해 지식의 축적과 보급이 가능한 농업사회로 발전되어 왔다. 산업사회는 18세기 중엽 영국을 중심으로 산업혁명으로 시작되었으며, 인류의 육체적 노동이 기계의 발명으로 기계로 대체되었고, 대량생산과 대량소비가 가능한 사회였다. 정보화사회는 정보산업이 산업의 중심이 되는 사회로서, 정보가 중요한 자원이 되며, 정보의 생산 · 저장 및 분배가 사회의 주요 활동이 되는 사회이다.

원시사회는 인간의 힘(power)이 중요한 자원이고, 농업사회는 토지(land)가 중요한 자원이었으며, 산업사회에 있어서 중요한 자원은 자본(capital)이었다. 그러나 새로운 정보화사회는 정보(information)가 가장 중요한 전략적 자원이 되고 있다. 즉 현대는 정보라고 하는 전략적 자원이 있으면 경쟁력을 보유하게 되며 경제적으로 쉽게 성공할 수 있게 된다. 정보화사회에서는 지식의 창출이 체계화되거나 지력(brain power)을 증대시켜 왔는데, 산업사회에서 상품의 대량생산과 같은 의미로 이제는 지식의 대량생산이 이루어지고 있으며, 이러한 지식이 현대의 경제를 끌고 나가는 원동력이 되고 있다.

그림 12-1 인류사회의 발전단계

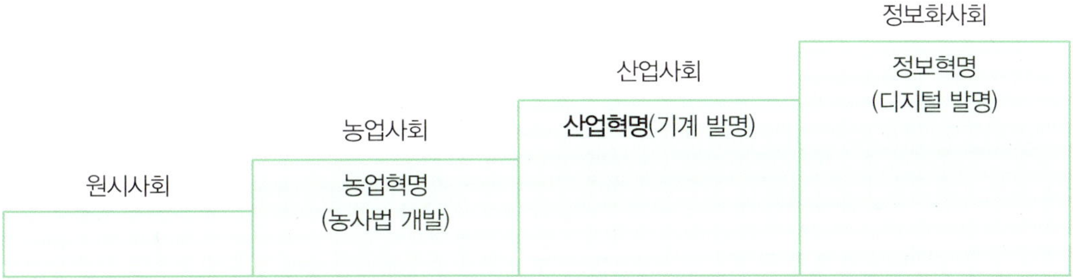

2절 규모의 경제, 범위의 경제, 연결의 경제

규모의 경제(Economy of Scale)는 생산요소 투입량의 증대에 따른 생산비절약을 말한다. 이에 관하여는 일반적으로 대량생산의 이익, 대규모 경영의 이익이라는 말이 알려져 있다. 대량생산의 이익이 기업의 생산설비가 일정한 때 발생하는 규모의 경제를 뜻하는 데 비하여, 대규모 경영의 이익은 생산설비의 확대 또는 동일 기업에서 플랜트 수의 증가를 포함한 규모의 경제를 의미한다. 생산비에는 생산량의 증대에 따라, ① 원재료비 · 노무비 같이 정비례적으로 증가하는 비례적 비용, ② 감가상각비 · 지대 · 이자 같은 일정한 고정비용, ③ 감독비 같이 불비례적으로 변동하는 불비례적 비용이 있다. 최소한의 최적규모에 도달하고 있는 공장을 복수로 가지고 있는 기업의 경우에는 기업 전체의 평균비용이 공장단위의 평균비용보다 작은 경우가 많다. 그것은 대규모 관리의 이익, 대량판매의 이익, 대량구입의 이익 등에 의하는 것이고 이것을 일반적으로 대규모 경영의 이익이라고 한다.

범위의 경제(Economy of Scope)는 한 기업이 2종 이상의 제품을 함께 생산할 경우 각 제품을 다른 기업이 각각 생산할 때보다 평균비용이 적게 드는 현상을 말한다. 생산요소의 기능을 조절하여 효율적으로 생산하는 것이다. 연구개발 · 판매 · 생산 등은 공동으로 이용하면서 제품의 종류만 달리할 경우 비용은 적게 들고 효과는 극대화할 수 있는 장점이 있다. 또 기업의 다각화의 경우 기존 산업과 비슷한 산업에 진출함으로써 시너지효과를 얻을 수도 있다. 원리와 설계가 비슷한 제품을 같은 라인에서 생산하는 것도 비용면에서 효과적이다. 대표적인 예로는 은행이 보험상품을 판매하는 방카슈랑스를 들 수 있다.

연결의 경제(Economy of Linkage)는 '네트워킹의 경제성'이라고도 한다. 정보화나 소프트화의 진전과 함께 공업화사회의 지도원리였던 '규모의 경제성'을 대신해서 '범위의 경제성'이 부상되고 있는데, 그것은 진입장벽이 낮아지고 축적된 인적자원이나 노하우의 활용이 용이하게 되어 기업의 업태가 여러 가지로 다원화될 수 있기 때문이다. 이 '범위의 경제성'을 더욱 보편화한 것이 '연결의 경제성'이다. '연결의 경제성'은 '범위의 경제성'에 대해 ① 공통생산요소를 이용하는 투입면뿐만 아니라 정보나 노하우를 핵으로 하는 산출면의 시너지효과도 포함시키고, ② 투입면에 대해서도 외부자원과의 연결을 고려하여, ③ 단일주체, 단일조작을 초월한 복수주체 간의 연결가지를 포함시킨다.

❙ 표 12-1 ❙ 규모의 경제, 범위의 경제, 연결의 경제

구분	규모의 경제	범위의 경제	연결의 경제
의미	대량생산을 통한 원가절감	다양한 생산을 통한 원가절감	연결을 통한 원가점감
사례	함흥냉면	김밥천국	인터넷을 통한 연결

3절 4차 산업혁명

클라우스 슈밥(Klaus Schwab)이 〈제4차 산업혁명〉 저서에서 처음 언급한 4차 산업혁명은 21세기의 시작과 동시에 출현했으며 현재 진행 중이다. 4차 산업혁명은 속도, 범위와 깊이, 시스템 충격면에서 이전 1~3차 산업혁명과 완전히 다른 것이 특징이다. 첫째, 속도 측면에서 4차 산업혁명은 선형적인 속도가 아닌 기하급수적인 속도로 전개 중이다. 또한 신기술이 그보다 더 새롭고 뛰어난 역량을 갖춘 기술을 만들어낸다. 둘째, 범위와 깊이 측면에서 디지털 혁명 기반 다양한 과학기술을 융합해 개인, 경제, 기업, 사회에 유례없는 변화를 유도한다. 또한 '무엇'을 '어떻게' 하는 것의 문제뿐 아니라 우리가 '누구'인가에 대해서도 변화를 일으킨다. 셋째, 시스템 충격 측면에서 국가 간, 기업 간, 산업 간 그리고 사회 전체 시스템의 변화를 수반한다.

그림 12-2 4차 산업혁명의 특징

구분	내용
속도 (Velocity)	• 1~3차 산업혁명과 다름 • 4차 산업혁명은 선형적 속도가 아닌 기하급수적인 속도로 전개 중 • 신기술이 그보다 더 새롭고 뛰어난 역량을 갖춘 기술을 만들어냄
범위와 깊이 (Breadth and Depth)	• 디지털 혁명 기반 다양한 과학기술을 융합해 개인, 경제, 기업, 사회에 유례없는 변화 유도 • '무엇'을 '어떻게' 하는 것의 문제뿐 아니라 우리가 '누구'인가에 대해서도 변화를 일으킴
시스템충격 (System Impact)	• 4차 산업혁명은 국가 간, 기업 간, 산업 간 그리고 사회 전체 시스템의 변화를 수반

4차 산업혁명을 이끄는 기술은 물리학 기술, 디지털 기술, 생물학 기술이다. 첫째, 물리학 기술은 무인운송수단 기술, 3D프린팅 기술, 첨단 로봇공학 기술, 신소재 기술 등을 말한다. 둘째, 디지털 기술은 사물인터넷(IoT) 기술, 전자태그(RFID) 기술, 블록체인(Block Chain) 기술, 비트코인(Bitcoin) 기술, 주문형 경제(On-Demand Economy) 기술을 말한다. 셋째, 생물학 기술은

인간게놈프로젝트(Human Genome Project), 합성생물학 기술, 크리스퍼(CRISPR) 기술, 바이오프린팅(Bioprinting) 기술을 말한다.

| 그림 12-3 | 4차 산업혁명을 이끄는 기술

물리학 기술	· 무인운송수단, 3D프린팅 · 첨단 로봇공학, 신소재
디지털 기술	· 사물인터넷(IoT), 전자태그(RFID), 블록체인(Block Chain) · 비트코인(Bitcoin), 주문형 경제(On-Demand Economy)
생물학 기술	· 인간게놈프로젝트(Human Genome Project), 합성생물학 · 크리스퍼(CRISPR/Cas9), 바이오프린팅(Bioprinting)

4차 산업혁명의 영향력은 경제, 기업, 국가, 세계, 사회, 개인 등 모든 주체에 기존과는 다르게 미치고 있다.

| 그림 12-4 | 4차 산업혁명의 영향력

경제 (Economy)	기업 (Business)	국가-세계 (National-Global)	사회 (Society)	개인 (Individual)
· 성장가능성 · 노동력의 위기 · 노동의 본질	· 파기적 혁신과 기업 · 고객 기대의 변화 · 빅데이터를 활용한 품질향상 · 협력을 통한 혁신 · 신기업운영 모델	· 정부의 역할 · 세계 체제의 개편 · 국제안보 문제	· 불평등과 중산층 · 권력을 얻은(잃은) 시민	· 휴먼 커넥션 · 공공 및 개인 정보관리

4차 산업혁명의 방법론에는 체내 삽입형 기기, 디지털 정체성, 새로운 인터페이스로서의 시각, 웨어러블 인터넷, 유비쿼터스 컴퓨팅, 주머니 속 슈퍼컴퓨터, 누구나 사용할 수 있는 저장소, 사물인터넷, 커넥티드 홈, 스마트 도시, 빅데이터를 활용한 의사결정, 자율주행자동차, 인

공지능과 의사결정, 인공지능과 화이트칼라, 로봇공학과 서비스, 비트코인과 블록체인, 공유경제, 정부와 블록체인, 3D프린팅 기술과 제조업, 3D프린팅 기술과 인간의 건강, 3D프린팅 기술과 소비자 제품, 맞춤형 아기, 신경기술 등이 있다.

| 표 12-2 | 4차 산업혁명의 방법론

방법론	사례
체내 삽입형 기기	상업화된 최초의 인체 삽입형 모바일폰
디지털 정체성	인터넷상 디지털 정체성 보유
새로운 인터페이스로서의 시각	독서용 안경의 인터넷 연결
웨어러블 인터넷	인터넷에 연결된 의류
유비쿼터스 컴퓨팅	언제 어디서나 연결되는 인터넷
주머니 속 슈퍼컴퓨터	스마트폰
누구나 사용할 수 있는 저장소	광고료로 운영되는 무한 용량 무료 저장소 보유
사물인터넷	모든 사물인터넷에 연결
커넥티드 홈	가정용 기기 모두가 인터넷에 연결
스마트 도시	신호등이 하나도 없는 도시 탄생
빅데이터를 활용한 의사결정	빅데이터를 활용한 정부, 기업, 가계 등장
자율주행자동차	무인 자율주행자동차
인공지능과 의사결정	기업 이사회에 인공지능 기계 등장
인공지능과 화이트칼라	인공지능이 기업 감사 시행
로봇공학과 서비스	서비스 로봇 등장
비트코인과 블록체인	전 세계가 블록체인 기술에 저장
공유경제	에어비앤비, 카셰어링
정부와 블록체인	블록체인을 통해 세금을 징수하는 정부 등장
3D프린팅 기술과 제조업	3D프린터로 제작된 자동차 생산
3D프린팅 기술과 인간의 건강	3D프린터로 제작된 장기 이식
3D프린팅 기술과 소비자 제품	3D프린터로 제작된 소비자 제품
맞춤형 아기	유전자 편집으로 탄생한 맞춤형 아기
신경기술	인공 기억을 이식받은 인간 등장

4절 4차 산업혁명 시대의 창업경영

4차 산업혁명은 결국 기술의 문제를 넘어 사람의 문제이다. 일자리가 변하고, 기업이 원하는 인재의 기준이 변하고, 조직구조가 변한다. 일하는 방식이 바뀌고, 조직문화가 바뀌고, 리더십이 바뀐다. 고용형태가 달라지고, 노사관계가 달라지고, 노동법이 달라진다.

인류의 삶을 바꿀 새로운 혁명인 4차 산업혁명은 인류가 또다시 역사적 대전환기를 맞이하였음은 분명해보인다. 기업경영과 관련해서 보자면 4차 산업혁명이 전문인력의 상당수를 대체함으로써 일자리와 인사에 결정적인 영향을 미친다. 하지만 일자리와 인사의 변화가 필연적으로 조직구조와 전략의 수정을 초래하고 결국 20세기 100여 년간 현대 산업사회의 근간 역할을 해온 기업과 경영의 본질을 근본적으로 바꾸어놓을 것이라는 점을 생각할 때, 이제 보다 더 명확하게 볼 수 있는 다양한 측면에서 구체적으로 4차 산업혁명이 바꿀 일과 경영의 세계를 들여다볼 시점이다.

산업 패러다임이 바뀌면서 기업과 조직은 어떻게 변할 것인지, 일자리가 소멸된다는 주장은 과연 얼마나 설득력이 있는지, 일하는 방식과 조직문화는 어떻게 달라지고 리더십은 어떻게 바뀔 것인지, 급변하는 환경 속에서 기업은 어떤 인력을 확보하고 양성해야 할 것인지, 또 인사제도는 어떻게 바꾸어 나가야 할 것인지, 새로운 노동환경에서 노사관계와 노동법은 어떻게 개선할 것인지 등등 4차 산업혁명과 기업경영, 창업경영에서 새롭게 고려해야 할 일들이 많다.

위기가 아니라 기회로 4차 산업혁명을 맞이하기 위해 무엇을 준비해야 할까?

과거-현재-미래의 연속선상에서 앞으로의 변화를 바라보고자 하며, 19세기 중후반부터 시작된 현대적 기업조직과 산업사회의 탄생과 발전과정을 통해 기술-시장-조직 간 공진화가 역사적 패러다임 전환의 핵심원리로 작동하고 있다. 이러한 관점에서 초연결, 초지능, 초예측, 초경쟁을 특성으로 하는 4차 산업혁명 기술이 이제까지 불가능하던 어떤 경영 행위나 가치창출을 가능케 할 것인지, 그 결과 시장과 조직은 또 어떻게 공진화할 것인지를 예측한다. 특히 4차 산업혁명으로 '고객의 관심집중 시간'이 중요해지면서 시장경쟁이 특정 상품시장 내에 머

묻지 않고 고객의 일상생활 시간 전체를 대상으로 하는 통합시장으로 확대될 것이며, 다양한 유형의 조직군이 공존하는 생태계가 형성될 것이라는 등의 분석은 미래 시장과 조직의 변화 모습을 그리는데 의미 있고 새로운 관점을 제공한다.

4차 산업혁명이 일자리가 없어질 것을 염려하기보다는 '이동하는 일자리'와 '변화하는 직무'에 어떻게 대응할 것인지를 고민해야 하며, 일자리의 양보다 일하는 내용의 변화에 주목해야 한다. 미래 인재상의 변화에 따라 기업의 인력확보 및 육성전략이 어떻게 달라져야 하는지에 대한 문제에서, 무엇보다 기술혁신과 인간 역량의 개발을 동시에 추진하는 균형 있는 노력이 필요하다.

데이터 기술의 비약적 발전으로 대변되는 4차 산업혁명으로 기업 내에서 구성원들의 일하는 방식과 이들이 공유하는 문화에 어떤 변화를 가져오고, 나아가 더 좋은 성과를 위해 관리자들이 발휘해야 할 리더십 내용은 어떻게 바뀔지를 고려해야 한다. 기업이 과거와는 전혀 다른 모습으로 탈바꿈하고 있는 현실에서 누가 기업에 남아 어떤 일을 할 것인지, 어떻게 일하고 어떤 관계를 맺으며 어떻게 상호작용할 것인지, 관리자는 어떤 역할을 맡을 것인지에 대해 구체적으로 고려해야 한다

기술혁명으로 일자리의 소멸과 탄생, 직무의 해체와 재구성이 빠르게 이루어지고, 시간과 공간, 인지적 제약이 소멸되는 등 날라지는 일의 세계와 그에 따라 달라질 수밖에 없는 인사시스템을 고려해야 한다. 미래에도 직급이 필요한지, 평가제도는 어떻게 변할 것인지, 상사보다 인공지능이나 알고리즘이 더 나은 평가자 역할을 하지는 않을지, 또 보상제도는 어떻게 바뀔지 등 이른바 '인사혁명'이라 불릴 만한 변화들이 태동하고 있음을 살펴보아야 한다. 4차 산업혁명의 도래와 함께 많은 이슈가 부각될 수밖에 없는 노사관계와 노동법의 개선과제를 고려해야 한다. 기술혁신은 노사관계의 불안전성을 확대할 가능성이 크며, 이러한 노사관계의 불안요인은 곧 노동법의 위기로 연결될 수 있다. 4차 산업혁명에도 지속가능한 노사관계를 어떻게 만들어 갈 것인지 노사가 함께 고민해야 하며, 동시에 4차 산업혁명을 포용할 수 없는 전통적인 노동법과 제도에 대한 본질적인 변혁이 필요한 때이다.

'인더스트리 4.0'이라는 명칭 아래 제조업 혁신에 착수한 독일, 산업 인터넷을 활용하는 생태

계를 조성하여 ICT 혁신을 주도하며 글로벌 시장에서 영향력을 확대하고 있는 미국, '일본재흥전략'을 통해 산업을 넘어 경제와 사회를 아우르는 국가혁신 프로젝트로 4차 산업혁명을 확대하고 있는 일본 등의 사례는 기업의 성쇠를 넘어 국가 차원에서의 경쟁 역시 일찍이 시작되었음을 일깨워준다. 기존사업의 강점을 유지하면서 디지털화를 꾀하기 위해 조직과 인력 등 내부 역량을 점진적으로 강화하고 있는 GE와 지멘스, 아마존, 그리고 기존사업에서 신사업으로 업종을 과감히 전환하면서 신규조직을 신설하거나 외부 인력을 과감하게 영입하는 등 구조적으로 큰 변화를 추구하고 있는 소프트뱅크와 IBM의 대응전략은 한국 기업들이 4차 산업혁명의 거대한 변화를 위기가 아니라 기회로 맞이하는 데 반드시 눈여겨봐야 할 기업이다.

요약& 결론

산업혁명(Industrial Revolution)은 18세기 중엽 영국에서 시작된 기술혁신과 이에 수반하여 일어난 사회 · 경제구조의 변혁을 말한다. 인류사회의 변화는 기술과 문명사회의 발전적 측면에서 보면 원시사회, 농업사회, 산업사회, 정보화사회로 변천되어 왔다.

규모의 경제(Economy of Scale)는 생산요소 투입량의 증대에 따른 생산비절약을 말한다. 범위의 경제(Economy of Scope)는 한 기업이 2종 이상의 제품을 함께 생산할 경우 각 제품을 다른 기업이 각각 생산할 때보다 평균비용이 적게 드는 현상을 말한다. 연결의 경제(Economy of Linkage)는 '네트워킹의 경제성'이라고도 한다.

클라우스 슈밥(Klaus Schwab)이 〈제4차 산업혁명〉 저서에서 처음 언급한 4차 산업혁명은 21세기의 시작과 동시에 출현했으며 현재 진행 중이다. 4차 산업혁명은 속도, 범위와 깊이, 시스템 충격 면에서 이전 1차~3차 산업혁명과 완전히 다른 것이 특징이다. 첫째, 속도 측면에서 4차 산업혁명은 선형적인 속도가 아닌 기하급수적인 속도로 전개 중이다. 둘째, 범위와 깊이 측면에서 디지털 혁명 기반 다양한 과학기술을 융합해 개인, 경제, 기업, 사회에 유례없는 변화를 유노한다. 셋째, 시스템 충격 측면에서 국가 간, 기업 간, 산업 간 그리고 사회 전체 시스템의 변화를 수반한다.

4차 산업혁명을 이끄는 기술은 물리학 기술, 디지털 기술, 생물학 기술이다. 첫째 물리학 기술은 무인운송수단 기술, 3D프린팅 기술, 첨단 로봇공학 기술, 신소재 기술 등을 말한다. 둘째, 디지털 기술은 사물인터넷(IoT) 기술, 전자태그(RFID) 기술, 블록체인(Block Chain) 기술, 비트코인(Bitcoin) 기술, 주문형 경제(On-Demand Economy) 기술을 말한다. 셋째, 생물학 기술은 인간게놈프로젝트(Human Genome Project), 합성생물학 기술, 크리스퍼(CRISPR) 기술, 바이오프린팅(Bioprinting) 기술을 말한다. 4차 산업혁명의 영향력은 경제, 기업, 국가, 세계, 사회, 개인 등 모든 주체에 기존과는 다르게 미치고 있다.

4차 산업혁명의 방법론에는 체내 삽입형 기기, 디지털 정체성, 새로운 인터페이스로서의 시각, 웨어러블 인터넷, 유비쿼터스 컴퓨팅, 주머니 속 슈퍼컴퓨터, 누구나 사용할 수 있는 저장소, 사물인터넷, 커넥티드 홈, 스마트 도시, 빅데이터를 활용한 의사결정, 자율주행자동차, 인공지능과 의사결정, 인공지능과 화이트칼라, 로봇공학과 서비스, 비트코인과 블록체인,

공유경제, 정부와 블록체인, 3D프린팅 기술과 제조업, 3D프린팅 기술과 인간의 건강, 3D프린팅 기술과 소비자 제품, 맞춤형 아기, 신경기술 등이 있다.

4차 산업혁명은 결국 기술의 문제를 넘어 사람의 문제이다. 일자리가 변하고, 기업이 원하는 인재의 기준이 변하고, 조직구조가 변한다. 일하는 방식이 바뀌고, 조직문화가 바뀌고, 리더십이 바뀐다. 고용형태가 달라지고, 노사관계가 달라지고, 노동법이 달라진다.

4차 산업혁명이 일자리가 없어질 것을 염려하기보다는 '이동하는 일자리'와 '변화하는 직무'에 어떻게 대응할 것인지를 고민해야 하며, 일자리의 양보다 일하는 내용의 변화에 주목해야 한다. 미래 인재상의 변화에 따라 기업의 인력확보 및 육성전략이 어떻게 달라져야 하는지에 대한 문제에서, 무엇보다 기술혁신과 인간 역량의 개발을 동시에 추진하는 균형 있는 노력이 필요하다. 데이터 기술의 비약적 발전으로 대변되는 4차 산업혁명으로 기업 내에서 구성원들의 일하는 방식과 이들이 공유하는 문화에 어떤 변화를 가져오고, 나아가 더 좋은 성과를 위해 관리자들이 발휘해야 할 리더십 내용은 어떻게 바뀔지를 고려해야 한다. 기업이 과거와는 전혀 다른 모습으로 탈바꿈하고 있는 현실에서 누가 기업에 남아 어떤 일을 할 것인지, 어떻게 일하고 어떤 관계를 맺으며 어떻게 상호작용할 것인지, 관리자는 어떤 역할을 맡을 것인지에 대해 구체적으로 고려해야 한다. 기술혁명으로 일자리의 소멸과 탄생, 직무의 해체와 재구성이 빠르게 이루어지고, 시간과 공간, 인지적 제약이 소멸되는 등 달라지는 일의 세계와 그에 따라 달라질 수밖에 없는 인사시스템을 고려해야 한다. 미래에도 직급이 필요한지, 평가제도는 어떻게 변할 것인지, 상사보다 인공지능이나 알고리즘이 더 나은 평가자 역할을 하지는 않을지, 또 보상제도는 어떻게 바뀔지 등 이른바 '인사혁명'이라 불릴 만한 변화들이 태동하고 있음을 살펴보아야 한다. 4차 산업혁명의 도래와 함께 많은 이슈가 부각될 수밖에 없는 노사관계와 노동법의 개선과제를 고려해야 한다. 기술혁신은 노사관계의 불안전성을 확대할 가능성이 크며, 이러한 노사관계의 불안요인은 곧 노동법의 위기로 연결될 수 있다. 4차 산업혁명에도 지속가능한 노사관계를 어떻게 만들어갈 것인지 노사가 함께 고민해야 하며, 동시에 4차 산업혁명을 포용할 수 없는 전통적인 노동법과 제도에 대한 본질적인 변혁이 필요한 때이다.

'인더스트리 4.0'이라는 명칭 아래 제조업 혁신에 착수한 독일, 산업 인터넷을 활용하는 생태계를 조성하여 ICT 혁신을 주도하며 글로벌 시장에서 영향력을 확대하고 있는 미국, '일본재흥전략'을 통해 산업을 넘어 경제와 사회를 아우르는 국가혁신 프로젝트로 4차 산업혁명을 확대하고 있는 일본 등의 사례는 기업의 성쇠를 넘어 국가 차원에서의 경쟁 역시 일찍이 시작되었음을 일깨워준다. 기존사업의 강점을 유지하면서 디지털화를 꾀하기 위해 조직과 인력 등 내부역량을 점진적으로 강화하고 있는 GE와 지멘스, 아마존, 그리고 기존사업에서 신사업으로 업종을 과감히 전환하면서 신규조직을 신설하거나 외부 인력을 과감하게 영입하는 등 구조적으로 큰 변화를 추구하고 있는 소프트뱅크와 IBM의 대응전략은 한국 기업들이 4차 산업혁명의 거대한 변화를 위기가 아니라 기회로 맞이하는 데 반드시 눈여겨봐야 할 기업이다.

Successful Startup 12

성공적인 창업 프로세스

10. 핵심역량을 설정하라.

① 핵심역량 정의는 지금까지 고객에게 향하던 초점을 내부로 돌리는 첫 단계

② 핵심역량은 경쟁자에게 없는 당신만의 차별화된 역량을 의미하므로 시간이 흘러도 그것을 고수하면서 개발해야 함

③ 핵심역량으로 정의했다면 가급적 바꾸지 말고 더 강하게 키워 나갈 것

④ 핵심역량이 자주 바뀐다면 효과적으로 구축하지 못하고 있다는 증거이므로 심각하게 받아들여야 함

⑤ 핵심역량은 고객의 욕구나 당신의 재능을 새롭게 발견했다면 그에 맞춰 변화해야 함

⑥ 핵심역량 정의는 쉽지 않고 때론 추상적인 수준에 머물 수도 있음

⑦ 핵심역량이 사업가치를 극대화하는 중요한 단계라는 사실을 기억해야 함

11. 경쟁력 포시셔닝 차트를 그려라.

① 경쟁적 지위를 정의하는 것은 경쟁자, 고객의 현상 유지 대안과 비교해 제품의 우수성과 차별성을 확인하는 작업

② 비교 기준은 페르소나의 구매 기준 1위와 2위임

③ 포지셔닝 확인 결과 차트에서 가장 오른쪽 꼭대기가 당신의 자리가 아니라면 제품을 재평가하거나 적어도 가치제안 방법을 다시 생각해야 함

④ 경쟁력 포지셔닝 차트는 목표고객이 얻을 수 있는 가치를 정량화가 아닌 '비교'라는 직관적인 방법을 통해 설득력 있게 제시함으로써 고객에게 강한 인상을 심어줌

12. 구매결정에 영향을 미치는 사람들을 분석하라.

① 고객이 원하는 가치를 창출할 방법을 찾았다면 이제부터는 고객이 제품을 손에 넣을 수 있는 방법을 구상함

② 제품을 판매하려면 최종 의사결정권을 가진 사람과 그 결정에 영향을 미치는 사람을 정확히 이해해야 함

③ 지지자와 의사결정권자가 가장 중요하며 거부권자, 1차 영향력 행사자도 반드시 고려해야 함

④ 이해하기 쉬운 B2B시장의 의사결정 과정은 물론 일반 소비자시장을 분석하는 것도 매우 중요함

⑤ 프록터 앤 갬블(P&G: Procter & Gamble) 같은 거대기업도 수년간 진행해온 일임

13. 고객의 구매결정과정을 이해하라.

① 잠재고객을 실고객으로 전환하는 구매과정 분석의 목표는 의사결정 참여자들이 구매를 결정하는 과정을 이해하고 영업을 방해하는 걸림돌을 확인하는 데 있음

② 긴 매출주기부터 뜻밖의 규제와 드러나지 않은 조직의 내부 사정에 이르기까지, 실제 매출이 발생하려면 페르소나의 수요 충족이라는 과제 이상의 난관을 극복해야 함

③ 이 단계를 충실히 마치면 이후의 영업과정에 도사린 위험을 슬기롭게 피할 수 있음

14. 후속시장의 규모를 전망하라.

① 후속시장 분석은 더 큰 시장기회를 확인하는 단계

② 나아가 이러한 분석을 통해 사업의 단기적 · 장기적 잠재력을 보여줌으로써 구성원들과 투자자들을 안심시킬 수 있음

15. 비즈니스 모델을 설계하라.

① 비즈니스 모델을 채택하는 것은 매우 중요한 의사결정으로 많은 시간과 노력을 투자해야 함.

② 비즈니스 모델은 '한 고객이 특정 기업의 고객으로 있는 동안 창출할 것으로 예상하는 가치의 합계'인 고객생애가치와 고객획득비용이라는 두 변수로 측정하는 수익성에 직접적인 영향을 미침

③ 가격체계는 핵심이 아님

④ 비즈니스 모델이 수익성에 미치는 영향은 가격체계에 비할 바가 아님

⑤ 일단 비즈니스 모델을 정하면 바꾸기가 매우 어려움

⑥ 가능하면 경쟁자와의 차별성, 나아가 경쟁우위를 보장하는 모델을 선택해야 함

⑦ 경쟁자들이 자신의 비즈니스 모델을 바꾸면서까지 따라오지 못함

16. 가격체계를 수립하라.

① 가격체계 수립은 고객이 얻는 가치를 평가해 그중 일부를 취하는 전략을 결정하는 과정

② 원가는 가격구조 결정과 아무런 상관이 없음

③ 초기고객에게 높은 가격을 부과하지만 체험고객이나 영향력이 큰 등대고객처럼 제품의 성공에 도움을 주는 고객에게는 한시적 할인 등으로 유연하게 대처

④ 비즈니스 모델과 다르게 가격체계는 끊임없이 수정해야 함

⑤ 가격체계는 정보와 지식이 쌓이면서 가정을 재검토하고 시장 변화에 적극 대응해야 하기 때문임

17. 고객을 통해 얻게 될 이익을 계산하라.

① 고객생애가치는 고객이 제품을 구매했을 때 발생하는 총이익에 신생기업의 자금확보에 드는 비용을 할인해서 구함

② 고객생애가치를 낙관적으로 부풀리지 말고 현실적으로 예측해야 함

③ 고객생애가치를 극대화하려면 영향을 미치는 변수를 정확히 이해해야 함

④ 고객생애가치의 목표는 고객획득비용의 3배 이상이 되어야 함

18. 영업 프로세스를 설계하라.

① 영업 프로세스의 설계는 시장진입, 시간의 흐름에 따른 전략 수정, 고객획득을 위한 장기전략수립이라는 목표에 도달하려는 첫 번째 관문임

② 영업 프로세스 설계에는 제품인지도 제고, 고객교육, 판매과정관리 등의 활동도 모두 포함됨.

③ 고객생애가치와 함께 수익성의 판단기준인 고객획득비용에 큰 영향을 미친다는 점에서 영업 프로세스의 설계과정은 매우 중요함

자료: 빌 올렛, 스타트업 바이블, 비즈니스북스, 2020.8.

13장 소자본 창업경영 실무

1절 사업자등록시 고려사항

사업자등록은 공식적으로 사업을 개시하겠다는 의사표시이다. 법률상 사업자등록절차는 관할 세무서에 사업자등록신청을 하면 된다. 사업자등록시 필요한 관련 서류에는 임대차계약서, 인허가확인서, 법인등기부등본이 있다.

사업자등록을 하는 경우 운영할 회사의 형태를 먼저 결정하여야 한다. 사업자등록은 개인사업자 또는 법인사업자로 하게 된다. 일반적으로 매출이 크지 않은 사업초기에는 설립 절차와 운영이 간단한 개인사업자로 사업자등록을 한다. 그 후 개인사업자로 경영을 하여 매출이 증가하면 법인전환을 통해 법인사업자로 변경하여 운영한다. 소자본 창업기업의 경우 이익이 적으면 개인사업자가 유리하고 이익이 많으면 법인사업자가 유리하다. 그러나 소자본 창업초기라 하더라도 이익이 많이 발생할 것으로 예상되면 법인사업자로 등록하는 것이 유리하다. 회사의 형태를 결정하는 표준화된 이익이 정해져 있지 않지만 손익계산서상 매출액에서 비용을 차감한 당기순이익이 3천만원 미만인 경우 개인사업자로 사업자등록을 하는 것이 유리하고, 3천만원 이상인 경우 법인사업자로 사업자등록을 하는 것이 세금부담 측면에서 유리할 수 있다.

소자본 창업시 외부투자가 빈번히 발생하는 경우 지분분산이 쉬운 법인사업자로 사업자등록을 하는 것이 바람직하다. 법인사업자를 개인사업자보다 신뢰하는 사회적 인식 및 기업분화 측면에서 당기순이익이 크지 않더라도 법인사업자로 소자본 창업을 하는 것이 유리하다.

법인사업자에는 합명회사, 합자회사, 유한회사, 주식회사와 같은 기본적인 회사유형 외에 협동조합과 같은 다양한 형태가 있다. 다양한 법인사업자 유형 중에서 소자본 창업기업이 외부투자유치를 통한 지분변동이 자주 발생하는 경우 주식회사의 유형이 가장 유리할 것으로 판단된다. 실제로 창업시 주식회사로의 설립이 가장 일반적으로 활용되고 있다.

| 표 13-1 | 사업자등록시 고려사항

구분	고려사항
매출이 크지 않은 사업초기	설립 절차와 운영이 간단한 개인사업자로 사업자등록
개인사업자로 경영 매출증가	법인전환을 통해 법인사업자로 변경하여 운영
창업초기라 하더라도 이익이 많이 발생할 것으로 예상	법인사업자로 등록하는 것이 유리
당기순이익이 3천만원 미만	개인사업자로 사업자등록을 하는 것이 유리
당기순이익이 3천만원 이상	법인사업자로 사업자등록: 세금부담 측면에서 유리
창업시 외부투자가 빈번히 발생	지분분산이 쉬운 법인사업자로 사업자등록

소자본 창업시 법인사업자로 설립하여 운영하는 경우에는 주주 구성에 주의를 기울여야 한다. 법인사업자는 주주 및 대표자 등과는 다른 주체로 경영과정에서 발생한 법인의 손실과 책임이 주주 및 대표자에게 직접적으로 영향을 미치지 않는 것이 원칙이다. 그러나 과점주주인 경우에는 법인사업자와 관련된 세무상 책임을 동일하게 부담하게 된다. 여기에서 과점주주는 본인 및 가족 등 특수관계자의 지분합계가 총지분의 50%를 초과하는 경우를 말한다. 과점주주인 경우 2차납세의무부담, 간주취득세 추가납부 등 세법상 불이익을 부담하므로 소자본 창업시 과점주주에 해당하지 않도록 주주구성을 하는 것이 바람직하다.

법인사업자는 사업자등록을 하기 전에 법인등기를 먼저 하여야 한다. 법인등기시 기재하는 사업목적은 향후 소자본 창업기업이 성장 · 발전하여 다양한 사업을 할 수 있도록 충분한 사업목적을 기재하는 것이 바람직하다. 사업자등록시 사업자등록증상의 업태 및 종목은 창업시 경영하고자 계획한 사업을 기재한다. 법인등기부등록상 사업목적은 창업시 경영하고자 계획한 사업과 더불어 향후 하게 될 사업을 기재하는 것이 유리하다. 사업자등록증상의 업태 및 종목에 기재하기 위해서는 반드시 법인등기부등본상의 사업목적에 포함되어 있어야만 한다. 따라서 최초 법인등기시 추가가능성이 있는 사업목적을 모두 기재하는 것이 바람직하다. 만약 사업자등록증에 새로운 사업을 추가할 때마다 법인등기부등본을 수정한다면 법인등기부등본을 변경해야 하므로 추가시간과 추가비용이 발생한다.

표 13-2 | 법인사업자 사업자등록시 고려사항

구분	고려사항
법인사업자로 설립하여 운영	주주 구성에 주의
경영과정에서 발생한 법인손실과 책임	주주 및 대표자에게 직접적으로 영향을 미치지 않는 것이 원칙
과점주주	법인사업자와 관련된 세무상 책임을 동일하게 부담 2차납세의무부담, 간주취득세 추가납부 등 세법상 불이익을 부담
법인등기	사업자등록 전 법인등기 선행
법인등기부등록상 사업목적	창업시 경영하고자 계획한 사업과 더불어 향후 하게 될 사업을 기재하는 것이 유리

2절 주식회사 정관작성시 고려사항

주식회사 설립시 정관을 반드시 작성해야 한다. 정관은 주식회사의 조직과 경영에 관한 기본규칙을 말한다. 정관은 주식회사 경영과 분쟁 방지를 위하여 작성하는 기본적인 규칙이다.

주식회사 정관은 주식회사 설립시 기명날인한 발기인들이 작성한다. 주식회사 정관에 절대적으로 기재해야 하는 사항에 대하여 상법에 규정되어 있다. 주식회사의 정관은 회사의 조직과 경영에 관하여 규정한 기본규칙이므로 정관을 변경하기 위하여 주주총회의 특별결의를 거쳐야 한다.

| 표 13-3 | 주식회사 정관의 절대적 기재사항

상법 제298조 [정관의 작성, 절대적 기재사항]

① 발기인은 정관을 작성하여 다음의 사항을 적고 각 발기인이 기명날인 또는 서명하여야 한다.

1. 목적
2. 상호
3. 회사가 발행할 주식의 총수
4. 액면주식을 발행하는 경우 1주의 금액
5. 회사의 설립시에 발행하는 주식의 총수
6. 본점의 소재지
7. 회사가 공고를 하는 방법
8. 발기인의 성명, 주민등록번호 및 주소

소자본 창업기업을 주식회사로 설립하는 경우 정관작성시 고려해야 할 사항은 다음과 같다.

첫째, 주식회사를 최초로 설립할 때 주식회사가 발행하는 주식의 총수를 매우 적게 설정하면 추후에 문제가 발생할 가능성이 있다. 따라서 가능하면 자본금이 허용되는 범위 내에서 충분하게 주식의 총수를 설정하는 것이 바람직하다.

둘째, 주식회사의 특징상 주식의 양도는 자유롭게 가능하다. 그러나 소자본 창업기업에서 회사경영상 제3자가 주주가 되는 것을 원하지 않을 경우 정관에 주식의 양도에 대해 이사회의 승인을 받도록 규정할 수 있다.

셋째, 주식회사는 주식매수선택권, 즉 스톡옵션(Stock Options) 부여에 관하여 정관에 규정하여야 한다. 주식매수선택권은 소자본 창업회사의 설립과 경영에 크게 기여한 사람에게 부여한다. 주식매수선택권 부여에 대하여 주식회사 정관에 반드시 근거를 두어야 한다. 주식회사 정관에 주식매수선택권을 부여하기 위하여 다음과 같은 내용을 정관에 규정하여야 한다. ① 일정한 경우에 주식매수선택권을 부여할 수 있다. ② 주식매수선택권의 행사로 발행하거나 양도할 주식의 종류와 수를 규정한다. ③ 주식매수선택권을 부여받을 자의 자격요건을 규정한다. ④ 주식매수선택권의 행사기간을 규정한다. ⑤ 일정한 경우 이사회의 결의로 주식매수선택권을 취소할 수 있다.

| 표 13-4 | 주식회사 설립시 정관작성시 고려사항

구분	정관작성시 고려사항
1	자본금이 허용되는 범위 내에서 충분하게 주식의 총수를 설정
2	회사경영상 제3자가 주주가 되는 것을 원하지 않을 경우 정관에 주식의 양도에 대해 이사회의 승인을 받도록 규정
3	주식매수선택권, 즉 스톡옵션(Stock Options) 부여에 관하여 정관에 규정
4	주식매수선택권의 행사로 발행하거나 양도할 주식의 종류와 수를 규정
5	주식매수선택권을 부여받을 자의 자격요건을 규정
6	주식매수선택권의 행사기간을 규정

3절 외국회사의 설립자금의 투자 및 주주 참여시 고려사항

외국자본을 투자받아 회사를 설립하는 경우 일반내국법인 설립 절차와 다르다.

일반적인 내국법인의 설립은 ① 사업장준비, ② 법인등기, ③ 인 · 허가사업의 경우 인 · 허가, ④ 사업자등록 등의 절차를 따른다. 이때 법인의 대표자 등 임원 및 주주의 경우에는 신원을 확인할 수 있는 서류 등을 통하여 사실확인 및 등기가 진행된다.

| 표 13-5 | 내국법인의 설립 절차

구분	설립 절차
1	사업장 준비
2	법인등기
3	인 · 허가
4	사업자등록

외국자본을 투자받아 주식회사를 설립하는 경우 투기자본의 유입을 규제하고 투명한 외환거래관리를 위하여 금융당국은 외국인투자촉진법 및 외환거래법을 통하여 외국자본의 유입 및 유출을 철저히 관리하고 있다. 따라서 외국자본을 투자받아 주식회사를 설립하는 경우 일반적인 주식회사의 설립 절차 이외에 외국환거래에 대한 사항을 준수하여야 한다.

외국자본을 투자받아 주식회사를 설립하는 경우 외국인 또는 외국기업인 임원 또는 주주를 사전에 확인하여야 한다. 투자되는 외국자본액이 1억원을 초과하는 경우 외국인투자촉진법에 따라 외국인투자법인으로 등록하여야 한다.

외국인투자기업의 설립은 ① 임차 또는 매입 등으로 사업장 준비, ② 외국환은행에 외국인 투자신고, ③ 법인등기, ④ 인 · 허가사업의 경우 인 · 허가, ⑤ 사업자등록, ⑥ 외국인 투자신고를 했던 외국환은행에 외국인투자기업 등록 등의 절차를 따른다.

| 표 13-6 | 외국인투자기업의 설립 절차

구분	설립 절차
1	임차 또는 매입 등으로 사업장 준비
2	외국환은행에 외국인 투자신고
3	법인등기
4	인허가사업의 경우 인허가
5	사업자등록
6	외국인투자기업 등록

외국인이 외국인투자기업의 임원으로 취임하여 외국인을 지속적으로 고용하기 위해서는 투자비자를 받아야 한다. 투자비자를 받기 위해서는 외국인 1인당 1억원의 자본투자가 선행되어야 한다.

외국인투자기업이 국내에서의 사업을 폐지하고 투자자본을 해외로 반출하기 위해서는 법률에서 정한 청산절차와 세법상 청산법인세 신고납부절차를 마무리하여야 한다.

4절 공동창업자의 동업시 고려사항

2인 이상의 지인이 동업하여 소자본 창업기업을 설립하는 경우 동업계약서의 작성이 매우 중요하다. 동업은 2인 이상이 공동으로 금전이나 노무 또는 물자 등을 출자하여 공동으로 경영을 하는 것으로 이에 따른 이익과 손실을 분배하는 경영을 말한다.

공동창업자의 동업시 합명회사와 합자회사는 노무출자가 가능하지만, 유한회사와 주식회사는 금전 및 재산출자만 가능하고 노무출자는 인정되지 않는다.

표 13-7 | 회사유형별 공동창업시 출자가능 자본

구분	노무출자	금전출자	재산출자
합명회사	○	○	○
합자회사	○	○	○
유한회사	×	○	○
주식회사	×	○	○

공동창업자의 동업시 ① 동업자 중 일을 제대로 하지 않고 수익배분을 받아가는 문제, ② 동업자가 자신의 지분을 다른 동업자의 동의 없이 제3자에게 처분하는 문제, ③ 동업자가 갑자기 회사를 퇴사하면서 자신이 출자한 재산을 돌려달라는 문제, ④ 동업자 중 1인이 행한 불법행위의 문제 등 다양한 문제가 발생할 수 있다.

표 13-8 | 공동창업자의 동업시 발생가능한 문제

구분	동업시 발생가능한 문제
1	동업자 중 일을 제대로 하지 않고 수익배분을 받아가는 문제
2	동업자가 자신의 지분을 다른 동업자의 동의 없이 제3자에게 처분하는 문제

3	동업자가 갑자기 회사를 퇴사하면서 자신이 출자한 재산을 돌려달라는 문제
4	동업자 중 1인이 행한 불법행위의 문제

공동창업자의 동업시 발생가능한 문제에 대비하기 위하여 동업계약서 작성시 다음과 같은 내용을 자세하게 규정하여야 한다.

첫째, 동업자 사이에 누가 어떤 재산이나 지식, 기술, 물건 등을 동업을 위하여 출자하는지에 대해 규정하여야 한다.

둘째, 무엇을 동업하는지에 대해 규정하여야 한다.

셋째, 이익 및 손실의 분담은 어떻게 할 것인지에 대해 규정하여야 한다.

넷째, 동업자의 지위가 변경된 경우 권리의무에 어떤 영향을 미치는지에 대해 규정하여야 한다.

다섯째, 동업자 중 1인이 부담하는 채무의 이행문제에 대해 규정하여야 한다.

여섯째, 경업금지의무에 대해 규정하여야 한다.

일곱째, 동업계약이 종료되었을 때 정산은 어떻게 할 것인지에 대해 규정하여야 한다.

| 표 13-9 | 동업계약서 작성시 규정사항

구분	동업계약서 작성시 규정 사항
1	동업자 사이에 누가 어떤 재산이나 지식, 기술, 물건 등을 동업을 위하여 출자하는지
2	무엇을 동업하는지
3	이익 및 손실의 분담은 어떻게 할 것인지
4	동업자의 지위가 변경된 경우 권리의무에 어떤 영향을 미치는지
5	동업자 중 1인이 부담하는 채무의 이행문제
6	경업금지의무
7	동업계약이 종료되었을 때 정산은 어떻게 할 것인지

동업계약서 내용이 명확하고 충분하게 규정되었는지 확인하고 동업자들은 기명날인한다. 동업계약서 작성 후 나중에 분쟁을 예방할 수 있도록 공증을 받아 놓는 것이 바람직하다.

공동창업자의 동업관계 청산 진행 중 불법사항은 다음과 같다.

첫째, 다른 동업자의 의사에 반하여 재물을 가져가는 행위는 절도죄로 처벌을 받을 수 있다. 둘째, 동업관계에서 손익분배 정산이 안된 상태에서 동업재산을 임의로 소비한 경우 지분비율에 관계없이 횡령죄로 처벌받을 수 있다. 셋째, 회사업무를 담당하는 자가 회사의 재물을 취거한 경우 업무상 횡령죄로 처벌받을 수 있다. 따라서 동업관계를 청산하거나 회사를 경영함에 있어서 다양한 형사문제가 발생할 수 있다는 점에 유의하여야 한다.

표 13-10 | 공동창업자의 동업관계 청산 진행 중 불법사항

구분	동업관계 청산 진행 중 불법사항
1	다른 동업자의 의사에 반하여 재물을 가져가는 행위(절도죄)
2	동업관계에서 손익분배 정산이 안된 상태에서 동업재산의 임의소비(횡령죄)
3	회사업무를 담당하는 자가 회사의 재물을 취거한 경우(업무상 횡령죄)

5절 소자본 창업기업의 자금조달을 위한 고려사항

소자본 창업의 경우 아이디어와 아이템 및 최소운영자금만으로 창업을 하는 경우가 대부분이므로 외부 자금투자유치를 위한 사전 준비가 필요하다. 소자본 창업의 경우 인적자원과 물적자원이 부족하고, 회계관리의 중요성을 인식하지 못하는 이유로 기업의 경영활동인 거래를 인식 · 기록하여 재무제표를 작성하는 회계 및 세무관리가 정상적으로 이루어지지 못하는 것이 대부분이다. 소자본 창업 초기에는 매출이 발생하지 않을 경우 기본적인 회계관리 및 세무신고관리가 일반적으로 누락된다.

소자본 창업기업에 투자하고자 하는 외부투자자들은 매력적인 아이디어와 아이템에도 관심이 있지만 창업 후 매출액과 이익의 규모에도 더욱 큰 관심을 가지고 있다. 따라서 외부투자자들은 소자본 창업기업에 대하여 신뢰할 수 있는 재무제표의 제공을 요구하고 있다. 그러므로 소자본 창업 사업계획서 작성시 추정재무제표의 작성 및 제공이 외부투자자들로부터 성공적인 자금조달을 가능하게 한다. 또한 소자본 창업 후 기업의 경영활동을 인식 · 기록하여 작성된 재무제표의 제공은 추가 자본조달시에도 매우 중요하다. 외부투자자들이 투자 의사결정시 과거 재무제표를 요구하는 이유는 재무제표를 통하여 기업의 내부경영방식, 업무효율성, 내부정보, 미래성장가능성, 투자신뢰성, 사업성 등 재무적 및 비재무적 정보를 파악할 수 있기 때문이다.

투자규모는 기업가치의 평가를 통하여 결정된다. 기업가치평가는 과거의 경영성과를 나타내는 재무제표를 기반으로 이루어진다. 따라서 재무적 신뢰도가 확보된 재무제표의 작성은 매우 중요하다.

소자본 창업기업의 경우 소자본 창업의 특성상 인적 · 물적 인프라의 부족으로 회계관리와 세무관리가 소홀할 수 있다. 그러나 회계관리와 세무관리는 소자본 창업기업의 경영상 기본사항으로서 창업 전, 창업 후 외부로부터 투자자금을 원활하게 조달하기 위하여 필수적인 사항이므로 지속적이고 정확한 관리가 중요하다.

표 13-11 | 소자본 창업기업의 자금조달을 위한 고려사항

구분	자금조달을 위한 고려사항
1	신뢰할 수 있는 재무제표 작성
2	지속적이고 정확한 회계관리
3	지속적이고 정확한 세무관리

6절 소자본 창업경영시 자금조달방법

1. 자기자본 및 타인자본을 통한 자금조달

소자본 창업 초기에 자기자본으로 자금을 조달해서 창업경영을 시작한다. 창업경영 중 창업아이템이 어느 정도 성공하여 인정을 받으면 외부투자자들로부터 추가로 자금을 조달할 수 있다. 추가 자금조달시 주식발행을 통한 지분투자와 회사채발행을 통한 차입투자 중 어느 방법으로 자금을 조달해야 하는지 결정하여야 한다.

주식발행을 통하여 제3자로부터 자금을 조달하면 사업의 부분을 양도하는 결과가 된다. 한편 회사채발행을 통한 차입투자를 하면 사업의 양도없이 자금조달을 할 수 있지만 차입금 상환의무가 계속 존재한다. 소자본 창업기업의 사업을 계속적으로 경영해 갈지 아니면 적정가격을 받고 창업기업을 양도할지에 따라 자금조달방법이 달라질 수 있다.

소자본 창업 사업초기에는 아직 창업아이템의 목표 매출액 및 목표이익 달성 등 성공가능성을 확실하게 예상할 수 없다. 따라서 주식발행을 통한 지분투자를 받아 자금을 조달하는 경우 상환의무가 없어서 안전하나. 그러나 소자본 창업기업의 기업가치를 정확하게 평가하기가 어려워 앞으로 발생할 기업가치보다 저평가된 가액으로 지분을 양도할 수도 있다.

소자본 창업기업을 주식회사인 법인으로 설립시 주식발행을 통하여 조달한 자금은 자본금으로 기록하게 된다. 재무상태표상 자본금은 창업기업의 재무활동을 통하여 조달한 자금의 규모를 나타낸다. 창업기업의 자본금은 등기상 공시되며 대외적으로 회사의 규모를 나타낸다.

창업기업의 재무상태표상 자본금은 자기자본을 나타내며 세법상 회사의 실질 자금에 해당하는 부분으로 세법상 합법한 이유없이 인출되면 가지급금으로 보아 세법상 불이익을 받을 수 있다. 한편 차입자금인 타인자본은 상환의무가 있고 상환을 못하는 경우 채무불이행으로 인한 파산의 위험이 있다. 세법상 자기자본은 소날비용을 비용으로 인정받지 못하여 절세할 부분이 없다. 그러나 창업기업의 자금을 차입으로 진행하는 경우 이자를 비용으로 처리가 가능하여 절세가 가능하다.

따라서 소자본 창업 초기에 가능한 자금여력이 없으면 주식발행을 통하여 자금을 조달하는 것이 바람직하다. 그러나 소자본 창업 초기에 자금여력이 있으면 차입을 통하여 자금을 조달하고, 창업기업이 성장 · 발전하여 매출액과 이익이 증가하여 사업의 미래전망이 좋아질 때 적정한 기업가치 평가를 통하여 타당한 가치로 지분을 양도하면서 증자를 하는 것도 바람직한 자금조달방법이다.

소자본 창업경영시 타인자본을 차입할 때 정부의 정책자금을 확인하고 차입하면 낮은 금리로 자금을 조달할 수 있다.

표 13-12 | 소자본 창업경영시 자금조달방법

구분	자금조달방법
창업초기	자기자본으로 자금조달
추가자금조달	지분투자와 차입투자 중 자금조달방법 결정
소자본 창업초기	자금여력이 없으면 주식발행을 통하여 자금을 조달 자금여력이 있으면 차입을 통하여 자금을 조달
매출액과 이익증가 밝은 사업 미래전망	적정한 기업가치평가를 통해 타당한 가치로 지분양도증자
타인자본을 차입	낮은 금리의 정부 정책자금 확인 및 조달

2. 정부 정책자금을 통한 자금조달

소자본 창업을 하는 경우 창업과 관련하여 창업자금과 운영자금이 필요하다. 소자본 창업자금으로 타인자본을 차입할 경우 정부의 정책자금을 적극적으로 확인하고 준비하여 지원받을 수 있다. 정부의 정책자금을 지원받기 위해서 사전에 사업계획서를 완성도 있게 작성하여 준비해 두어야 한다.

경쟁력 있는 아이템이나 기술을 보유한 경우 정부 정책자금을 지원받아 창업을 할 수도 있다.

정부에서 지원해주는 정책자금 지원정책은 무상으로 지원금을 지원해주는 경우와 대출을 우대해주는 두 가지 부분으로 나누어 볼 수 있다. 정부는 국고보조금 또는 국고지원금의 유형으로 무상으로 정책자금을 지원해주고 있다. 한편 정부는 대출을 우대해주는 융자사업으로 정책자금을 지원해주고 있다. 정책자금을 대출해주는 경우 직접대출을 해주는 경우와 보증등의 지원을 통하여 지원해주는 경우가 있다. 우리나라는 중소기업 등에 대한 정책자금 지원 제도가 매우 다양하게 마련되어 있다. 여러 기관에서 중소기업 지원 정책자금을 운영하고 있지만, 중소벤처기업부에서 취급하는 정책자금의 비중이 매우 크다. 정부 지원 정책자금은 국가의 정책에 따라 수시로 변동하기 때문에 정부 정책자금을 수시로 모니터링하여 확인하여 활용하는 것이 필요하다.

▎그림 13-1 ▎중소벤처기업진흥공단 정책자금 융자 체계도

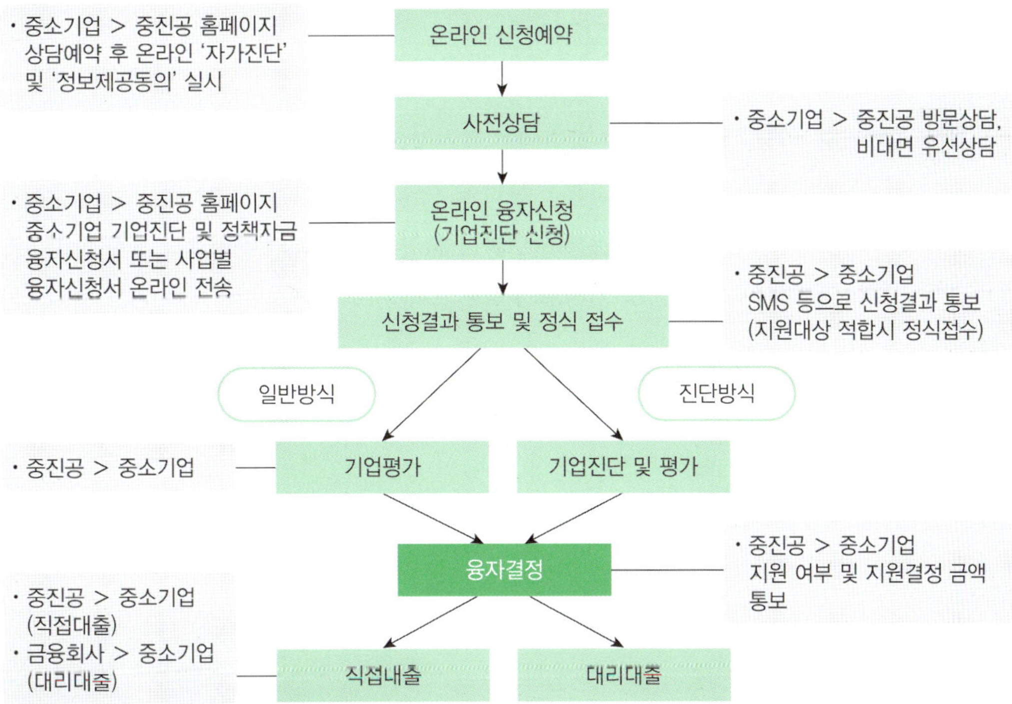

자료: 중소벤처기업진흥공단 홈페이지

정부 정책자금으로 무상으로 국고보조금을 지원받는 경우 법인세법상 법인의 순자산이 증가하였기 때문에 법인세 과세 대상이 된다. 국조보조금의 경우 세법상 다양한 지원제도가 있으므로 국고지원금을 받는 경우 합리적인 관리가 중요하다.

| 표 13-13 | 정부 정책자금을 통한 자금조달시 고려사항

구분	자금조달시 고려사항
준비사항	사업계획서를 완성도 높게 작성준비
경쟁력 있는 아이템 또는 기술보유	정부 정책자금을 지원받아 창업 가능
무상 국고보조금 지원	법인세법상 법인의 순자산의 증가로 법인세 과세 대상
국조보조금	세법상 다양한 지원제도 활용, 합리적 관리 중요

3. 유상증자를 통한 자금조달시 고려사항

소자본 창업기업이 자금을 조달하는 방법에는 자기자본을 통한 방법과 타인자본을 통한 방법 두 가지로 나누어 볼 수 있다. 자기자본을 통하여 자금을 조달하는 방법이란 새로운 주식을 발행하여 외부투자자들로부터 주식대금을 납입받아 자금을 조달하는 방법으로 유상증자가 대표적인 방법이다. 타인자본을 통하여 자금을 조달하는 방법이란 금융기관 또는 정부 정책자금을 통하여 자금을 차입하는 방법을 말한다.

유상증자는 상법상 절차에 따라 ① 신주발행을 위한 이사회 결의, ② 증권신고서 제출 및 효력발생, ③ 신주배정기준일 및 명의개서 정지 공고, ④ 신주배정통지 및 청약안내 공고, ⑤ 청약 및 청약결과 배정 공고, ⑥ 주금납입, ⑦ 실권주 처리 이사회, ⑧ 증자등기 등의 진행절차를 따른다.

| 표 13-14 | 유상증자 진행절차

구분	유상증자 진행절차
1	신주발행을 위한 이사회 결의
2	증권신고서 제출 및 효력 발생
3	신주배정기준일 및 명의개서 정지 공고
4	신주배정통지 및 청약안내 공고
5	청약 및 청약결과 배정 공고
6	주금납입
7	실권주 처리 이사회
8	증자등기

유상증자는 외부투자자들이 특정 소자본 창업기업의 발전가능성을 고려하여 자금을 투자하는 방식이다. 유상증자는 창업기업에 자금을 투자하고 해당 기업의 주식을 취득하는 유상취득 거래로 기본적으로 증여와는 관련이 없다. 그러나 유상증자를 통하여 소자본 창업기업의 각 주주가 부유한 주식가치가 변동하여 결과적으로 주주 간 부의 무상이전이 발행할 경우 증여에 해당하며 상속세 및 증여세법상 증여세가 과세된다. 여기에서 증여란 타인으로부터 무상으로 재산 등을 제공받는 경우 해당 증여재산에 대해 과세하는 세금이다.

4. 원활한 자금조달방법의 설계

소자본 창업기업 측면에서 자금조달을 원활히 하기 위하여 일반적인 타인자본 차입과 주식발행을 통한 증자에 의존할 것이 아니라 다양한 투자자금 조달 방안을 설계하여 투자를 받을 가능성을 올리는 것이 바람직하다. 소자본 창업기업의 자금조달을 쉽게 하기 위하여 투자자와 투자받는 창업기업의 이해관계를 맞출 수 있는 다양한 자금조달방법을 설계하도록 한다.

투자자와 투자받는 창업기업의 이해관계를 맞출 수 있는 원활한 자금조달방법에는 무액면주식, 우선주, 전환사채와 같은 다양한 형태의 방식이 있다.

첫째, 소자본 창업기업이 원활한 자금조달을 위하여 무액면주식을 통한 자금조달방법이 있다. 무액면주식은 1주당 액면가가 정해지지 않은 상태로 발행되는 주식이다. 무액면주식은 액면가와 관계없이 유상증자를 할 수 있으므로 원활하게 자금조달을 할 수 있다. 무액면주식은 액면분할이 아니라 주식분할의 의미로 투자단위가 조절이 가능한 주식이다. 소자본 창업기업이 무액면주식을 발행하기 위해서는 정관에 기재해야만 한다. 창업기업의 주식발행은 액면주식과 무액면주식 중 둘 중 하나만 발행이 가능하다. 상법상 자본금은 1주당 액면가×발행주식수로 기록된다. 소자본 창업기업이 무액면주식을 발행하는 경우 회사의 자본금은 주식 발행가액의 2분의 1 이상의 금액으로서 이사회에서 자본금으로 계상하기로 한 금액의 총액으로 한다. 주식의 발행가액 중 자본금으로 계상하지 않은 나머지 금액은 법정준비금인 자본준비금으로 계상하여야 한다.

둘째, 소자본 창업기업이 원활한 자금조달을 위하여 우선주를 통한 자금조달방법이 있다. 우선주는 보통주보다 이자배당, 잔여재산분배 등 우선적 지위가 인정되는 주식이다. 배당우선주는 보통주보다 배당을 더 받을 수 있는 우선주이다. 우선주에 대한 배당 후에 추가적인 배당참가 여부에 따라 참가적 우선주와 비참가적 우선주로 구분된다. 특정 시기에 배당받지 못한 경우 이후 배당을 받을 수 있는지 여부에 따라 누적적 · 비누적적 우선주로 구분된다. 전환우선주는 특정 시기 동안 보통주로 전환할 수 있는 권한이 있는 주식이다. 전환우선주는 투자자의 입장에서 회사가 이익이 발생하여 주식의 가치가 상승하면 보통주로 전환하여 의결권을 추가로 보유할 수 있고 투자이익을 증가시킬 수 있다. 상환우선주는 일정기간이 지나면 투자자가 우선주 투자금을 상환받을 수 있는 우선주이다.

셋째, 소자본 창업기업이 원활한 자금조달을 위하여 전환사채를 통한 자금조달 방법이 있다. 전환사채는 주식으로 전환할 수 있는 권리가 부여된 사채이다. 전환사채는 일정기간 동안 일정비율로 사채를 보통주로 전환할 수 있다. 투자자는 회사가 이익이 나지 않는 경우 채권을 상환받고 이익이 많이 발생하면 보통주로 전환하는 선택권이 있으므로 사채나 주식투자보다 유리한 투자방법이다.

표 13-15 | 원활한 자금조달방법의 설계

구분	원활한 자금조달방법의 설계
무액면주식	• 1주당 액면가가 정해지지 않은 상태로 발행되는 주식 • 액면가와 관계없이 유상증자가 가능하므로 원활하게 자금조달가능 • 액면분할이 아니라 주식분할로 투자단위가 조절이 가능한 주식 • 무액면주식을 발행하기 위해서는 정관에 기재 • 주식발행은 액면주식과 무액면주식 중 둘 중 하나만 발행이 가능 • 회사의 자본금은 주식 발행가액의 2분의 1 이상의 금액으로서 이사회에서 자본금으로 계상하기로 한 금액의 총액 • 주식의 발행가액 중 자본금으로 계상하지 않은 나머지 금액은 법정준비금인 자본준비금으로 계상
우선주	• 보통주보다 이자배당, 잔여재산분배 등 우선적 지위가 인정되는 주식 • 배당우선주는 보통주보다 배당을 더 받을 수 있는 우선주 • 우선주에 대한 배당 후에 추가적인 배당참가 여부에 따라 참가적 우선주와 비참가적 우선주로 구분 • 특정 시기에 배당받지 못한 경우 이후 배당을 받을 수 있는지 여부에 따라 누적적 · 비누적적 우선주로 구분 • 전환우선주는 특정 시기 동안 보통주로 전환할 수 있는 권한이 있는 주식
전환사채	• 전환사채는 주식으로 전환할 수 있는 권리가 부여된 사채 • 전환사채는 일정기간 동안 일정비율로 사채를 보통주로 전환가능 • 투자자는 회사가 이익이 나지 않는 경우 채권을 상환받고 이익이 많이 발생하면 보통주로 전환하는 선택권

7절 인적자원관리 실무

1. 소득 및 4대보험 실무

소자본 창업기업이 성장 · 발전하게 되면 점차 추가적인 인력의 영입이 필요하다. 인력을 영입할 때 인력을 영입하는 형태를 결정하여야 한다. 인력을 영입할 때 근로소득을 지급할 것인지, 사업소득으로 지급할 것인지 구분할 필요가 있다. 근로소득을 지급할 경우 국민연금, 건강보험, 고용보험, 산재보험 등 4대보험을 가입하여야 한다. 사업소득을 지급하는 경우 소득의 수령자는 사업소득을 획득하게 되며, 소득의 지급자는 소득의 지급시 일정한 세금을 원천징수하며, 4대보험에 대한 가입의무는 없다.

4대보험은 한 달 이상 근로를 제공하는 인력을 영입하였을 때 의무적으로 가입해야 한다. 4대보험 중 국민연금, 건강보험, 고용보험의 경우 근로자와 사용자가 50%씩 부담을 한다. 산재보험은 사용자가 전액 부담한다.

사업소득으로 급여를 지급할 때 급여 수령자에게 사용자가 급여를 지급할 때 3.3%에 해당하는 세금을 원천징수한 후 나머지 금액을 급여로 지급한다. 원천징수한 세금은 국세청에 신고 및 납부를 하여야 한다. 사업소득을 수령한 소득자는 다음연도 5월에 종합소득세 신고를 하여야 한다.

근로소득의 경우 인력을 영입할 때 급여에 대한 규제는 없다. 임원을 영입할 때 급여한도에 대한 제한을 정하고 있지 않지만 상법에서 정관에 한도액을 정하지 않았을 때에는 주주총회의 결의로 정하도록 되어 있다. 임원에 대한 보수 중 정관이나 주주총회의 결의에 의하여 정해진 한도액을 초과하는 것은 비용으로 인정되지 않는다.

회사가 급여를 지급할 때 반드시 지켜야 할 것은 근로기준법에서 준수해야 하는 것으로 정해져 있는 최저임금이다.

소자본 창업기업에서 인력을 영입한 후 인건비에 대하여 신고의무가 있다. 인건비에 대하여 소득세 및 지방세에 대하여 정상적으로 신고를 해야만 적격증빙으로서 인정을 받아 비용으로 처리할 수 있다. 국세인 소득세는 국세청세무서에, 지방세는 지방자치단체인 각 시 · 군 · 구청에 신고를 하여야 한다. 국민연금, 건강보험, 고용보험, 산재보험 등 4대보험도 4대보험공단에 사업장설립신고를 하여야 한다. 회사에서 급여지급시 원천징수한 소득세 및 지방세는 다음달 10일까지 국세청과 지방자치단체에 신고 후 납부하여야 한다. 4대보험도 보통 다음달 10일까지 4대보험공단에 신고 후 납부하여야 한다.

❙ 표 13-16 ❙ 소득 및 4대보험 실무

구분	소득 및 4대보험 실무	
근로소득자	근로소득 지급	소자본 창업기업
	근로소득세 원천징수 및 신고납부	국세청
	지방세 원천징수 및 신고납부	지방자치단체
	국민연금 원천징수 및 신고납부	국민연금관리공단
	건강보험 원천징수 및 신고납부	건강보험관리공단
	고용보험 원천징수 및 신고납부	고용보험관리공단
	산재보험 신고납부	고용보험관리공단
사업소득자	사업소득 지급	국세청
	사업소득세 원천징수 및 신고납부	지방자치단체

2. 근로계약서 작성 실무

소자본 창업기업이 근로자를 채용할 때 근로기준법상 의무를 이행하여야 한다. 근로기준법은 사용자로 하여금 근로계약을 할 때 근로자에게 일정한 근로조건을 근로계약에 반드시 명시하도록 하고, 나아가 일정한 근로조건은 서면으로 명시하고 근로자가 요구하면 근로자에게 교부하도록 하고 있다.

근로조건은 보통의 경우 취업규칙이나 단체협약에 통일적으로 정한다. 그러나 임금의 구성항목, 임금의 계산방법, 임금의 지급방법, 소정근로시간, 주휴일, 연차 유급휴가에 관한 사항은 서면으로 명시하고 근로자에게 교부하여야 한다.

❙ 표 13-17 ❙ 근로기준법 제17조(근로조건의 명시)

① 사용자는 근로계약을 체결할 때에 근로자에게 다음 각 호의 사항을 명시하여야 한다. 근로계약을 체결 후 다음 각 호의 사항을 변경하는 경우에도 또한 같다.

1. 임금

2. 소정근로시간
3. 제55조에 따른 휴일
4. 제60조에 따른 연차 유급휴가
5. 그 밖에 대통령령으로 정하는 근로조건

② 사용자는 제1항 제1호와 관련한 임금의 구성항목 · 계산방법 · 지급방법 및 제2호부터 제4호까지의 사항이 명시된 서면을 근로자에게 교부하여야 한다. 다만, 본문에 다른 사항이 단체협약 또는 취업규칙의 변경 등 대통령령으로 정하는 사유로 인하여 변경되는 경우에는 근로자의 요구가 있으면 그 근로자에게 교부하여야 한다.

3. 스톡옵션 제도

스톡옵션(Stock Option)은 주식매수선택권을 의미한다. 스톡옵션은 기업이 임직원에게 일정기간이 지난 후에도 일정수량의 주식을 일정한 가격으로 살 수 있는 권한을 인정해 영업이익 확대나 상장 등으로 주식값이 오르면 그 차익을 볼 수 있게 하는 보상제도이다. 소자본 창업기업은 인력 채용시 많은 임금을 보장할 수는 없지만 아이템이 좋은 창업기업의 경우 인력을 유인할 수 있는 제도이다. 소자본 창업기업의 경영성과가 좋아져 주식가격이 상승할 경우 회사가 옵션을 제공할 때 결정한 행사가격으로 주식을 취득한 뒤 시가대로 매도할 수 있다. 스톡옵션 행사자는 행사가격과 시가와의 차액에 대한 세금을 납부한 후 나머지를 보상으로 받게 된다.

소자본 창업기업 임직원이 주식매수선택권을 부여받은 후, 나중에 권리를 행사하게 되는 경우에 세법상 과세를 하고 있다. 주식회사와 같은 법인의 임직원이 해당 법인 또는 해당 법인과 특수관계에 있는 법인으로부터 부여받은 주식매수선택권을 해당하는 법인 등에서 근무하는 기간 중 행사함으로써 획득한 이익은 근로소득으로 과세를 한다. 근로기간 중이 아닌 상태에서 행사함으로써 획득한 이익에 대해서는 기타소득으로 과세를 한다.

주식매수선택권을 부여하기 위해서는 주식회사 정관에 주식매수선택권에 관한 규정이 있어야 한다. 또한 주식매수선택권을 부여하기 위해서는 등기를 해야 하며 주주총회의 특별결의가 있어야 한다.

표 13-18 | 스톡옵션 제도 도입시 고려사항

주식매수선택권을 의미
• 기업이 임직원에게 일정기간이 지난 후에도 일정수량의 주식을 일정한 가격으로 살 수 있는 권한을 인정해 영업이익 확대나 상장 등으로 주식값이 오르면 그 차익을 볼 수 있게 하는 보상제도
• 인력 채용시 많은 임금을 보장할 수는 없지만 인력을 유인할 수 있는 제도
• 소자본 창업기업의 경영성과가 좋아져 주식가격이 상승할 경우 회사가 옵션을 제공할 때 결정한 행사가격으로 주식을 취득한 뒤 시가대로 매도
• 스톡옵션 행사자는 행사가격과 시가와의 차액에 대한 세금을 납부
• 근무 중 주식매수선택권을 행사함으로써 획득한 이익은 근로소득으로 과세
• 근로기간이 아닌 상태에서 행사함으로써 획득한 이익은 기타소득으로 과세
• 주식매수선택권을 부여하기 위해 주식회사 정관에 주식매수선택권에 관한 규정 필요
• 주식매수선택권을 부여하기 위해 등기를 해야 하며 주주총회의 특별결의 필요

4. 고용촉진 및 정책상 세제 혜택

우리나라 세법에서는 고용촉진 및 정책상 다양한 세제 혜택을 주고 있다. 중소기업 취업자에 대한 세제 혜택으로서 소득세 감면 및 벤처기업 주식매수선택권 행사이익 납부특례 제도가 있다.

중소기업 취업자에 대한 소득세 감면제도는 청년 및 60세 이상의 장년 및 장애인이 중소기업에 취업하는 경우 중소기업으로부터 받는 근로소득에 대하여 소득세의 70% 세액을 감면하는 제도이다.

벤처기업 주식매수선택권 행사이익 납부특례는 주식매수선택권을 행사할 때 획득하는 이익에 대하여 과도하게 세금이 과세될 경우에 주식매수선택권을 행사함으로써 획득한 이익에 대하여 원천징수납부특례를 적용받아 소득세를 원천징수하지 않을 수 있다. 이와 같은 경우에 종합소득세확정신고를 하고, 일정한 분할 납부세액을 제외하고 납부할 수 있다.

조세특례제한법에는 벤처기업, 회사 등을 위해 다양한 지원제도가 있다. 예를 들면, 중소기업 고용창출 투자세액공제, 경력단절여성 재고용 중소기업에 대한 세액공제, 중소기업 고용증가 인원 사회보험료 세액공제, 정규직 근로자 전환에 따른 세액공제 등의 제도가 있다.

| 표 13-19 | 고용촉진 및 정책상 세제 혜택

구분	세제 혜택
중소기업 취업자에 대한 세제 혜택	• 소득세 감면: 청년, 60세 이상 장년, 장애인이 중소기업에 취업하는 경우 소득세의 70% 세액감면 • 벤처기업 주식매수선택권 행사이익 납부특례: 원천징수납부특례
조세특례제한법상 벤처기업, 회사에 대한 지원제도	• 중소기업 고용창출 투자세액공제 • 경력단절여성 재고용 중소기업에 대한 세액공제 • 중소기업 고용증가 인원 사회보험료 세액공제 • 정규직 근로자 전환에 따른 세액공제

5. 외국인 전문인력 고용실무

외국인을 국내기업에 고용하여 외국인이 근무하기 위해서는 비자를 받아야 한다.

외국인 근로자가 취업할 수 있는 비자유형에는 단기취업(C-4), 교수(E-1), 회화지도(E-2), 연구(E-3), 기술지도(E-4), 전문직업(E-5), 예술흥행(E-6), 특정활동(E-7), 계절근로(E-8), 비전문취업(E-9), 관광취업(H-1), 방문취업(H-2) 등이 있다.

단기취업(C-4) 비자는 농작물 재배 · 수확 및 수산물 원시가공 분야에서 취업활동을 하려는 사람으로 법무부 장관이 인정하는 사람, 일시흥행, 광고 · 패션모델, 강의 · 강연, 연구, 기술지도 등 수익을 목적으로 단기간 취업활동을 하려는 자 등 체류자격이 있는 자에 대하여 1회 90일의 체류기간을 부여한다.

교수(E-1) 비자는 한국과학기술원 등 학술기관 교수, 전문대학 이상의 교육기관에서 임용하는 조교수 이상의 교수, 대학 또는 대학부설연구소의 특수분야 연구교수 등 체류자격이 있는 자에 대하여 1회 5년의 체류기간을 부여한다.

회화지도(E-2) 비자는 외국어 학원 등의 강사, 교육부 또는 시 · 도교육감 주관으로 모집 · 선발된 자로서 초 · 중 · 고등학교에서 근무하려는 자, 전문인력 및 유학생의 비영어권 배우자에 대한 영어 회화지도 강사 허용자 등 체류자격이 있는 자에 대하여 1회 2년의 체류기간을 부여한다.

연구(E-3) 비자는 자연과학 분야의 연구 또는 산업상 고도기술의 연구개발 종사자, 고급과학 기술인력, 사회과학 · 인문학 · 예체능 분야의 연구인력 등 체류자격이 있는 자에 대하여 1회 5년의 체류기간을 부여한다.

기술지도(E-4) 비자는 「외국인투자촉진법」의 규정에 의한 기술도입 계약에 따라 대한민국 국민 또는 대한민국 법인에게 기술을 제공하는 자, 국내에서 구할 수 없는 산업사의 고도기술 등을 국내 공 · 사기관에 제공하는 자 등 체류자격이 있는 자에 대하여 1회 5년의 체류기간을 부여한다.

전문직업(E-5) 비자는 대한민국의 법률에 의하여 인정된 전문업무 종사자, 국토해양부 장관의 추천을 받은 항공기조종사, 최신의학 및 첨단의술 보유자로서 국가 · 지방자치단체 · 의료법인에 근무하고자 하는 자 등 체류자격이 있는 자에 대하여 1회 5년의 체류기간을 부여한다.

예술흥행(E-6) 비자는 대한민국 내의 공 · 사기관 등과의 계약에 따라 법무부 장관이 특별히 지정하는 활동에 종사하려고 하는 사람 등 체류자격이 있는 자에 대하여 1회 2년의 체류기간을 부여한다.

특정활동(E-7) 비자는 대한민국 내의 공 · 사기관 등과의 계약에 따라 법무부 장관이 특별히 지정하는 활동에 종사하려고 하는 사람 등 체류자격이 있는 자에 대하여 1회 3년 또는 5년의 체류기간을 부여한다.

계절근로(E-8) 비자는 농작물 재배 · 수확 및 수산물 원시가공 분야에서 취업활동을 하려는 사람으로 법무부 장관이 인정하는 사람 등 체류자격이 있는 자에 대하여 1회 5개월의 체류기간을 부여한다.

비전문취업(E-9) 비자는 외국인 근로자의 고용에 관한 법률의 규정에 의한 국내 취업요건을 갖춘 자 등 체류자격이 있는 자에 대하여 1회 3년의 체류기간을 부여한다.

관광취업(H-1) 비자는 대한민국과 관광취업에 관한 협정이나 양해각서를 체결한 국가의 국민으로서 관광을 주된 목적으로 하면서 이에 수반되는 관광경비 충당을 위하여 단기간 취업활동을 하려는 자 등 체류자격이 있는 자에 대하여 협정상의 체류기간을 부여한다.

방문취업(H-2) 비자는 방문취업제 적용 대상국가인 중국, 구소련지역에 거주하는 18세 이상 외국국적 동포로서 출생에 의하여 대한민국 국적을 보유했던 사람 또는 직계비속으로서 외국국적을 취득한 사람 등 체류자격이 있는 자에 대하여 1회 1년 또는 3년의 체류기간을 부여한다.

창업기업이 외국인 근로자를 고용할 경우 반드시 체류자격이 있는지 여부를 잘 판단하여야 한다. 외국인 근로자가 단기취업(C-4), 교수(E-1), 회화지도(E-2), 연구(E-3), 기술지도(E-4), 전문직업(E-5), 예술흥행(E-6), 특정활동(E-7), 계절근로(E-8), 비전문취업(E-9), 관광취업(H-1), 방문취업(H-2) 등의 체류자격에 해당하는 경우 해당 외국인 근로자는 지정된 근무기업 이외에서 근무해서는 안 된다. 해당 외국인 근로자가 체류자격 범위 내에서 근무기업을 변경하거나 추가하려면 사전에 법무부 장관의 허가를 받아야 한다.

소자본 창업기업이 국내에서 취업활동을 할 수 있는 체류자격을 받지 않은 외국인 근로자를 고용할 경우 출입국관리법 제94조제9호, 제10호에 따라 3년 이하의 징역 또는 2천만원 이하의 벌금에 처해진다.

외국인 근로자에 대한 비자문제가 해결되었다면 국내에서 근무하면서 받는 급여에 대하여 세금처리를 준비하여야 하다. 현재 소득세법은 외국인 근로자에 대하여 '세법상 거주자'에 해당하는지 여부에 따라 세금을 처리하여야 한다. '세법상 거주자'란 국적에 관계없이 국내에 주소를 두거나 183일 이상의 거소를 둔 개인을 의미한다. 따라서 국내에 취업한 외국인 근로자는 국내기업에서 183일 이상 근무하게 되면, '세법상 거주자'가 되어 국내 · 외에서 받은 소득에 대하여 세금을 신고납부하여야 한다. 그러나 최근 10년 내에 국내에 주소 또는 거소를 둔 기간의 합계가 5년 이내인 외국인 근로자에 대해서는 국내에서만 받은 소득을 기준으로 세금을 신고 · 납부하여야 한다.

외국인 근로자도 국민연금, 건강보험, 고용보험, 산재보험 등 4대보험에 가입하면 이에 따른 보험 혜택을 받을 수 있다.

외국인 전문근로자를 고용하는 방법에는 일반적인 고용방법 이외에 국외용역계약체결, 스톡옵션을 통한 기업참여 등 다양한 방법이 있다.

❙ 표 13-20 ❙ 외국인 근로자가 취업할 수 있는 비자유형

구분	체류자격에 해당하는 자	1회 부여 체류기간
단기취업 (C-4)	• 농작물 재배 · 수확 및 수산물 원시가공 분야에서 취업활동을 하려는 사람으로 법무부 장관이 인정하는 사람 • 일시흥행, 광고 · 패션모델, 강의 · 강연, 연구, 기술지도 등 수익을 목적으로 단기간 취업활동을 하려는 자	90일
교수 (E-1)	• 한국과학기술원 등 학술기관 교수 • 전문대학 이상의 교육기관에서 임용하는 조교수 이상의 교수 • 대학 또는 대학부설연구소의 특수분야 연구교수	5년
회화지도 (E-2)	• 외국어 학원 등의 강사 • 교육부 또는 시 · 도교육감 주관으로 모집 · 선발된 자로서 초 · 중 · 고등학교에서 근무하려는 자 • 전문인력 및 유학생의 비영어권 배우자에 대한 영어 회화지도 강사 허용자	2년
연구 (E-3)	• 자연과학 분야의 연구 또는 산업상 고도기술의 연구개발 종사 • 고급과학 기술인력 • 사회과학 · 인문학 · 예체능 분야의 연구인력	5년
기술지도 (E-4)	• 「외국인투자촉진법」의 규정에 의한 기술도입 계약에 따라 대한민국 국민 또는 대한민국 법인에게 기술을 제공하는 자 • 국내에서 구할 수 없는 산업사의 고도기술 등을 국내 공 · 사기관에 제공하는 자	5년
전문직업 (E-5)	• 대한민국의 법률에 의하여 인정된 전문업무 종사자 • 국토해양부 장관의 추천을 받을 항공기조종사 • 최신의학 및 첨단의술 보유자로서 국가 · 지방자치단체 · 의료법인에 근무하고자 하는 자	5년
예술흥행 (E-6)	• 수익이 따르는 음악, 미술, 문학 등의 예술활동 예술가 • 수익을 목적으로 하는 연예, 연주, 연극, 운동경기, 광고, 패션모델 등으로 출연하는 흥행활동 자	2년
특정활동 (E-7)	• 대한민국 내의 공 · 사기관 등과의 계약에 따라 법무부 장관이 특별히 지정하는 활동에 종사하려고 하는 사람	3년 5년
계절근로 (E-8)	• 농작물 재배 · 수확 및 수산물 원시가공 분야에서 취업활동을 하려는 사람으로 법무부 장관이 인정하는 사람	5개월
비전문취업 (E-9)	• 외국인 근로자의 고용에 관한 법률의 규정에 의한 국내 취업요건을 갖춘 자	3년

관광취업 (H-1)	• 대한민국과 관광취업에 관한 협정이나 양해각서를 체결한 국가의 국민으로서 관광을 주된 목적으로 하면서 이에 수반되는 관광경비 충당을 위하여 단기간 취업활동을 하려는 자	협정상의 체류기간
방문취업 (H-2)	• 방문취업제 적용 대상국가인 중국, 구소련지역에 거주하는 18세 이상 외국국적동포로서 출생에 의하여 대한민국 국적을 보유했던 사람 또는 직계비속으로서 외국국적을 취득한 사람	1년 3년

자료: 법무부 출입국 · 외국인정책본부, 외국인체류 안내매뉴얼, 2023.1.

8절 소자본 창업기업의 세무실무

소자본 창업기업의 세무실무는 소자본 창업기업의 사업 형태가 개인사업자인지 법인사업자인지에 따라 달라진다.

소자본 창업기업이 개인사업자인 경우 벌어들인 소득에 대하여 소득세를 신고납부하여야 한다. 신고납부하는 소득세를 대상으로 지방세를 신고납부하여야 한다. 한편 거래하는 재화와 용역 또는 수입하는 재화에 대하여 부가가치세를 신고납부하여야 한다. 또한 창업기업을 경영할 때 고용하는 근로자에게 급여를 지급할 때 근로자의 소득세 및 지방세를 원천징수하여 소득세는 국세청에, 지방세는 지방자치단체에 신고납부하여야 한다. 급여지급시 원천징수한 국민연금, 건강보험, 고용보험 등을 국민연금관리공단, 건강보험관리공단, 고용보험관리 공단 등 각 해당 기관에 신고납부하여야 한다. 산재보험은 고용보험관리공단에 신고납부하여야 한다.

소자본 창업기업이 법인사업자인 경우 벌어들인 소득에 대하여 법인세를 신고납부하여야 한다. 신고납부하는 법인세를 대상으로 지방세를 신고납부하여야 한다. 한편 거래하는 재화와 용역 또는 수입하는 재화에 대하여 부가가치세를 신고납부하여야 한다. 또한 창업기업을 경영할 때 고용하는 근로자에게 급여를 지급할 때 근로자의 소득세 및 지방세를 원천징수하여 소득세는 국세청에, 지방세는 지방자치단체에 신고납부하여야 한다. 급여지급시 원천징수한 국민연금, 건강보험, 고용보험 등을 국민연금관리공단, 건강보험관리공단, 고용보험관리 공단 등 각 해당 기관에 신고납부하여야 한다. 산재보험은 고용보험관리공단에 신고납부하여야 한다.

소자본 창업기업의 세무실무를 원활하게 처리하기 위해서 세무실무 담당 근로자를 채용하여 처리할 수 있고, 세무실무 전문기관인 세무법인 · 회계법인 및 사무소에 세무실무 서비스를 의뢰하여 처리할 수 있다. 세무실무 전문기관인 세무법인 · 회계법인 및 사무소에 세무실무 서비스를 의뢰하여 처리하는 경우 매달 정해진 기장료를 지불하고, 부가가치세 신고, 종합소득세 신고, 법인세 신고, 연말정산 신고에 대하여 세무법인 · 회계법인 및 사무소와의 협약에 따라 정해진 금액을 지불하게 된다.

| 표 13-21 | 소자본 창업기업의 세무실무

구분	창업기업의 세무실무
창업기업에서 직접 세무실무 업무처리	• 개인사업자의 경우 종합소득세 신고 실무 • 법인사업자의 경우 법인세 신고 실무 • 소득지급시 소득세 및 지방세 원천징수 및 신고납부 세무실무 • 부가가치세 신고납부 실무 • 4대보험 신고납부 실무 • 연말정산 실무
세무법인 · 회계법인 및 사무소를 통한 세무실무 업무처리	• 개인사업자의 경우 종합소득세 신고 실무 서비스 • 법인사업자의 경우 법인세 신고 실무 서비스 • 소득지급시 소득세 및 지방세 원천징수 및 신고납부 세무 실무 서비스 • 부가가치세 신고납부 실무 서비스 • 4대보험 신고납부 실무 서비스 • 연말정산 실무 서비스

소자본 창업기업에서 세무실무 업무를 담당 근로자를 고용하여 기업 내에서 독자적으로 직접 처리할 것인지, 세무실무 전문기관인 세무법인 · 회계법인 및 사무소에 세무실무 서비스를 의뢰하여 처리할 것인지를 비용과 세무실무 업무 처리의 효율성 등 의사결정기준에 따라 소자본 창업기업이 장기적인 세무실무 전략을 수립하여 결정하여야 한다.

9절 정규증빙서류 실무

1. 정규증빙서류의 의의

소자본 창업기업은 경영활동 중에 벌어들인 수익에서 지출한 비용을 차감하여 나오는 이익에 세법에서 적용하는 세금을 납부해야 한다. 이때 인정되는 비용은 업무와 관련된 것만 인정이 되므로 이러한 업무 관련 비용을 입증하기 위해 지출증빙을 주고받는다. 따라서 기업의 경영활동에서 발생하고 있는 거래는 여러 가지 정규증빙에 의해서 이루어진다. 정규증빙이란 거래상황에 대하여 객관적으로 입증이 가능한 증거서류를 말한다.

기업의 경영활동에 직접적으로나 간접적으로 관련된 지출거래이면 지출증빙서류를 수취하도록 하고 있다. 지출은 했는데 지출증빙서류를 수취하지 않았거나 그 지출이 업무와 관련이 없다면 비용으로 인정을 받지 못한다.

정규증빙서류에는 신용카드매출전표, 현금영수증, 세금계산서, 계산서 등이 있다.

정규증빙서류를 잘 관리하지 못하면 부가가치세와 소득세, 법인세를 더 많이 납부하거나 가산세를 추가로 부담할 수 있다. 정규증빙서류에 의하여 세무신고를 하지 않으면 국세청 세무조사 대상이 될 수 있다.

표 13-22 | 정규증빙서류

구분	내용
정규증빙서류 수령	① 3만원 초과 거래에 대하여 정규증명서류를 수취하지 않았을 경우 영수증수취명세서를 작성하여 제출하며 제출자료에 대하여 2%의 가산세가 부과된다. ② 3만원 초과 거래 중 제외대상거래가 있으므로 검토하여 함께 제출한다.
정규증명서류의 종류	① 신용카드 매출전표 등, ② 현금영수증, ③ 세금계산서, ④ 계산서

2. 영수증수취명세서 작성대상거래

거래처 사업자와의 거래에서 3만원 초과의 지출거래시에는 정규증명서류인 세금계산서, 계산서, 신용카드매출전표 등 현금영수증 중 해당 증빙서류를 수취하여야 한다. 수취하지 않은 경우에는 거래금액의 2%를 지출증명서류 미수취 가산세로 법인세 신고시 납부해야 한다.

정규증명서류를 수취하지 않은 경우에 영수증수취명세서를 작성하여 제출하여야 한다.

3. 영수증수취명세서 제출 제외대상거래

원천징수사업대상 사업소득, 세금, 보험료 등은 지출증빙특례규정에 의해 일반영수증, 입금표 등의 증빙을 수취하여도 가산세가 부과되지 않는다.

| 표 13-23 | 정규증명서류 수취의무 면제거래

구분	내용
농 · 어민과 직접 거래한 경우	농 · 어민으로부터 재화 · 용역을 직접 공급받은 경우
원천징수하는 사업소득의 경우	원천징수 대상 사업자로부터 용역을 공급받은 경우
사업의 포괄양도 · 양수의 경우	재화의 공급으로 보지 아니하는 사업의 양도에 의하여 재화를 공급받은 경우
방송용역의 경우	방송용역을 제공받은 경우
전기통신용역의 경우	전기통신사업자로부터 전기통신용역을 제공받은 경우
국외거래의 경우	외국에서 재화 또는 용역을 공급받은 경우
공매 · 경매 또는 수용의 경우	공매 · 경매 또는 수용에 의하여 재화를 공급받은 경우
토지 또는 주택의 구입과 주택임대의 경우	토지 또는 주택을 구입하거나 주택의 임대업을 영위하는 자(법인 제외)로부터 주택임대용역을 공급받은 경우
택시운송용역을 제공받은 경우	택시운송용역을 제공받은 경우

주택외 부동산을 구입하는 경우	건물(토지를 함께 공급받은 경우에는 당해 토지를 포함하며, 주택을 제외한다.)을 구입하는 경우로 거래내용이 확인되는 매매계약서 사본을 법인세법 제60조의 규정에 의한 법인세과세표준신고서에 첨부하여 납세지 관할 세무서장에게 제출하는 경우
금융 · 보험용역의 경우	금융 · 보험영수증을 발급받는 경우
입장권 · 승차권 등을 구입하는 경우	국세청장이 정하여 고시한 전산발매통합관리시스템에 가입한 사업자로부터 입장권 · 승차권 · 승선권 등을 구입하여 용역을 제공받은 경우
항공기의 항행용역을 제공받은 경우	항공기의 항행용역을 제공받은 경우로서 국내구간이든 불문하고 지출증빙수취의 특례를 적용한다.
간주임대료의 경우	부동산임대용역을 제공받은 경우로 전세금 또는 임대보증금에 대한 부가가치세액을 임차인이 부담하는 경우
연체이자	재화공급계약 · 용역제공계약 등에 의하여 확정된 대가의 지급지연으로 인하여 연체이자를 지급하는 경우
통행료의 경우	「유료도로법」 제2조 제2호에 따른 유료도로를 이용하고 통행료를 지급하는 경우
철도의 여객운송용역의 경우	「한국철도공사법」에 의한 한국철도공사로부터 철도의 여객운송용역을 공급받는 경우
경비등 송금명세서를 제출하는 경우	현실적으로 정규증명서류 수취가 어려운 거래 중 특정 거래의 경우 법인세과세표준신고서에 송금사실을 기재한 경비 등의 송금명세서를 첨부하여 제출하는 경우

4. 경비등 송금명세서 작성

간이과세자로부터 부동산임대용역을 제공받은 거래나 부동산중개수수료 지급 등의 거래는 송금사실을 기재한 '경비등의 송금명세서'를 제출하면 지출증명서류 미수취에 대한 가산세를 부과하지 않는다.

❙ 표 13-24 ❙ '경비등 송금명세서' 제출 대상 거래

구분	내용
의미	재화 또는 용역의 거래금액을 금융기관을 통하여 지급한 경우로서 법인세과세표준신고서에 송금사실을 기재한 '경비등의 송금명세서'를 첨부하여 제출하는 경우 가산세 적용이 되지 않는다.

대상거래	• 간이과세자의 부동산 임대용역의 경우
	• 개인사업자에게 임가공용역을 제공받은 경우
	• 운수업을 영위하는 자가 제공하는 택시운송용역 외의 운송용역을 제공받은 경우
	• 재활용폐자원용역의 경우
	• 항공법에 의한 상업서류송달용역을 제공받는 경우
	• 부동산중개업법에 의한 중개업자에게 수수료를 지급하는 경우
	• 복권판매수수료의 경우
	• 국세청장이 정하여 고시한 다음의 경우
	  – 인터넷, PC통신 및 TV홈쇼핑을 통하여 재화 또는 용역을 공급받은 경우
	  – 우편송달에 의한 주문판매를 통하여 재화를 공급받은 경우

5. 디지털 전환 시대의 정규증빙서류 실무

지출거래를 비용으로 인정받더라도 세금계산서 등 법정지출 증빙서류를 발급받지 못하면 증빙불비가산세를 부담할 수 있다. 거래 건당 3만원을 초과하는 재화, 서비스 등을 공급받고 대가를 지불한 경우에는 세금계산서, 계산서, 신용카드매출전표 등 현금영수증 등 정규증빙서류를 발급받고 5년간 보관하여야 한다.

최근 거래상 발급하는 정규증빙서류들이 전자적인 형태로 진화하고 있다. 최근 국세청 과세당국은 수집된 자료를 집합 · 연계하여 시스템을 구축함으로써 탈세적발시스템을 가동하고 있다. 세무신고를 하기 전에도 성실신고를 하도록 독려하고 사후로 검증하여 성실신고를 위반하는 경우 사후 소명 및 조사대상을 선정하는 등의 관리를 하고 있다.

소자본 창업기업이 기업의 경영활동인 거래시 정규증빙서류를 잘 챙기고 갖추는 것이 부가가치세, 소득세, 법인세를 절감하고 가산세 및 세무조사를 피할 수 있는 바람직한 활동이다.

10절 국민연금보험 신고 실무

국민연금보험 신고 관련 신고대상, 업무유형, 서식안내, 신고방법, 해당 서식을 살펴보면 다음과 같다.

1. 사업장가입자 자격취득신고서(외국인 포함)

<table>
<tr><td>신고대상</td><td>사업장 사용자</td><td>업무유형</td><td>신규가입</td></tr>
<tr><td>서식안내</td><td colspan="3">국민연금에 가입 중인 사업장에서 근로자를 신규로 채용한 경우 제출하여야 할 서류입니다.</td></tr>
<tr><td>신고방법</td><td colspan="3">1. 신고의무자: 사업장 사용자
2. 신고기한: 신고대상자가 발생한 달의 다음달 15일까지
3. 신고대상:
1) 18세 이상 60세 미만의 사용자 및 근로자
－18세 미만의 근로자도 당연가입대상이나, 본인의 희망에 의해 적용제외 가능
2) 1개월간 60시간 이상 근로하는 단시간근로자
(단, 월 실제근로시간이 60시간 이상이면 근로자에 포함)
3) 1개월간 8일 또는 1개월간 60시간 이상 근로하는 일용근로자
(단, 실제 월 8일 이상 또는 60시간 이상 근로한 경우 근로자에 포함)
※ 국민연금 취득부호 "14. 일용근로자, 단시간근로자 등(「국민연금법 시행령」 제2조 제1호 가목, 나목 및 같은 조 제4호 라목에 따라 1개월 동안의 소득이 일정수준 이상으로 근로자에 포함되는 사람만 해당됩니다)"는 2022.1.1.부터 적용합니다.
4. 신고서류: 사업장가입자자격취득신고서
5. 신고할 곳: 사업장 소재지 근처 국민연금지사
6. 신고방법: 방문, 우편, FAX, 국민연금 EDI, 인터넷(www.4insure.or.kr)</td></tr>
<tr><td>해당서식</td><td colspan="3">국민연금 사업장가입자 자격취득신고서</td></tr>
</table>

2. 사업장가입자 내용변경신고서

신고대상	사업장 사용자	업무유형	내용변경
서식안내	국민연금에 가입 중인 사업장의 근로자에게 성명, 주민등록번호 및 취득일, 상실일 등의 변경이 발생한 경우 제출하여야 할 서류입니다.		
신고방법	1. 신고의무자: 사업장 사용자 2. 신고기한: 내역변경 사유발생일이 속하는 달의 다음달 15일까지 3. 신고서류: 사업장가입자내용변경신고서 4. 신고할 곳: 사업장 소재지 근처 국민연금지사 5. 신고방법: 방문, 우편, FAX, 국민연금 EDI, 인터넷(www.4insure.or.kr) 6. 사업장가입자의 변경사항 중 국민연금의 고유업무와 관련된 신고사항은 관련서식을 이용하여 주시기 바랍니다.		
해당서식	[별지 제13호서식] 국민연금 사업장가입자 내용변경신고서		

3. 사업장가입자 자격상실신고서

신고대상	사업장 사용자	업무유형	상실
서식안내	국민연금에 가입 중인 사업장의 근로자가 사용관계종료, 사망 등의 사유로 사업장에 근로를 제공하지 못하는 경우 제출하여야 할 서류입니다.		
신고방법	1. 신고의무자: 사업장 사용자 2. 신고기한: 신고대상자가 상실한 날이 속하는 달의 다음달 15일까지 3. 신고대상 1) 사용관계종료(퇴직) 2) 가입자의 사망, 국외이주, 국적상실 3) 60세 도달 4) 타공적연금 가입, 기초생활수급자 책정 4. 신고할 곳: 사업장 소재지 근처 국민연금지사 5. 신고방법: 방문, 우편, FAX, 국민연금 EDI, 인터넷(www.4insure.or.kr)		
해당서식	국민연금 사업장가입자 자격상실신고서		

4. 사업장 내용변경신고서

<table>
<tr><td>신고대상</td><td>사업장 사용자</td><td>업무유형</td><td>내용변경</td></tr>
<tr><td>서식안내</td><td colspan="3">사업장의 명칭, 소재지, 사업장등록번호, 전화번호, 주소 등이 변경된 경우 제출하여야 할 서류입니다. 단, 법인사업장의 경우 사용자 성명 및 주민등록번호의 변경시에도 동일한 신고서를 사용합니다.</td></tr>
<tr><td>신고방법</td><td colspan="3">1. 신고의무자: 사업장 사용자
2. 신고기한: 내역변경 사유발생일이 속하는 달의 다음달 15일까지
3. 신고서류
1) 사업장내용변경신고서
2) 사업자등록증 사본 또는 법인등기부등본 사본 등의 입증서류
4. 신고할 곳: 사업장 소재지 근처 국민연금지사
5. 신고방법: 지사 방문, 우편, FAX, 국민연금 EDI, 4대사회보험 포털사이트(www.4insure.or.kr)
<table>
<tr><th>변경(정정)항목</th><th>제출서류</th></tr>
<tr><td>• 법인의 경우 사용자 성명, 주민등록번호
• 사업장 명칭, 소재지
• 사업자등록번호, 법인등록번호
• 적용연월일</td><td>사업자등록증 또는 법인등기부등본 사본</td></tr>
<tr><td>• 사업장 전화번호, 팩스번호, 우편번호
• 건강보험, 고용보험, 산재보험 기호</td><td>필요없음</td></tr>
</table>
</td></tr>
<tr><td>해당서식</td><td colspan="3">사업장 내용변경신고서</td></tr>
</table>

5. 소득총액신고서

<table>
<tr><td>신고대상</td><td>사업장가입자</td><td>업무유형</td><td>기준소득월액 정기결정</td></tr>
<tr><td>서식안내</td><td colspan="3">기준소득월액 정기결정
사업장가입자 및 사업장 임의계속가입자는 취득 당시 소득월액으로 기준소득월액을 결정하고 이후 매년 1회씩 다시 결정하는데 이를 “가입기간 중 기준소득월액의 결정”이라고 합니다. 이는 전년도에 그 사업장에서 얻은 소득월액을 기준으로 그 해에 적용할 보험료를 결정하고, 이렇게 결정된 소득월액은 당해 연도 7월부터 그 다음 연도 6월까지 1년간 적용됩니다.
* 정기 결정한 기준소득월액은 전년도 소득 기준이므로 당해 연도의 소득과 일치하지 않을 수 있습니다.
기준소득월액 정기결정 대상
기준소득월액 정기결정 대상자는 전년도 12월 1일 이전에 입사한 근로자 및 사용자입니다. 전년도 12월 2일 이후 입사자는 기준소득월액 정기결정을 하지 않고, 취득 당시 결정된 기준소득월액을 다음연도 6월까지 적용합니다.
소득총액 신고대상
개인사업장사용자, 근로자 중 국세청에 근로소득 지급명세서 미제출자 · 자료상이자 등은 공단의 안내에 따라 소득(총)액 신고를 반드시 하여야 합니다.</td></tr>
<tr><td>신고방법</td><td colspan="3">1. 신고의무자: 사업장의 사용자
2. 신고기한: 매년 5월 31일까지
매년 5월 중 공단에서 발송하는 “소득총액신고서”에 가입자별 전년도의 소득(총)액 및 근무기간을 기재하여 5월 31일까지 공단에 제출하시면 됩니다.
3. 신고방법
우편, FAX, QR웹팩스, EDI, 내방, 4대사회보험 포털사이트(www.4insure.or.kr), 모바일(내 곁에 국민연금)</td></tr>
<tr><td>해당서식</td><td colspan="3">소득총액신고서</td></tr>
</table>

6. 국민연금 사업장가입자 내용변경(정정) 신고서(국민연금 고유서식)

<table>
<tr><td>신고대상</td><td>사업장 사용자</td><td>업무유형</td><td>내용변경</td></tr>
<tr><td>서식안내</td><td colspan="3">국민연금에 가입 중인 사업장의 근로자에게 취득일, 상실일, 기준소득월액 등의 변경이 발생한 경우 제출하여야 할 서류입니다.</td></tr>
</table>

신고방법	1. 신고의무자: 사업장 사용자 2. 신고기한: 내용변경 사유발생일이 속하는 달의 다음달 15일까지 3. 신고서류: 사업장가입자내용변경신고서 4. 신고할 곳: 사업장 소재지 근처 국민연금지사 5. 신고방법: 방문, 우편, FAX, 국민연금 EDI, 인터넷(www.4insure.or.kr)
해당서식	별지 제13호서식 [가입자 내용변경정정]

11절 소자본 창업 원천징수 실무

1. 원천징수의 의의

원천징수란 소득자가 자신의 세금을 직접 납부하지 아니하고, 원천징수 대상소득을 지급하는 원천징수의무자(국가, 법인, 개인사업자, 비사업자 포함)가 소득자로부터 세금을 미리 징수하여 국가(국세청)에 납부하는 제도를 말한다.

그림 13-2 원천징수 흐름도

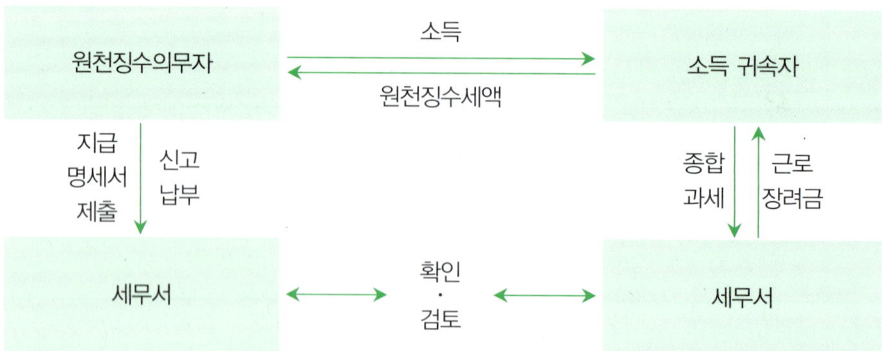

2. 원천징수의무자

원천징수의무자는 국내에서 거주자나 비거주자, 법인에게 세법에 따른 원천징수 대상소득 또는 수입금액을 지급하는 개인이나 법인이다. 이자 · 근로 · 퇴직 · 기타소득을 지급하는 자가 사업자등록번호 또는 고유번호가 없는 개인인 경우에도 원천징수의무자에 해당되어 원천징수한 세금을 신고납부 및 지급명세서 제출의무가 있다. 그러나 사업소득을 지급하는 자가 사업자가 아닌 개인인 경우 원천징수의무는 없다.

사인 간 금전거래시에는 이자소득 원천징수, 경품 당첨금 지급시에는 기타소득 원천징수 대상에 해당이 되며, 뇌물과 같은 경우에는 기타소득에는 해당이 되나 원천징수 대상에는 해당하지 않는다.

| 그림 13-3 | 사인 간 금전거래 · 경품당첨 · 뇌물

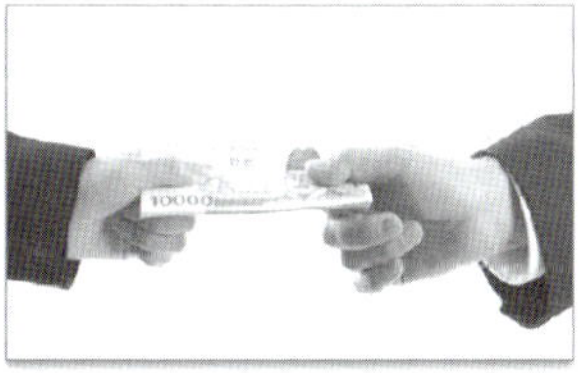

사인 간 금전거래
(원천징수 대상)

경품 당첨
(원천징수 대상)

뇌물
(원천징수 대상 아님)

3. 원천징수 대상 및 방법

가. 원천징수 대상

1) 소득세 또는 법인세

<table>
<tr><td rowspan="2">소득세법</td><td>거주자</td><td>이자소득, 배당소득, 사업소득, 근로소득, 연금소득, 기타소득(종교인소득 포함), 퇴직소득</td><td rowspan="2">소득종류에 따라 달라짐 (근로소득세, 퇴직소득세 등)</td></tr>
<tr><td>비거주자</td><td>국내원천소득 중 원천징수 대상소득
(이자소득, 배당소득, 부동산소득, 선박 등의 임대소득, 사업소득, 인적용역소득, 근로소득, 퇴직소득, 연금소득, 토지건물의 양도소득, 사용료소득, 유가증권양도소득, 기타소득)</td></tr>
<tr><td rowspan="2">법인세법</td><td>내국법인</td><td>이자소득
배당소득(집합투자기구로부터의 이익 중 투자신탁의 이익에 한정)</td><td rowspan="2">법인세</td></tr>
<tr><td>외국법인</td><td>국내원천소득 중 원천징수 대상소득
(이자소득, 배당소득, 부동산소득, 선박 등의 임대소득, 사업소득, 인적용역소득, 토지건물의 양도소득, 사용료소득, 유가증권 양도소득, 기타소득)</td></tr>
</table>

2) 농어촌특별세

가) 납부대상

원천징수 대상소득이 다음과 같이 농어촌특별세액 과세대상에 해당하는 경우 원천징수의무자는 농어촌특별세를 징수하여 신고납부한다.

구분	대상소득
이자 · 배당소득	조세특례제한법에 의해 소득세를 감면받은 경우 (다만, 농어촌특별세법 제4조 제4호의 감면은 비과세)
근로소득	주택자금차입금 이자세액공제를 적용받는 근로자

나) 과세표준 및 세액계산

구분	과세표준	세액
이자 · 배당소득	조세특례제한법에 의하여 감면받은 이자 · 배당소득에 대한 소득세의 감면세액	과세표준 × 10%
주택자금차입금 이자세액공제	주택자금차입금 이자세액공제금액	과세표준 × 20%

다) 신고 · 납부방법

원천징수이행상황신고서의 해당 세목 농어촌특별세란에 세액을 기재하여 원천징수 관할 세무서장에게 제출하여 신고한다.

납부서의 농어촌특별세란에 세액을 기재하여 금융회사 등에 납부한다.

구분	내용
신고	원천징수이행상황신고서의 해당 세목 농어촌특별세란에 세액을 기재하여 원천징수 관할 세무서장에게 제출
납부	납부서의 농어촌특별세란에 세액을 기재하여 금융회사 등에 납부

3) 지방소득세 특별징수

원천징수의무자가 소득세 · 법인세를 원천징수한 경우 지방소득세도 함께 특별징수한다.

▎표 13-25 ▎특별징수하는 지방소득세의 납세지

구분	납세지
근로소득 및 퇴직소득에 대한 지방소득세	근무지 관할 지방자치단체
이자 · 배당소득 등에 대한 소득세 및 법인세의 원천징수 사무를 본점 또는 주사무소에서 일괄 처리하는 경우 지방소득세	소득 지급지를 관할하는 지방자치단체

| 표 13-26 | 특별징수하는 지방소득세의 세율

개인(법인) 지방소득세	소득(법인)세액의 10%

조세조약에 따라 지방소득세가 포함된 제한세율을 적용하는 경우 지방소득세 계산방법은 다음과 같다.

| 표 13-27 | 지방소득세가 포함된 제한세율을 적용하는 경우 지방소득세 계산방법

구분	지방소득세 계산방법
법인세(소득세)	법인(소득)세 = 과세표준(지급액) × 제한세율 × 10/11
지방소득세	지방소득세 = 과세표준(지급액) × 제한세율 × 1/11

지방소득세의 납부방법은 다음과 같다. 징수일이 속하는 달의 다음달 10일(반기별 납부대상 원천징수의무자는 반기 마지막 달의 다음달 10일까지)까지 지방세법상 특별징수세액의 납부서에 계산서와 명세서를 첨부하여 납부한다.

| 표 13-28 | 인터넷을 이용한 지방소득세 신고납부

구분	지방소득세 신고납부 홈페이지
서울특별시	서울시 이택스(http://etax.seoul.go.kr) 이용
그 외 지방자치단체	위택스(http://www.wetax.go.kr) 이용

나. 원천징수 세율

1) 거주자 및 내국법인

<table>
<tr><th colspan="4">과세표준</th><th>구분</th><th>세액</th></tr>
<tr><td rowspan="22">개인</td><td rowspan="5">이자</td><td colspan="2">비영업대금의 이익</td><td>25%</td><td></td></tr>
<tr><td colspan="2">직장공제회초과반환금</td><td>기본세율</td><td>연분연승법 적용</td></tr>
<tr><td colspan="2">실지명의가 확인되지 아니하는 소득</td><td>42%</td><td></td></tr>
<tr><td colspan="2">금융실명법(제5조)에 따른 비실명소득(차등과세)</td><td>90%</td><td></td></tr>
<tr><td colspan="2">그밖의 이자소득</td><td>14%</td><td></td></tr>
<tr><td rowspan="4">배당</td><td colspan="2">출자공동사업자의 배당소득</td><td>25%</td><td></td></tr>
<tr><td colspan="2">실지명의가 확인되지 아니하는 소득</td><td>42%</td><td></td></tr>
<tr><td colspan="2">금융실명법(제5조)에 따른 비실명소득(차등과세)</td><td>90%</td><td></td></tr>
<tr><td colspan="2">그밖의 배당소득</td><td>14%</td><td></td></tr>
<tr><td>사업</td><td colspan="2">원천징수 대상 사업소득</td><td>3%</td><td>봉사료 5%</td></tr>
<tr><td rowspan="3">근로</td><td colspan="2">근로소득(연말정산)</td><td>기본세율</td><td></td></tr>
<tr><td colspan="2">매월분 근로소득</td><td>기본세율</td><td>간이세액표 적용</td></tr>
<tr><td colspan="2">일용근로자 근로소득</td><td>6%</td><td></td></tr>
<tr><td rowspan="3">연금</td><td colspan="2">국민연금 · 공무원연금 등</td><td>기본세율</td><td>간이세액표 적용</td></tr>
<tr><td colspan="2">이연퇴직소득의 연금수령</td><td colspan="2">(이연퇴직소득세/이연퇴직소득)×70(60*)%
* 연금실제수령연차가 10년 초과시</td></tr>
<tr><td colspan="2">퇴직연금 · 사적연금</td><td>3～5%, 4%</td><td></td></tr>
<tr><td rowspan="5">기타</td><td colspan="2">복권당첨금</td><td>20%</td><td>3억원 초과 30%</td></tr>
<tr><td colspan="2">연금계좌의 연금외수령</td><td>15%</td><td></td></tr>
<tr><td colspan="2">종교인소득(연말정산)</td><td>기본세율</td><td></td></tr>
<tr><td colspan="2">매월분 종교인소득</td><td>기본세율</td><td>간이세액표 적용</td></tr>
<tr><td colspan="2">기타소득(봉사료수입금액 적용분 제외)</td><td>20%</td><td>봉사료 5%</td></tr>
<tr><td>퇴직</td><td colspan="2">퇴직소득</td><td>기본세율</td><td>연분연승법 적용</td></tr>
<tr><td rowspan="3">법인</td><td rowspan="2">이자</td><td rowspan="2">이자소득</td><td>비영업대금의 이익</td><td>25%</td><td></td></tr>
<tr><td>그 외</td><td>14%</td><td></td></tr>
<tr><td>배당</td><td colspan="2">투자신탁의 이익</td><td>14%</td><td></td></tr>
</table>

2) 비거주자 및 외국법인의 국내원천소득(조세조약이 없는 경우)

구분	비거주자 (소득세법 제119조)	외국법인 (법인세법 제93조)
이자소득	20%(채권이자: 14%)	20%(채권이자: 14%)
배당소득	20%	20%
부동산소득	-	-
선박등 임대소득	2%	2%
사업소득	2%	2%
사용료소득	20%	20%
유가증권, 양도소득	Min(양도가액 × 10%, 양도차익 × 20%)	Min(양도가액 × 10%, 양도차익 × 20%)
기타소득	20%	20%
근로소득	거주자와 동일	-
연금소득	거주자와 동일	-
인적용역소득	20%	20%
퇴직소득	거주자와 동일	
양도소득	Min(양도가액 × 10%, 양도차익 × 20%)	Min(양도가액 × 10%,양도차익 × 20%)

라. 원천징수시기

원천징수의무자가 원천징수 대상소득금액 또는 수입금액을 지급하는 때 소득세(법인세)를 원천징수한다. 다만, 일정시점까지 지급하지 아니한 경우 원천징수시기 특례가 적용되어 특례적용시기에 지급한 것으로 보아 원천징수한다.

그림 13-4 원천징수시기

1월		11월	12월	2월말	2월말 또는 3월 10일
→	~	→	1~11월 급여 미지급시 특례적용	12월 급여 미지급시 특례적용	특례적용분 지급명세서 제출

표 13-29 | 원천징수시기 특례적용

구분	원천징수시기 특례적용
근로소득	• 1월부터 11월까지 근로소득을 12월 31일까지 지급하지 않은 경우 ⇒ 12월 31일 • 12월분 근로소득을 다음연도 2월 말일까지 지급하지 않은 경우 ⇒ 2월 말일
이자 · 배당 소득	• 법인이 이익처분 등에 따른 배당 · 분배금을 처분을 결정한 날부터 3개월이 되는 날까지 지급하지 아니한 경우 ⇒ 3개월이 되는 날 (다만, 11월 1일부터 12월 31일까지의 사이에 결정된 처분에 따라 다음 연도 2월 말일까지 배당소득을 지급하지 아니한 경우 ⇒ 처분을 결정한 날이 속하는 과세기간의 다음 연도 2월 말일)
기타소득	• 법인세법 제67조에 따라 처분되는 배당소득과 기타소득 (법인세과세표준 결정 또는 경정) 소득금액변동통지서를 받은 날 (법인세과세표준 신고) 그 신고일 또는 수정신고일
사업소득	• 1~11월의 연말정산 사업소득을 12월 31일까지 미지급 ⇒ 12월 31일 • 12월분 연말정산 사업소득을 다음연도 2월 말일까지 미지급 ⇒ 2월 말일
퇴직소득	• 1~11월 퇴직자의 퇴직소득을 12월 31일까지 미지급 ⇒ 12월 31일 • 12월 퇴직자의 퇴직소득을 다음연도 2월 말일까지 미지급 ⇒ 2월 말일

마. 원천징수영수증 교부시기

원천징수의무자는 소득자가 소득금액, 원천징수세액을 확인할 수 있도록 소득자에게 원천징수영수증을 교부하여야 한다.

1) 근로 · 퇴직소득

대상		교부시기
교부 시기	계속 근로자	원천징수의무자는 해당 과세기간의 다음 연도 2월 말일까지 근로소득 원천징수영수증을 근로소득자에게 교부 ※ 다만, 종된 근무지의 원천징수의무자는 주된 근무지의 연말정산을 받고자 하는 자의 원천징수영수증을 즉시 교부
	중도 퇴직자	퇴직일이 속하는 달까지의 근로소득에 대하여 그 퇴직일이 속하는 달의 급여 지급일 다음달 말일까지 교부
	일용 근로자	지급일이 속하는 분기 마지막 달의 다음달 말일
퇴직소득		그 지급일의 다음달 말일까지 교부

2) 그 외의 소득

소득구분		교부시기
이자소득 · 배당소득		지급하는 때
사업소득	연말정산 대상소득	연말정산일이 속하는 달의 다음달 말일까지
	연말정산 대상 제외 소득	지급하는 때
연금소득	국민연금 · 공적연금	다음연도 2월 말일까지
	퇴직연금 · 사적연금	지급하는 때
기타소득	종교인 소득	연말정산일이 속하는 달의 다음달 말일까지
	종교인 소득 외	지급하는 때

요약&
결론

사업자등록은 공식적으로 사업을 개시하겠다는 의사표시이다. 법률상 사업자등록절차는 관할 세무서에 사업자등록신청을 하면 된다. 사업자등록시 필요한 관련 서류에는 임대차계약서, 인허가확인서, 법인등기부등본이 있다.

주식회사 설립시 정관을 반드시 작성해야 한다. 정관은 주식회사의 조직과 경영에 관한 기본규칙을 말한다. 정관은 주식회사 경영과 분쟁 방지를 위하여 작성하는 기본적인 규칙이다.

외국자본을 투자받아 주식회사를 설립하는 경우 외국인 또는 외국기업인 임원 또는 주주를 사전에 확인하여야 한다. 투자되는 외국자본액이 1억원을 초과하는 경우 외국인투자촉진법에 따라 외국인투자법인으로 등록하여야 한다. 외국인이 외국인투자기업의 임원으로 취임하여 외국인을 지속적으로 고용하기 위해서는 투자비자를 받아야 한다. 외국인투자기업이 국내에서의 사업을 폐지하고 투자자본을 해외로 반출하기 위해서는 법률에서 정한 청산절차와 세법상 청산법인세 신고납부절차를 마무리하여야 한다.

2인 이상의 지인이 동업하여 소자본 창업기업을 설립하는 경우 동업계약서의 작성이 매우 중요하다. 동업은 2인 이상이 공동으로 금전이나 노무 또는 물자 등을 출자하여 공동으로 경영을 하는 것으로 이에 따른 이익과 손실을 분배하는 경영을 말한다.

소자본 창업의 경우 아이디어와 아이템 및 최소운영자금만으로 창업을 하는 경우가 대부분이므로 외부 자금투자유치를 위한 사전 준비가 필요하다. 재무적 신뢰도가 확보된 재무제표의 작성은 매우 중요하다. 소자본 창업기업의 경우 소자본 창업의 특성상 인적 · 물적 인프라의 부족으로 회계관리와 세무관리가 소홀할 수 있다. 그러나 회계관리와 세무관리는 소자본 창업기업의 경영상 기본사항으로서 창업 전, 창업 후 외부로부터 투자자금을 원활하게 조달하기 위하여 필수적인 사항이므로 지속적이고 정확한 관리가 중요하다.

소자본 창업 초기에 자금여력이 있으면 차입을 통하여 자금을 조달하고, 창업기업이 성장 · 발전하여 매출액과 이익이 증가하여 사업의 미래 전망이 좋아질 때 적정한 기업가치 평가를 통하여 타당한 가치로 지분을 양도하면서 증자를 하는 것도 바람직한 자금조달방법이다. 소자본 창업경영시 타인자본을 차입할 때 정부의 정책자금을 확인하고 차입하면 낮은 금리로 자금을 조달할 수 있다.

소자본 창업기업 측면에서 자금조달을 원활히 하기 위하여 일반적인 타인자본 차입과 주식 발행을 통한 증자에 의존할 것이 아니라 다양한 투자자금 조달 방안을 설계하여 투자를 받을 가능성을 올리는 것이 바람직하다. 투자자와 투자받는 창업기업의 이해관계를 맞출 수 있는 원활한 자금조달방법에는 무액면주식, 우선주, 전환사채와 같은 다양한 형태의 방식이 있다.

소자본 창업기업이 인력을 영입할 때 근로소득을 지급할 것인지, 사업소득으로 지급할 것인지 구분할 필요가 있다. 근로소득을 지급할 경우 국민연금, 건강보험, 고용보험, 산재보험 등 4대보험을 가입하여야 한다. 사업소득을 지급하는 경우 소득의 수령자는 사업소득을 획득하게 되며, 소득의 지급자는 소득의 지급시 일정한 세금을 원천징수하며, 4대보험에 대한 가입의무는 없다.

소자본 창업기업이 근로자를 채용할 때 근로기준법상 의무를 이행하여야 한다. 근로기준법은 사용자로 하여금 근로계약을 할 때 근로자에게 일정한 근로조건을 근로계약에 반드시 명시하도록 하고, 나아가 일정한 근로조건은 서면으로 명시하고 근로자가 요구하면 근로자에게 교부하도록 하고 있다.

주식매수선택권을 부여하기 위해서는 주식회사 정관에 주식매수선택권에 관한 규정이 있어야 한다. 또한 주식매수선택권을 부여하기 위해서는 등기를 해야 하며 주주총회의 특별결의가 있어야 한다.

우리나라 세법에서는 고용촉진 및 정책상 다양한 세제 혜택을 주고 있다. 중소기업 취업자에 대한 세제 혜택으로서 소득세 감면 및 벤처기업 주식매수선택권 행사이익 납부특례 제도가 있다.

외국인을 국내기업에 고용하여 외국인이 근무하기 위해서는 비자를 받아야 한다. 창업기업이 외국인근로자를 고용할 경우 반드시 체류자격이 있는지 여부를 잘 판단하여야 한다.

소자본 창업기업의 세무실무는 소자본 창업기업의 사업 형태가 개인사업자인지 법인사업자인지에 따라 달라진다. 소자본 창업기업이 개인사업자인 경우 벌어들인 소득에 대하여 소득세를 신고납부하여야 한다. 신고납부하는 소득세를 대상으로 지방세를 신고납부하여야 한다. 한편 거래하는 재화와 용역 또는 수입하는 재화에 대하여 부가가치세를 신고납부하여야 한다. 또한 창업기업을 경영할 때 고용하는 근로자에게 급여를 지급할 때 근로자의 소득세 및 지방세를 원천징수하여 소득세는 국세청에, 지방세는 지방자치단체에 신고납부하여야 한다. 급여지급시 원천징수한 국민연금, 건강보험, 고용보험 등을 국민연금관리공단, 건강보험관리공단, 고용보험관리 공단 등 각 해당 기관에 신고납부하여야 한다. 산재보험은 고용보험관리 공단에 신고납부하여야 한다. 소자본 창업기업이 법인사업자인 경우 벌어들인 소득에 대하여 법인세를 신고납부하여야 한다. 신고납부하는 법인세를 대상으로 지방세를 신고납부하여야 한다.

기업의 경영활동에 직접적으로나 간접적으로 관련된 지출거래이면 지출증빙서류를 수취하도록 하고 있다. 지출은 했는데 지출증빙서류를 수취하지 않았거나 그 지출이 업무와 관련이 없다면 비용으로 인정을 받지 못한다. 정규증빙서류에는 신용카드매출전표, 현금영수증, 세금계산서, 계산서 등이 있다. 소자본 창업기업이 기업의 경영활동인 거래시 정규증빙서류를 잘 챙기고 갖추는 것이 부가가치세, 소득세, 법인세를 절감하고 가산세 및 세무조사를 피할 수 있는 바람직한 활동이다.

원천징수란 소득자가 자신의 세금을 직접 납부하지 아니하고, 원천징수 대상소득을 지급하는 원천징수의무자(국가, 법인, 개인사업자, 비사업자 포함)가 소득자로부터 세금을 미리 징수하여 국가(국세청)에 납부하는 제도를 말한다. 원천징수의무자는 국내에서 거주자나 비거주자, 법인에게 세법에 따른 원천징수 대상소득 또는 수입금액을 지급하는 개인이나 법인이다. 이자 · 근로 · 퇴직 · 기타소득을 지급하는 자가 사업자등록번호 또는 고유번호가 없는 개인인 경우에도 원천징수의무자에 해당되어 원천징수한 세금을 신고납부 및 지급명세서 제출의무가 있다.

Successful Startup 13 성공적인 창업 프로세스

19. 신규고객 유치 비용을 분석하라.

① 고객획득비용은 사업의 수익성을 판단하는 중요한 요소임

② 창업자는 고객생애가치와 고객획득비용을 분석하여 사업의 성공 요소에 집중하는 것이 얼마나 중요한 일인지 인식함

③ 재무제표보다 더 간단한 계기판 역할을 하는 두 가지 분석은 사업계획을 보완하고 전략을 수정하도록 유도하여 그 기준을 제시함

④ 성공으로 향하는 길을 명확하게 밝혀줌

⑤ 낙관주의로 스스로의 눈을 가리지 않도록 주의

⑥ 희망사항을 그리지 말고 현실적으로 계산하고 예측

20. 성공을 위한 핵심가설을 확인하라.

① 핵심가설 확인은 1차 시장조사의 타당성을 검중하는 단계의 준비과정임

② 고객의 실제 행동을 검증하는 실험이 가능하도록 핵심가설을 분류하고 분리하여 하나의 구체적인 아이디어로 정의하는 것이 핵심

③ 실험을 설계하는 방법을 걱정하는 것은 아직 이름

④ 가설을 확인하고 분류하는 데 집중

⑤ 만약 가설의 테스트 과정의 어려움을 예상하고 핵심가설을 숨기면 사업의 건전성에 영향을 미치는 주요 변수를 생략하는 위험한 결과를 가져옴

21. 가설검증을 통해 위험요소를 줄여라.

① 비용추정, 등대고객의 관심도 등을 비롯한 핵심가설 검증은 지금까지 걸어온 길의 근간이던 시장조사 결과를 뒷받침하고 보완하는 역할

② 시장조사와 실험결과를 바탕으로 제품을 설계해 고객에게 판매

22. 최소 기능을 갖춘 제품을 만들라.

① 이전 단계에서 사업의 개별요소를 검증했던 것과 달리 최소 기능 사업제품의 정의는 고객에게 실제로 가치를 제공하는 제품을 통합적으로 검증하는 일임

② 실제 고객의 피드백이 본격적으로 시작되는 이 단계는 일종의 시스템 테스트임

③ 앞으로 남은 과제는 지속적인 제품 개선임

23. 목표고객에게 제품을 테스트하라.

① 고객이 실제로 최소 기능 사업제품을 사용하고 돈을 지불하는지 확인

② 실제 사용 여부와 관심도를 판단할 수 있는 데이터를 수집

③ 고객 또는 고객과 관련된 사람의 지불 의사와 추천 의향도 판단해야 함

④ 장기간에 걸쳐 데이터를 수집한 후 변화 추이를 분석하고 원인 변수를 이해함

⑤ 항상 지적 정직성을 유지해야 함

⑥ 추상적인 논리에 의존하지 말고 현실 세계의 데이터를 근거로 삼아야 함

24. 제품의 성장전략을 수립하라.

① 제품계획의 수립은 총유효시장의 범위를 넓혀 시장규모를 예측하고 준비하는 과정

② 출발점에 불과한 거점시장에 너무 깊이 빠지지 말고, 더 높은 곳을 바라보며 앞날을 미리 생각해야함

③ 계속 확장해야 함

④ 계획을 통해 제품 개발과 조직화의 관점에서 장기적인 시각을 유지할 수 있음

⑤ 너무 많은 시간을 투자할 필요는 없음

⑥ 고객이 제품을 선택하게 하는 일이 더 중요함

⑦ 그렇지 않으면 인접시장에 진출하기도 선에 사원이 바닥남

⑧ 거점시장을 경험한 후 계획을 수정할 수도 있지만 무계획은 자신만의 체계적인 방법과 노력이 아니라 행운의 여신에게 운명을 맡기겠다는 의미

25. 성공적인 소자본 창업경영

① 기업문화 구축

② 창업팀 구성

③ 조직구조 설계와 인사관리

④ 제품개발

⑤ 판매와 영업

⑥ 고객 서비스의 과정 정립

⑦ 재무계획과 자금관리

⑧ 확장에 필요한 투자 유치

⑨ 기업가적 리더십 발휘와 사업 확대

⑩ 굿 거버넌스 설계

⑪ 기타 고려사항

자료: 빌 올렛, 스타트업 바이블, 비즈니스북스, 2020.8.

참고문헌

- 4차 산업혁명과 HR의 미래 연구회, 4차 산업혁명, 일과 경영을 바꾸다, 삼성경제연구소, 2018.3.20.
- 국민연금관리공단 홈페이지 자료실
- 국세청, 2021 원천세 신고안내, 국세청, 2021.7.
- 김경환 · 김종석, 맨큐의 경제학, 교보문고, 2015.
- 김기영 외, 품질경영, 박영사, 1999.
- 김미숙, "기업가정신과 사회적책임(CSR)이 조직몰입 및 경영성과에 미치는 영향", 석사학위논문, 한양대학교 융합산업대학원, 2019.8.
- 김성희 · 장기진, e-비즈니스.com, 도서출판 청람, 2004.
- 김윤주 · 김혜숙 · 이준서, 세무실무 1급, 삼일회계법인 · 삼일인포마인, 2022.5.
- 김윤주 · 김혜숙 · 이준서, 세무실무 2급, 삼일회계법인 · 삼일인포마인, 2022.3.
- 김윤주 · 김혜숙 · 이준서, 회계실무 1급, 삼일회계법인 · 삼일인포마인, 2022.3.
- 김은홍 · 이진주 · 정문상, 사용자 중심의 경영정보시스템, 다산출판사, 1998.
- 김재구 외 5인, 포스트 코로나 시대 사회가치경영의 실천전략, 클라우드나인, 2020.
- 김재구 외 8인, 기업의 미래를 여는 사회가치경영, 클라우드나인, 2018.
- 김현준 · 김성훈 · 이실성 · 최세영 · 조덕희, START UP START NOW, 삼일인포마인, 2017.9.
- 김호석, ESG 관련 국내외 동향 및 환경정책에 미치는 영향, 한국환경연구원, 2021.12.31.
- 노경호, "인터넷 기반 고객관계관리의 전략적 도입에 관한 연구", 경영정보연구, 대한경영정보학회, 2000.12.
- 노경호, e-비즈니스의 이해, 도서출판 글로벌, 2012.3.
- 노경호, 디지털 비즈니스 시대의 경영정보시스템, 글로벌, 2007.3.
- 노경호, 회계정보시스템, 도서출판 글로벌, 2010.3.
- 데이비드 블랜드 · 알렉산더 오스터왈더, 비즈니스 어이디어의 탄생, 비즈니스북스, 2020.9.
- 배호영 · 박창기, 창업의 이해, 박영사, 2019.1.
- 빌 올렛, 스타트업 바이블, 비즈니스북스, 2018.11.
- 삼성경제연구소, 각종 보고서 및 자료
- 스티븐 코비, 성공하는 사람들의 7가지 습관, 김영사, 2017.5.
- 안광호 · 하영원 · 박흥수, 마케팅원론, 학현사, 2014.

- 안영진, TQM: 품질경영, 박영사, 1999.
- 안영진, 경영 패러다임의 변화, 박영사, 2004.
- 유병규, 실패경영에서 성공을 찾으려면, 현대경영연구
- 유병규, 실패경영에서 성공을 찾으려면, 현대경영연구
- 이윤호 등, 2000년대를 향한 신경영조류, LG경제연구소, 1994.
- 이정동, 축적의 길, 지식노마드, 2017.
- 이진석, "기업가정신이 기업의 사회적 책임(CSR), 경영혁신 및 기업성과에 미치는 영향, 박사학위논문, 부산대학교, 2017.8.
- 이타가키 에이켄, 손정의 제곱법칙, 삼성경제연구소, 2016.
- 이타가키 에이켄 저/김정환 역, 손정의 제곱법칙, 한국경제신문, 2015.
- 장옌 저/김신호 역, 알리바바 마윈의 12가지 인생강의, 삼성경제연구소, 2014.
- 정종회 · 조지운, 소상공인 상공창업 요인 분석에 관한 연구, 한국창업학회지 제9권, 제2호, 2014, p.137.
- 조동성, 21세기를 위한 전략경영, 서울경제경영, 1999.
- 조동성 · 신철호, 14가지 경영혁신기법의 통합모델, 아이비에스 컨설팅그룹, 1996.
- 중소벤처기업부, 2022년 개정판 알기 쉬게 풀어 쓴 중소기업 범위해설, 2022.3.
- 피터 드러커, Next Society, 한국경제신문사, 2002.
- 피터 드러커 등, 성과측정, 21세기북스, 2000.
- 피터 틸, 제로 투 원, 한국경제신문, 2015.
- 필립 코틀러 외, 필립 코들러의 마케팅 리더십, 세종서적, 2003.
- 황인학, 한국의 기업가정신의 실상과 과제, 한국경제연구원, 2015.10.
- Alexander Osterwarder & Yves Pigneur, Business Model Generation, WILEY, 2010.
- https://news.mt.co.kr/mtview.php?no=2015112619132417262
- https://www.venturesquare.net/759983

| 찾아보기 |

[저자약력]

지은이 노경호(盧敬鎬)는 서울에서 태어나 동국대학교 대학원에서 경영학 박사학위를 취득하였다. 주요 경력으로는 한국산업경제연구원, 한국농축수산유통연구원, 한얼경제사업연구원 책임연구원을 역임하였다. 현재 대림대학교 경영학과 교수로 재직 중이며, 회계정보시스템운용, 세무정보시스템운용, ERP회계 · 인사, ERP물류 · 생산, 창업경영, 소자본 창업경영 강의와 연구를 담당하고 있다. 미국 오하이오 주립대학교 데이컴 과정을 수료하였고, 미국 UGA(조지아대학교) 연수를 이수하였다.
사단법인 한국제품안전학회 회장을 역임했으며, 한국생산성학회, 한국기업경영학회 부회장으로 활동하고 있다. 지금까지 경영정보시스템, 회계정보시스템, e-비즈니스 등의 전공서적을 출판하였고, 경영진단 연구보고서 및 학술연구논문으로 50여 편을 발표하였다.

소자본 창업경영의 이해

2023년 7월 20일 1판 1쇄 인쇄
2023년 7월 25일 1판 1쇄 발행

저　　자 | 노경호
발 행 인 | 이수영
발 행 처 | 도서출판 청람
서울시 마포구 독막로 288(대흥동, 세양상가 109호)
전　　화 | 02)3272-2601～2
팩　　스 | 02)3272-2603
이 메 일 | crbooks@daum.net
홈페이지 | http://www.crbooks.co.kr
등　　록 | 2000년 8월 26일 제6-0509호

ISBN 978-89-5972-969-2 93320 [정가 30,000원]